KB125061

구글버스에 돌을 던지다

THROWING ROCKS
AT THE GOOGLE BUS

구글버스에 돌을 던지다

THROWING ROCKS AT THE GOOGLE BUS

작은 손들의 반란

DOUGLAS RUSHKOFF

더글라스 러쉬코프

김병년, 박홍경 옮김

구글버스에 돌을 던지다

2017년 10월 15일 초판 1쇄 발행
지은이 더글라스 러쉬코프
옮긴이 김병년, 박홍경
펴낸이 박동성
주간 박지선
표지 디자인 김선애
홍보마케팅 유인철
펴낸 곳 사일런스북 16311 경기도 수원시 장안구 송정로 76번길 36
전화 070-4823-8399 팩스 031-248-8399

출판등록 제2016-000084호 (2016.12.16)
ISBN 979-11-961697-0-1 03300 값 17,000원

「이 도서의 국립중앙도서관 출판예정도서목록(CIP)은 서지정보유통지원시스템 홈페이지
(http://seoji.nl.go.kr)와 국가자료공동목록시스템(http://www.nl.go.kr/kolisnet)에서
이용하실 수 있습니다.(CIP제어번호: CIP2017021279)」

바바라(Barbara)와 메이미(Mamie)에게 바침

contents

목차

contents

구글버스에 돌을 던지다

THROWING ROCKS
AT THE GOOGLE BUS

머리말

이 그림에서 무엇이 잘못되었는가?

2013년 12월의 아침이었다. 샌프란시스코 미션(Mission) 지구 주민들이 차량 앞에 드러누워 통행을 가로막았다. 캘리포니아에서 대중들의 저항운동은 보기 드문 일이 아니지만 이번 행동의 표적은 예사롭지 않았다. 바로 구글 버스였다. 버스는 도심에 위치한 그들의 집에서 30마일 떨어진 회사의 업무단지까지 근로자들을 실어 나르는 중이었다.

현장 사진과 실시간 업데이트가 나의 소셜미디어를 가득 메웠지만 어떻게 대응해야 할지 확신이 서지 않았다. 구글로 말하자면, 가장 훌륭한 인터넷 성공스토리였다. 대학 기숙사에서의 실험에서 출발해서, 세계에서 가장 강력한 기술 거인으로 꽃 피웠고, 수천 개의 일자리를 창출했다. 어느 모로 보나 나쁜 짓을 시도할 회사가 아니었다. 그 회사의 화려한 성장으로 우리 이웃들뿐 아니라 몇몇 경제 분야도 활기를 되찾았다. 그러는 동안 모두가 흡족한 방향으로 일이 돌아가는 듯했다. 무료 검색과 이메일을 제공받았고, 블로거들은 자기 웹사이트에 광고를 게재하여 돈을 벌었다. 젊은이들은 유튜브(YouTube) 동영상에서의 이윤을 분배 받았으며, 미션 지구는 최신 정보에 밝은 사람들과 기술 전문가들이 유입되면서 좀더 활기차고 안전한 도시로 변모했다. 이곳에는 새로운 커피 가게와 책방들이 문을 열고 복층화가 이루어지면서 재산가치가 상승했다.

성장은 좋은 것이다. 적어도 함께 성장하는 사람들에게는.

그러나 구글 사람들이 유서 깊은 샌프란시스코로 유입되면서 임대료가 상승했다. 오래된 거주민들과 소상인들은 밀려났다. 이들은 모든 성장과정에 참여하지 못했다. 냉방장치가 잘 된 구글의 투어버스는 외계인의 지구 침공을 연상케 하는지도 모른다. 모선에서 우주인들을 실어나르는 운반선처럼. 상처에 모욕을 더하듯, 한 술 더 떠서 구글은 공공기금으로 조성된 공용버스 정류장을 자신들의 통근시스템을 위한 승차장으로 사용했다. 버스 승강장 주변의 임대료는 그와 유사한 입지보다 20%나 올랐다.[1] 이제는 구글뿐 아니라 페이스북(Facebook), 트위터(Twitter) 등 실리콘밸리가 아끼는 기업들의 근로자들을 수용하기 위해 몇 해마다 두 배씩 상승했다.

결국 월 스트리트에서 구글의 주가가 신고가를 기록했던 그날, 노란색 조끼를 걸친 십여 명의 싸움꾼들이 거대 기술기업의 악명높은 버스들을 마비시켰다. 그들은 구글 고유의 완벽한 컬러 폰트로 'Gentrification & Eviction Technologies(임대료를 올려 원주민을 내쫓는 기술기업)'이라고 쓴, 인스타그램 친화적인 배너를 내걸었다. 이 이미지는 인터넷 기술기업 붐으로 인한 불공평한 분배에 대한 회의적 감정을 두드리면서 들불처럼 번져나갔다. 그들의 비판에 대한 연대감으로 나 역시 흐뭇했다.

그러나 몇 주 후였다. 미소를 지을 수만은 없는 일이 발생했다. 오클랜드의 시위대가 구글 버스에 돌을 던져서 창문 하나를 깨버린 것이다. 나 역시 그 회사의 관행에 대해 걱정해 왔고, 실리콘밸리의 급속한 성장 방식이 지역 사람들을 풍요롭게 하는 대신에 그들을 내쫓고 있는 듯하여 실망하고 있던 차였다. 하지만 버스에는 내 친구들도 타고 있었다. 그들은 어렵게 체득한 코딩 기술로 힘겹게 밥벌이를 하는 사람들이다. 1년에 10만 달러 정도를 버는지는 모르겠으나, 스트레스로 지치고 끊임없이 감시받고, 자신의 도태 가능성을 뼈아프게 인식하면서 살아가는 사람들이다. "빨리빨리!" 불철주야로 마감시간을 맞추기 위한 코딩작업 지시는, 새로 책정된 보다 야심적인 성장 목표들을 달성하기 위해 점점 빈번해진다.

우리는 이 지점에서 모두가 같은 편에 설 수 있다. 구글의 노동자들은 확장경제의 수혜자라기보다는, 급속히 소모되는 자원이라고 봐야 할 것이다. 피고용인의 평균 이직 기간은 1 년이 채 안된다.[2] 일부는 더 나은 직장을 위해 회사를 떠나지만, 대부분은 끊임없는 업무 수행의 스트레스로부터 단지 벗어나고 싶어서 회사를 그만둔다. 버스를 타는 것은, 일할 시간을 더 갖거나 자가운전 대신 그저 긴장을 풀고 쉬기 위함일 것이다. 그들도 인간이다.

구글 입장에서는 버스를 운행하는 것이 외곽 도로의 정체와 수천 대의 통근 차량에서 유발되는 환경 오염을 완화하고 있다고 본다. 베이(Bay) 지역의 여타 회사들은 기껏해야 환경 친화의 립 서비스나 카풀을 조직하는 데 그치지만, 구글은 연간 29,000톤의 이산화탄소 배출을 절감하는 셔틀 프로그램을 제공하고 있다. 언제부터 좋은 일 하는 것이 잘못된 것이 되어 버렸나?

구글이 세상에 영향을 끼치고 있는 방식에 뭔가 문제가 있는 것은 사실이다. 그러나 문제의 중심은 회사 버스나 승객들이 아니다. 그들은 그저 손쉬운 목표일 뿐이다. 구글의 피고용인들은 통근길 버스 창 밖에서 빈곤이 자라고 있다는 것을 잊지 않고 있다. 그러한 광경들은 오히려 이 노동자들을 더욱 절망적으로 자기 일에 매달리게 할 것이고, 얼마나 더 심각한 과정이 펼쳐질 것인가와 같은 의문은 사라지게 만들 것이다. 그들은 백만장자가 되기를 갈망한다. 사치스럽게 살기 위해서가 아니다. 강력한 사회안전망이 없는 국가에서, 사회는 노동자들에게 백만장자가 되라고 윽박지른다. 만일 실직하거나 아프기라도 하면 그 즉시 지독한 가난에 직면할 것이다. 흔히 쓰는 온라인 퇴직 계산 프로그램만 돌려봐도 알 수 있다. 연간 5만 달러를 버는 사람이 67세에 은퇴하려면, 적어도 150만 달러가 필요하다. 한 번이라도 크게 아프면, 뜻하지 않은 의료비 청구서로 인해 매년 170만 명에 달하는 의료관련 파산자 대열에 합류하게 된다.

그 누구도 디지털 경제 시대에서 증가되는 불평등 문제의 비난 대상이 될 수 없다. 구글 투자자나, 상급 관리자, 악명 높은 1%조차 마찬가지다. 실리콘밸리의 경영자들과 벤처투자자들은 단지 비즈니스스쿨에서 배운 바대로 자본주의를 실천하고 있을 따름이다. 대부분의 경우, 그들은 회사 주주들에 대한 법적 의무를 이행 중이다. 맞다. 그들은 나머지 우리들이 싸우고 있는 동안 점점 더 부유해지고 있다. 또한 회사와 주가가 미친듯이 올라감에 따라 우리에게 부차적으로 생기는 손실도 있다. 그러나 그들 역시 다른 이들과 마찬가지로 곤경에 처해 있다. 많은 CEO들은 단기적인 성장목표를 맞추는 것이, 그들의 회사나 고객들의 장기적인 이익에 최선은 아니라는 사실을 이해하고 있다. 그러면서도 어쩔 수 없이, 다른 디지털 거대 기업들과의 경쟁에서 우위를 차지하기 위해, 승자독식 레이스에 붙잡혀 있다.

디지털 기술기업은 다른 기업들과 마찬가지로 쥐어짜듯 강요적이며, 분열적이고 소모적이다. 시간을 많이 소모하고 고비용이며, 일자리를 죽이고, 착취적인 동시에 멋대로 조작하는 특성을 가진다. 참을성 없는 주주들에 대해서 말하면, 그들도 우리와 같은 과다. 우리 역시 알고 보면, 401(k) 프로그램과 대학자금마련 플랜* 따위를 통해 그들과 똑같은 주식을 갖고 있을 수 있다. 우리도 주가 상승을 학수고대하며, 그렇지 못할 때에는 즉시 팔아버린다. 이도 저도 생각처럼 되지 않을 때는 그 결과에 좌절감을 느낀다.

돌을 누구에게 던져야 하는지, 전선을 형성하거나 적을 규정하기가 쉽지 않다. 여기에서 일어나는 갈등이, 실제로는 샌프란시스코 주민들과 구글 노동자들, 혹은 99%와 1% 간의 문제가 아닌 이유이다. 스트레스에 지친 피고용인과 회사 사이의 갈등도, 월 스트리트에 대항하는 실업자들의 저항도 아니다. 모든 것에 **성장**을 우선시하는 경제 프로그램에 저항하는 인간이 직면한 문제이자, 인간존엄성 자체의 문제이다.

우리는 성장의 덫에 걸려 있다. 성장의 덫은 이름도 얼굴도 없는 문제이며, 수많은 사람들이 느끼는 좌절이다. 그것은 일자리 없는 경제회복을 이끄는 논리이며, 저임금 단기 일자리를 밑거름으로 하는 경제이다. 또한 우버(Uber)의 무자비함과, 페이스북(Facebook)의 사생활 침해이다. 모두가 디지털 방식으로 부풀어진 포커 칩을 들고 경쟁하도록 강제하는, 비즈니스와 투자자들의 근본을 파괴하는 메커니즘이기도 하다. 그것은 또한 CEO들을 무기력하게 만들어, 기업의 지속 가능성을 우선시하지 못하고 참을성 없는 투자자들의 이익에 굴복하게 하는 압박이다. 성장의 덫은 또한 그리스의 디폴트 선언에서부터 대학생들의 치솟는 채무에 이르기까지, 경제위기 뉴스의 헤드라인 뒤에 숨어 있는 원흉이다. 부의 불균형을 심화시키고 피고용인과 경영자의 임금

---

* [역주] 401(k) 연금플랜은 봉급 근로자들이 40만 달러를 모으는 목표로 가입하는 비과세 연금플랜이고, 대학자금마련 플랜(college savings plan)은 529플랜이라고도 하는데, 미래 학자금 마련을 위한 연금플랜이다.

격차를 증가시키며, 승자와 패자를 결별시키는 파워법칙의 역학을 발생시키는 힘이다. 그것은 또한 주식투자자가 무슨 일이 발생했는지 알기도 전에 시장에서 가치를 빨아먹는 블랙홀이며, 감히 터뜨리지 못할 만큼 위험한 바람을 인터넷 기술기업 버블에 불어 넣는, 생각도 영혼도 없는 성장동력이다.

우리 시대의 은유를 사용하자면, 우리는 착취적이고 성장에 얽매인 경제 운영체제를 구동 중이다. 이 체제는 이미 능력의 한계에 도달했다. 그래서 부자든 가난한 자든, 인간이든 회사든 누구에게도 효용이 없어졌다. 더군다나 우리는 슈퍼 컴퓨터와 디지털 네트워크 상에서 이 체제를 구동하고 있기에 모든 효과들이 가속되고 증폭되고 있다. 성장은 디지털 경제의 유일한, 다툼의 여지가 없는 핵심 명령이다.

고전 경제학자와 비즈니스 전문가들은 거의 도움이 되지 못한다. 그들은 근본적으로 성장에 기반한 경제를 내생조건으로 받아들이는 경향이 있다. 그러나 틀렸다. 우리 경제의 규칙들은 특정한 인간들에 의해, 역사의 특정 시기에, 특정의 목표와 정책과제를 가지고 고안된 것일 뿐이다. 경제가 뿌리박은 지형이 인간이 만든 것이고, 그것을 영속시키기 위해 우리가 공모해 왔음을 인정하지 않는다면, 우리는 그 경제의 껍데기조차 뚫고 들어갈 수가 없다. 결국 그러한 시스템이 베푸는 자비에 의존하면서 살 수밖에 없다.

대신에 우리는 서둘러 디지털화하는 시장의 근본 전제들을 잘 살펴보아야 한다. 컴퓨터와 네트워크가 그 속에서 작동하도록 놔두기에 앞서 그 전제들이 우리의 상황에 적절한지를 질문해야 한다. 역설적이게도 우리는 프로그래머들처럼 생각해야만 한다. 그래야 성장의 이상을 우리 경제 깊숙이 내장시키는 것 대신에, 경제가 인간에 봉사하도록 순응시킬 수 있다. 이것을 해내기 전까지, 우리는 비즈니스와 경제를 바꾸는 것은 고사하고 제대로 볼 능력도 없을 것이며, 원활하게 작동시킬 수도 없을 것이다.

우리는 동일한 실수를 반복할 운명에 놓여 있다. 지금 시대는 디지털 비즈니스가 작동하는 속도와 규모 때문에, 삐끗하면 산업의 혁신적인 수용능력뿐 아니라 사회 전체의 지속가능성까지도 탈선시킬 위험에 놓여 있다. 구글 버스에 돌을 던진 사람들은 지진의 전조로 기억될 것이다.

우리는 감각을 되찾아 다른 경로를 선택할 수 있다. 우리는 중대한 기로에 서 있다. 이 책을 읽고 있는 모든 사업 종사자, 피고용인, 사업가, 혹은 창작자들은 모든 것이 빌려온 시간과 빌려온 돈을 기반으로 운영하고 있다는 점을 이해하고 있다. 우리는 선택할 필요가 있다. 최후의 한 회사만 살아남을 때까지, 그리하여 가난에 찌든 반란이 일어날 때까지 성장을 밀어붙이는, 확장적인 프로그램을 지속하여 스스로를 패배로 이끌 것인가? 아니면, 우리의 경제와 비즈니스를 근본적으로 재구성하는 기회를 잡을 것인가?

우리는 보다 분산된 가치 창출과 교환이라는 새로운 양식에서 이익 창출의 시작점을 발견할 수 있다. 상거래 사이트들, P2P 물품대여 네트워크나 사용자 소유의 플랫폼들, 심지어 젊은 대학생들이 노트북으로 직접 프로그램 하여 곧바로 시장에 내놓는 게임과 앱(app)들에서 일종의 부의 창출을 목격할 수 있다. 1980년대에 처음으로 이 새로운 도구를 손에 넣었을 때, 초창기 인터넷 사용자들 대부분이 마음에 그리던 인터넷 경제의 모습이었다. 그러나 1990년대에 이르자, 인간 중심의 인터넷 관계망 구축이라는 비전은 또 다른 형태의 디지털 비즈니스 비전으로 대체되었다. 이러한 비전은 자유론적 주창자들과 《와이어드(Wired)》 잡지의 초창기 기고자들, 그리고 케임브리지나 매사추세츠에서 기업 지원을 받던 미래학자들이 신봉하던 것이었다. 그들은 대부분 동일 인물들이었다. 그들은 디지털 기술을 보면서 무한히 확장하는 경제에 대한 허황된 신념을 복구하는 것과 동시에, 위기에 봉착한 증권시장을 부활시킬 하나의 방법을 찾아냈다.

1987년 생명공학 붐의 붕괴 이후 많은 사람들은, 제2차 세계대전에 이어진 미증유의 성장을 이루던 반 세기가 급기야 종말을 맞이하고 있다는 두려움을 가졌다. 그런데 이번에는 디지털 기술이 예전의 영광 이상을 나스닥(NASDAQ)에게 되돌려 주려고 했다. 성장을 위한 보다 많은 기회를 제공해 왔던 물리적 세계가 한계에 도달한 것 같았던 바로 그 때, 우리는 더 많은 가치를 추출해낼 수 있을 듯한 가상의 신세계를 발견했던 것이다. 전문가들은 이 새로운 디지털 기술이 경제 성장을 뒷받침할 '장기 붐'[3]의 전조가 될 거라고 점쳤다. 문자 그대로 영원히 확장 가능한, 디지털 방식으로 증폭되는 경제가 펼쳐질 거라고 주장했다.

우리는 사람들, 혹은 가치를 위해서가 아니라, 성장을 위해 인터넷 플랫폼을 최적화했다. 그렇게 해서 보다 많은 자유시간을 얻는 것이 아니라, 더 적은 자유를 얻는 것으로 귀결되었다. 더 풍부한 의사 표현이나 거래 관계 대신에 더욱 시장 친화적 예측 가능성과 자동화를 요구하게 되었다. 사람들의 눈을 사이트에 붙들어 놓으면서 얻어낸 데이터에서 가치를 추출해내는 능력을 가진 기술들을 더욱 선호하게 되었다. 결국 우리는 디지털 경관에 '항시 접속(always-on)'할 수밖에 없게 되었고, 지속적으로 업데이트되는 핑! 소리와 끊임없이 계속되는 돌발상황을 견뎌야 했다. 나는 이것을 '현재화된 충격'이라고 명명했는데, 예전에는 911 긴급교환원이나 항공교통 관제사들에게나 알려졌던 현상이다.

우리는 인간성의 증진을 위해 신기술들을 발전시키지 않는다. 비즈니스에서도 마찬가지이다. 단지 투기적 시장의 성장을 극대화하기 위해서 사용할 뿐이다. 신기술의 발전과 성장의 극대화가 곧 인간성이나 비즈니스 증진으로 이어지지 않는다는 것은 이미 판명된 사실이다.

밝은 면만 보자면, 백만장자와 억만장자가 화폐처럼 주조되고 있다. 이와 동일한 메커니즘에 의해 수백만 명이 일자리를 잃는 것에 대한 보상으로는 부족해 보이기는 하나, 어쨌든 영감을 주는 것은 사실이다. 그것이 웹사이트이든, 블로깅이든, 탐색기능이든, 소셜미디어든, 아니면 파일 교환기술이나 사진 공유이든, 메시징 혹은 클라우드 서비스이든 백만장자들은 새로운 기술의 파도를 타고 진입한다. 새로운 각각의 인터넷 트렌드는 《월 스트리트 저널》의 표지를 위해 억만장자들을 생산한다. 그들은 새로운 종류의 억만장자다. 즉, '서류상'의 억만장자인 것이다. 그들의 값어치는 이윤이 아닌 주식으로 측정된다. 그들이 운영하는 대부분의 인터넷 회사들은 이윤을 창출하지 못하기 때문이다. 최소한 자본시장이 기대하는 이윤에는 부합하지 않는다. 그들의 성공 스토리가 알려지는 바로 그날 설립자와 투자자는 출구를 찾는다. 즉, 주식 지분을 팔아치우고 보다 현실적인 다른 회사의 주식이나 현금으로 갈아탄다.

이것이 지금 우리가 디지털 경제라고 부르는 게임 방식이다. 그것이 얼마나 인위적이든 상관 없다. 어쨌든 성장의 불꽃을 들쑤셔주기 때문에 의문없이 받아들인다. 새로운 기술을 가진 회사들은, 그들이 자유롭게 선택한 거의 모든 산업 분야를 붕괴시키고 있다. 저널리즘, 텔레비전, 음악, 제조업을 가리지 않고 모든 분야에서 흙탕물을 일으킨다. 투자금융의 운영체제만 파괴하지 않는 한, 대상 선택은 자유다. 한심하게도 대부분의 디지털 회사 설립자들은 이 운영체제가 존재하는 것조차 깨닫지 못하는 것 같다. 그들은 이 분야 저 분야의 '수직적 시장'

에 차례로 도전하면서 희열을 느낀다. 최종 목표는 투자금융의 규칙에 도전해서 승자가 되었을 때, 그들에 대한 천문학적인 평가나 IPO를 통해 현찰을 빼내는 것이다. 디지털 성장게임에서 승리하는 것은, 새로운 종류의 번영이라기보다는 일상적 비즈니스에 대한 새로운 방법일 뿐이다. '헌 술을 새 부대에'와 같은 것이다. 돈을 버는 것이 잘못이라는 게 아니다. 벤처캐피털과 주식시장의 전제와 실제적인 효과에 대해 의문을 갖지 않았다는 것이다. 근본적인 방식에서 보면, 승자들은 사기를 당해왔다고 할 수 있다.

트위터(Twitter)가 뉴욕증권거래소에 상장하는 날 아침에 《월 스트리트 저널》의 표지에서 공동설립자 에반 윌리엄즈(Evan Williams)를 보았을 때, 그가 약간 슬퍼보여서 나는 기뻤다. 그의 턱 밑에는 $4,300,000,000라는 숫자가 찍혀 있었다. 그것은 그날 그가 벌어들인 액수였다. 내가 개인적으로 그와 알고 지낸 이래로 상상조차 못했던 부자가 된 순간이었다.[4] 블로거(Blogger)를 처음 시작했던 바로 그 애송이는, 파산하지 않으려고 전전긍긍하다가 구글에 회사를 팔아서 처음으로 수백만 달러를 벌었다. 엄청나게 거대한 호박을 재배해서 시골 경진대회에서 상을 받는 소년의 모습으로, 세계에서 가장 큰 부자들 중 한 명이 되었다. 그런데 무슨 대가로?

에반은 블로그로 저널리즘을 휘저었고, 트윗(tweet)으로 뉴스 수집을 뒤흔들었다. 그러나 지금 그는 산업 중에서도 가장 크고 악질적인 산업에 그러한 파급 효과를 갖다 바쳤다. 고급양복을 잘 빼입은 자들로부터 칭송받으며 《월 스트리트 저널》의 표지를 장식할 때는, 대개의 경우 당신이 무언가 혁명적인 것을 달성해서가 아니다. 투자자본이 인간사 모든 체계의 중심임을 확인해주는 데 공헌했기 때문이다. 카지노 딜러가, "여기 났어요!"라고 모든 고객들이 듣도록 외치는 것과 같은 것이다.

"성장 게임은 아직도 작동하고 있으니, 어서 베팅하시오!"

에반과 그의 파트너들은 트위터(Twitter)를 성공적으로 상장하여 수십억 달러짜리 회사로 만들었다. 그렇지만 그 과정에서 잠재적으로 세계를 변혁시킬 수 있는 앱(app)을 오로지 성장 추구라는 단일 목적으로 변환시켰다. 이론의 여지는 있으나 가장 강력한 소셜미디어 도구가 개발되었고, 아랍의 봄과 월 스트리트 점령 운동에서부터 시민 저널리스트나 대통령 출마자까지도 글로벌 플랫폼으로 활용하던 도구였다. 만들어내거나 유지하는 데 특별히 많은 비용이 드는 것도 아니었다. 지속적으로 작동하기 위해, 수십억 달러의 현금 유입이 필요하지 않았다는 것은 확실하다.

그러나 엄청난 자본을 투자받으면서 트위터는 이제 무언가를 생산해야 할 필요가 생겼다. 그것은 **성장**이다. 이 글을 쓰고 있는 시점에 트위터가 올린 지난 분기 4300만 달러 **수익**은 월 스트리트에 굴욕적인 **실패**로 여겨졌다. 2015년, 트위터 투자자들은 '**100배' 성장잠재력**을 가진 회사에서 너무도 형편없는 성과를 냈다고 불평하면서 CEO를 내쫓았다. 주주들은 트위터가 사용자들의 트윗에서 돈을 벌 수 있는 더 좋은 방법을 찾아내라고 종용했다. 게시물에 광고를 주입하든지 그들의 데이터를 채굴하여 마케팅 정보수집 기관에 팔든지, 아니면 앱의 유틸리티나 커뮤니티의 통합성을 낮추어서라도 돈을 더 벌라고 압박했다. 트위터가 얼마만큼 실제적 파급효과를 가지고 있었던 간에, 향후에는 그 파급력이 감소할 수밖에 없게 되었다.

문제는 트위터가 성공적이지 못해서가 아니다. 투자자들이 쏟아부은 그 많은 돈을 정당화할 만큼 충분히 성공적이지 못해서이다. 지금으로도 일하는 직원들이 이미 행복할 만큼의 충분한 매출이 있고, 사용자들은 좋은 서비스를 받고 있으며, 초창기 투자자들 역시 잘 보상받았을 만큼 잘되고 있다. 그러나 투자원금인 200억 달러의 100배를 얻어내기를 원하는 주주들에게는 부족할 수밖에 없을 것이다. 그들을 만족시키려면, 여러 국가의 경제규모를 합친 것보다 더 큰 회사로 성장해야만 한다. 알파벳 140자 이내의 메시지를 보내는 하나의 앱에게 바라기에는 너무나 큰 액수가 아닐까?

자본과 가치 사이의, 혹은 투자된 돈과 실제 매출 사이의 이러한 불균형한 관계는 지배적 디지털 경제의 전형적인 특징이다. 디지털 경제는 그 프로세스의 알몸을 드러냈다. 실제 거래가 이루어지는 시장에서 유입되는 현금과 노동, 그리고 생산적 자산이 추출되어 얼어붙은 자본으로 전환되는 과정이 만천하에 드러난 것이다. 이 모든 과정은 성장이라는 이름으로 진행된다. 일단 돈이 주가로 '포박되면', 은행 금고 속에 있는 돈마냥 그곳에 주저앉아 머물게 된다. 이 돈은 다시금 주식의 총가치를 정당화하기 위해 더 빨리, 더 많은 돈을 벌도록 회사에 압박을 가한다. 한 회사의 순가치와 매출 간에는 점점 더 극심한 괴리가 발생한다. 이상하게도 회사들은 충분한 성장을 거듭하고 있지만, 어떤 가치를 생산하거나 창출해내지 못한다.

이 부분은 새로운 것이 아니다. 딜로이트첨단센터(Deloitte Center for the Edge)[5]의 경제학자들에 따르면, 지난 70여 년 동안 기업의 순가치에 대한 순이익은 점차 감소해왔다. 기업들이 수익을 활용하는 것보다 훨씬 빠르게 현금과 자산이 축적되고 있다는 것이다. 이것은 기업들이 여전히 가난해서가 아니다. 보유한 자산들을 어떻게 운영해야 할지 모른다는 것을 의미한다. 그들은 그 자신이나 타인에게 이익이 되기에는 너무 많이 성장했다.

이것이 새로운 점이다. 우리가 기술 혁신을 오로지 성장에만 적용함으로써 디지털로 가속화한 불안정한 형태의 자본주의 작동 스위치를 눌러버렸다는 것이다. 우리는 빈부격차를 더욱 악화시키고, 살기 위해 일하는 사람들을 벌주고, 자본시장에 대한 인간의 통제력을 상실케 했으며, 동시에 근시안적 투자자들이 장기적 혁신의 목을 조르도록 내버려두고 있다. 많은 점에 있어 디지털 기술은 새로운 방식으로 시장을 갖고 노는 게임으로의 초대이다. 뭔지 모를 초고속 장치들은 가치를 창출하는 대신에 갈수록 기존 시스템을 파괴하는 도구로 사용되고 있다.

디지털 비즈니스의 지형에서 번영을 달성하기 위한 더 좋은 접근 방법들이 있다. 성장에 집착하는 것을 극복하면, 좀 더 기능적이고 심지어 배려심 있는 경제체제로 나아갈 수 있는 잠재력을 가질 수 있다. 그러한 경제 시스템에서는 돈은 축적하는 것보다 흐르는 것이 더 유리하다. 단지 가치를 빼먹기만 하는 사람들 대신에 가치를 창출해내는 사람들이 보상받는다. 그렇지만 무엇보다도, 우리는 현재 일이 돌아가는 상황을 잘 파악해야 한다. 불안정하고 불안전한 시스템 아래에 짓눌려 있다는 사실을 우선 인식해야 할 것이다.

많은 사람들은, 아무리 현재의 시스템이 뒤엉켜 있더라도 없는 것보다는 낫다고 생각한다. 실제적 가치를 창출해야 하는 새로운 시스템으로의 전환이 겁나기도 한다. 모두가 문화적 창의성이 있어서 엣시(Etsy.com)에서 사업을 시작할 수 있는 것도 아니고, 새로운 아이폰 앱을 만들어내거나 유기농 고구마를 키우는 장인의 솜씨를 가진 것도 아니다. 우리는 칸막이 속에 앉아서 스프레드시트와 씨름하고, 매출목표를 계산해내거나, 광고예산을 짠다. 소매점에서, 공장에서, 혹은 창고에서 기업이 정해놓은 것 이외에는 어떤 가치나 애플리케이션이 필요없는 일들을 하고 있는지도 모른다. 우리는 단지 해고되지 않고 주택담보대출을 상환하고 대학까지 아이들을 돌보고 얼마간의 액수를 모아 퇴직 후를 대비하기 위해 싸울 뿐이다. 디지털 열풍에도 불구하고, 혹은 바로 디지털 붐 때문에 이것들조차 점점 더 어려워지고 있다. 보다 나은 내일로의 통로는 우리에게 당면한 오늘을 좀더 쉽게 만드는 것이어야 한다. 우리는 걸음마 단계부터 실천적으로 시작해야 한다.

시장이 끊임없이 확장될 거라는 믿음은 신화일 뿐이라고 받아들이는 것이 시작이다. 그렇다. 그것은 신화다. 앞으로 보겠지만, 성장은 이자를 머금은 화폐와 벤처캐피털의 필수조건이다. 그러나 성장은 비즈니스나 통상의 필수조건이 아니다. 산업경제를 숫자화하는 것보다, 그리고 그 악영향을 증폭해 나가는 것보다 더 좋은 무언가를 하고 싶은가? 그렇다면 식민시대 우리 선조들의 확장주의 정책이 오늘날의 제한된 환경 속에서도 어째서 여전히 작동하고 있는지, 그 정책이 디지털 사회에서 우리가 가질 수 있는 잠재적 목표들과 어떻게 배치되는지를 인식해야만 한다.

개인이나 소기업, 대기업과 정부조직 할 것 없이 죽고 사는 것은 성장률에 있지 않다. 이것은 나쁜 소식이 아니라 좋은 소식이다. 이것을 빨리 받아들일수록 더 빨리 족쇄에서 벗어날 수 있다. 그런 후에, 오직 그런 후에야, 우리에게 가치 있고 합당한 유형의 경제로 나아갈 수 있다. 지속 가능한, 그리고 분산된 번영은 듣기보다 단순하며 가시적인 거다. 그것이 우리의 새로운 상태일 것이다.

이것이야말로 디지털 경제의 진실한 약속이다. 공인되지 않은 운영체제가 우리의 비즈니스를 몰아붙이고 있다는 사실을 까발리는 것이 첫걸음이다. '성장'에 계속 먹이를 주는 짓을 그만두고 기꺼이 다른 방식으로 사업을 전개하려는 의지들을 규합하여 현재의 시스템을 바꾸는 일이, 그 다음이다. 우리는 단번에 이 모든 것을 하지는 않을 것이다. 세계의 문제들을 기술적으로 바로잡을 수 있다고 믿고 싶지만, 스마트폰에 업데이트를 하나 설치하는 식으로는 불가능하다. 이것을 위한 알고리즘은 없다. 단지 천천히, 점증적 변화를 통해서, 모든 분야의 사람들과 기관들이 의식적으로 각자의 역할을 수행하는 것이 있을 뿐이다. 그것이 산업 사회와 디지털 사회의 차이점이다. 지구 전체를 장악하여 '단일사이즈에 모두 맞추라'는 식의 해법은 더 이상 통하지 않는다. 대신에 곳곳에서 다양한 규모로 즉시 실행할 수 있는 광범위하게 분산된 해결책들이 공존한다.

그러나 무엇보다도 문제 해결의 출발점을 직시해야 한다. 은행, 투자그룹, 스타트업 에토스가 자의적으로 정한 성장률에 맞추는 게 건전한 경제 도덕률이라는 지배적인 관념을 거부하는 것에서 분산적 해결책들이 출발할 수 있다. 디지털 사회의 일원으로서, 우리는 부의 분산이 보다 지속 가능하고 안정된 상태로 나아가도록 분투해야 할 독특한 위치에 있다.

여기 방법이 있다.

제1장

등식에서 인간을 제거하다

디지털 산업주의

1980년대 후반, 작가로서 생계를 해결할 수 없던 나는 타자를 쳐서 집세를 벌었다. 수많은 작가 지망생들이 밤이 되면 나처럼, 파크 애비뉴의 법률회사 사무실에서 이어폰을 끼고 각종 진술서들을 수시간 동안 타자 작업했다. 대부분의 진술서들은 작업 중 발생한 사고에 대한 공장 노동자들의 진술과, 사고 당시 노동자가 무엇을 잘못했는가에 대한 작업 관리자들의 진술, 혹은 손가락이나 발을 절단할 수밖에 없었던 이유에 대한 의사들의 소견이었다. 산업 생산 과정에 뒤따르는 대가는 매우 참혹했다.

우리 '워드프로세서'들은, 연대기 순으로 무심하게 기록했던 사건들 속의 노동자들보다 시간당 더 많은 돈을 받았다. 이유는 우리가 컴퓨터 사용능력을 가지고 있었기 때문이다. 당시만 해도 이 기계들이 어떻게 작동하는지 아는 사람들은 거의 없었다. 그래도 작가였기에 우리는 당시 잘 알려지지 않았던 워드퍼펙트(WordPerfect)와 같은 소프트웨어의 입출력 과정을 알고 있었고, 시간당 30달러를 댕길 수 있었다. 게으름뱅이 청년이 받을 수 있는 최고의 몸값이었다. 그러는 사이에 우리는 '진정한' 디지털 시대로의 비즈니스 변환에 일조하고 있었다.

매일 저녁 작업 사무실로 들어가는 길에 나는 예술가인 척하는 젊은 전화교환원 옆을 지나가야 했다. 그 시간은 항상 그녀가 일과를 마치고 퇴근 짐을 꾸리는 시간대였다. 우리는 이해하기 어려운 음악과 만화에 대한 농담과 조언을 주고받았고, 나는 그녀를 밖으로 불러낼 용기를 키워나갔다. 그렇지만 기회를 포착하기도 전에 그녀는 컴퓨터로 대체되었다. 디지털이 준 것을 디지털이 빼앗아가버린 셈이다.

1980년대 후반의 다른 많은 회사들처럼 그 회사도 자동안내 시스템을 채택했다. 그때부터 살아있는 인간이라는 존재가 응대하고 전화를 돌려주는 대신에 지금은 익숙해져버린 컴퓨터 안내원의 대사가 대신했다.

"내선번호를 아시면…."

이것이 사람들이 컴퓨터와 실제로 가진 첫 소통경험이 아니었을까 싶다. 그러나 모든 혁신은 항상 나를 한걸음 후퇴하게 만들었다. 단지 예술가인 척하던 교환원과의 기회를 상실해서 하는 소리는 아니다.

회사 측에서 보면 그것은 단지 비용절감 수단이다. 최초의 기술 투자 이후에는 교환원이 없어도 되고, 급여와 건강복지 비용을 지불할 필요가 없다. 교환원을 위한 냉/난방비나 성희롱에 의한 고소처럼, 인간 피고용자와 관련한 그 어떤 비용들도 필요 없다. 맨 아랫줄을 줄이는 것이 맨 윗줄의 성장에 대한 환상을 불러일으키는 좋은 방법이다.

대가는 전화를 거는 사람들이 치른다. 우리들 대부분은 일련의 메뉴에 맥이 풀려버리는 좌절에 익숙하다. 온갖 번호와 날짜, 코드를 입력하면서 무한 반복하는 순환에 빠지거나, 재수 없는 경우 연결이 끊긴다.

회사가 얻은 효율은 다른 사람들이 잃어버린 효율로 상쇄되고도 남는다. 물론 회사 주주들은 고용 인원수를 줄이는 것에 기뻐할 수도 있다. 그러나 그것도 잠시뿐, 그들 스스로 투자 관련 부서 누군가와 통화를 시도하다가 남들처럼 진저리 칠 일을 경험할 때까지다.

핵심은 한 회사가 접수 관련자에게 지불해야 할 비용을 모두 발신자의 비용으로 전가한다는 것이다. 즉, 더 많은 시간과 비용이 그 회사 비즈니스 네트워크와 고객들에게 전가된다. 그리고 모든 회사들이 이렇게 하게 된 이래로, 디지털에 대한 거부감을 합산해 볼 때 결국 경쟁에서도 불리해졌다. 자동화에 대한 저항이 커지다 보니, 이제 몇몇 은행이나 케이블TV 사업자들이 '**진짜 사람**이 전화를 받아요!'라고 광고하는 진풍경까지 벌어졌다.

장기적인 관점에서, 특히 고도화된 디지털 경제에서 '외부'는 없다. 한 회사가 고객이나 공급자, 그리고 판매자에게 전가한 시간과 비용은 각각 매출액의 감소, 높아지는 원가, 그리고 줄어드는 피드백의 형태로 곧바로 되돌아온다. 회사는 인간 고객들이 회사와 상호작용하는 **즐거움**을 갖기를 원해야 마땅하다. 공급자들한테는 그들의 비용을 가능한 최소화 해줌으로써 반대급부로 그들이 최선의 가격을 제공하도록 해야 마땅하다. 또한 판매자들과는 직접 소통해서 판매현장에서 벌어지는 일을 정확히 알아야 한다. 살아 있는 인간 간의 상호접속은 일이 터진 후 실시하는 그 어떤 설문조사보다 양질의 정보를 제공한다. 자동화된 통화 메뉴의 아이템들은 걸려오는 인간의 요청이나 문제제기들을 모조리, 마치 조립라인 위의 상자 속에 던져 넣듯이, 이미 설정된 범주에 털어넣는다. 예측하지 못한 범주를 필요로 하는 통화는 바로 그 회사가 잃어버리는 고객이며, 낡은 산업 시대적 접근방식을 디지털 기술시대의 일터에 막무가내로 적용함으로써 생긴 균열의 틈 사이로 빠져나간 정보이다.

갑자기 쫓겨난 노동자들처럼 뉴스 헤드라인들도 이 수수께끼에 대해 컴퓨터를 비난한다. 그러나 디지털 기술 자체의 잘못은 전혀 아니다. 디지털로 장착된 비즈니스 모델의 오류이다. 비즈니스가 봉사해야 할 인간을 희생하는 대가로 회사의 성장과 효율만을 강조하는 탓이다. 인간에 봉사한다는 것은, 실-세계의 비즈니스 실상에 대항하여 보호해야 할 뉴에이지의 가치체계 같은 게 아니다. 그 자체가 비즈니스가 존재하는 가장 우선적인 이유다. 즉, 고객과 직원과 업주를 위한 지속적인 가치 창출을 통해 인간에 봉사하는 것이 사업의 존재 이유다.

어찌되었든 성장은 그 자체로 목적이 되었다. 경제의 엔진이 된 것이다. 인간은 엔진이 제대로 작동하는 데 걸림돌이 되고 있다. 인간과 인간 특유의 요구 사항들만 없어질 수 있다면, 비즈니스는 자유로이 비용을 절감하고, 소비를 증대하고, 보다 큰 가치를 추출하며, 더 크게 성장할 수 있을 것만 같다. 이런 관점은 산업주의 시대의 주요 유산이다. 산업주의 시대는 기적 같은 기계의 효율성이 우리에게 무한한 성장의 통로를 제공해줄 것처럼 보였던 시기였다 — 적어도 인간의 개입만큼은 최소화할 수 있다고 여겨졌다. 이와 똑같은 에토스를 디지털 시대에 적용하는 것은 인간 교환원을 컴퓨터로, 또 공장 노동자를 로봇으로, 관리자를 알고리즘으로 대체하는 것을 의미한다. 옛날과 똑같은 프로그램을 새로운 디지털 방식으로 가동해보려는 시도일 뿐이다.

직관에 반하여 생각해보면, 새로운 디지털 환경이 제공하는 더 큰 기회를 통해 우리는 이전의 기술 대격변 기간에 미처 챙기지 못했던 인간의 가치를 되찾아올 수도 있다. **디지털**이란 말은 그 자체로 숫자를 가리킨다. 무언가를 만들고, 숫자를 세고, 컴퓨터를 프로그램 하는 데 우리 인간이 사용하는 열 손가락 말이다. 오늘날 우리가 장인 수공예와 예술적 생산의 르네상스를 목도하고 있는 것은 우연이 아니다. 디지털 지형은 말단의 횡적인 교역에서 창출되는 생산성과 부의 분배를 독려하고 있다. 중앙집중적 제도에 생계를 의존하는 대신 우리는 서로를 의지하기 시작했다.

디지털 미디어의 지형이 제공해준 투명성으로 우리는 산업주의의 작동방법을 까발릴 수 있는 잠재력을 얻게 되었다. 디지털 기술에서는 여러 비즈니스 영역을 밑바탕부터 재-프로그램 할 수 있는 수단을 얻고 있다. 또한 단지 가치를 추출해내는 것이 아니라 여러 인간 주주들에게 분산해주는 방향으로 재-프로그램 할 수 있게 되었다. 다만 그러려면 비즈니스 과정과 기술 자체의 목적을 평가하는 방법에 있어서 조금은 급진적인 반전이 필요하다. 인간을 하찮은 기계부품으로 취급함으로써 우리는 성장을 그 어떤 경제가치보다 추앙하는 상태에 이르렀다. 어떻게 해서, 왜 우리가 이렇게 되었는지를 곰곰이 따져볼 때이다.

더 많이, 더 많이, 더 많이

산업주의와 현대 이전에 행복했던 한두 세기 동안, 비즈니스 지형은 마치 버닝 맨(Burning Man)*처럼 보였다. 십자군 원정은 전 유럽과 그 너머로 새로운 통상의 길을 열었다. 병사들은 머나먼 이역에서 다양한 건축 및 농업의 새로운 공예와 기술을 접한 후 귀향했다. 그들은 중동에서 목격했던 시장까지도 복제했는데, 그것이 바로 바자(bazaar)이

---

* [역주] 네바다 주의 Black Rock City에서 매년 열리는 축제. 단지 모두의 즐거움을 위해 자기 재능을 사심 없이 준다는 참여의 핵심인식을 공유하며 참여자들은 여러 형태의 예술행위를 선보인다. 축제가 최고조에 달할 때, 거대한 목각 남자 인형을 불태우는 상징적 의식을 행하는 것에서 이름이 유래함.

다. 상품뿐만 아니라 제분과 가공, 금융 분야의 혁신을 주도할 아이디어들까지도 교환이 가능했던 장소다.

바자는 P2P의 성격을 띤 경제였다. 오늘날의 이베이나 엣시(Etsy)와 성격이 유사한 계열이라 할 수 있다. 그곳에서는 인간관계와 평판이 중시되었다. 바자가 열리는 지정된 시간과 장소 외에 중간 매개자나 거래를 통제하는 중앙 플랫폼도 없었다.[1] 거래과정에서 온갖 종류의 상호의존 방식이 발전되었고, 그것은 또 다시 더 많고 더 나은 통상을 촉진했다. 수레 목수인 피트가 귀리를 사고자 할 때, 귀리 상인인 조는 좋은 제품을 공급할 필요가 있었다. 단지 고객을 계속 유지하고 싶어서가 아니라 좋은 마차바퀴가 필요했기 때문이다. 피트에게 나쁜 귀리를 준다는 것은 곧 미래의 비즈니스가 위험에 빠질 가능성 이상을 의미했다. 조의 아내가 쓸 마차바퀴를 만드는 장인인 피트가 아파서 일하지 못할 수 있었다. 바자는 결속된 교역 공동체였고, 거래와 더불어 다양한 가치들이 함께 교환되던 장소였다.

상품과 서비스의 질은 주요 상거래를 담당하던 길드 시스템에 의해 유지되었다. 완벽한 체계는 아니어서 종종 기존 구성원과 그 후손들의 편의를 봐주기도 했으나, 구성원 간의 경쟁보다는 가격 표준화와 도제 훈련, 최상의 경험 교환 등으로 특징지을 수 있다. 이를테면 '길드 구성원들은 일요일에는 쉰다' 등의 규칙을 결정한다. 이렇게 함으로써 구성원들 중 누구도 경쟁에서 불리하게 만들지 않으면서도 일하는 날을 확실히 줄일 수 있었을 것이다.

바자의 출현으로 중세 말의 유럽은 역사상 가장 급속한 경제 성장을 구가했다. 수세기만에 처음으로 경제가 **성장**했다. 사람들은 더 잘 먹고, 덜 일하고, 굉장히 건강해졌다 – 당시의 기준으로 볼 때만 그런 게 아니다.[2] 문제는 상인계급이 부를 얻는 동안 귀족계급은 부를 잃고 있었던 점이다. 농노들의 가치를 수동적으로 추출하는 봉건적 약탈로, 귀족 가문들은 수세기 동안 즐겨왔었다. 성장에 대해 걱정하지 않았고, 그럴 필요도 없었다. 만인에 군림하는 영주로서 세상은 그때까지 그냥 잘 돌아가고 있었다.

그러나 새로운 상업경제가 성장하면서 모든 것이 변했다. 상당수의 농노들이 비즈니스를 시작하면서 귀족계급은 가치창출 위에 군림했던 독점을 상실했다. 민중들의 경제는 성장했으나, 귀족계급의 경제는 정체하거나 쇠락했다. 귀족 계급은 더 이상 지탱할 방법이 없었다. 그들은 성장이라는 새로운 현상에 주목했고, 스스로를 위해서도 그런 것을 원하게 되었다. 그리고 결국 성장을 얻어냈다. 그러나 방법은 달랐다. 강제적이고 인위적인 수단을 통해서였다. 농노의 경제성장은 자연스럽거나 심지어 온당했던 반면에, 그것을 강탈하고자 한 귀족계급의 노력은 전혀 그렇지가 않았다. 성장이라는 현상은 농노들이 부를 성취하는 데 기여했지만, 거의 모든 것을 가진 자들에게는 순전히 남의 부를 막는 수단으로 사용될 뿐이다. 바로 이 일이 일어났다.

귀족들은 법을 제정할 힘이 있었다. 여러 나라에서 서로 다른 시기에, 일련의 움직임들이 일어났다. 바자에 세금을 부과하고, 길드를 해체하고, 지역화폐를 불법화하고, 그들의 입맛에 맞는 상인들에게 전매특권을 부여한 것이다. 지분의 답례로 왕들은 특정 회사에 그 산업 전부를 통제할 독점권을 허용했다. 피어-투-피어, 혹은 'P2P'의 경제 속성은—물론 하룻밤 사이는 아니지만 한 두 세기를 거쳐—오늘날 우리에게 익숙한 탑다운(top-down) 경제로 변했다.[3]

스스로 제품을 만들어 통상에 참여하는 대신, 장인들은 이제 법제화된 독점회사들에서 일자리를 알아봐야 했다. 상품판매 대신에 이제 시간을 팔았다. 상식 밖으로 들리겠지만, 비즈니스 오너들은 가능한 미숙련 노동자들을 찾기 시작했다. 숙련된 구두장이는 숙련도에 걸맞는 대가를 요구할 것이다. 반면, 하루 일당을 찾는 이주민은 싼 값을 치르고 구할 수 있었다. 노동 시간이나 조건, 대가 지불에 항의하면, 손쉽게 또 다른 이주민으로 교체할 수 있었다. 그러나 한 무리의 비숙련공들이 어떻게 쓸 만한 제품을 만들 수 있겠는가?

산업 시대로 오신 걸 환영합니다.

오늘날 우리가 산업주의라고 부르는 것은, 실제로는 농노의 성장을 강탈하기 위한 귀족계급의 시도가 확장된 형태다. 귀족계급은 농노의 시장에서 경제가 성장하는 것을 목도하고, 다른 수단으로 모방해내고자 했다. 산업은 사실 덜 숙련된 인간 노동을 필요로 하는 제조 공정의 발전을 의미했다. 구두 만드는 기술을 배울 필요 없이 노동자들은, 전체 일 중 작은 부분 하나를 몇 분만 배우면 된다. 결국에 가면, 많은 산업적 생산공정은 개별 장인에 의한 생산보다 더 효율적이기 마련이다. 그러나 이것은 대부분의 경우 총비용이 숨겨지거나 남들에게 전가된 결과다－정부가 값싼 석유를 구매하기 위한 전쟁비용을 지출하거나, 대량생산된 제품들을 운반할 도로 건설, 기업농이 일으키는 환경적 스트레스를 모두가 대신 지불해야만 하는 것 등－. 값은 쌀지도 모르지만, **비용**은 높다. 어느 모로 보나 진짜 효율이라고 할 수 없는 것들이다. 산업화는 노동의 가치와 가격을 최소화함으로써 꼭대기 계급의 권력을 복원하고자 진행되었다. 이것이 산업주의 체제에 가치로 내장되었다. 우리는 지금 그러한 가치체제를 상업 지형의 모든 면에서 목격하고 있다.

물론 산업주의는 노동자들의 무력화가 아니라 기술의 승리로써 우리에게 다가왔다. 최초의 진짜 세계 전시회라 할 수 있는 알버트(Albert)

왕자의 1851년 대박람회*로 거슬러 올라가보자. 대중들은 인간 노동이 전혀 필요 없이 작동되는 듯 보이는 놀라운 신기술들에 감탄했다. 참석자들은 인도에서 양탄자를 만들기 위해 사용되는 베틀 기계장치를 보고 경탄했다. 그렇지만 그 기계를 누가 작동하는지, 누가 손가락을 잃는지, 그리고 누가 기계에 밀려 대체되는지는 보여주지 않았다. 대신 제조업자들은 기계로 만든 양탄자에 그 어떤 인간 장인의 손길이 닿은 흔적도 없다는 것을 자랑스럽게 떠벌렸다. CES†부터 South by Southwest‡에 이르기까지 오늘날의 기술전시회들도 마찬가지다. 전시되는 최신 디지털 기계장치의 숨겨진 면을 보여주지 않는다. 기계장치 조립에 투입된 노동이나, 그것에 필요한 '피 묻은 광물'을 채굴하다 죽은 광산노예, 혹은 배출된 오염물질로 인해 파괴된 농촌지역에 대한 정보는 조금도 언급하지 않는다.

그것을 '덤웨이터'§ 효과라고 부르기로 하자. 토마스 제퍼슨이 고안했다는 독창적인 수동식 소형 엘리베이터를 기억하는가? 그는 지하 부엌에서 식당까지 하인들이 요리를 운반하는 것을 돕기 위해 발명했다고 한다. 오늘날이라면 이 발명품을 시간과 에너지를 절감하는 기술이라고 생각할 수 있겠지만, 당시 제퍼슨에게는 다른 문제였다. 하인들이 불필요하게 계단을 오르내리는 노고를 더는 문제가 아니라, 노예노동의 거슬리는 현실로부터 자신과 손님들이 떼어놓기 위한 것이었다–적어도 식사 중에는 마치 '스타트렉'에 나오는 순간전송기처럼

* [역주] 영국 빅토리아 여왕의 남편인 알버트 왕자가 주관한 당대 최대의 박람회. 런던 하이드 공원에서 열렸으며, 찰스 다윈, 사뮤엘 콜트, 샤롯 브론테, 찰스 디킨스, 조지 엘리엇 등 당대 유명인사들이 대거 참관함.

† [역주] 라스베거스에서 열리는 세계 최대 소비가전 전시회.

‡ [역주] 약자 SXSW로 불리기도 하는 미디어 및 음악 전시회.

§ [역주] 요리를 운반하는 소형 엘리베이터.

음식이 도착했다. 어떤 인간의 노력도, 혹은 그에 따르는 불편한 심기도 느낄 필요가 없었다. 제퍼슨 외의 나머지 인간사회도 보이지 않는 노동에 점점 더 의존하면서 덤웨이터 효과는 중요한 전략이 되었다.

대량생산이 노동자들을 기술과 가치 창출에서 분리한다면, 대량 마케팅은 노동자들을 서비스 대상으로부터 분리시킨다. 대량생산된 제품들은 장인의 손재주를 얹은 품질을 잃었으나, 일관성으로 보충했다. 대량생산 제품의 진짜 장애물은 생산자와 고객 사이에 있는 인간관계의 결핍이었다. 지역의 귀리방아꾼 조로부터 됫박으로 귀리를 사는 대신, 이제는 수백 마일 바깥에서 배송되는 박스에 든 귀리를 사게 되었다. 기껏해야 장인과의 관계는 이제 판매원과의 관계로 대체되었다. 그렇지만 판매원은 도매단계에 위치하는 대리인일 뿐이다. 제조업자들은 소비자와 생산자 사이에 잃어버린 인간결속을 무언가로 대체해야 했고, 남아있는 결속도 다른 것으로 교체해야 했다.

이 필요에서 브랜드가 나왔다. 박스에 퀘이커(Quaker)* 씨의 얼굴을 새겨넣어 소비자에게 새로운 얼굴을 마주하게 한다. 이 얼굴은 차차 인간 방아꾼보다 더 친근해진다. 진짜 장인과 달리 브랜드 아이콘은 마케터가 선택한 어떤 신화도 내장할 수 있고, 고객과의 더 깊은 연대를 위조해낼 수 있다. 물론 브랜드 신화는 제품이나 생산과는 상관이 적거나 아무 상관이 없는 것이다. 있다고 쳐도, 그것은 공장과 노동조건 그리고 멀고 먼 위치 따위의 사실에서 소비자의 주의를 분산시키는 것이었다. 그러는 동안 박람회와 전시회들은 그것을 작동하는 사람들보다 산업기계들을 추켜세우는 일에 항상 몰두해 왔다. 빅토리아 시대의 박람회는 인간노동 없는 베틀기계를 전시했고, 1964년 세계박람회는

* [역주] 1877년 설립된 오하이오 주의 기업형 귀리 생산자.

관람객을 자동 사이드워크에 태워 자동으로 돌아가는 공장들을 보여주기에 이르렀다. 오늘날 컴퓨터 애니메이션으로 제작된 TV 광고에서는, 반짝이는 부품들이 허공을 날아다니다 마치 마술처럼 어떤 기기나 차량으로 완성된다. 소비자들은 과자나 자동차, 컴퓨터들을 기계 자체로부터 구매하는 거나 다름없다.

매스미디어 역시 그 자체가 산업 시대 기술의 산물이다. 신문 인쇄에서 위성까지 미디어 기술은 제조업자들이 한 나라를 넘어 세계 곳곳에 브랜드 신화를 퍼트릴 수 있는 길을 열어주었다. 광고 덕분에 소비자들은 제품이 상점 선반에 채 도달하기도 전에 브랜드와의 관계를 구축하기에 이르렀다. 제품 포장에서 미소 짓는 퀘이커 씨는 이제 오랜 친구처럼 보이는 게 당연하다. 어쩌면 그보다 더 좋은 친구가 아닐까?

이러한 산업주의의 마지막 단계에 이르기까지 대가는 인간이 치러야 했다. 대량생산이 인간노동을 가치절하 했듯이 대량 마케팅은 소비자를 생산자와 분리해냈고, 매스미디어는 소비자들을 고립시켰다. 친구나 연인에게 약속하는 장면에서 등장하는 패션과 향수는 이미 친구와 연인이 있는 사람들을 위한 것이 아니다. 광고는 외로운 개인들에게 가장 잘 통한다. 매스미디어가 우리를 원자화하여 수백만 가지의 개별시장을 만들어내는 경향은 우연이 아니다. 그러기 위해, 텔레비전은 온 가족이 둘러앉은 거실의 난롯가에서 개인의 침실로 진화해 왔다. 케이블채널이나 유튜브(YouTube) 스트림도 마찬가지다. 사람들이 텔레비전 화면에 나오는 것을 괜히 프로그램(programming)이라 부르는 것이 아니다. 이 경우에 프로그램 되는(programmed) 것은 기계가 아니라 사람이다.

스냅사진처럼 보자면, P2P 장인 경제의 가치와 메커니즘에서 산업 시대로의 전환은 아래와 같은 양상이다.

	장인 경제 시대 1000년~1300년	산업 경제 시대 1300년~1990년
방향	●	↗
목적	생계	성장
회사	가족 비즈니스	법제화된 독점 회사
화폐	시장화폐 (통상을 지원)	중앙화폐 (은행을 지원)
투자	직접 투자	주식시장
생산	수작업 (손 원고)	대량생산된 제품 (인쇄된 책)
마케팅	인간 대면	브랜드 아이콘
소통	개인 접촉	매스미디어
토지와 자원	교회 공유지	식민화
임금	가치당 지불 (장인)	시간당 지불 (피고용자)
규모	지역적	국가적
무엇을 위해 최적화되었나	가치의 창출	가치의 추출

좀더 세밀하게 발전과정을 추적해 보겠지만, 가장 주목해야 할 점은 개별 산업에서 혁신이 일어날 때마다 인간적 가치가 하나씩 축소되었다는 것이다. 손 원고와 같이 손재주로 만들어진 제품들은, 인쇄된 책처럼 기계적으로 재생산 가능한 것들에 자리를 내주었다. 그것을 만든 인간을 통해 제품과 연결되는 것이 아니라, 인간은 포장에 붙어 있는 브랜드 따위에 연결된다. 인간이 가치사슬에서 떨어져나간 것이다. 그리고 이 방식은 계획된 것이다. 계획 뒤에 숨은 의도가 애초부터 매몰되어 보이지 않거나 잊힐지언정 말이다. 산업주의의 기본적인 의도는 떠오르는 중간계급과 P2P 시장체제를 전복시키는 것이었음을 기억하라.

상인과 장인들은 바닥에서 위로 가치를 창출해 왔다. 그 과정에서 귀족계급의 수동적인 수입을 위협했다. 사람들이 독자적으로 가치를 창출하고 보상을 요구하고 사고파는 것 이상으로 관계를 중시하였기 때문에, 귀족계급의 게임 목적은 이들을 새로운 길에서 축출하는 것이었다. 그리고 이러한 게임은 오늘날까지도 그대로 남아 있다.

산업에서 인간의 손을 제거하는 것은, 그 자체로 뚜렷한 장점들을 가지며 몇몇은 궁극적으로 모두의 혜택으로 돌아가기도 한다. 기계화 과정의 '반가운' 부산물로서 발명되었지만, 인쇄된 책이 지식과 아이디어 전파를 용이하게 했던 것에 감사한다. 산업화 프로세스는 자주, 우리가 더 많이 수확하고, 더 빨리 생산하고, 더 넓게 공급할 수 있도록 해준다. 그러나 출발부터 결함이 있었기 때문에 오늘날에는 수익이 감소하는 지점에 도달한 것이다.

기업이윤이나 국민총생산 등 경제 성과를 재는 잣대에서 인간이라는 요소는 갈수록 무시된다. 그러한 이유로 환경재앙과 그로 인한 암 발생률마저도 여전히 경제에 플러스 요인으로 고려된다. 복구처리나 화학약품 투입에 지출이 늘어나므로, 경제에 도움이 된다고 규정하는 것이다. 덜 소름 끼치는 예를 들자면 기업 해고법과 세법만 보더라도 성장이 오히려 인간의 번영에 역행하는 경제시스템에 기초하고 있다. 우리는 경제가 추구해야 할 목적을 상실해버렸다.

누구의 혜택을 위한 것인가? 돈벌이가 줄어든 노동자들을 위한 것은 아니다. 기술이 평가절하된 장인도, 사회적 결속이 망가진 소비자나 비용을 전가받는 공동체를 위한 것도 아니다. 그것은 확실하다. 그럼에도 우리는 성장을 위해 비즈니스와 경제를 최적화해간다. 더군다나 우리는 전적으로 차원이 다른–전혀 다른 잠재력을 가진–기술적 사회적 지형으로 전환해 가는 중인데도 말이다.

떠오르는 디지털 경제를 여전히 '산업주의 2.0' 따위로 규정하려는 목소리가 힘을 얻고 있다. 이것은 MIT의 에릭 브리뇰프슨(Erik Brynjolfsson) 교수와 앤드류 맥카피(Andrew McAfee) 교수가 널리 존중받는 경영학 책, 《제2의 기계시대》에서 이름 붙인 것이다. 그러한 생각들이 비즈니스 공동체를 사로잡은 것은 놀라운 일이 아니다. 그 아이디어들이 실제로도 유망한 일상적 비즈니스가 될 거라는 투의 혁명적인 호언장담 때문이다. 자동화는 계속해서 노동자들을 대체할 것이고, 기업들은 주연으로 남으며, 살아남기 위해서는 스스로 기술변화의 속도를 따라와야 할 거라는 허세다. 이것은 혁명적인 비전이 아니라 반동적인 비전이다. 경제적 플랫폼과 성장에 대한 편향성 외에는 모든 것이 변할 것이다. 성장은 전체 경제 지형의 퍼즐에서 아마도 가장 제멋대로인 조각일 것이다.[4]

디지털 매체와 기술은 구시대의 목적을 위한 새로운 기계들을 만드는 수단 제공을 넘어, 신성한 진실들을 볼 수 있는 새로운 시야를 제공한다. 우리는 근본적으로 다른 전제들에 기반하여 경제를 재-부팅할 기회를 얻는다. 그렇다. 우리는 중요하고 새로운 도구 세트를 가지고 있다. 또한 새로운 미디어 환경에서 살면서 어떤 방식으로 도구들을 사용할지 결정할 수 있다. 새로운 디지털 사회의 일원으로서 우리는 프로그램과 프로그래밍이라는 관점에서 사물을 생각하는 법을 배우고 있다. 헌법에서 아이폰 상의 뱅킹 앱(app)에 대한 종교적 신뢰까지, 마치 명령어들의 목록처럼 이해할 수 있다. 의도와 기능성을 가지고 만들어진 프로그램으로서 말이다.

디지털 비즈니스에 대해서는 깊이 있는 비전이 부족했다. 디지털 기술에 대해 아직도 산업주의를 한 단계 격상시키는 새로운 도구 정도로 보는 경향이 있다. 자동 베틀이 인간을 대체했던 것처럼, 이제는 로봇과 알고리즘이 그 역할을 한다. P2P 시장을 발전시킬 분산 메커니즘을 창조하는 대신에 참여자들에게서 가치를 추출하여 위쪽으로 전달하는 플랫폼을 창조하고 있다. 우리는 새로운 환경에 살고 있으면서도 여전히 구시대의 성장 의제가 진리인 것처럼 생각한다.

그것은 자연스런 현상일 뿐이다. 우리는 새로운 미디어를 옛 방식으로 사용하는 경향이 있다. 적어도 새 미디어의 타고난 가능성을 발견하기 전까지는 말이다. 초창기 텔레비전 쇼는 단지 방청석에서 카메라로 찍은 무대 장면이었다. 첫 그래픽 컴퓨터 인터페이스는 그것이 교체하고자 하는 실제 세계의 사무실 데스크탑을 모방하였다. 이와 마찬가지로 우리의 디지털 경제는 아직까지도 자동차의 단계라기보다 말 없는 마차의 단계이다. 완성도 높은 시네마라기보다 무성영화에 가깝다. 다시 말해, 예전 지형의 한계 속에서 디지털을 상상할 뿐, 새로운 지형에 기반한 잠재력으로서 그것을 바라보지 못하고 있다. 그것을 비즈니스 일반에 대한 위협요소로 이해할 것이 아니라, 디지털 경제의 진정한 약속으로 이해해야 할 때다.

승자독식의 디지털 시장

디지털 시장이 버닝 맨 축제와 유사해지고 있다고 생각했던 사람들은 잘못 짚은 것이다. 적어도 단기적으로는 틀렸다. 망(net)의 분산적 성격, 탈중앙화된 연결성, 임시적 성향을 띠는 사회적 활동 등 디지털 시장의 특성들은 균등하게 분산된 시장형태가 출현할 전조인 듯 보였다. 모든 것을 월마트에서 사는 것 대신에, 그리고 개인과 공동체의 부를 극도로 중앙화된 거대기업이 추출해 가는 상황을 바라만 보는 것 대신에 우리는 이제 새로운 P2P 상거래의 단계로 진입할 수 있을 것 같았다. 바자의 가치들이 인터넷에 의해 되살아날 것만 같았다. 그리하여 산업주의의 가치추출적 성장 명령이 퇴조하고 새로운, 디지털에 촉발된 인간 주도의 경제가 지배하리라 생각했다.

그런데 무엇이 잘못되었는가?

아주 간단히 말하면, 도전하고자 한 경제원칙은 고사하고 옹호하고자 한 원칙에 대한 참된 의식이 결여된 채 디지털 비즈니스 계획에 접근하고 그것을 실행했다는 것이다. 너무 많은 사람들이—여기에서 이름을 말하기조차 힘들 만큼—인터넷이 이 모든 것을 해결해주리라고 단순히 예상했다. 인터넷 상거래 플랫폼들을 만들기만 하면, 원래 타고난 천성대로, 저절로 인류를 탈중앙화하고, 인류에 힘을 주고, 그래서 인류에게 좋을 것이라고 생각했던 것이다. 우리는 또 다시 과거와 동일하게 우리 역할을 과소평가하는 실수를 저질렀다. 이 플랫폼들이 기존 시장에 어떠한 충격을 줄 것인가 알아내는 과정에서 목적의식을 가진 인간 프로그래머로서 우리의 역할이 중차대하다는 것을 간과한 것이다.

네트워크 구성 초기시절에 인터넷 상에서 상행위가 일어날 것은 상상도 못했다. 1990년대로 돌아가보면 인터넷은 상업적 플랫폼이 아니라 일종의 공적인 유틸리티였다. 정부와 학교기관들은 유료로 인터넷을 사용하면서 사용방법에 대해 엄격한 규칙을 유지했다. 마치 공유물처럼 취급되었던 것이다. 망에 접속하기를 원하는 사람들은 비영리 연구 목적임을 입증하고, 어떠한 판매도 시도하지 않겠다는 서약에 전자서명해야 했다. 이메일로 광고를 보내거나, 상업적 서비스를 포스팅하면 유즈넷(Usenet) 그룹은 당장에 당신을 추방해버렸을 것이다.[5]

당시 대학졸업 이후 제대로 된 직장을 다니던 여피(yuppies)*들은, 디지털 네트워크와 퍼스널 컴퓨팅에 관심이 많았던 사람들을 별난 존재로 여겼다. 컴퓨터 관련 일은 캘리포니아 등 미국 서해안 지역에 국한된 현상이며, 기껏해야 그레이트풀 데드(Grateful Dead)† 쇼를 위한 그래픽 제작 따위로 여겼다. 돈벌이로 연결시킬 낚시 미끼나 탄도미사일 같은 아웃풋이 없던 때였기 때문이다. 사이버문화에 관한 첫 책 때문에-원래 1993년에 발간 예정이었는데, 인터넷이 '끝나버렸다'고 판단한 출판사가 발간을 취소했다-나는 당시의 반문화 열성분자들뿐 아니라 티모시 레리(Timothy Leary)‡처럼 1960년대의 저명인사들과 접촉하는 기회를 얻었다.

CNN 방송에 출연해 래리 킹(Larry King)에게 '가상세계(Cyber-space)'에 대해 설명하려고 분장실에서 대기하고 있을 때였다. 거기서 나는 매튜 넬슨(Matthew Nelson)을 만났다. 뜻밖에도 그는 내 책 발행인의 남자친구였다. 그는 그의 비전을 노트북컴퓨터에다 담아 왔는데, 인터넷을 시장으로 활용하는 새로운 방법에 대해 여러 장의 사진과 더불어 정리해 놓았다. 정사각형의 아이콘들이 있는 아주 간단한 윈도우였는데, 아이콘에는 음반의 사진이 하나씩 들어 있었다. 그의 아이디어는 아이콘 중 하나를 클릭하면 텍스트와 이미지로 구성된 새 창이 뜨는 것이었다. 선택사항들을 고르고 마지막으로 어떤 버튼을 클릭하면 음반이나 CD를 구매할 수 있고, 제품이 집으로 우편배송 되는 방식이었다. 훗날 접속속도가 충분히 빨라진다면 그 음악들이 여러분의 컴퓨터

---

* [역주] 미국의 베이비붐 후반, 즉 1940년대말~1950년대 전반기에 태어난 세대로 도시나 근교에 주로 거주하던 화이트컬러 엘리트의 통칭.
† [역주] 1965년 Palo Alto가 결성한 미국의 락그룹.
‡ [역주] 미국의 심리학자. 연구를 위해 세계 각국의 36개의 교도소에 고의로 수감된 것으로 유명하다.

에 다운로드 될 수도 있었을 터이다. 그날 오후 그는 AT&T의 한 경영자와 약속이 잡혔다. 어떻게 하든 이 새로운 기술의 밝은 전망을 납득시키고자 노력했을 것이다.

매튜가 보여준 데모는 나의 TV 방송에도 도움이 되었다.

"아닙니다. 래리 씨. 망(net)이란 것은 스타트랙에 나오는 해괴한 마술이 아닙니다. 시장에서 통할 수 있는 정통적인 애플리케이션입니다."

모두가 인터넷 사용자들을 미친 사람처럼 취급하던 당시 상황에서, 주요 기업들에게 수용되는 것은 회사를 팔아먹는다는 느낌이었다기보다는 영향력이 큰 물에서 개종자들을 얻은 느낌이었을 것이다. 그 후 머지않아 매튜와 그의 동생 조나단의 오가닉(Organic Inc.)은 공개 상장된 첫 인터넷 거장이 되었다. 전자상거래 웹사이트뿐만 아니라 배너 광고의 미래를 책임지게 될－혹은 욕을 먹게 될－첫 회사였다.[6]

매튜 역시 나처럼 일이 어디로 흘러가고 있었는지에 대해 놀라웠을 것이다. 정보초고속도로는 상호작용하는 스트립 몰(strip mall)*의 형태로 변해가고 있었다. 사람과 제품을 연결해주고, 지불수단을 간편화하고, 행동의 자취를 추적할 수 있는 디지털 기술의 능력은 온갖 종류의 새로운 마케팅과 판매혁신으로 이어졌다. '구매하기(buy)' 버튼은 즉각적 희열의 충동 방아쇠를 당겼고, 추천 엔진은 마케팅 활동들을 개인화했다. 상업지형이 균열의 틈을 보이기 시작했다.

그러나 이베이나 엣시같은 몇몇 사례를 제외하고는 다면접촉 구조의 시장 혹은 디지털 바자로 돌아가지는 못했다. 온라인 상거래에서 대부분은 소수의 회사들이 다수에게, 혹은 많은 사람들이 극소수에게

---

* [역주] 상점이 한 줄로 늘어서고 그 앞에 1일 주차장이 있는 쇼핑센터.

장사한다.

음악을 예로 들어보자. 온라인 음악 카탈로그의 최대 장점은 사이즈가 무제한이라는 점이다. 지역의 레코드 가게는 진열대가 수용할 만큼만 보유할 수 있으나 웹사이트는 모든 것을, 그리고 아무리 희귀한 것도 리스트에 담을 수 있다. 그것도 실질적인 추가비용 없이. 뉴질랜드의 고객이 노르웨이 류트 연주자의 음악을 구매할 수 있다. 《와이어드(Wired)》의 편집자이자 경제분석가인 크리스 앤더슨(Chris Anderson)은, 이것을 널리 퍼진 디지털 액세스의 '긴 꼬리(long tail)'라고 불렀다. 이것은 종전의 배급 채널보다 몇 배로 예술가들, 작가들, 그리고 혁신가들을 지원해줄 것이라고 했다. 그의 이론에 따르면, 온라인을 통해 소비자까지의 도달 비용이 줄어들면, 이제까지 인기가 없던 수많은 타이틀들이 인기를 얻게 될 거라는 것이다. 다양한 음악 파일을 파는 한계 비용이 무시할 수 있을 정도로 줄어들기 때문에 온라인 상인들은 이제 '많은 것을 조금 파는 것'으로도 이윤을 낼 수 있게 되었다고, 앤더슨은 주장했다.[7] 종전의 루저(loser)들의 긴 꼬리가 살이 찌면서 시장이 보다 다양화하고 이에 따라 좀 더 많은 창작자들을 지원하게 될 것이라고 했다.

그러나 결과적으로 그런 일은 일어나지 않았다. 닐슨 사운드스캔(Nielsen SoundScan)*에 따르면, 어느 때보다도 소수의 블록버스터 급 히트작이 모든 음악 대비 큰 %를 차지하고 있다. 물리적 앨범과 CD의 시대에는, 당시 판매중인 상위 20% 제품에서 80%의 판매가 이루어지는 것이 산업 규칙이었다. 이것은 역으로 하위 80% 역시 그나마 전체 매출의 20%는 차지했다는 뜻이 된다. 오늘날에는 아이튠(iTune) 상

* [역주] Mike Fine이 창립한 음악 관련 정보 및 판매량 조사 시스템.

에서 하위 94%를 모두 합쳐도 상위 100위 이내의 **각각의** 타이틀보다 판매량이 적다. 겨우 0.00001%의 곡이 차지하는 매출 비중이 전체 매출의 1/6이나 된다.[8] 그리고 이러한 수치들은 책이나 스마트폰 앱 같은 각각의 창의적 산업분야에 있어서도 거의 일치한다.

아무리 잘게 썰어보아도, 디지털 판매 플랫폼은 슈퍼스타와 비인기 품목 사이의 극단적 간극을 더욱 심화시키고 있다. 이것은 파워법칙 역학(power-law dynamics)으로 불리는 현상 때문이다. 일상의 경우 사람과 제품 할 것 없이, 모든 것은 U자를 뒤집어 놓은 종 모양 곡선을 따라 상당히 고르게 분산된다. 다시 말해 집단의 소수만이 극단적으로 인기가 있고, 대부분은 보통 수준으로, 그리고 또 다른 소수만이 극단적으로 인기가 없다. 고등학교에서나 서점에서, 학생과 책들의 대부분은 종 모양 곡선의 중간 지점에서 혹처럼 불거진 곳에 몰려 있다.

인터넷 비즈니스 전문가들은 디지털 플랫폼들이 그 곡선을 밋밋하게 만들 것으로 기대했다. 인기가 적은 구성원들이 새로운 친구와 청중, 혹은 소비자들과 접촉할 기회를 제공하고, 라디오와 텔레비전에 똬리를 틀고 있는 스타들이 구가하던 이점들을 어느 정도 빼앗아오지 않겠는가 예상한 것이다. 그러나 종전에 애매모호한 위치에 있던 제품들이 번성하여 살찌고 더 길어진 꼬리를 형성하는 대신에 '히트작은 비대하고 꼬리는 말라빠진'[9] 기형적인 형태의 곡선이 나타났다. 참여자의 중간층이 넓어진 납작한 종 모양 대신에, 아무것도 없는 바닥의 루저들에서 모든 것을 가진 승자들의 꼭대기까지 급격한 경사를 이루는 지도의 모양이 나타난 것이다. 이것은 기본적으로 '파워법칙 배급(power-law distribution)', 즉 승자독식의 불평등 혹은 악명 높은 1%가 의도한 것이다.

무슨 이유에서인지 확장적, 독점적 성장에 대한 산업 시대의 명령은 여전히 힘을 발휘하고 있을 뿐 아니라 더욱 악화되었다. 인터넷 경제학자들은 이러한 시장역학을 재빨리 자연스러운 현상으로 수용했다. "이것은 도덕적 나약함이나 훼절, 혹은 다른 심리학적 설명과는 무관합니다."라고 클레이 셔키(Clay Shirky)가 2003년에 말했다. "선택행동 그 자체가, 충분히 널리 퍼지고 충분히 자유롭게 이루어진다면, '파워법칙 배급' 현상을 만들어냅니다."[10] 셔키에 이어 다른 사람들도, 이 '자연적으로 발생하는' 파워법칙 역학을 자본주의를 합리화하고, 극단화 되는 부의 불균형을 합리화하는 데 계속 사용했다. 그것은 그저 증가된 선택가능성이 가져온 기능일 뿐이며, 인간의 자유 그 자체의 산물이라는 것이다.

다시금 우리가 놓치고 있는 것은, 이 플랫폼들이 사회적으로 어떻게 보이든 간에 선택의 과정에서 인간을 배제하고 있다는 것이다. 우리는 숫자로 매긴 순서와 온라인상의 리뷰들, 그리고 탑 셀러들을 보고 있다. 구매를 부추기기 위해 프로그램 되어 있는 고객서비스 '로봇'들과 채팅을 한다. 혹은 사람과 채팅을 할 때에도 그들 역시 자동 생성된 원고를 읽고 있기 때문에 로봇과 별반 다르지 않다. 대부분의 온라인 플랫폼처럼 판매사이트들은 이따금 랙을 유발하는 인간 버퍼링과 간섭을 제거한다. 랙을 매끄러운 디지털 주기로 대체하여 최대의 성능을 내도록 조정한다.

예컨대, 벽돌과 석회로 된 CD가게가 특정한 노래를 틀어주면, 그 곡은 더 많이 팔릴 것이다. 그러나 그것은 한 가게에 국한된 일이다. 웹사이트에서 온라인 추천의 형태로 어떤 미묘한 단초를 제공해준다면 어떻게 되겠는가? 추천은 판매를 증가시킬 것이고 판매 증가는 다시금 새로운 데이터포인트가 되어 자동화된 시스템에 피드백으로 작용하고 똑같거나 유사한 더 많은 추천을 하게 될 것이다. 이러한 과정을 '긍정적 강화(positive reinforcement)'라고 부른다. 디지털 영역에서 이것은 피드백루프 이상의 작용을 하여, 끊임없는 반복을 통해 즉각적으로 스스로를 '강화'하며 커지고 확산된다. 가능한 선택지가 압도적으로 다양하기 때문에, 그 선택 과정을 좀더 체계적으로 해야 할 특별한 이유가 없다면, 우리는 마치 중력에 이끌리듯 기계가 까불러 놓은 리스트로 빨려 들어가게 된다. 아이템 발견이나 선택을 위해 인기도에 의존할수록 우리는 그 아이템의 인기도를 강화하고 점점 더 승자독식의 지형을 만드는 것이다. 하버드 대학의 연구자 애니타 엘버스(Anita Elberse)가[11] 관찰한 바에 따르면, 한 명이 어떤 영화를 스트림 했다는 사실을 아는 것은, 아무도 안 보았다는 것과는 큰 차이가 있다고 한다. 두 번의 스트림은 한 번보다는 인기를 위해 더 바람직하다. 그 결과는 불가피하게 승자독식으로 가는 것이다.

승자와 패자 간의 이러한 극단적인 나뉨은 단순히 인간 본성의 표출이 아니다. 그것은 인간 본성의 **하나의** 측면이 표출된 것이고, 다른 측면들을 포기하는 대가로 기계에 의해 증폭된 것이다. 사실, 최대의 배급 플랫폼인 아마존, 넷플릭스 등이 왜곡을 창조하고 증대하면서 파워법칙 배급을 선도해 나가는 방법은, 인간과 사회의 **모방**을 통해서이다.

망(net)의 승자독식 효과에 기여하는 요소 중에 가장 크지만 사람들이 인식하지 못하고 있는 것은, 이 플랫폼들이 **고도로 중앙집중화** 되었다는 점이다. 아이튠은 음악을 팔고, 넷플릭스는 영화를, 그리고 아마존은 책을 주로 팔지만 거의 모든 것을 팔고 있다. 모든 사람들이 마치 똑 같은 디지털 회전문들을 드나들고 있는 모양새다. 똑같은 리스트와 추천을 보고, 똑같은 알고리즘에 종속되고 있다. 이러한 독점적 성향의 상거래 플랫폼들은 진정한 P2P 시스템이 아니다. 방종에 가까운 자유에 불과하다. 그들은 성장기계일 뿐이다. 극소수에게 물건을 구매하는 디지털 백화점일 뿐이다. 우리 모두는 소수의 똑같은 장소와 사람에게서 구매를 한다. 그를 통해 소수의 맨 꼭대기 지위를 강화해주며, 귀족계급이 다른 계급들을 무력화하기 위해 고안해냈던 바로 그 중앙화된 성장의 방향으로 점점 더 끌려가는 것이다.

아마존이나 넷플릭스 혹은 아이튠 같은 회사를 P2P 플랫폼인 이베이 같은 회사와 비교해 보자. 이베이의 기업적 야심을 어떻게 생각하든 간에, 그것의 기본적인 비즈니스모델은 반-산업주의적(anti-industrial)이다. 적어도 판매자를 구매자에게 직접 연결해준다는 점에서 그러하다. 대부분의 판매자는 중고 아이템들을 처분하려는 실제 판매자들이다. 순위 매김이 문제가 될 수도 있지만, 고객들을 특정한 제품 선택으로 몰고 가려는 것이 아니다. 물건을 팔려는 아마추어 판매자의 진정성을 재확인하도록 마련된 것이지, 고객들이 살 제품을 찾는 것을 돕기 위한 게 아니다. 이 플랫폼은 사실 한몫을 챙기고 있고, 총액도 어마어마하다. 그러나 그 대가로 새로운 기회를 창출해주고 있다. 시장에서 인간을 제거하는 대신에 이베이는 가치를 창출하고 교환할 수 있는 인간의 능력을 고양하고 있다. 가치를 독점하거나 몇몇 선수들에게 가치창출 역할을 몰아주는 것 대신, P2P 플랫폼들은 가치를 창조하고 교환하는 능력을 **분산**해준다.

이러한 원칙은 다른 온라인 시장에서도 의도적으로 적용될 수 있다. 예를 들어, 아이튠이나 스포티파이(Spotify)와 같이 음악 스트리밍과 다운로드서비스를 제공하고 있는 밴드캠프(Bandcamp)는, 파워법칙 역학에 의도적으로 대항하는 방식으로 차별화된 기업이다. 밴드캠프는 설익은 언더그라운드나 대안예술가들의 작품을 제공하면서 커미션을 경쟁사의 반값 이하로 부과한다. 대부분의 사이트들이 'Top 40'를 강조하는 것과는 달리, 밴드캠프는 다운로드 수나 순위판을 지양하고

'발견' 버튼을 우선시하고 있다. 사용자들은 선호하는 장르를 마치 음반가게의 진열대에서 훑어보았을 법한 방법으로 두루두루 살핀다.[12]

요즘의 디지털 마케팅 도그마는 강변한다. 밴드캠프 같은 사이트는 목적 없는 서핑과 음악샘플 채취로 인해, 사용자들이 너무 많은 선택지에 압도되어 결국은 아무것도 선택할 수 없는 '제왕의 선택권'을 유발할 뿐이다.[13] 그러나 대형 레코드 가게에 들어가 진열대를 검색하던 때를 돌이켜보자. 사람들이 선택지에 그리도 압도당했던가? 나는 확신할 수가 없다. 아무리 망(net)이 인기차트 상위에 있는 두세 가지를 선택하도록 사람들을 훈련시켰다 해도, 우리가 구매활동 능력을 되찾을 수 있다고 나는 자신한다. 밴드캠프 같은 사이트들에 대해 발작적으로 대응하는 것은, 그 사이트들이 인간의 예측 불가한 특성을 강조하고, 가치 사슬의 연결에서 인간을 제거하려는 산업 시대의 논리에 대항하기 때문이다. 이러한 사이트들은 성장의 능력을 분산시켜주고 있다.

적어도 밴드캠프와 이베이, 그리고 메이커스 로우(Maker's Row), 엣시, 인디고고(Indiegogo)처럼 의식적으로 프로그램된 사이트들은 디지털 플랫폼들이 파워법칙 배급으로 끌려갈 필요가 없다는 것을 입증해준다. 디지털 플랫폼들은 예로부터 물려받은 대량생산에 유리한 전략을 떠받들도록 프로그램하기 때문에, 결과적으로 파워법칙의 방향으로 가게 될 뿐이다. 우리는 강요된 소비자 선택을 위해, 인간의 개입을 최소화하는 방향으로, 그리고 대량판매와 시장독점을 위해 최적화하고 있다. 더군다나, 상품평과 의견 및 컨텐츠를—이것이 진짜 가치다—남기도록 유도하여 시간과 에너지를 소비하게 만들면서도 사람의 공헌을 가치절하 하고 있다. 이러한 공헌은 플랫폼을 소유한 기업들에게는 알짜배기 가치임에도 불구하고, 아무 대가 없이 공짜로 얻고 있다.

고객에게 공짜노동을 기대하는 것은, 새로운 대량시장의 승자독식로또 게임의 속성과 꼭 맞아떨어진다. 반면에 우리는 결국 공짜로 일해주는 무리들로 전락한다. 결국 파워법칙 배급은 명백히 소득불평등을 말해주는 또 다른 방법일 뿐이다.

'좋아요'의 경제

상호작용적 매력에도 불구하고 디지털 경제는, 인간을 경제성장 참여에서 배제하는 산업주의의 관행을 이어가고 있다. 적어도 수혜자가 되는 것을 막고 있다. 우리는 여전히 즐거움보다는 돈벌이의 느낌이 너무도 강한 경제지형에서 일하며, 살아가고, 세상과 관계를 맺어야 한다. 돈이 너무 궁하다.

실제로 디지털 지형은 경제활동을 너무도 효율적으로 독점화하고 있다. 대부분의 사람들은 더 이상 쥐어짜낼 것이 없다. 성장 비슷한 것이라도 계속 하려고 인터넷 회사들이 애쓰는 이유다. 어떻게든 성장을 쥐어짜내기 위해 인터넷 회사들은 사용자들에게 없는 돈을 거둬들이는 것 외에 다른 방법으로 돈벌이를 강구해야만 했다. 무엇인가 측정가능하고, 셀 수 있고, 또 매력적인 것을 찾아내어, 그들 회사에 진짜 돈을 투자한 주주들의 투자를 정당화해야만 했다.

그렇다. 바로 그것이다. '좋아요'.

소셜미디어는 애초에 닷컴(.com)시대 시장윤리의 대안이 되고자 나타난 것이다. 닷컴의 붐과 파탄 이후, 프렌드스터(Friendster), 블로거(Blogger), 마이스페이스(Myspace) 같은 풋내기 소셜 플랫폼들은, 초기 인터넷의 P2P적인 영감으로 회귀하는 길을 제공하는 듯 보였다.

그러나 그들이 대안으로 창출한 가치체제인 '좋아요', 조회수, 리블로그(reblogs), 선호도 등등은 새로운 종류의 화폐가 되었다. 이것은 단지 방송 광고에서 P2P 영향력으로 마케팅 스타일의 트렌드가 변한 것 이상이다. 문화와 오락에서 소비재와 주식시장에 이르기까지, 모든 가치를 판단하는 방법에 있어서 대전환을 의미하는 것이다. '좋아요'는 성장의 용광로를 들쑤시는 새로운 방법이 되었다.

'좋아요' 자체는 가치의 측정기준이다. 단지 10대 청소년들이 사회적 지위를 잴 수 있는 도구쯤으로 생각해서 안 된다. 실제 회사들은 그들이 유발해낼 수 있는 '좋아요'의 관점에서 가치평가를 받는다. 청량음료에서 자동차까지 브랜드들은 접속 수 증가를 기대하며 매일 소셜미디어 트래픽을 점검한다. 수많은 경품행사들은 '좋아요'를 누르거나, 광고를 리트윗 해주기만 하면 현금이나 상품을 탈 수 있다고 소비자들을 독려한다. 소셜미디어 회사들이 진행한 조사연구에 따르면, 이러한 '사회적' 추천은, 특히 신뢰하는 '친구들'의 추천은 평범한 광고보다 엄청난 의미를 가진다.

'좋아요'의 경제는 사실 소셜미디어 회사들 스스로에게 제일 중요하다. 페이스북과 수억 달러의 협상을 진행했을 때, 인스타그램(Instagram)은 5750만 달러를 더 달라고 고집했다. 결국 5억 달러의 평가를 받았으나 수입은 제로였다.[14] 하지만 하루 4960만 개의 '좋아요'를 자랑하고 있었다.[15] 그 후 1년 반 만에 12억 달러짜리 회사로 성장했다.[16] 이와 유사하게 텀블러(Tumblr)도 야후에 11억 달러에 팔리던 해에 1300만 달러의 적자를 기록했다.[17] 그 회사가 본 손실은 초당 900개의 게시글이 달리는 소셜 트래픽으로 보상되었다.[18] 소셜미디어 앱 스냅챗(Snapchat)은 매출이 하나도 없었던 때에 페이스북의 30억 달러 제안을 거절했다. 끊임없이 이어지는 하루 4억 개의 사용자 핑(ping)

수 때문이었다.[19]

이 모든 사회적 활동이 언젠가는 진짜로, 그리고 지속적으로 이윤을 창출해줄지 아직 지켜봐야 하는 상황이다. 그러나 현재 시점에서도 확실히 알 수 있는 사실은 '좋아요', 팔로우, 선호도, 리포스트 등이 칭찬의 대상물이나 대상 인물에게 당장에 가치가 있는 것은 아니라는 점이다. 오히려 트렌드 파악을 위해 이러한 빅데이터 수집품들을 채굴하는 회사들에게 더 소중하다. 사실 페이스북 같은 소셜미디어 회사들은 이제 기대치를 훨씬 초과하는 수익을 보고함으로써, 월 스트리트의 애널리스트들을 이따금씩 놀라게 한다. 애널리스트들은 아직도 광고를 통한 수익의 관점에서 본다. 그렇지만 실제 수익흐름은 광고 게재가 아니라 사용자들의 '친구맺기'와 '좋아요'로부터 그러모은 데이터들과 관련이 깊다. 즉, 액시엄(Acxiom), 클래리터스(Claritas), 데이터로직스(Datalogix) 같은 빅데이터 시장조사 회사들에게 파는 정보가 수익의 주역이다.

소셜미디어 회사들이 성장을 지속하려면 우리들로부터 점점 더 많은 선호도를 지속적으로 발생시켜야 한다. 더 이상 고객에게 빼낼 돈이 없는 상황에서 소셜미디어 플랫폼들은 타고난 본성에 걸맞게 날이 갈수록 더 많은 관심과 시간, 그리고 데이터들을 긁어모아야 한다.

사용자들은 서서히 이해하기 시작했다. 그들이 페이스북의 고객이 아니라 제품일 뿐이라는 사실 말이다. 페이스북이 사용자들을 대상으로 심리학 실험을 한다는 뉴스를 보고 많은 미국인들이 공포에 가까운 반응을 했다.[20] 그러나 이 회사가 어떻게 매출액을 벌어들이는지를 알았었더라면, 놀랄 일도 아니었을 것이다. 페이스북은 단지 실제생활에서 발생하는 '감정의 전염' 같은 현상들이 온라인에서도 일어난다는 것을 보여주려고 했을 뿐이다. 그 회사에 종사하는 사회과학자들은, 사람들이 행복한 댓글들을 많이 보면 스스로도 행복한 댓글을 달 가능성이 높아진다는 것을 입증했다. 사생활 침해와 심리학적 조작을 둘러싼 논란은 이제 두려움으로 바뀔지도 모르겠다. 우리는 인간의 감정과 행동이 기계에 의해 그토록 쉽게 실험 조작 되고 자극될 수 있다는 점이 두려울 뿐이다. 비록 온라인 플랫폼 상의 완벽하게 통제된 환경에서긴 하지만 페이스북이 인간관계를 **재창조**해낼 수 있음을 보여주었기 때문이다.

그것은 마치 중세시대 바자로의 회귀처럼 보인다. 실제 인간 간 접촉의 예측불가능성을 빼놓았다는 점을 제외하고 말이다. 그것은 '좋아요'를 위한 쟁탈전이다. '좋아요'는 애초부터 품질보다는 친구관계의 양을 보상하도록 조작된 가치체계임을 기억하라. 이 숫자에 의존할수록 우리는 점점 덜 사회적으로 된다. 산업 시대의 과정이 단지 인간을 등식에서 제거했던 것에 반해, 오늘날의 디지털 시대는 인공적인 소셜미디어를 통해 인간성을 **실험조작**하려 시도하고 있다. 디지털 소비자로서 사람들은 더 이상 인간과 관계를 맺는 것이 아니라, 메트릭스와 관계를 맺고 있다. 인간의 삶이 하나의 거대한 파워법칙 배급이 되어간다

이러한 흐름은 디지털 산업주의경제의 승자들이 유지하려는 방향이다. 너의 친구들과 숫자를 믿어라! 전문가들은 개한테나 줘버려! 값비싼 실험실에서 진짜 과학자들이 세심한 실험을 통해 실시한 소비자보고서의 제품 연구는 무시하라. 대신 낯선 사람들의 **고만고만한** 추천을 더 따라야 할 것이다. **전문적**이라는 것은 어쨌든 **엘리트**의 또 다른 이름이다. 제대로 된 검토가 무슨 소용이 있겠는가? 대신에 얼마나 많은 사람들이 '좋아요'를 눌렀는가를 보면 된다. 그렇지 않았더라면 풀이 죽었을 극단적인 시장주의자들은, 이제 고삐 풀린 망아지마냥 활개를 친다. 반면에 실제 세계의 전문가들, 저널리스트, 편집자, 연구자들은

역할을 잃고 있다. 인터넷 에토스에 의해, 즉 긴 꼬리 모양의 **파워법칙 곡선** 상 깡마르고 광활한 선 위에 위치한 수많은 사람들 사이에서 이루어지는 의견교환에 의해, 수많은 직업군들이 도전받고 있다.

긴 꼬리이론(Long Tail theory)에 대한 명쾌한 비평에 맞대응이라도 하듯이, 크리스 앤더슨(Chris Anderson)은 《프리(Free)》라는 책을 들고 나왔다. 거기에서 그는 우리의 모든 노동과 생산품을 그냥 공짜로 줘버리는 것이 낫다고 주장한다. 특히 창작 일에 종사하는 전문가들은, 책이나 음악 그리고 다른 어떤 생산품이라도 공짜로 나눠줄 수 있는 기회가 오면 반갑게 맞이해야 한다. 그렇게 함으로써 라이브공연이나 강의 같은 다른 서비스의 수요가 증강되기 때문이다. "2만 달러의 강연료가 없어질 것이다."[21] 이러한 돈을 지불할 수 있는 능력이 되는 곳은, 그들의 관행을 정당화해주고 탈인간화의 사이클을 옹호해줄 연사를 찾는 기업들뿐일 것이다. 그러한 세력에 저항하는 데 도움이 될 무언가를 찾고 있는 학교나 공동체들은 아닐 것이다.

음악가들은 음반발매, 공연, 판촉, 영화에 곡 삽입, 기타 수입 등의 모든 관리를 한 회사가 해주도록 계약을 하려면 '360개의 딜'에 서명을 해야 할 것이다. 앨범은 큰 수입을 발생시키지는 않을 것이지만, 매진된 콘서트는 다르다. 하지만 콘서트가 성공하려면 지속적으로 온라인 미디어를 타야 하고 신작이 나와야 한다.[22] 음악 산업 전문가인 밥 레프세츠(Bob Lefsetz)에 따르면, 음악가들은 일 년 내내 스튜디오에 앉아서 앨범을 만들려는 고리타분한 생각을 버려야 한다.[23] 앨범으로는 어찌하든 돈이 되지 않는다. 음악가들의 새로운 일은, 신선한 콘텐츠를 청중들에게 끊임없이 흘려보낼 방법을 개발하는 것이다. 그렇지 않으면 몇 달 안에 잊힐 것이다. 모든 것은 싱글앨범으로, 그리고 아이튠이나 판도라(Pandora)의 목록에 머물러 줄곧 돌아갈 수 있게 기획되어야 한다. 이것 역시 자체로는 돈이 되지 않는다. 아마도 옛 음악가들이 앨범 판매로 거둬들인 수익의 극히 일부에 지나지 않을 것이다. 돈은 순회공연에서만 생길 수 있다. 그것도 당신이 슈퍼스타인 경우에만.

그러나 이런 '공짜' 수학은 나머지 우리들에게는 전혀 계산이 맞지 않는다. 우리 스스로 플랫폼을 소유하는 경우가 아니라면 말이다. 수년간 《허핑턴 포스트(Huffington Post)》를 위해 글을 써왔던 우리들은, 진보적인 공동체 플랫폼에 공헌하고 있다고 느꼈다. 돈으로 대가를 지불받지 않았으나, 새로운 형태의 저널리즘을 지지하면서 느끼는 연대감이 있었고, 우리 모두가 참여하는 동안 상호신뢰를 강화하고 있다는 느낌을 받았다. 아리아나 허핑턴(Arianna Huffington)이 그 회사 전부를 3억 1500만 달러에 AOL에 팔아넘길 때, 그녀는 당첨금의 일부라도 떼어 9천여 무급 작가들에게 나눠주지 않았다.[24] 마치 웹사이트 페이지에 노출 기회를 얻음으로써 우리는 이미 아리아나가 베푼 관대함의 수혜자가 된 것만 같았다.

실상 아리아나는 전통적인 의미에서 수익성이 좋은 회사를 판 것이 아니다. 《허핑턴 포스트》는 돈은 없었지만 '좋아요'와 '팔로우'는 풍부했다. 그녀가 팔아먹은 것은 바로 그것이다. 그것은 기실 우리 역시 배우고 있던 상술이었다. 중요한 것은 사람이나 그들의 작품이 아니고 그들의 활동이 생성해낸 데이터이니까. '좋아요'라는 물건은 투자자들을 바보로 만들기 위한, 전적으로 허망한 측정기준이 아니다. 특정 유명인의 팬들과 '친구'되기를 원하는 브랜드나, 특정 인구학적 동태에 대한 데이터를 얻기 원하는 시장조사 연구자들에게는 실질적으로 돈이 된다.

소셜미디어에 의해 지배되는 지형에서 그것이 무엇이냐는 더 이상 중요하지 않다. 얼마나 많은 '좋아요'를 발생하느냐가 중요하게 되었다. 더 많은 '좋아요'는 팔아먹을 수 있는 더 많은 데이터를 의미하기 때문이다. 엔터테이너들이 창조하는 음악, 영화, 그리고 TV 쇼는 커리어를 위한 중요성이 덜해졌다. 대신에 풍악을 울려 끌어모은 소셜미디어의 총량이 보다 중요해졌다. 록 비디오와 TV 시리즈들은, 연예인이 몰고다니는 팔로어들의 숫자를 근거로 방송이 결정된다. 예술가와 엔터테이너들은 더 이상 인간 청중들을 위해서가 아니라 빅데이터 컴퓨터를 위해 공연한다고 볼 수 있다. 트위터나 인스타그램 계정을 보살피는 일은 이제 피할 수 없는 의무가 되었다. 스타가 되려면 연기수업을 받는 대신에, 어떻게든 소셜미디어를 휘저어 주목을 받아야 한다. 그리고 이용자들에게 더 많은 '좋아요'를 이끌어내기 위해 더 많은 먹잇감을 지속적으로 제공해야 한다. 온라인상에서 관심이 작동하는 방식을 고려할 때, 예술가들은 최소공통분모가 될 만한 괴이한 짓거리, 의상, 일탈, 섹스 테이프와 저속한 선정성에 의존하게 될 것이다.

문화적 판단은 제쳐놓고라도, 온라인 소셜미디어가 부상함에 따라 커리어 상승의 길은 쳇바퀴 같은 이상스런 모양새로 변해간다. 창작자들은 소셜미디어 네트워크를 '만들기 위해서', 그것을 키워나가야 한다. 그러나 일단 그것을 만들어낸 이후에는 주요 '취급품목'이 변한다. 애초에 가지고 들어온 그 어떤 재능이 아니라, 그들이 그러모아 축적한 소셜미디어 네트워크 자체를 팔아야 한다. 그렇다. 시트콤에 출연함으로써 TV스타가 돈을 벌듯, 유명 록 스타는 여전히 순회공연으로 돈을 번다. 그러나 이렇게 버는 액수는 연예인이 스스로 미디어 자산이 됨으로써 얻는 커다란 상금에 비하면 동물사료 값에 지나지 않는다. 아리아나(Arianna)가 받은 것을 상기해 보라.

제한적이기는 하지만, 모든 것에는 권력분산이 뒤따른다. 과거에 연기자로서 혹은 저널리스트로서 중요한 요소는 항상 광고매출을 일으키는 능력이었다. 전통적인 미디어에서는 광고주가 TV 네트워크나 신문 편집자들을 호령했다. 어떤 쇼가 광고주의 입맛에 맞지 않는 경우, 그 쇼는 어떻게든 끌어내려졌다. '편견 없는' 저널리즘의 전반적 개념은, 국민적 대표 브랜드들이 일방적 지지 광고를 한다는 욕을 먹지 않으려고 광고에 중립적인 배경설정을 요구하기 시작한 이후에나 나타났다. 자기 자신의 소셜네트워크 작업을 할 때 창작자들에게 이제 더 이상 어깨 너머로 쳐다보는 '그분'이 없다. 새로운 솔루션 자체가 '그분'이 **되려고 한다**.

"당신 자신이 당신의 미디어 회사입니다." 최초의 진정한 미디어 탤런트 회사이자 마케팅 회사인 디오디언스(theAudience)의 설립자, 올리버 러켓(Oliver Luckett)이 나의 질문 공세에 대한 답변으로 설명했다. "100%입니다. 그것은 이 분야에서 모든 개인의 목표입니다." 수백만의 팔로워와 '좋아요'를 거느리고 있는 아이안 소머핼더(Ian Somerhalder), 스티브 아오키(Steve Aoki), 러셀 브랜드(Russell Brand), 핏벌(Pitbull) 등 온라인 유명 인사들과 함께 일하면서 러켓은 소셜 데이터 분석 플랫폼을 사용하고 있다. 그것을 통해 그는 고객들의 소셜 네트워크를 가장 적합한 브랜드와 궁합을 맞춰주고 있다. TV 스타를 따르는 백만 명의 팔로워들 중 10%가 소셜미디어 상에서 특정 샴푸나 자동차 브랜드에도 관여한다면, 러켓은 이제 고객사에게 새로운 소셜미디어 홍보효과를 가져다줄 수 있는 데이터로 무장하게 된 셈이다. 즉, '좋아요'를 팔 수 있게 된 것이다.[25]

제이 지(Jay Z)와 같은 팝스타들은 '좋아요' 판매를 새로운 단계로 이끌고 있다. 공짜 음악 앱들을 배포하면서 사용자들의 주소와 전화번호 등 연락처를 로그(log)에 담아내는 방식으로 풍부한 사용자 데이터를 그러모아,[26] 광고주나 시장조사연구자들에게 판매하고 있다. 당신이 어떤 분야의 비즈니스를 하는가는 상관없다. 이윤은 궁극적으로 취급업무와 연계된 데이터를 그러모으고 팔아내는 당신의 능력에 달려 있는 듯하다. 전자상거래 사이트들에서조차도 많은 경우, 상거래의 발자취가 남긴 빅데이터와 비교했을 때 소매 거래로 인한 수익성은 빛이 바래지고 있다. 소비자와의 관계를 창조해낸다는 것은 결국 어떻게든 신뢰를 얻어내서, 소비자 데이터 자산을 공유하도록 만드는 것에 지나지 않는 것 같다.

출판인, 신문발행인, 엔터테이너 등 모든 종류의 문화 생산자들까지도 마찬가지다. 쉽게 찾을 수 있는 소셜미디어 청중들에게 다가가는 쪽으로－기획하지 않더라도－방향을 바꿔야 할 판이다. 이것은 구시대에 인쇄된 잡지의 독자층을 결정하는 것과 같은 소프트 과학(soft science)이 아니라, 참여에 관한 하드 데이터(hard data)이다. 작가로서, 나의 책들은 판매 대상으로서의 가치보다는－어쨌거나 사람들은 책 따위에 더 이상 돈을 지불하려 들지 않는다－발표의 도구로서 가치가 더 크다. 소셜 네트워크 상에서 팔로워들을 축적하여 브랜드들에 팔 수 있기 때문이다. 그러기 위해서는 책을 브랜드 친화적으로 만들 필요가 있다. 목적에 맞는 풍부한 데이터를 위해 독자층을 미리 선택하는 것이 바람직할 것이다. 뿐만 아니라 긴 꼬리의 가장 앞머리 부분에서 관심을 받도록 만들어야 할 것이다. 심지어 소셜미디어조차도 우리 삶과 비즈니스에서 역할이 이 따위 책보다는 나을 것이다.

지속 불가능한 게임의 최종단계는 마케팅과 광고에 전적으로 기반을 둔 경제이다. 현재 바람이 잔뜩 들어간 상태에서도, 광고와 마케팅, 홍보활동, 그리고 이와 관련한 연구조사들을 모두 합쳐도 국내총생산(GDP)의 5% 미만에 그친다. 그것도 아주 관대하게 쳐준 것이다.[27] 더군다나 비양심적인 웹사이트 소유자들은, 로봇 광고보기 프로그램을 가동하여 클릭당-지불 광고에서 수익을 빨아내고 있다. 이 로봇 프로그램의 대부분은 컴퓨터 프로세스 기능과 맞물려 움직이는 미니 바이러스의 일종이다. 그것이 악성코드 형태로 사용자들의 컴퓨터에 심어져 비밀리에 작동한다. 이 로봇 프로그램들은 현재 모든 온라인 비디오 광고보기 프로그램의 25%와 정지화면 광고보기의 10%를 차지할 것으로 추산되고 있다. 2015년 한 해 동안 이러한 허상의 클릭 광고보기에 부과된 요금 때문에 광고주들이 입은 손실은 63억 달러에 달한 것으로 추정된다.[28] 이러한 아이러니가 또 있나? 악성코드 로봇이 광고를 보고, 그것이 추적 소프트웨어로 관찰되고, 그 소프트웨어는 악성코드 로봇의 자동화된 습성에 맞추어 각각의 광고 메시지를 만든다. '개인화'하다 못해, 이제는 인간 없이 돌아가는 피드백 회로에서 벌어지는 일이다. 그 어떤 가치도 창출되지 않았는데, 수십억 달러의 돈이 벌렸다.

결국 소셜 브랜드화 과정은 사료가 떨어져 갈 것이다. 점점 더 많은 시장이 소셜미디어 마케팅 플랫폼으로서 버는 것 말고는 수익 잠재력을 잃어가고 있다. 이러한 때에 이 모든 마케팅 데이터와 소비자 데이터를 살 자가 어디에 남아 있을까? 비누와 포테이토칩 같은 소비재는 지속적 광고로 주류 TV방송을 이제껏 살아남도록 해주었다. 그렇지만 수십억 달러의 가치평가를 받는 실리콘 밸리 회사들과 디지털 경제 전부의 미래를 지지해줄 여력은 없을 것이다.

이에 더하여, 소비자들 자신이 점점 더 혼자놀기를 꺼려하기 시작했다. 우리 중 대다수는 실질적으로 필요로 하는 것에는 기꺼이 돈을 지불한다-HBO나 넷플릭스 같은 것 말이다. 그러나 우리 데이터를 채굴하기 위한 의도 말고는 별 것이 없는 공짜 제품과 체험에 시간을 소비하는 것은 꺼리기 시작했다. 광고를 보고 데이터를 공유하면 그 대가로 모든 것이 공짜인 구글의 모델은 유료 앱과 유료 서비스로 제공되는 애플의 '울타리 친 정원' 모델에 그 자리를 빼앗기고 있는 모양새다. 물론 이 두 가지 옵션 모두 생태환경에서 설 자리는 있을 것이다. 부유한 사람들만 두 가지 중 선택의 사치를 즐기게 되지 않기 바랄 뿐이다.

이제까지 수지 구조를 비즈니스맨들에게 맞춰 왔던 《월 스트리트 저널》은 《뉴욕타임스》보다 독자들로부터 요금을 받아내는 것을 훨씬 더 잘 해왔다.[29] 《뉴욕타임스》가 사이트 구독을 유료화했을 때였다. 마치 그것이 권리헌장의 자유언론 조항을 위배하기라도 한 듯 주로 좌파 독자층에서 열화와 같은 조롱이 빗발쳤다.[30] 온라인상에서 정직한 하루 일당을 요구하는 사람들은, 마치 자유롭고 개방된 인터넷의 적처럼 취급되었다. 어떤 의미에서 인간을 구매 활동의 또 다른 이면에 가두려는 시도들이 너무나 잘 먹혀들고 있다.

명성이라는 화폐를 이용해서 성공적으로 지탱해 가는 몇몇 사례들이 있다. 그들은 슈퍼스타의 지위와 그것이 가져다줄 후원 혜택을 멀리하면서 팬들을 향해 다가가는 방법으로 성공을 이루었다. 지역의 양조장을 온라인상에 디지털적으로 구현했다고 상상해보라. 지역에 기반하는 것은 지리적인 것만이 아니라 문화적인 특성이기도 하다.

예를 들어, 수는 적지만 열렬한 추종자들을 가진 음악가 아만다 파머(Amanda Palmer)는 음반 판매량이 25,000장밖에 되지 않는다. 산업 기준에서 볼 때 하찮은 수준임이 판명된 후 더 이상 그녀의 음반을 내줄 회사가 없었다. 그래서 그녀는 새 음반을 내기 위해 크라우드 펀딩 사이트인 킥스타터(Kickstarter)로 발길을 돌렸다. 팬들로부터 10만 달러의 투자금을 모으려던 그녀는 24,800명으로부터 120만 달러를 모았다.[31] 자못 성공적이었다. 그녀 나름의 방법으로는 말이다. 왜냐하면 그녀는 전 세계를 대상으로 하는 양적인 관계 대신에 자기 팬들과 함께 강력한 질적 결속관계를 만들어내는 데 소셜미디어를 활용한 것이니까.

다행히도 팔머는, 팬들과 사적으로 연결되어 있다는 지속적인 느낌을 갖는 데 필요한 일들을 즐겨했다. 특히 순회공연을 할 때에는 거의 24시간/7일을 함께할 수 있도록 상황을 만든다. 다른 음악가들이라면 공연이 끝난 후 바로 호텔로 도망치듯 달아나 차분한 시간을 가지려 할 것이다. 팔머에게 공연은 집에서 뒹굴고 있는 팬들과의 만찬과 춤, 대화를 이어가는 긴 밤의 시작이다. 그러므로 그녀의 전략은 전적으로 온라인에서 실행될 수 있는 성격의 것이 아니고, 공연자의 시간과 에너지를 지렛대로 삼아야 하는 성질의 것이다.

다시금 그것은 일반적인 순위 판에서 위로 기어올라가려고 애쓰는 것보다는 판매자가 특정 청중들과 연결되어 있다는 점에서 이베이 모델과 가깝다. 게다가 그녀는 자기의 소셜 네트워크를 광고주들에게 팔지 않으므로 막대한 수의 팔로워도 필요하지 않다. 자신의 음악을 위해 직접 돈을 지불해줄 만큼의 인원만 필요한 것이다. 이런 방법으로는 부자가 되지 못할 수도 있다－120만 달러는 대부분 제작과 공연에 소요되었다. 그러나 그녀는 노래를 부르는 또 다른 내일을 위해 살아갈 수 있다.

흥미롭게도, 팬들은 팔머를 지지하는데 반해, 이러한 전술을 못마땅해 하는 사람들은 그녀를 격렬하게 공격했다. 그들은 팔머가 팬들에게서 재정 지원을 받은 후에는 선물 교환이나 증정에서 제외되어야 마땅하다고 주장한다. 그런데도 순회공연 중에 여전히 그 혜택을 즐기고 있다고 비난한다. 자신의 노동에 대한 대가를 돈으로 요구하면서 어찌 감히 찬조나 음식 제공, 숙박과 같은 '선물경제'의 달콤한 과즙까지 향유하는가? 그러나 사실 인터넷의 익명성만이 낼 수 있는 폭력적 마찰음 속에서 위선자라고 비난받는 아티스트들은 그녀 말고도 많이 있다.

문화 창출에 대한 '하이브리드'한 접근은 약간 혼란스러운 것일 수 있다. 그렇지만 그것은 인간을 수탈하는 대기업들의 산업주의적 렌즈를 끼고 볼 때만이다. 비즈니스 계획으로서 그것은 앞뒤가 맞지 않을 수도 있다. 하지만 아만다 파머는 독점 회사도 아니고 팬들을 착취하는 슈퍼스타도 아니다. 그녀는 단지, 청중들과 진정한 관계를 맺으며 가치를 교환하려는 시도를 사전 차단하도록 의도적으로 고안된 승자독식의 지형에서, 일용할 벌이를 위해 애쓰며 살아가는 중간급의 가수일 뿐이다. 그녀 특유의 물물교환, 돈, 선물이 혼합된 형태의 지불방법은 기실 인간관계의 뒤얽히고 모호한 본래적 성격과 오히려 잘 맞아떨어진다. 또한 산업주의 이전 경제의 가장 좋은 특질들과도 부합한다.

우리들은 소셜미디어에서 크라우드 펀딩까지 디지털 플랫폼을 통해 이러한 공동체적 동력을 재발견하여 우리가 추구하는 비즈니스에 적용할 수 있다. 일부 기업들이 어떤 술수를 쓰거나 감추는지를 알아챈 사람들은, 그들을 따라하는 사람들을 마주치면 무릎반사 비슷한 반응을 보일지도 모르겠다. 그러나 소규모 비즈니스를 하는 사람들이 온라인 상에서 고객층과 맺는 관계의 방식은 직접적이고 투명한 P2P의 방식이다. 그것은 명료하고 유료 서비스이며, **그리고** 지극히 사회적이다. 그것이 바로 진짜 사람 사이의 관계이다.

빅데이터 놀이

사용자들과 소셜네트워크 혹은 팬들과 거대 미디어 유력가들 사이의 가치교환은 직접적이지 못하고 매우 의뭉스럽다. 디지털 네트워크들은 팔머와 같은 아티스트들의 공동체에 땔감을 제공해주는 인간 사회의 동력을 똑같이 흉내내고 있다. 고객들 사이에서 선의와 더불어 대중적 열의를 이끌어내기 위함이다.

소셜 마케팅이 인위적으로 팔머의 방식을 흉내내고 있지만 그것은 일방적이고 통제된 관계를 바탕으로 한다. 즉, 플렛폼 회사들은 우리들을—개인 정보를—속속들이 알아내어 민첩하게 대처하는 데 반해 우리는 그것들에 대해 아는 것이 없다. 일방적이고 의도되고 통제된 관계다.

소셜마케팅은 마케팅 없이도 관심의 큰 파도가 자연스럽게 밀려온다는 환상을 창출한다. 더 중요한 것은 마케터들이 사회적 연결 구조와 영향력 관계의 지도를 제공받고 있다는 점이다. 이 사회적 지도와 그래프들은, 산업에서 부르는 방식대로 표현하자면, 빅데이터 회사들의 분석에 있어서 기본 건축자재가 된다.

빅데이터는 부분의 합보다 더 큰 가치가 있다. 그것은 테러리즘에서 결핵 퇴치까지, 모든 문제를 푸는 기술이다. 동시에 스마트폰에서 비디오게임까지 그것이 아니었다면 수익성이 없었을 기술기업들에 대한 보상이기도 하다. 팝스타와 마찬가지로 기술기업들이 내놓는 건강, 오락 그리고 컨텐츠 '놀이'만으로는 돈을 벌 수 없다. 그러나 그들이 사용자들로부터 그러모을 수 있는 데이터는, 마케터들에게 금덩이와 같다. 그래서 이것을 열망한다.

실로 모든 스타트업이 빅데이터 놀이의 모습을 하고 있다. 그러나 앞서도 말했듯이 빅데이터 앱들을 떠받칠 수 있는 수입은 마케팅 및 광고와 연계된 GDP의 5%라는 상수로부터 나올 수밖에 없다. 이러한 사실을 고려하면, 마케터들이 희망하는 금덩이 같은 지출은 발생할 수 없다는 것이 명백해진다. 사실 빅데이터 솔루션에 대한 의존도가 점점 커지기 때문에, 애초에 그것을 통해 부추기고자 한 성장이 실제로는 제한되고 있을지도 모른다.

사람들을 일련의 숫자로 축소하는 것은 디지털 기술에 와서 생긴 새로운 것은 아니다. 그것은 디지털 스팸이 생기기 오래 전부터 시작되었다. 인쇄와 종이의 물리적인 고비용으로 해서 마케터들은 실제로 관심이 있을 법한 가정으로만 우편발송을 제한할 필요가 있었다. 그들은 세금 납부기록이나 주택담보대출과 같이 공적으로 수집 가능한 데이터를 모았다. 이 데이터 정보를 한 가구당 한 장씩의 종이카드에 기록했고, 우편발송 시에 포함시킬 카드들의 범위를 수작업으로 선택했다.

컴퓨터의 발전과 더불어 통계학자들은 사람들을 점점 더 세련된 인구학적, 인격프로필 집단으로 범주화하기 시작했다. 이로써 데이터를 기반으로 움직이는 시장조사연구 회사가 처음 탄생했다. 70가지의 다른 부류로 우리들을 분류해 놓고, 악시엄(Acxiom)의 연구원들은 회사의 마케터들을 목표대상인 수요층의 심리학적 분석표들로 무장시켰다. 그리고는 고객들이 속한 특정한 사회적 억양에 맞추어 마케터들이 목소리의 높낮이까지 조절할 수 있도록 지원했다.[32]

그러나 그들은 곧 데이터가 이보다 더 큰 가능성을 제공할 수 있다는 것을 깨달았다. 미래의 선택을 예측해준다는 것이다. 컴퓨터와 방법론을 사용하여 좀 더 약아진 연구자들은 겉보기에 관계없는 데이터 포인트들을 연결하기 시작했다. 우리 중에 누가 대학에 진학할 것인지, 누가 임신하려고 애쓰게 될지, 그리고 누가 특정한 건강상의 문제를 가질 가능성이 있는지 등을 결론 내릴 수 있게 되었다. 음성의 높낮이에 대한 우리들의 감수성을 단지 예측하는 것에서 벗어나 놀라운 정확도를 가지고 우리 인간이 다음에는 무엇을 하게 될지 계산해내기 시작했다. 그들은 그러한 예측이 왜 옳을 수 있는 것인가에 대해 알지 못했지만, 상관하지 않았다. 이것이 바로 우리가 지금 빅데이터라고 부르는 것의 시작이었다.

빅데이터가 종전의 시장조사와 다른 것은, 인간의 외적 감각에는 드러나지 않는 상관관계에 의존한다는 데 있다. 실로 소름 끼치는 일이다. 사생활 침해 논란은 사람들의 주의를 딴 곳으로 향하게 하는 것일 뿐이다. 대부분의 사람들은 아직도 본인의 특정 행동들이 감시받을 가능성에 대해 걱정한다. 충분히 이해는 간다. NSA(국가안전보장회의)와 대기업들 모두, "아무도 당신의 대화를 엿듣지 않습니다." 그리고, "아무도 당신의 이메일을 엿보지 않습니다."라고 확언할 때, 적어도 우리는 당연히 그 **내용**이 사적인 것이라고 여긴다. 그러나 그 내용은 아주 일부에 지나지 않는다. 빅데이터 관련 종사자들은, 우리의 통화나 이메일의 내용은 그것을 둘러싼 메타데이터에 비하면 아무것도 아님을 알고 있다. 당신이 언제 전화통화를 했고, 얼마나 오랫동안 했으며, 통화를 시작한 장소, 통화하면서 걸어간 장소 등등의 메타데이터는 당신이 누구인지, 그리고 당신이 다음에는 무엇을 하게 될지를 이해하려는 컴퓨터에게 훨씬 더 많은 의미를 제공한다. 페이스북은 웹페이지 상의 어떤 부분에서 당신의 커서가 얼마 동안 머물렀는지에서도 데이터를 추출해낸다. 그런 단순 행동에 있는 데이터포인트들보다 얼마나 많은 데이터포인트들이 당신 차의 가격이나 당신의 통화와 결부된 주제들에 있을지를 생각해보라.

통계학자들이 당신에 대한 데이터포인트를 많이 수집할수록 다른 많은 사람들의 것들과 비교할 수 있는 더 많은 데이터포인트들을 얻는다. 수천만 명이 각각 수만 가지의 데이터포인트들을 가지고 있다. 연구자들은 특정 데이터포인트가 당신에 대해 말해줄 수 있는가에 대해서는 관심이 없다. 오로지 그것이 상응하는 다른 사람들의 프로파일상 데이터포인트와 비교될 때 드러나는 것에만 주목한다.

개인 사용자들을 끊임없이 추적할 수 있는 웹의 능력과 이것을 결합해보라. 그러면 당신은 진정한 일대일 마케팅 솔루션을 갖게 될 것이다. 광고주들은 한 웹사이트에 방문하는 모든 사람들이 보는 광고를 사는 것 대신에 그들의 타깃 소비자들로 광고비 지출을 제한할 수 있게 된다. 전자상거래 사이트에서 우리가 최근에 **검색해 보았을 법한** 제품 광고를 마케터들이 때려댈 수 있도록 하는 것도 동일한 기술이다. 우리의 검색 이력을 사용하는 대신에 그들은 우리의 빅데이터 프로파일을 사용한다.

유권자가 지지 정당을 바꿀 것인지, 청소년이 성적 취향을 바꿀 가능성이 있는지, 그 무엇이든 개연성을 예측하는 데도 같은 종류의 데이터가 사용될 수 있다. 그것은 그 대상이 이메일 상에서 정치나 섹스에 대해 뭐라고 했느냐와 관계가 없다. 겉으로 보기에 전혀 무해해 보이는 데이터와 전적으로 관련되어 있다. 빅데이터는 문자전송 빈도의 변화와 철자자동맞춤 기능사용, 그리고 GPS에 의한 위치이동을 바탕으로, 언제 그가 독감에 걸릴까를 예측할 수 있음을 보여준 바 있다.[33]

우위를 추구하는 마케터들에게 단순 예측은 불충분하다. 그들이 가장 큰 어려움을 겪는 지점이기도 하다. 빅데이터는 단지 확률들의 한 세트일 뿐이다. 대개 인간의 미래 선택에 대한 분석가들의 예측은 80% 이상의 정확성에 도달하기 어렵다. 예를 들어, 세 가지의 특정 데이터 포인트들을 공유하는 80%의 사람들이 다이어트를 하게 될 것이라고, 빅데이터 분석을 통해 알아냈다고 하자. 그것은 다이어트 제품 광고의 방향을 위해 꽤 좋은 지표이다. 그러나 다이어트 말고 다른 것을 선택한 것 같은 나머지 20%에 대해서는 어떠할까? 그들 역시 다른 사람들과 함께 메시지를 전달받는다. 체중에 대해 생각해 볼 필요가 있다는 확신을 심어주려는 목적의 메시지다. 오늘 몸이 좀 무거우신가요? 아직

다이어트를 고려하는 길에 접어들지 않았던 그들도 이제 그 길로 들어설 것이다. 누구에게 어떤 광고를 보낼 것인가를 결정하는 것은 인간이 아니다. 데이터 세트를 이용하여, 최대한의 구매를 뽑아내도록 프로그램된 알고리즘이다. 알고리즘은 80%의 확률이 90%로 될 때까지 계속 반복하는 시행착오의 방법을 사용하여 무엇이 효과가 있는지 알아낸다. 다른 대안으로의 통로를 찾는 사람의 수는 점점 더 줄어든다. 통계학적 프로파일은 자기가 정한 틀에 따라 사람들을 분류하여 비좁은 울타리 속으로 가축처럼 몰아간다. 빅데이터에 의존하는 회사들은 불가피하게 고객들의 자발성을 축소할 수밖에 없고, 고객들은 결과적으로 더 적어진 선택지에 만족할 수밖에 없다.

그것은 산업주의의 '하나의 사이즈에 모두 맞추기'식 가치체제가 디지털에 의해 복잡해진 또 하나의 버전이다.

표면적으로 한 제품에 대한 소비자 증가는 일견 성장처럼 보인다. 그러나 그것은 제한적인 제로섬 게임이고 새로운 가능성들이 줄어드는 단점을 동시에 가지고 있다. 내가 방문해본 많은 회사들이 고비용이면서 결과예측이 불투명한 연구개발(R&D)을 줄이는 대신에 빅데이터 분석에 재원을 쓰고 있었다. 다음 분기에 고객들이 무엇을 원할지에 대한 데이터를 이미 확보했는데, 무엇 때문에 열린 결말 식의 연구를 생각하겠느냐고 했다. 빅데이터는 위험으로부터 사실상 자유롭다고, 그들은 주장했다. 그러나 그들이 놓치고 있는 점이 있다. 빅데이터를 사용해서 새로운 제품을 개발하는 것은, 마치 백미러를 보면서 차를 앞으로 모는 것과 같다는 것이다. 모든 데이터는 불가피하게 과거의 이야기이다. 빅데이터는 한 개인이 할지도 모르는 그 무엇에 대해서는 말하지 않는다. 그것은 과거에 다른 사람들이 한 행동에 근거하여, 한 개인이 '무엇을 할 것 같다'는 것을 말할 뿐이다.

잔소리 좀 하자면, 게임 판도를 바꾸는 새 제품들의 발명은 기존 고객들의 성향을 세밀하게 분석하는 것에서 나오지 않았다. 혁신가들의 인간적 창의성을 부추기는 것에서 온다. 혁신의 내적 자원이 없다면 그 회사는 경쟁하는 또래 회사들에 대해 경쟁 우위를 잃는다. 이것은 데이터 과학 서비스 회사를 고용해도 마찬가지이다. 어차피 경쟁사들도 동일한 서비스 회사를 이용하고 있을 가능성이 크다. 어떤 경우든 모두가 같은 중개인을 통해 데이터를 구입하고, 본질적으로 똑같은 분석기술을 사용하고 있다. 이러한 구조 속에서 장기적으로 볼 때 승자는 오로지 빅데이터 회사뿐이다.

과대망상이 이 시스템을 먹여 살리고 있다. 정부 기밀 누설과 소셜미디어 조작 등을 경험하면서 데이터 채굴자들에 대한 의구심이 점점 더 커져가는 상황에서, 기존에 유통되고 있는 데이터들의 값만 높아지고 있다. 우리가 공유할 수도 있는 것에 대해 제한적이 될수록 그것은 점점 더 가치가 상승하고 시장은 더 커지게 마련이다. 우리는 쉽게 다른 방향으로 갈 수도 있었다. 데이터 중개인들이 더 이상 팔아먹을 데이터가 없을 때까지 데이터를 공짜로 풀어버리는 것이다. 그리하면 적어도 그들 모두가 나머지 우리와 한 배를 타게 되었을 것이다.

나눔의 경제학: 인간을 '장부상으로' 되돌리다

디지털 산업주의는 인간의 데이터를 새로운 상품으로 만들었다. 책이나 음악의 디지털 복사본처럼 우리에 대한 데이터 복사본들이—즉 정량화된 우리 자신들이—공짜로 취합되고 있다. 우리의 데이터를 분석하고 마케팅하는 자들은 돈을 버는 반면에 그밖의 사람들은 완전히 배제되고 있다. 그것이 책, 음악, 혹은 다른 형태로 온라인상의 기여를 통한 직접적인 방법이든, 아니면 수동적으로 흔적을 남기는 간접적인 방법이든 상관없이 우리가 창조하는 모든 가치는 기본적으로 '장부에 기재되지 않는' 성격을 띤다. 플랫폼과 앱을 소유하고 이 데이터를 모으는 자들만이 그것에서 이윤을 얻는다. 상행위의 양단에 걸쳐서 우리 인간들을 제거하도록 프로그램된 지형에서 인간 생산자와 소비자들이 어떻게 자기 권리를 주장할 수 있겠는가? 그렇다면 인간은 결국 경제 성장의 걸림돌인가?

프로그래머이면서 휴머니스트를 자임한 제이론 래니어(Jaron Lanier)는, 우리 모두가 그 게임에 참여하는 것이 해답이라고 공언했다. 소셜미디어 사이트와 앱에 데이터를 공짜로 제공하여 애널리스트들에게 팔아먹도록 하는 것 대신에 우리 스스로 그 매출에 끼어들겠다고 요구해야 한다는 것이다. 현재 시스템에서는 우리에게 매우 값진 것일 수도 있는 우리 자신의 데이터나 그 상관관계에 접근조차 할 수 없다. 구글과 페이스북은 그것들을 진공청소기마냥 빨아들여 돈을 벌고 있다. 래니어는 우리 자신의 데이터에 주목하는 것에 머무르지 말고, 연구자나 회사가 그것을 사용할 때마다 대가를 받아내자고 새 비전을 제시한다.[34]

래니어가 보기에, 인터넷의 등쳐먹기식 장사방법은 애초부터 그것이 프로그램된 방식에 뿌리를 두고 있다. 오로지 한 방향으로만 접속되는 방식이다. 초창기 몇몇 인터넷 설계자들은 양방향 방식의 시스템을 마음에 그렸다. 그 방식에 따르면, 그 어떤 컨텐츠 조각들도 최초 발원지까지 자취 추적이 가능하다. 내용을 만든 창작자들도 돈이나 신용점수로써 대가를 지불을 받을 수 있었다. 그런 인터넷 체제에서는, 이를테면 당신의 웹사이트가 내 책에 링크를 걸 수 있고, 나는 언제 그것이 발생하는지 알 수 있다. 이것은 컨텐츠 창작자들에게만 좋은 것이 아니다. 시스템에도 중추적 근간을 제공하여 개인이 그것을 통해 신용이나 돈의 지불을 확보할 수 있는 방식이었다. 개인의 데이터가 사용될 때마다 곧바로 평가가 가능했을 것이고 개인에게 대가를 지불하는 체제를 구축할 수 있었을 것이다. 혹은 데이터가 새로 만들어낸 상관관계에 의해 발생하는 가치에도 직접 개입할 수도 있었다.[35] 단 하나의 통계적 발견을 이루기 위해서 수천 명의 사람들이 공헌했을 경우에는, '마이크로 지불'이라는 또 다른 메커니즘이 있다. 이를 통해 푼돈들의 수많은 파편을 여러 참여자 집단에 전달해줄 수 있고, 그 푼돈들이 모여 상당한 액수를 이룰 수 있는 희망도 있었다. 궁극적으로는 – 모든 사람의 데이터는 가치가 있으므로 – 파워법칙에 의해 살해된 중간 계급의 복위까지 가능했으리라.[36] 이기지 못하겠거든, 그것에 동참하라.

래니어의 솔루션은 천재적이기는 하나 사태를 더욱 탈인간화할 수도 있다. 우리가 데이터 위주로 대가를 받게 되면, 우리는 서로를 위해 일하는 대신에 기계들을 위해 일하게 된다. 다른 사람들을 위해 가치를 창출하던 방식이 아니라 데이터 집약적인 소극적 활동을 통해 돈을 벌려고 한다. 이러한 디지털 경제에서 우리의 유일한 가치는 정량화될 수 있는 특정 측면들에서만 나온다. 그것은 우리의 모든 행동을 '**장부상으로**' 되돌리려는 문제를 해결할 수는 있을 것이다. 그러나 무슨 목적으로? 그것을 통해 대차대조표 상 대변(credit)을 좀 더 늘릴 수 있어서? 그 장부라고 하는 것을 – 아마도 복식부기 장부일 테지만 – 과연 궁극적인 운영체제로 받아들여야 하는 걸까?

인간의 행동을 장부상 계산으로 귀결하려는 노력의 문제점은, 그 장부라는 것 자체가 중립적이지 않다는 데 있다. 그것은 인류 역사의 한 특정 시대, 즉 르네상스 초기에 만들어진 인공물이다. 두 개의 세로 줄로 이루어진 원장의 형태가 당시 확립되었다. 그 후 모든 것이 차변과 대변으로 이루어진 자본 운영의 제로섬게임으로 이해되기 시작했다. 원장에다 점점 더 많은 인간 활동을 기입함으로써, 우리는 인간성과 비즈니스 모두를, 시작부터 우리를 좌절시키려 고안된 성장중심적 산업주의 모델에 할양했다.

이것이 문제다. 예전에는 장부 외적인 활동으로 여겨지던 것들을 새로운 돈벌이 방법으로 사용하면서 부딪치는 근본적인 문제다. 그러나 한편으로 새로운 돈벌이 방법들은 새로운 형태의 스릴 넘치는 P2P적 교역방식을 만들어낸다. 우리는 이베이에서 더 이상 쓰지 않는 구닥다리 물건들을 팔 수 있다. 에어비엔비(Airbnb)에서는 남아도는 침실을 여행객에게 제공할 수 있다. 우버와 리프트의 스마트폰 앱을 통해 타인에게 차를 제공하고 돈을 받을 수 있다. 이제까지 보아왔던 다른 플랫폼들과는 달리, 이러한 기회들은 파워법칙 배급으로 이끌어가지 않는다. 왜냐하면 여기에서 차나 집은 한 번씩만 임대될 수 있기 때문이다. 당신이 네트워크에 등재되고, 진정한 검토자가 나타난 이상, 당신도 다른 사람들처럼 의무를 다해야만 한다.

고객들 입장에서 이 앱들은 경이로운 것이다. 차가 필요한 경우 당신은 우버의 앱이 제공하는 조그마한 아이콘들을 따라 지도상에서 사용 가능한 차를 볼 수 있다. 위치와 운전기사의 등급, 그리고 추산가격을 확인하여 차를 고른다. 운전기사는 당신의 GPS 위치와 프로파일 사진에 근거하여 당신을 찾아낸다. 팁을 포함한 돈의 지불도 자동이다. 에어비엔비 역시 이음매 없는 서비스를 제공한다. 장소와 날짜를 입력하면 웹사이트가 선택 가능한 옵션들이 명확히 제시된 지도를 즉각적으로 제공한다. 각 옵션의 사진과 세부내용, 등급을 두루두루 살펴본다. 방을 예약하면 집주인에게 열쇠를 넘겨받을 장소를 알 수 있다. 우버와 마찬가지로 에어비엔비도 선택의 다양성과 편리성에 있어 견줄 것이 없다.

다른 한편, 제공자들에게 이러한 서비스들은, 개인의 시간과 자산이 돈벌이에 도움이 된다. 동시에 궁극적으로는 기업의 성장에 얼마만큼 기여할 수 있는지를 알려주는 새로운 수위표가 된다. 스타트업 회사들은, 당신이 가진 모든 것으로 돈벌이가 가능하다고 주장하면서, 비효율과 한가로움에 맞서 싸울 알고리즘을 작성하는 데 열중한다. 플랫폼은 사용자와 제공자, 승객과 운전기사, 투숙객과 집주인을 연결시켜준 서비스에 대한 요금을 거둬들이면서 이전까지는 존재하지 않았던 새로운 거래들을 가능케 해준다. 우리 각자의 자산이 그들의 새로운 비즈니스 영토가 되었다. **"나눔의 경제에 오신 것을 환영합니다."** 래니어가 우리의 데이터를 우리가 나눠갖자고 했던 것처럼, 이 새로운 회사들은 우리의 집과 자동차 그리고 다른 모든 것들을 나누자고 한다.

다만 그것은 실제적인 나눔이 아니다. 그것은 판매다. 사실 전적으로 '셰어웨어(shareware)'에서 구동되던 인터넷이 있었던 것처럼, 전에도 이런 자산-임대 플랫폼의 무료 버전이 있었다. 카우치서핑닷컴(Couchsurfing.com)이 그것이었다. 전 세계 지역공동체 사람들이 서로 간에 집의 여유 공간을 주고받을 수 있었다. 에어비엔비는 그것의 상업적 계승자라고 할 수 있는데, 같은 취지이지만 매우 다른 방식을 제공하고 있다. 투숙객이 단순히 숙박료를 내는 것이 아니라, 대부분의 임대는 아파트 전부에 대한 것으로 변모했다. 광고를 보면 사람들이 남는 침대와 가족의 식탁 테이블의 한 자리를 나누어 쓰는 모습을 보여준다. 그렇지만 통계에 따르면, 대다수(87%)의 집주인들은 임대를 위해 집을 떠나는 것으로 드러난다.[37]

일반인의 집이 아마추어 호텔로 변모 중이다. 원래 거주자들은 그들이 지불하는 집세와 그들이 버는 임대료, 그리고 어딘가에 투숙하는 비용의 차액을 생활비에 보태기 위해 애쓰고 있다. 디지털 경제에서 당신이 일거리를 찾는 데 어려움을 겪고 있다 하더라도, 당신이 완전히 장부 밖으로 밀려난 것에 대한 변명거리가 사라졌다. 당신이 무엇을 하는지 집주인이 알지 못하게 하면 된다. 아마추어 택시 네트워크인 우버와 리프트도 마찬가지다. 불완전고용 상태였을 자동차 소유자들이 일정액을 추가로 벌 수 있는 좋은 방법이다. 이제 더 이상 가치 있는 자산과 시간을 장부에서 제외시킬 이유가 사라졌다. 불완전고용 상태의 사람들이 불충분한 임금을 받고 자유계약 상태로 너무 오랜 시간을 일하고 있기는 하다. 이 앱들은 친구를 역까지 바래다주는 것 같은 자동차 공간 나누어 타기에 관한 것이 아니다. 그것들은 실업자들의 시간과 물건을 금전화하는 것과 관련한 것이다.

우버는 현재 410억 달러에 달하는 가치평가를 받고 있지만[38] 택시서비스가 아니다. 마찬가지로 에어비엔비는 호텔체인이 아니다. 종전에 규제 하에 있던 산업을 프리랜스 버전으로 바꿔 사람들이 참여하도록 장려함으로써 돈을 벌고 있는, 멋지지만 단순한 앱이다. 그것들은 일상 현실에서 차익 거래의 기회를 제공한다. 지역 택시업자들과 호텔 경영자들이 반기를 드는 것은 그 때문이다. 택시와 호텔 업자들은 여러 가지 규제 사항에 부합하려고 훈련하고, 투자하고, 기준에 맞춰 왔다. 법에 따라 필수적인 택시영업 면허는 수십만 달러가 소요된다. 호텔영업 면허도 마찬가지다. 이러한 비용과 규제들은 양심에서 우러나온 것이 아니라, 운임수준, 적정 공급량, 그리고 서비스질의 최소한도를 유지하기 위한 것이다. 이자와 보험료를 감당해야 하는 택시회사가, 가진 거라고는 차 한대와 스마트폰, 그리고 남아도는 몇 시간뿐인 실업상태의 새로운 등장인물과 어떻게 경쟁할 수 있겠는가?

우버는 이것을 잘 알고 있다. 이메일 광고를 통해 우버는 "뉴욕의 택시보다 이제 더 쌉니다."라고 주장했다. 그러나 잠시뿐, 그들은 이내 광고를 중단했다. 그것은 마치 그들의 약탈적 가격정책이 일시적인 수단에 불과하다는 사전 경고인 듯했다. 월마트가 소매상들의 존재근거를 무너뜨렸던 것과 똑같이, 옐로우 캡 정규 택시회사를 망하게 만들기 위해 고안된 것일 뿐이라고. 이것은 단순히 무언가 더 좋고 값싼 것을 제공하려는 기술과는 경우가 다르다. 우버의 가격책정 파워는 디지털의 마술에서 비롯되는 것이 아니다. 영업허가에 드는 비용 면제와 33억 달러의 벤처투자로부터 오는 것이다.[39] 우버는 낮은 가격 정책으로 마지막까지 살아남을 수 있는 사람, 혹은 기업체가 될 밑천이 있기 때문이다.

다시금 인간의 전문성과 기술이, 모든 것 위에 군림하는 기술기반 솔루션과 자본의 힘에 밀려 저평가되고 있다. 잘 알려지지 않은 골목길까지 알고 있는 런던의 택시 운전기사마저도 GPS의 정확하고 폭넓은 데이터로 무장한 아마추어를 당해낼 수가 없다. 비즈니스에 인간과 사회의 나눔의 요소를 복원한다는 구실로, 대중-나눔(crowdsharing) 앱들은 실제로는 인간의 기술과 관계, 그리고 지역 비즈니스를 자동화된 솔루션으로 대체하고 있다. 그러는 가운데 중앙 서버와 그 뒤에 도사리고 있는 투자자들이 수익 중 대부분의 몫을 빨아들이고 있다.

최후의 모욕을 당하게 될 사람들은 바로 우버의 운전기사들이다. 그들 역시 우버의 투자자인 구글이 개발 중인 무인 자동차로 대체될 운명이다. 앱은 사람이 운전하는 것보다 더 매끈하게 로봇차들의 움직임을 조율할 것이다. 우버의 주주들은 자동화된 미래에서도 지금과 마찬가지로, 아니 더 잘 나가게 될 것이다. 그들에게 있어 나눔 경제는 문화적 에토스가 아니라, 완전 자동화 솔루션으로 나아가는 전략적 이행과정을 의미한다. P2P는 가치 창조자로서 좀 더 많은 사람들을 포함하고자

하는 수단이 아니라, 그들을 제거하려는 전주곡이다. 처음에는 기술을 가진, 꽤 잘 버는 녀석들을 제거하라. 그러고 난 다음엔 그들을 대체한 기술 없는 녀석들 차례이다.

이것이 우리가 봐왔던 세상이 돌아가는 구조다. 넷플릭스의 DVD대여 웹사이트는 벽돌과 시멘트로 지어진 비디오 대여점들보다 더 많은 선택과 편리함을 제공했다. 넷플릭스는 훨씬 적은 수의 사람들을 고용하면서 대여점들을 대체해나갔다. 개인화된 추천 방식을 위해 P2P 알고리즘적인 시스템을 개발함으로써, 가장 잘 나가던 대여점의 숙련된 점원들과 경쟁하는 문제까지 해결했다. 숙련도가 높은 점원들은 DVD를 우편봉투에 넣는 단순 노동력으로 대체되었다. 넷플릭스가 스트리밍 서비스를 개시하자, 비숙련 일자리마저 제거되었다.

디지털 지형에서 일자리 문제 해결의 길을 모색할 때마다 우리는 무방비의, 고용 없는 장소에 도착한다. 우리가 만든 문화적 생산품이 '올해의 TOP 10 예술가'에 끼지 못하면 돈을 벌 길이 없다. 그렇다고 어떤 직업적 기술도 얻기 힘들다. 뭔가 해보고자 하면, 누군가가 곧 그것을 스마트폰 앱으로 만들어 자동화한다. 장부상에 더 많은 시간과 자산을 가지면 가질수록, 그보다 더 빠르게 새로운 기술로 대체되어 가치를 상실해간다. 현재 실업의 2/3 이상이 사람의 기능이 기계로 대체됨으로써 일어난 직접적인 결과다. 지금까지 사라진 직업의 대부분은 중간층의 직업인 제조나 사무보조, 계산업무 등이다. 과거에는 쫓겨난 노동자들에게 재훈련을 통해 더 높은 등급의 기술을 연마하라는 것이 상식적인 조언이었다. 비서가 되지 말고 사장이 되라! 끊임없이 반복적인 임무로 이루어진 직업은 어느 날 영혼 없는 기계로 대치될 것이다. 인간의 창의성과 의사결정을 필요로 하는 직업의 길을 선택하라!

그러나 이제 많은 비즈니스들이 의사결정에 데이터를 사용하고 있다. 많은 중간급 경영 직위들 역시 자동화되고 있다. 창고 노동자들을 대신한 로봇들만이 사람의 일을 차지해가고 있는 것이 아니다. 빅데이터와 분석엔진들은 증권연구가와 대출조정관, 마케터들을 대체했다. 보다 높은 역량과 지위를 향한 기술의 질주를 우리는 따라잡을 수가 없다. 이로 인해 대다수의 노동자들은 다른 방향으로, 즉 낮은 지위의 비숙련 직업으로 향해간다. 이것은 새로운 분야가 아닌 전통적 직업들의 덜 숙련된 형태이다. 그런 직업들은 뒤이어 다가올 자동화의 물결에 면역성이 거의 없다.

몇몇 비즈니스 미래학자들은 인터넷 자체에서 일함으로써 성공하는 디지털 노동자들의 출현에 희망을 건다.* 마치 위키피디아(Wikipedia)가 온라인에서 작업하는 수천 명의 재능을 소집해서 백과사전을 만들었던 것처럼 말이다. 여러 기업이 수많은 자유계약직 업무에 온라인 일꾼들을 관여시키는 ‘크라우드소싱(crowdsourcing)’ 플랫폼을 사용하기 시작했다.

그러한 기회들에 대해 주창자들은 디지털 혁명의 한 부분이라며 극찬해 마지 않는다. 크라우드소싱 플랫폼인 크라우드플라워(Crowd-Flower)의 CEO인 루카스 비월드(Lukas Biewald)는 다음과 같이 설명한다. “전에 없던 새로운 기회들을 이 플랫폼들이 사람들에게 가져다주었고, 우리는 진정한 평등주의적 방식으로 이를 운영해나갈 것입니다. 여기에서는 성별과 국적, 사회경제적 지위와 상관없이 누구든 원하면, 전적으로 자기가 선택한 방식대로, 그리고 자기에 맞는 방식으로, 작은 일들을 할 수 있습니다.”[40]

---

* 돈 탭스콧(Don Tapscott)과 앤서니 윌리엄즈(Anthony D. Williams)의 널리 읽히는 책, 《위키노믹스(Wikinomics)》는 위키피디아를 온라인 상에서의 대중적 협동과 가치창출의 새로운 모델로 지목했다. 그들은 이어, 아마존 메커니컬 터크(Amazon Mechanical Turk)가 차세대 디지털 노동자들을 위해 새로운 소중한 기회를 제공했다고 공로를 추켜세웠다.

아마존 메커니컬 터크와 같은 크라우드소싱 플랫폼은 아직까지 컴퓨터가 해낼 수 없는 아주 작고 반복적인 업무를 사람들이 유급으로 수행하도록 하고 있다. 일꾼들은 집이나 인터넷카페로부터 플랫폼 하나에 로그인하여 제공된 일련의 업무를 선택한다. 하나당 3센트 정도의 보수를 받으며, 사진의 주제를 구별해내거나, 비디오 강의로부터 문장을 옮겨 적거나, 스캔받은 영수증의 항목들을 목록화하는 등의 일을 한다. 참으로 재미없는 일이다. 이런 종류의 데이터 입력 방식은 그렇게 많은 비즈니스 프로세스가 컴퓨터 데이터베이스에 묶여버리지 않았더라면 존재하지도 않았을 것이다. 또 조만간 컴퓨터들 자체로 대체될 것이 확실하다.

그러나 지금 당장에는 이러한 일들이 클릭 일꾼들의 영역이니까 그렇다고 치자. 지금까지 수백만의 인구가 참여하여 컴퓨터와 웹사이트들이 '기계적 완성'이라는 환상을 창조해가는 것을 돕고 있다－아마존이 그 서비스의 이름을 '메커니컬 터크'라고 지은 것은 너무도 딱 들어맞는 것이다. 터크* 복장을 한 마네킹이 등장하여 체스를 하는 18세기의 유명한 마술의 이름을 딴 것이다. 그 마술이 실제로는 테이블 아래에서 사람인 체스 선수에 의해 조작됐다는 점은 시사하는 바가 크다－. 일꾼들은 제거되지 않았다. 단지 보이지 않을 뿐이다.

고용주들에게 있어서 이러한 현상은 산업주의 이상의 완벽한 실현이다. "누구나 일자리를 원하면 와라. 그리고 익명으로 일을 하라. 일꾼들끼리 만나서 이야기하지 마라. 그리고 돈이 되지 않는 작업성과는 거부한다."고 고용주들은 천명한다. 그러나 노동력은 단순히 대체할 수 있는 것이 아니다. 그것은 끊임없이 변화하는 것이며, 그것 자체의 훈

---

* [역주] Turk, 터키의 이슬람 식 의복.

련과 보살핌에 대한 책임이 따른다.

디지털 노동 관련 학자이자 실천가인 트레버 숄츠(Trebor Scholz)는 지적한다.[41] 크라우드소싱에 최저임금, 노동규제는 없다. 사법 관할권 밖이다. 아마존 메커니컬 터크에서 일하는 18%의 일꾼들만이 전일 노동자이다. 그렇지만 그들 대부분은 시간당 2달러 미만을 번다. 아마존은 주장한다. 플랫폼은 선택과 권한부여를 모두의 자유에 맡기고 있다. 열악한 노동 관행에 반대하는 노동자들은 '발로써 투표를 할 수 있다.' 즉 떠남으로써 의사표시를 할 수 있다. 그러나 최저임금의 일조차도 얻기 어려운 오늘날의 수많은 노동자들이 처한 현실에서 아마존이 부여한 권한이라는 것은 단 한 가지를 선택하라는 것이고 아니면 말라는 뜻일 뿐이다.

쫓겨난 노동자들을 위한, 나 스스로 고민했던 또 하나의 해답은 코딩을 배우는 것이었다. 피톤(Python), 자바(Java) 혹은 HTML과 CSS와 같은 웹코딩 언어에 능숙한 사람들은 디지털 시장에서 이제 막 기어 올라가려는 회사들에서 많은 수요가 있다. 그러나 코딩 역시 특히 인도와 같은 개발도상국가에서 점점 더 보편화되고 있다. 대부분의 일들은 업워크(Upwork) 같은 컴퓨터화된 서비스회사의 디지털 작업장에서 땀 흘리는 저임금 노동자들에게 찔끔찔끔 배정되고 있다. 오히려 더 좋은 기회는 코드를 할 줄 아는 능력을 활용하여, 스스로 앱이나 플랫폼을 만드는 것일 수도 있겠다. 그러나 그것 역시 파워역학에 똑같이 지배 받는 온라인 시장에서 같은 일을 도모하고 있는 수천 명과의 경쟁을 의미한다.

게다가 코딩을 배운다는 것 자체가 어려운 일이다. 특히나 학창시절의 수학을 다 잊어버리고, 알고리즘 사고가 길러지지 않은 성인들에게는 더욱 힘들다. 코딩을 잘해서 유능한 프로그래머가 되기는 더군다나 어렵다. 고도의 디지털 사회에서 살아가는 구성원으로서 플랫폼들이 어떻게 작동하는가는 누구나 익숙히 알아야 한다. 그렇지만 보편적 코드 문법지식이 우리의 고용위기를 극복해줄 것으로 생각되지 않는다. 읽고 쓰는 능력의 보편화가 도서출판 경제의 완전고용으로 귀결되지는 않을 것과 마찬가지다.

실제 상황은 매우 어렵다. 십여 명의 개발자가 만든 프로그램 하나가 수백 개의 일자리를 앗아갈 수 있다. 디지털 회사들은 1달러당 고용인원이 전통적 회사들에 비해 1/10밖에 안 된다.[42] 그리고 한 회사가 컴퓨팅을 클라우드컴퓨팅 방식으로 이관하기로 결정할 때마다, 더 많은 IT 종사자를 내보낼 수 있는 길이 열린다. 우리가 현재 개발하고 있는 대부분의 기술들은 창출하는 것보다 훨씬 더 많은 고용기회를 대체해 버리거나 쓸모없게 만든다. 그렇지 못한 기업들, 즉 인간 종사자를 유지하거나 업무에 더 참여시키는 것이 필요한 기업들은 벤처캐피털의 지원을 받지 못한다. 비즈니스가 성장함에 따라 더 많은 돈이 들어가는 사람을 고용해야 할 필요가 생길 것이므로, 그런 회사는 확장가능성이 없다고 보기 때문이다.

우리 사회가 좀 더 컴퓨터화되는 방향으로 전환하는 것을 기꺼이 도울 사람들을 위한 일자리가 있기는 하다. 고용 카운셀러들이 즐겨 지적하듯이, 슈퍼마켓의 셀프계산대는 계산원으로서의 당신의 일자리를 위협할 것이다. 그러나 고객들이 판매대에서 품목들을 스캔 하거나, 직불카드를 긁는 데 어려움에 처하거나, 혹은 식용 근대의 해당 SKU코드(재고분류코드)를 찾아내는 데 어려움을 느낄 때, 당신에게 새로운 직업적 가능성이 열릴 것이다. 그것은 보통의 계산원이 하는 일보다는 약간은 더 기술적이고 돈도 더 받을지도 모른다. 그러나 그것은 일시적인 일이다. 머지않아 고객들은 마치 은행기계에서 현금을 뽑듯이 셀프계산에 익숙해질 것이다. 셀프계산 선생님은 더 이상 필요가 없어진다. 그때쯤이면 고객들이 원하는 상품을 가지고 그냥 상점을 떠나면 자동으로 물건 값이 계산되는 정도까지 디지털 태그 기술이 발전할지도 모른다.

당분간은 찾을 수 있는 것보다 더 많은 전문가가 필요해서 전문가가 모자라 보일 수도 있다. 로봇운전수로 움직이는 자동차를 고쳐줄 기능사와, 의료진을 센서로 대체하는 데 필요한 엔지니어들, 우편배달에 이용되는 드론들을 위해 소프트웨어를 작성해줄 엔지니어들 등등. 당분간은 전문화된 일자리가 늘어날 것이다. 그러나 그 후 급격히 감소될 것이다. 중국에서는 벌써 3D 프린팅과 다른 자동화 솔루션의 시행으로 수십만 개의 하이테크 제조업 일자리들이 위협받고 있다. 불과 10여 년도 버티지 못하고 사라질 위험에 처해 있는 것이다.[43] 미국의 공장들이 그 비즈니스를 되돌려받으려는 추세이지만, 자동화된 공장을 돌리는 데에 필요한 훈련된 노동자들이 부족하다. 어찌되었든 이러한 전문화된 일자리의 풍부한 기회는 일시적이다. 로봇들이 자리를 차지하면, 유지와 성능개선의 많은 부분 역시 자동화된다. 이와 관련한 전문 일자리는 필요 없어질 것이다. 사람들은 훗날 로봇과 함께 사는 법을 배워야 할지도 모른다.

그것은 사이버네틱스와 그 피드백 메커니즘의 창시자 노버트 위이너(Norbert Wiener)가 1940년대에 처음 던진 수수께끼였다. 사이버네틱스는 단순한 옛 기계들을, 반응할 수 있고 의사결정 할 수 있는 로봇으로 전환하는 메커니즘이다. 다가오는 기술화된 경제에서 사람들이 소중한 존재로 남기 위해서는 우리가 창조한 기술보다 우리가 더 잘 할 수 있는 것이－그런 게 있다면－무엇인지를 잘 알아야 한다는 것을 위이너는 이해하고 있었다. 그럴만한 것이 없다면, 로봇이 밭을 경작하는 세상에 대처하는 방법을 알아야 할 것이라고 했다. 그의 영향을 받아, 1950년대에 아이젠하워 정권의 행정부는 산업주의 이후 도래할 상황에 대해 고민하기 시작했다. 1966년에 이르러 미국은 '기술과 자동화, 그리고 경제 진보에 대한 국가 위원회' 회의를 소집했다. 그 위원회가 발간한 6권의 책자는 대부분 무시되었지만, 1970년대 칭송 받던 다니엘 벨(Daniel Bell)의 《산업주의 이후의 경제》에 많은 기반이 되었다. 그는 정치 제도를 한 단계 업그레이드하고, 우리의 기술적 진보를 정치제도와 조화롭게 함으로써, 기술진보를 덜 임의적이고 덜 파괴적으로 만들어야 한다고 권고했다.[44]

오늘날, 고용의 미래에 가하는 기술의 충격파라는 주제에 있어서 대화를 주도하는 듯 보이는 MIT의 브리뇰프슨(Brynjolfsson)과 멕카피(McAfee)는 이것을 '대분리(great decoupling)'라고 불렀다. 그들은 방대한 연구에서, 기술 진보가 일자리를 없애고 보통의 노동자들을 예전보다 더 못살게 만든다는 것을 합리적인 의심을 넘는 수준에서 보여주었다. "그것은 우리 시대의 커다란 역설입니다."라고 브리뇰프슨은 설명한다. "생산성은 기록적인 수준에 도달했고, 혁신은 그 어느 때보다 속도를 더해가고 있습니다. 동시에 우리의 중간치 소득은 감소하고 있고 일자리는 줄어들고 있습니다. 기술은 너무도 빠르게 앞으로 나아가고 우리 인간의 기량과 조직들은 그것을 따라가지 못하기 때문에 사람들이 낙오하고 있습니다."[45]

그러나 우리가 아는 산업주의 경제의 목적에 비추어 볼 때, 이 '대분리'를 단지 디지털 기술의 의도되지 않은 결과로 보기는 어렵다. 그것은 하나의 역설이 아니라 인간을 가치 등식에서 제거하고자 하는 산업주의적 동력의 실현이다. 경제 성장은 더 많은 일자리를 의미하거나, 혹은 그 경제 속에 살고 있는 사람들의 번영을 의미하는 것이 아니라는 것, 이것이 큰 뉴스이다. "내가 틀린 거라면 좋겠습니다." 《MIT 테크놀로지 리뷰(MIT Technology Review)》에서 멕카피가 당황하며 설명했다. "그러나 이 모든 SF 같은 기술들이 배치되고 나면 사람들은 무얼 위해 있는 것일까요?"[46]

기술이 생산성을 증대할 때, 회사는 일자리를 제거하여 절감된 돈을 주주 보상에 사용하기 위해 새로운 구실을 찾는다. 주식배당과 주식 환매 따위가 그것이다. 임금 지불로 소모되었어야 하는 것이 다시 되돌아와 자본으로 바뀐 것이다. 그리하여 중간계급은 휑하니 패여나가고, 투자로부터 돌아올 피동적인 대가에 의존하는 투자자들만 남아 돈을 벌고 있다.

디지털 기술은 우리가 필연코 목도할 그 지점까지의 진행과정을 단지 가속화할 따름이다. 토마 피케티(Thomas Piketty)의 역사적 증거가 밝혀냈듯이, 커져가는 부의 집중 현상은 자기-수정적이지 않다. 자본은 그 나머지 경제보다 더 빨리 성장한다. 혹은 좀 더 평이한 언어로 말하면, 돈을 가진 자는 단지 그가 돈을 가졌다는 이유로 더 부자가 된다. 그밖의 사람들, 그러니까 가치를 창출하는 사람들은 상대적으로 더 가난해진다. 더 효율적으로 일했음에도 불구하고, 아니면 바로 그랬기 때문에, 노동자들은 경제 파이의 더 작은 조각만을 얻게 된다.

이러한 소득불균형은 자연의 섭리가 아니다. 그렇다고 자본주의가 빚어낸 우연한 사고도 아니다. 자본주의의 핵심 규범이다. 기술 자체가 사람의 일자리를 빼앗는 것이 아니다. 산업주의적 비즈니스 플랜이 오늘날에 부와 가치를 창출하는 우리의 역량을 계속해서 억누르는 것이다. 이번에는 디지털 기술을 사용하여. 달리 말하면, 산업주의 경제의 가치들이 디지털 기술에 굴복하여 죽은 것이 아니다. 디지털 기술이 산업주의 경제를 대변하고 있는 것이다. 피케티에 따르면, 벼락

같이 발전한 최근의 생산성은 이러한 현상을 새로운 수준으로 승격시켰고, 자본과 노동, 즉 자본과 임금의 괴리는 점점 더 커져간다.[47] 선도적 우위를 점한 디지털 비즈니스는 기존의 전통 비즈니스보다 피고용인 한 사람당 매출액이 10배에 달한다. 플랫폼과 알고리즘, 그리고 로봇들을 소유한 사람들은 새로운 지주가 되었다. 나머지는 남은 일자리를 얻기 위해 투쟁하거나, 프리랜스 창작자로서 피할 수 없는 파워법칙 배급의 이익획득이 가능한 곁가지에 붙어 마지막 남은 양분을 쥐어짜고 있을 뿐이다.

그러나 디지털 시대의 우리 삶의 미학은 삶을 지탱하는 규범이 점점 더 명확해지고 대체가능해졌다는 데서 발견할 수 있다. 우리의 규범은 컴퓨터 코드가 아니고, 우리들의 법이자 우리들의 운영체제(OS)이다. 마치 꽃 피는 장면이나 하늘을 가로지르는 태양을 찍은 저속촬영 영화처럼, 디지털 프로세스의 빠른 속도는 우리가 이전까지는 볼 수 없도록 감춰져 있던 사이클들을 볼 수 있게 할 것이다. 이러한 프로세스들 자체가 코드들로, 즉 사람이 만든 규칙들로 이루어졌다는 사실을 기억한다면, 우리는 우리 스스로를 위해 그것에 개입할 준비가 된 것이나 다름없다.

실업 문제 해법

훌륭한 프로그래머는 항상 여기에서 출발한다. '우리가 해결하고자 하는 문제들은 무엇인가?' 그러므로 디지털적 관점에서 우리가 처한 상황을 먼저 살펴보자. 우리는 경제를 발전시킬 새로운 방법을 찾고 있는 것일까? 아니면 사람들에게 어떻게 일자리를 줄 것인가를 알아내고자 하는 것일까? 확실한 것은 추상적이고, 무감각하며, 환경을 고갈시키는 성장보다는 일자리 문제 해결이 더 좋은 목표라는 것이다. 그렇지만 그것이 궁극적인 목표가 될 수 있을까? 그리고 우리가 던지는 가장 기초적인 질문이 될 수 있는가?

어쩌면 그럴지도 모르겠다. 비즈니스 언론과 기술 언론 모두 컴퓨터와 로봇이 고용에 어떻게 영향을 미치는가에 대한 이야기로 지면을 가득 채우고 있다. 정치 역시 모든 이슈들이 일자리 창출 논쟁으로 귀결된다. 전쟁, 이민, 주택공급, 에너지, 예산, 국고재정, 통화정책에 관한 논쟁들은 모두 미국인들의 고용문제에 그 발을 디디고 있다. 어떻게 하면 사람들을 다시금 일자리로 돌아갈 수 있게 할 수 있는가? 해외로 빠져나간 일자리를 어떻게 돌아오게 만들 수 있는가? 석유가격이 일자리에 미치는 영향은? 일자리 축소 없이 최저 임금을 올릴 수 있는 방법은 없을까? 미래 직업을 위한 노동력을 재훈련할 방법은? 마치 일자리가 인간의 최고선이며 핵심적 요구인 듯 보인다.

나는 그래야만 하는지에 대해 확신이 서지 않는다. 사람들은 물질이 필요하다. 음식과 거주할 공간, 오락, 의료 서비스, 타인과의 유대, 그리고 목적의식도 가지고자 한다. 그러나 고용이라는 것, 그것이 직장에 가고 출근부에 도장을 찍고, 어떤 일을 하고, 퇴근 도장 찍고 집으로 돌아오는 것을 의미한다면, 고용이라는 것은 우리 대부분의 욕구 등급의 상위에 있는 것은 아닐 것이다. 그렇다고 감히 받아들인다 해도, 누가 진짜로 일을 원할까? 우리는 실업상태가 나쁜 것일 수밖에 없다고 확신한다. 자유주의 시장의 주창자들은 케인즈학파 스타일의 정부재정 투입이 실질적으로 시계바늘을 움직이지 못한다는 주장의 증거로 높은 실업률 수치를 사용한다. 좌파들도 똑같은 수치를 들이대며 기업자본주의가 종점에 다다랐다고 주장한다. 자본 투자자들은 주식시장에서 돈을 버는 반면, 현실의 사람들은 아니다. 설사 그들이 일자리를 찾을 수 있다 해도 적어진 수입만을 벌 수 있을 뿐이다.

끝없어 보이는 고용 없는 경제회복은 전혀 의미가 없다. 특히나 우리 중 많은 사람들이 과도하게 확대된 자유계약 노동자로서, 혹은 명목상 실업자로서, 예전에 진짜 직업을 가졌을 때보다 지나치게 많은 시간을 일하고 있는 이때에는 더더욱 의미가 없다. 이 모든 것이 지금 막 대학을 졸업하는 젊은이들에게 어떻게 보일지는 상상조차 하기 어렵다. 그들은 지금 이전 세대들이 유급직을 찾을 때보다도 더 많은 에너지를 쏟아 부으면서, 무급의 인턴십을 찾아 헤맨다.

그러나 실업문제는 하찮은 부작용일 뿐이고, 새로운 디지털 경제의 하나의 특징에 불과하다면 어떨까?

사실 우리는 예전에 공상과학 소설가들이나 초기 인공두뇌학자들만 상상했을 법한 기술적 효율의 단계에 도달하고 있다. 로봇들이 실제로 밭을 경작하고, 집을 지으며, 도로를 포장하고, 차를 대신 운전해주는 시대에 돌입했다. 당연히 보다 많은 여가가 뒤따라올 것으로 여겨졌다. 지금 그런 시대가 도래했다. 로봇이 밭을 갈고 있을 때, 농부들은 드러누워 아이스티 좀 마시면 안 되는 것일까?

우리가 창조한 번영의 혜택을 누리고 싶다. 그런데 무엇인가가 막고 있다. 톨게이트 계산원의 자리를 RFID의 이지패스(E_ZPass)가 대체했다. 계산원들은 새로운 기술의 혜택을 수확하지 못한다. 실직한 계산원이 새로운 일을 찾지 못하고 있으면, 우리는 그 사람이 체력이 부족하다고 나무라며, 재훈련을 독촉한다. 그 사람이 체력이 좋고 재훈련을 할 수 있다 쳐도, 디지털 솔루션 하에서는 기계공업 시대에 비해 평균적으로 1/10의 인간고용만이 필요하다. 사정이 이러한데 어떤 기술을 배우러 가야 하는가? 전문가들이나 교육자들마저도 지금부터 5년 후에 취직거리가 될 만한 고용이 무엇일지 모른다.*

역사적으로 볼 때, 사실 일(jobs)이라는 것은 노동(work)에 대한 새로운 접근방법으로, 그리 오래되지 않은 개념이다. 법제화된 기업이 등장했던 중세 말까지도 시간-임금 고용의 형태는 나타나지 않았다.[48] 수공 장인들은 제품을 생산하고 판매하는 것이 더 이상 허락되지 않았고, 대신 초기 기업들을 위해 노동(work)을 해야 했다. 그러니까 예전에 스스로를 위해 노동했던 사람들이 도시로 옮겨가 '일자리(jobs)'라고 알려진 것을 찾아야 했다. 그들은 더 이상 자기가 만든 것을 파는 것이 아니라, 그들의 시간을 팔았다. 그 이전에는 노예들에게만 통용되던 계약노역의 형태였다. 노동을 시간으로 이해하는 이러한 새로운 사고방식이 자리 잡으면서 기계 작동 시계가 발명되었고, 인간의 시간을 팔고 사는 표준이 되었다.

'시간이 돈이다'라는 윤리강령은 우리 문화에 너무도 굳건히 자리 잡았다. 일에 시간을 투입하는 것은 이제 인생의 필수적인 부분처럼 느껴지게 되었다. '직업이 뭔가요?' 그러나 우리에게 안정적인 정체성을 주기 위해 일자리가 고안된 것은 아니다. 일자리는 단지 성장 계획의 일부분이었다. 창의적인 혁신과 초기 자유시장의 험악한 노동을 독점하기 위한 하나의 방법이었다. 이제 노동이 더 이상 필요 없게 되었는데, 달리 말해 기계가 대신할 수 있게 되었는데, 우리는 여전히 일자리(jobs)를 계속 유지해야 하는 걸까?

일하지 않는다는 것은 비윤리적 느낌을 준다. 미국 사회의 인기 있

---

* 나는 오픈 소사이어티(Open Society)의 '직업의 미래' 행동계획에 참여해 왔다. 여기에 참석하는 노동의 미래에 대한 전문가들, 노동이론가들, 노동조합의 지도자들, 미래학자 할 것 없이, '일자리'를 규정하는 매개변수로서 이러한 관점에서 출발하는 것에 동의하지 않는다.

는 억만장자들은 자수성가한 사람들이다. 귀족주의적 가치와는 정반대 방향에 위치해 있고, 오늘날 부를 대물림 받은 사람들과는 달리 존경의 느낌마저 자아낸다. 그러나 고용의 개념을 사회에 대한 가치 공헌의 개념과 분리해낼 필요가 있다. 그렇게 할 수 있을 때 여러 가지 많은 가능성들이 열린다.

우리의 산업적 능력은 우리의 필요를 능가하게 되었다. 적어도 발전된 세계에서, 우리는 우리가 사용할 수 있는 것보다 더 많은 물건들을 만든다. 중간계급의 미국인들조차도 잉여 물건들을 보관하기 위한 창고를 임차한다. 여러 주에서 은행들은 주택의 시장가치가 하락하는 것을 막기 위해 담보권이 실행된 집들을 철거한다.[49] 농무부는 기업농을 위해 가격을 안정시키려고, 잉여작물을 저장하거나 불태운다.* 모두에게 고루 돌아가고도 남을 만큼 풍족하다.[50] 어째서 남아도는 집을 무주택자에게 주지 않는가? 남는 음식을 배고픈 자들에게 주지 않는가?

그것은 그들이 일자리가 없기 때문이다. 저들에게 그저 필요한 물건을 갖게 하는 것은 위대한 성장 명령에 공헌하지 못하는 처사이다.

대신에 우리는 이러한 민초들이 새롭고, 쓸데없는 무언가를 만들어내서 그것들을 나머지 사람들에게 팔도록 한다. 그리하여 우리가 구입하고 버려서, 쓰레기 매립지를 늘이는 것을 당연하게 여긴다. 모든 것을 성장의 이름으로. 그것은 불필요한 생산에 소비자들이 계속 땔감을 제공하기를, 그리하여 사람들이 원하지 않는 일에 더 많은 시간을 투입할 수 있기를 기대하는 것과 같다. 일자리 창조하는 것은 더 많은 것들이 필요해서가 아니다. 사람들을 고용하는 진짜 이유는 명백하다. 그

---

* 생계를 위한 농업이 더 이상 불가능하게 된 세계 여러 곳은 그 자체가 대개는 식민주의와 시장 불균형, 혹은 서구가 소유한 공장공해의 희생물이다. 가장 책임감 있게 도출한 계산으로 보아도 우리는 전 세계를 위해 풍족하고도 남을 만큼의 식량을 가지고 있다.

들의 노동 없이도 창출된 풍요로움을 그들과 함께 나누도록 허락하는 것을 정당화할 길이 없기 때문이다.

우리들 대부분은 그것은 "원래 그런 것이야."라고 생각한다. 이러한 질서에 의문을 제기하는 것은 수세기 동안의 선례를 역행하는 것으로 여긴다. 다행히 이런 질서를 뒤집는 것에 반대하는 모든 이유들은 하나같이 산업주의 경제적 운영체제의 성장 요구에 기반한 것들뿐이다. 현실에 바탕을 둔 것이 아니다. 탈인간화 계획에 대한, 그리고 그것이 21세기 이후 노동에 가한 충격에 대한 대안들을 수립하려면 이 시스템이 근거하는 가정들에 도전할 필요가 있다. 사람들이 필요로 하는 것과 제공할 수 있는 것 사이에 보다 곧은 구분선을 확실하게 그어줄 필요가 있다. 여기에 몇몇 가능성들이 있다. 어느 한 국가에서 당장 실시할 수 있을 만큼 충분히 살을 붙인 구체적 정책들로서 제시하기보다는 가능성을 점쳐볼 수 있는 사유방법의 예시로서, 혹은 우리가 기꺼이 재평가해볼 만한 거룩한 진실들의 사례로서 제시하는 것이다. 이러한 가능성들의 기저에는 묵시적인 암시가 깔려 있다. 우리의 가장 큰 도전은, "충분해."라고 말할 줄 아는 법을 배우는 것이다.

1. 덜 일하라: 주40시간 노동을 줄이자

고용에 대한 대화를 시작할 때, 일반적으로 신성한 주40시간 노동을 바탕에 깐다. 그 전제를 바탕으로 나머지 비즈니스와 경제 지표들을 이 고정된 값에 꿰어 맞춘다. 이제는 우리가 사실을 받아들일 때가 되었다. 우리의 생산 효율은 더 이상 주40시간 동안 고용될 필요가 없을 만큼 높아졌다. 시간과 노동의 지도를 후-산업주의(postindustrial) 사회에 걸맞은 방법으로 다시 그려야 한다. 이것은 하루아침에 일어날 필요는 없다. 하지만 더 적은 시간 노동으로의 경로를 개척해 나가야만 한다.

선구적 노력들이 비즈니스와 인간 모두에게 매우 희망적으로 이루어져 왔다. 보스턴 대학교의 사회학자 줄리엣 쇼어(Juliet Schor)는 순진하고 엉뚱해 보일지도 모른다는 두려움을 극복하고 노동시간을 줄이는 사업을 밀고 나가야 한다고 믿는다.[51] 그녀의 연구는 더 많이 일한다고 경제가 나아지거나 삶의 질이 개선되지 않는다는 걸 보여준다. 노동시간 단축을 법제화하기 시작한 나라들에서는 그렇지 않은 나라들보다 벌써부터 탄소발자국이 줄어들었다. 쇼어는 이와 더불어 일터에서 더 적은 시간을 보냄으로써 사람들은 돈벌이를 떠나 자기가 하고자 하는 것들, 예를 들어 아픈 가족을 돌본다든지 아이들을 가르치는 등의 일을 할 수 있는 자유를 누리고 궁극적으로는 더 훌륭하게 경제에 공헌한다는 것을 보여주었다. 《새로운 경제재단》의 연구자인 줄리아 슬레이(Julia Slay)의 말을 인용하여 부연하자면, “당신의 노동자들이 대소변 가리기 훈련이 안 되어 있다면, 그것이 당신 사업에 미치는 비용은 얼마일까요?”[52] 그러한 가치는 돈 중심의 경제에도 일조하는 것으로 취급되고 있다. 단지 기록되지 않는 노동이고, 래니어(Lanier) 같았으면 ‘장부 밖’이라고 표현했을 법한 것이겠지만.

주당 노동시간을 줄이는 것은 여러 상호의존적 시스템들에 심대한 영향력을 가진다. 사람들은 여유를 가지고 무엇을 할 수 있게 된다. 일터로 갈 때 걸어감으로써 탄소를 덜 사용한다. 주당 노동시간을 줄이는 것은 제한된 일자리를 나눌 수 있는 기회를 제공함으로써 사회적 약속과 참여의 형태로 작용하여 정신 건강을 증진하고 사회적 결속을 창조할 수 있다.[53] 그것은 또한, 통계적으로 볼 때 정신적 질병과 암으로 직결되는 추가 근무와 과중한 업무를 덜어준다. 또 다른 연구들에 따르면, 일하는 날을 줄이면 시민적, 공동체적 계약을 증진시킬 수 있다고 한다. 시민으로서의 자각과 사회 이슈에 참여하는 시간이 모두 증가한다.[54]

미국에서조차도 최근 주당 노동시간 단축 관련 실험이 예상보다 더 순조롭게 전개되고 있다. 2008년 유타 주는 공익 근로자들에 대해 주4일 근무제를 제도화하였다. 근로자들은 하루 8시간 교대근무에서 10시간 교대로 바꿀 수 있는 기회가 주어졌다. 18,000명의 참여 근로자 중 50%가 이전보다 더 생산성이 좋아졌다고 보고되었다. 반면 80%는 실험이 끝난 이후에도 새로운 근로일정을 계속 유지해 달라고 요청했다. 새로운 근로시간으로 그들의 인간관계, 가족, 그리고 일반적인 삶의 질이 개선되었다고 응답했다. 초과근무수당과 결석률의 감소로 유타 주는 400만 달러를 절감했다. 그리고 그해 40만 톤의 탄소 배출을 줄이기도 했다. 이 모든 것은 실제적인 노동시간 단축이 없는 가운데 이루어진 결과다.[55] 캘리포니아 주의 어메이도 카운티(Amador County)에서는 임금 10% 감축에 맞추어 주5일에서 주4일로 노동시간을 20% 감축했을 때, 처음에는 노동자들의 저항이 있었다. 2년 후 주40시간 노동으로 돌아가는 선택권을 주자, 79%의 노동자들이 단축된 노동시간과 임금에 머물겠다고 투표했다.[56]

성공리에 자동화가 진행 중인 회사들이 정규 근무시간을 단계적으로 폐지하거나 적어도 줄여나가는 것이 이상해 보이지 않는가? 그것도 근로자들의 회사 이윤 참여를 줄이지 않으면서 그렇게 한다면? 근로자들에게 불이익을 주지 않으면서 근무시간 축소를 처음으로 실험했던 데가 바로 디지털 회사들이었던 것은 하나도 이상할 것이 없다. 온라인 교육 스타트업인 트리하우스(Treehouse)는 주4일 근무제를 채택했으며, 연 120%의 성장을 기록 중이다.[57] 생산성 플랫폼인 베이스캠프 역시 주4일 근무제를 도입했다. CEO인 제이슨 프리드(Jason Fried)는 그 이유를 다음과 같이 설명한다. "일할 시간이 더 적어지면, 낭비하는 시간도 적어집니다… (중략) 그리고 중요한 일에 좀 더 집중하는 경향이 생깁니다."[58] 베이스캠프 플랫폼은 스타트업 커뮤니티의 산업표준이 되었다. 아마도 그 회사의 사업 접근방법 역시 퍼져나갈 것이다.

2. 근로자와 회사 간의 계약서를 다시 쓰라: 생산성 이익을 나누라

가장 중요한 것은, 그리고 노동일수를 줄임으로써 얻을 수 있는 노동력의 효율 증대 효과보다도 더 중요한 것은, 사람들의 건강과 삶의 질, 그리고 만족도의 증가이다. 이것을 위해 회사가 설립되고 존재하는 것이다. 수동적인 투자자들 역시 증가하는 생산성으로 이득을 보겠지만, 땀을 투자한 사람들도 혜택을 얻어야 한다. 대부분의 회사들은 아직도 생산성 향상을 일자리 감축의 구실로, 그리고 절감된 돈을 배당이나 주식환매의 형태로 주주에게 돌려주는 구실로 사용하고 있다. 기업주의 개론에서라면 당연시할 만한 이야기지만, 생산성 이익이 여러 산업에 걸쳐 파급효과가 커진 이 시대에는 흠집투성이인 근시안적 접근이다. 회사들은 인적 자원들을 잘라내고 있고, 한편으로는 잠재 고객들의 일자리를 제거함으로써 결국 자신과 다른 모든 회사들의 고객층을 망친다. 이렇게 하는 가운데, 디지털 생산성은 그것이 가속화하고 있는 한물간 비즈니스 모델로 인해 욕을 먹고 있다.

종전에는 노동시간을 바꾸는 것을 움직일 수 없는 퍼즐 조각으로 여겼다. 그런데 지금은 최상의 재간꾼들을 유치하거나 유지하는 데 있어서도 경쟁적 우위를 덤으로 얻고 있다. "화요일, 수요일 일하고 목요일은 대체 휴일로 쓰겠다고? 오케이, 문제없어!" 더군다나, 근로자의 남은 예비 근무시간을 축적해 놓은 회사들은, 급작스런 가동이 필요한 상황이나 새로운 계약이 밀려올 때, 신입 근로자들을 고용하고—물론 후에 자르겠지만—훈련하지 않아도 되는 유리한 위치를 점하게 된다.

디지털 회사에서 쓰는 용어로, 복원성이 더 좋다는 것을 의미한다. 그것은 일부 사람을 과다 고용함으로써 다른 사람들은 아무도 고용하지 못하는 것 대신, 일하는 시간을 여러 사람에게 분산한다는 점에서 덜 취약한 전략이다.

새로운 기술 덕분에 노동자들이 훨씬 더 생산적으로 되었다면, 회사는 노동자들을 대량 해고하고 모은 돈을 주주들에게 갖다 바쳐야 할 이유가 없을 것이다. 대신에 생산성이 가져다준 전리품을 노동자들과 나누거나, 혹은 가속화된 생산성이 수요를 초과해버린 경우라면, 노동자들이 덜 일하게 하되 종전과 같은 임금을 지불할 수도 있을 것이다.

주당 노동일을 줄이는 것은, 일자리 과부족과 씨름하는 여러 가지 가능한 방법들 중 하나일 뿐이다. 링크트인(LinkedIn)의 창시자인 리드 호프먼(Reid Hoffman)은, 사람들이 과거시절의 끝과 시작이 연결된 단대단(end-to-end) 고용 솔루션을 버리고, 보다 일시적이고 즉흥적인 직업으로의 접근을 채택할 수 있게 하는-자신의 네트워킹 플랫폼다운 면모의-디지털 기술들을 마음에 그렸다.[59] 즉, 고용주에게 몇 년의 시간을 바침으로써 돈을 받는 일자리를 찾는 대신에 전문직업인들이 특정한 목적을 가진 기업들과 관계를 맺는 것이다. 마치 일시적인 캠페인마냥. 이러한 동맹은 평균 18개월 정도 지속될 것이다. 이 기간 동안 새 제품이 출시되거나 새로운 부서를 발진하거나, 재정적인 문제를 해결하거나, 창의적인 도전과제를 해결할 수 있을 것이다. 프로젝트 자체는 노동자의 포트폴리오의 부분이 되고, 노동자는 피고용인이라기보다는 프로젝트의 파트너로서 참여하게 된다.

항상 마가 끼는 것은 세부사항이다. 이건 혹시 착취를 위한 요리법은 아닐까? 모두가 각자 임대방식의 노동을 한다면, 그간 힘을 발휘해

왔던 노동조합의 단체교섭력은 어찌된단 말인가? COBRA*가 몇 년씩 지속될지도 모르는 비-계약기간 동안 사람들의 건강보험을 책임져줄 것인가? 연금은 또 어떻게 할 것인가? 이런 의문에 부딪힐 때, 또 다시 필요한 것은 상상력과 유연성이다. 새로운 형태의 노동조합, 이를테면, '프리랜서들의 조합' 같은 것이 등장하면 산업주의 시대 이전의 길드와 같은 것이 되살아날 수도 있다. 이 모든 것들은 하루아침에 일어날 일들이 아니다. 점진적으로 그리고 많은 시행착오 이후에 발생할 것이다.

이러한 가능성들이 아름다운 이유는, 그 가능성들을 통해 우리가 고용으로 가는 통로를 볼 수 있다는 데에 있다. 마치 21세기 직업의 지도를 보는 듯한 관점에서 말이다. 그 통로는 오늘날의 실제 사람들의 필요에 입각한 것이다. 오래 전부터 이 영역에서 멀리 떠나 있던 13세기 공장 소유자들의 우선권을 지지하기 위해 만들어진 것이 아니다. 그것은 상징적이기보다는 실제적인 것이다. 또한 물려받은 구식 시스템에 근거하는 것이라기보다는 현재의 생산성에 기반을 둔다. 노동자와 경제의 전부를 산업주의 시대의 기계에 묶어두는 대신 우리는 경제체제를 밑바탕부터 재-프로그램하고자 한다.

새로운 길은 매우 디지털적이다. 비트(bit)들로 기록된다는 의미에서가 아니다. 낡아빠진 코드를 자유로이 재-프로그램 할 수 있는 디지털 사회의 특성을 말하는 것이다. 이것은 경제를 오픈 소스로 하자는 제안이다. 여기에서 재고되면 안될 만큼 신성한 것은 아무것도 없다. 인간의 공헌을 당연한 것으로 평가절하 해버리는 대신에 삶의 질을 극대화하는 노력을 해도 좋을 것이다. 항상 똑같이 죽은 결론에 도달하는 것 대신에 우리는 전적으로 새로운 구조로의 길을 모색할 수 있는 힘

* [역주] 1985년 로널드 레이건 대통령 시절 미의회를 통과한 건강보험법, 그 이후 건강보험 관련 (개정)법령들을 간단히 COBRA로 칭하고 있음

을 얻었다. 우리는 프로그램을 바꿔서 새로운 환경으로 갈 것이다. 멀고 먼 길로 돌아가지 않을 것이다.

3. 풍요함에 항복하라: 최소수입 보장

생산성 향상에 따른 잉여는 문제가 되지 않는다. 시장이 희소성에만 의지해서 동력을 얻는 경제, 인간을 위한 가치가 아니라 인간에게서 추출되어야 하는 그 무엇으로 이해되는 경제체제에서만 골칫거리로 여겨진다. 말하자면 제로섬적 경제 접근은 재생가능 에너지마저도 그런 문제로 바라본다. 석유를 퍼올려 생기던 이윤이 사라지는 것을 어떻게 보상하지? 어떤 경제가 실제적 혹은 인위적 희소성을 악용하는 것에 기반을 두고 있다면, 잉여의 발생은 치명적인 위협이 될 수 있다. 우리는 수세기 동안 인간을 제거하려고 애써 온 경제 지형에서 살았다. 그래서 고용주가 '넌 더이상 필요없어' 할지도 모르는 순간에 대한 두려움에 휩싸여 있다. 사업주로서 우리는, 새로운 기술들의 출현을 두려워한다. 부족한 자원에 대한 우리의 주장이나 그밖의 경쟁적 우위를 더이상 쓸모없는 것으로 만들지 모르기 때문이다.

우리는 이러한 입장을 취하는 데 너무 능숙해졌다. 그러기보다는 우리를 둘러싼 경제 모델 밖으로 한 걸음 나가서 끝내 성공해 왔다는 사실을 받아들이자. 탈인간화된 접근에도 불구하고, 아니 어쩌면 그러한 접근 때문에, 우리는 모두가 사는 데 필요한 몫을 공짜로 나눠줄 만큼 충분한 물건들을 생산할 수 있었다. 과거에 부족했다고 여겨졌던 것들이 이제는 풍부해졌다. 3D 프린팅과 그밖의 분산된 생산 방식의 출현으로, 나머지 것들 역시 풍족해질 것이 확실한 단계에 왔다. 경제미래학자, 제레미 리프킨(Jeremy Rifkin)이 말한, 새로운 기술의 발전이 모든 것의 비용을 제로로 축소하는 제로-한계비용사회에 이르고 있는지도 모른다.[60]

솔직히 말해서, 디지털 기술의 능력이 빠른 시기에 이런 정도의 잠재력을 구현해낼 것이라는 견해에 회의적이다. 3D프린팅 같은 기술들을 통해, 마치 예전에 소비자였던 사람들이 이제는 아무런 준비 재료도 없이 제품을 생산하는 것처럼 보이게 할 수 있다. 이 프린터들의 대부분은 플라스틱이나 수지로 가공하는데, 재료들은 어디에선가 구해야 한다. 미래의 프린터 모델들은 금속이나 다른 소재들도 사용할 것이다. 그것들 역시 채굴하여 정제를 거쳐야 한다. 단 하나의 스마트폰을 위한 환경, 노동의 발자국만 봐도, 3D프린팅의 진짜 비용은 제로와는 한참 멀다. 여기에 덧붙여, 미래의 누군가는 3D프린터들 자체를 제조하고 있을 것이고, 그들 역시 오늘날의 프린터 제조업자와 같은 특성을 가졌다면 자주 업그레이드 할 것이다. 오늘날의 주택가 옆길들이 낡은 모니터와 잉크젯 프린터들로 어지럽혀지듯이, 미래의 갓길들은 제1세대와 2세대 3D 제조기술의 산물로 뒤덮일 것이다. 또 하나의 성장 산업일 뿐이다.

이렇게 말하고 나니, 우리가 경제모델의 한계에 부딪치는 것보다는 기술과 자원의 한계에 봉착하는 것이 나을 것만 같다. 우리 경제모델은 좀 더 분산된 번영의 길을 가로막고 있으며, 상상력과 용기가 결핍되어 있다. 우리가 진정으로 인류를 비즈니스 등식의 중심에 서 있도록 하려면, 우리는 적어도 그 가능성을 즐길 줄 알아야 한다. 풍요의 몫을 받기 위해서 모든 사람이 풀-타임으로 고용될 필요는 없다는 가능성 말이다. 노동의 필요성을 축소하거나 제거함으로써, 경제와 환경과 우리 사회가 짊어질 부담 역시 줄이는 결과로도 나타날 수 있다.

이것은 새로운 아이디어는 아니다. 정부가 기금을 조성하는 보장수입 프로그램은, 아이젠하워 행정부가 후기산업주의 잉여경제의 낌새를 처음으로 알아챈 이래로 이따금씩 제안되었다. 1969년 가족지원계획의 일환으로 닉슨은, 최소수입 보조금의 또 다른 버전을 내놓았다. 그는 정부가 '누군가가 한가로이 사는 것을 선택할 수 있도록' 다른 사람에게 세금을 부과하는 것이 아니라는 주장을 펼치려 했다.[61] 뉴욕 시의원 윌리엄 라이언(William F. Ryan)이 강조한 것처럼 상원의 대다수는 이에 동의했다.

"보장연봉은 특권이 아닙니다. 그것은 모든 미국인들이 누릴 권리가 되어야 합니다. 우리처럼 부유한 나라에서는 어떤 시민들이나 그 가족들이 적절한 식사를 할 수 없는 상태를 방관할 수 없습니다. 적절한 집을 갖지 못한 채로 내버려둬서는 안 됩니다. 적절한 의료건강 서비스와 교육의 기회 없이 살도록 내버려두지는 않을 것입니다. 한마디로 말해 우리는 모든 시민과 가족이 존엄한 삶을 살도록 해주어야 합니다."[62]

상원은 1970년에 투표를 통해 보장수입 법안을 243대 155로 통과시켰다. 그렇지만 하원은 상원을 통과한 이 법안과 다른 법안들을 한꺼번에 거부했다. 미국인들을 더욱 게으르게 만들 것이라는 우려 때문이었다. 자유시장 경쟁의 주창자인 밀튼 프리드먼(Milton Friedman)의 지원조차도 하원의원들의 확신을 바꾸지는 못했다. 십여 년이 지난 후, 개인의 의무와 사회문제에 대한 순수시장경제를 통한 해결이 강조되는 가운데, 마가렛 데처와 로널드 레이건의 사회계약에 관한 정책 버전이 수용되었다. 그때부터 보장수입 혹은 역-소득세에 대한 개념은 대부분의 사람들에게 터무니없는 소리로 들렸다. 마치 소련 붕괴와 더불어 이미 오류가 입증된 계획처럼.

가용한 데이터를 모두 취합해 보면,[63] 현재 미국에서 빈곤을 통째로 제거할 수 있는 역-소득세 시행을 위해 추가로 드는 돈은 GNP의 1%밖에 되지 않는다. 정부 지출로 환산하면 GDP의 21.1%에서 22.6%로 증가하는 정도다.

이러한 계획에 대한 비판들을 살펴보면, 최소수입보장계획이 사람들의 일할 맛을 떨어뜨릴 것을 우려한다. 특히 노동 참여의 명확한 커트라인이 생기는 경우, 즉 '이익 절벽'으로 알려진 지점에서 자발적 노동이 훼손될 것을 우려하는 것이다. 몇몇 계획들은 이러한 우려를 씻는 방향에서 작동할 수 있다. 즉, 가난한지 여부를 떠나 모두에게 똑같은 금액을 나눠주거나 혹은 자녀 수에 따른 세금 공제에 초점을 맞춤으로써 이러한 우려를 불식할 수 있다.

어떤 경우든지, 최소수입보장이 사람들을 무기력하게 만들 것이라는 증거는 어디에도 존재하지 않는다. 1970년대에 실행된 유명한 실험들에서, 최소수입보장이 효과를 드러내기 시작하면 노동시간이 전반적으로 감소하는 현상이 나타났다. 그러나 대개의 경우, 주60시간에서 40시간 수준으로 감소하는 정도였다. 일부 사람들은 못다 한 고등교육을 마치기 위해 일을 떠나겠다고 했다. 이것은 나무늘보 증상과는 거리가 멀다. 대부분의 연구자들은 그 어떤 통계학적으로 유의미한 노동시장 이탈의 증거를 발견하지 못했다.[64] 그 데이터가 틀렸고 반대론자들이 옳다고 치더라도, 노동자 이탈은 긍정적인 측면도 있다. 구직자들이 일자리를 보다 손쉽게 찾을 수 있도록 해준다. 또한 떨어져 나간 사람들이 지금은 보상받지 못하는 다양한 방식으로 사회에 공헌할 수 있는 자유를 얻는다.

4. 노동을 다시 규정하라: 실질적 욕구 해결을 위한 돈벌이 수단

게으른 자들이 너무 후한 보상을 받을 것에 대해 걱정하지 말라. 보장수입이나 공공근로 계획으로 인해 모두가 저택을 소유하지 않는다. 이런 계획 하에서도 자유 시장체제는 계속될 것이고, 우리는 여전히 저택 소유자가 되기 위해 경쟁할 것이다. 사치스런 삶을 원하는 사람들, 영화 티켓을 많이 사고 싶은 사람들, 휴가를 떠나고 싶은 사람들, 고급와인을 즐기고 싶은 사람들은 그러한 삶을 위해 더 일할 것이다. 단지 허접스러운 일자리에서가 아니라, 인간에게 최고로 유익한 일을 하면서도 그런 걸 누릴 수 있다.

최소수입보장과는 다르게, '최소임금을 보장하는 공공근로'는 더 많은 사람들이 공감할 방향으로 추진될 수 있다. 2차대전 후 귀환한 군인들을 위해 시행된 정책을 통해, 시민들은 각자 능력에 합당한 일자리를 보장받았고, 생활임금을 벌 수 있었다. 정부는 그들을 사회간접자본 건설이나 공공서비스 업무에 투입하였다. 색안경을 끼고 보기 전에 기억하라. 20세기의 사회주의와는 달리 이러한 계획의 동기는 희소성이 아니라, 풍요함이 가져온 문제와 씨름하는 것이었다. 산업화가 덜 된 시대의 소련에서였다면, 이러한 계획은 노동에 대한 최선의 접근 방법은 아닐 수 있다. 그렇지만 충분히 풍요로워진 디지털 시대의 미국을 위한 가치창출에 있어서는 훨씬 더 효율적일 수 있다. 우리의 문제는 치약의 부족에서 오는 것이 아니다. 치약을 생산하는 모든 노동자들의 고용을 유지시킬 충분한 소비자를 찾는 것에 있다.

옥스퍼드 대학교의 경제학자 앤서니 앳킨슨(Anthony B. Atkinson)은, 지난 50년 동안 부의 불평등 문제를 다루면서, 이러한 공공근로의 시나리오를 유형화 해내기 위해 깊이 있는 연구를 진행해 왔다. 물론 이것은 영국을 위한 연구였다.[65] 경험주의적 데이터 접근방법과 역사적 패턴들에 대한 명료한 분석을 통해, 그는 공공서비스를 채택함으로써 부를 보다 공정하게 배분하는 것이 경제적으로도 타당하다는 것을 확증했다. 또한 공정한 배분을 통해 전체적인 부가 증가한다는 것도 확인해주었다. 이 노동자들의 활동은, 비록 정부에 의해 기금이 조성되기는 해도, 궁극적으로는 그들이 벌어간 임금 지불을 위한 세금을 보상하고도 남을 정도로 다른 사람들의 부의 창출에 기여하는 것으로 나타났다. 더군다나 공공근로 노동자들이 번 돈은 매우 빠른 속도로 소비되어 경제로 되돌아오는 성향을 갖는다. 주식투자로 인한 부의 회전 속도와는 비교할 수 없이 빠른 속도의 부의 순환이다.

인간에게 초점을 맞춘 경제에서 인간에 대한 필요가 부족해지는 일은 발생하지 않을 것이다. 언젠가 컴퓨터가 사람들을 진단하고 처방하는 일을 더 잘해내는 때가 올 것이다. 그렇지만 사람들을 돌보는 일은 잘 해내지 못할 것이다. 교사, 보모, 유아보육 등은 말할 것도 없고, 건강도우미, 가사도우미, 간호간병 등은 우리 사회에서 가장 저평가되고 싼 임금으로 혹사되고 있는 직종들이다. 우리는 이런 직종들을 비루한 것으로 생각하도록 분위기를 조성해 왔다. 하지만 이 직업들은 경제적으로도 가장 중요한 축이 될 수 있는 일들이며, 개인적으로도 보람된 일이다.

그것들은 인간 접촉이 많은 활동들이어서 기계로 복제해낼 수가 없다. 인간 제공자들과 밀접한 관계가 필수적이라는 점, 그리고 대체불가능성으로 인해 그런 활동들은 산업주의 시대 가치와 양립할 수가 없었다. 이 분야의 종사자들은 가치를 실시간으로 창출한다. 일대일로 하는 경우도 많다. 이런 속성으로 인해, 그리고 성장만을 놓고 보면 그 서비스들은 변변치 못한 영역에 속한다. 하지만 이 분야는 지속 가능한 직업적 통로 이상의 가치가 있다. 서비스를 활성화할 수 있는 플랫폼과 네트워크, 장비 개발자들을 위해서는 훌륭한 사업 기회를 제공한다.

농업에서도, 섬유업에서도, 그리고 그밖의 다른 분야에서도 이와 같은 것들은 많다. 지역으로 돌아가, 인간을 척도로 하는 기업들이 노동자들을 덜 착취하고 환경에 덜 부담을 주면서도 더 건강한 제품을 더 잘 생산할 수 있는 분야가 많다. 산업주의적이지 않은 방법들은 좀 더 노동집약적일 수 있지만 모두를 위해서는 더 좋을 수 있다. 화이트컬러 일을 해왔던 사람들에게 채소를 재배하고 옷을 짓는다는 생각은, 정신노동에서 아주 멀리 후퇴하는 것처럼 느껴질 수도 있다. 그러나 가장 부유한 미국인들이나 만족스런 삶을 누리고 있는 은퇴자들이 열성적으로 참여하고 있는 활동들을 잠시 생각해보라. 생맥주 양조, 뜨개질, 정원 가꾸기 따위이다. 만일 접근 가능한 일들이 진짜로 충분하지 않고 고용 외의 잉여 인력이 남아도는 세상이 온다면, 우리는 언제고 농사를 선택할 수 있다.

세계 정복을 꿈꾸는 사람들이라면, 사회의 핵심 문제들을 해결해냄으로써 전설적인 인물이 되고자 할 수도 있겠다. 표토층 토양 고갈, 지구 온난화, 노예노동인구, 에너지 생산 등등 몇 가지만 떠올려도 문제는 널렸다. 그들이라면 모두가 사용하고 있는 제품들의 세계 공급 사슬을 모두 추적해서 부당하게 특정인들에게 짐을 지우는 사례들을 근절할 수도 있을 것이다 – 위험한 광산에서 노동자들이 중노동을 통해 저가형 스마트폰에 들어가는 원광석을 캐내는 한, 그것은 이미 저가가 아니다 –. 그러나 이 문제들 중 몇몇은 더 많이 고용하라고 끈질기게 강조하는 것을 포기하는 것만으로도 완화될 수 있다. 그것은 옛날 사고방식이다. 일자리 창출에만 목매어 노심초사 경제를 키워야겠다는 강박관념을 떨칠 수만 있다면, 중요 자원의 세계적 불균등 배분의 문제, 개발도상국의 부채문제와 같이 진정한 도전과제들에 어떻게 대처할 것인가를 자유로이 고민할 수 있게 된다.

과연 이러한 일이 쉽게 일어날까? 근시일 내에는 어려울 것이다. 특히 경쟁적 희소성의 게임규칙이 공정성과 동일시되고, 성공이 은총의 징표인 듯이 보이는 환경에서는 쉽게 기대하기 어렵다. 엄밀하고 사실적인 견지에서, 우리가 속도를 늦출 수 없는 이유는 상품 공급과는 관계가 없다. 우리는 사실 훨씬 더 적게 만들어도 된다. 혹은 더 많이 만들려는 노력을 중단해도 된다. 그런다 해도 1970년대의 소련처럼, 치약을 구하기 위해 길게 줄을 서야 하는 일은 생기지 않는다. 고용 확대가 아니라, 그것을 적극적으로 **줄이는 것**을 목표로 하는 정책들을 채택한다는 것은, 경제란 계속 발전해야 한다는 가정에 대한 도전을 의미한다.

이것은 분명히 매우 힘들고, 의회에서 잘 먹히지 않을 종류의 것이다. 그들은 전 해에 합의된 예산의무를 지출하는 것마저 동의하지 않는다. 의회는 채무한계와 운영적자의 차이도 이해하지 못한다. 그러나 다행히 우리가 살고 있는 디지털 지형은 모든 규칙들이 외부에서 내부로 수정될 수 있다. 자기들 마음대로 교역의 규칙을 고치면서 독점적 입법 권력을 휘둘렀던 르네상스 시대의 군주들과는 다르다. 산업주의 시대에는 '모든 것을 한 사이즈에 맞추기'식의 해결방법만 있었다면, 디지털 시대는 분산된 해결방법들이 폭 넓게 분포하고 있다.

그러하기에 우리는 사업주로서, 투자자로서, 은행가로서, 그리고 개별 주체로서, 인간에 대항하여 작동하는 것이 아니라 인간을 위해 작동하는 경제 운영체제를 프로그램하기 위해 무엇을 할 수 있는지 살펴봐야 한다.

제2장

성장의 덫

기업은 프로그램이다

식물도 자라고, 사람도 자란다. 심지어 숲과 정글도 자라고 산호초도 자란다. 그러나 끝내 그들은 성장을 멈춘다. 그렇다고 죽음을 의미하는 것은 아니다. 성숙의 한 단계에 다다랐을 뿐이다. 이 단계에서 개체의 건강은 더 커지는 것과 상관이 없다. 이제부터는 활력을 지속해나가는 것과 관계가 있다. 세포들과 유기체들, 혹은 종 전체의 교체는 있을 수 있다. 그러나 전체 시스템은 성장의 의무 없이 지속적으로 스스로 유지해나가는 것을 배운다.

회사들도 이러한 방식을 배울 만하다. 적정 크기까지 성장한 후에는 거기서 멈추거나, 시장 상황에 따라 당분간 더 작아질 필요도 있다. 하지만 지금의 비즈니스 지형에서는 이것이 허락되지 않는다. 특히 기업들은 성장이 필수다. 코카콜라, 펩시, 엑손, 그리고 시티뱅크 등 기업들에게 '충분히 크다' 따위의 말은 없다. 기업 활동의 모든 측면이 끊임없이 새롭게 제시되는 성장목표 달성에 꿰맞추어져 있다. 숨을 쉬기 위해 움직이는 상어처럼, 기업이 살아남기 위해서는 성장해야 하기 때문이다. 기업들의 DNA 자체에, 혹은, 더 정확히 말하면, 우리가 기업을 프로그램했을 때 심어놓은 코드 자체에 이러한 필수조건이 내재되어 있다. 1000년 전이었다면 이런 방식의 기업은 지배적인 사업주체로서 꽤 성공적으로 롱런할 수 있었을 것이다.

오늘날 운영되고 있는 경제체제는 기업들에 봉사하도록 구축되었다. 그런데도 많은 기업들은 오늘날의 디지털 경제 환경에서 그리 잘 작동하고 있지 못하다. 명백한 승자들마저도 실제로는 빌려온 시간과, 더 중요하게는, 빌려온 돈에 기반하여 작동된다. 오늘날의 곤경에 대해 디지털 기술이나 기업을 비난할 수 없다. 그보다는, 수백 년 전에 작성된 협동조합주의(corporatism) 규칙들이 오늘날의 디지털 플랫폼 규칙들에도 맞물려 돌아가는 것이 문제다. 하나의 기업은 단지 일련의 규칙일 뿐이다. 따라서 소프트웨어다. 그것은 코드의 집합일 뿐이기에, 인간에게 신경 쓰지 않는다. 인간의 우선권 혹은 미래 따위는 아랑곳하지 않는다. 우리가 굳이 그러한 관심을 기업 코드에 프로그램해 넣지 않으면 말이다.

특히 빠르게 변하고 있는 미디어 환경 속에서, 기업을 미디어의 한 형태로 보는 관점은 유용하다. 미디어는 역사의 특정 순간에 특정한 목적을 수행하기 위해 사람들이 작성한 프로그램이다. 기업 프로그램의 작동법을 잘 알면, 그것을 디지털 경제에 플러그인할 때 어떤 일이 발생하는가 뿐만 아니라, 대처 방법까지 보다 쉽게 이해할 수 있게 될 것이다.

미디어 이론의 대부, 마샬 맥루한(Marshall McLuhan)은 그 어떤 미디어나 기술을 평가할 때, 4가지 관련 질문을 던지곤 했다.[1] 그는 이것을 '테트라드(4분체)'라고 불렀다. 아리스토텔레스의 4가지

'원인'의 최신 버전이라고 할 수 있다.

그 미디어가 무엇을 증대, 혹은 고양시키는가?

그 미디어가 무엇을 쓸모없는 것으로 만드는가?

그 미디어가 이미 쓸모없어진 그 무엇을 회복시키는가?

그 미디어가 극단으로 몰렸을 때, 무엇으로 전환하는가?

이 테트라드는 보기보다 교묘하다. 자동차의 예를 들면, 그것은 속도를 증대했다. 무엇을 쓸모없게 만들었는가? 말과 수레다. 자동차가 회복시킨 것은 기사 작위의 가치다. 가속경주에서 나스카*에 이르기까지, 모든 것에서 마상 창 대회에서의 자웅겨루기 양상을 볼 수 있다. 극단으로 몰아졌을 때, 자동차는 교통 혼잡의 단계로 접어든다. 교통 혼잡은 자동차가 처음 생긴 이유 자체에 역행하는 방향으로 작용한다.

휴대전화를 예로 들면, 그것은 우리의 유동성과 자유를 증대했다. 지역의 경계선들을 쓸모없게 만들었고, 대화를 회복시켰다. 극단에 다다르면서 그것은, 언제든지 모두의 부름에 대답하도록, 일종의 개 줄처럼 우리를 묶어버렸다.

기술이나 미디어로서 기업을 바라볼 때 가장 큰 장점은, 그것이 자연현상처럼 어디에서 불쑥 나타나지 않았다는 것을 상기할 수 있다는 점이다. 사업들이 커지다 보니 그에 걸맞은 성장을 지속하기 위해 지금처럼 진화된 것처럼 보이지 않는다. 사실은 그 정반대이다. 기업은 군주들에 의해 고안된 것으로, 급성장하고 있던 중간계급과 새로운 시장이 번창하는 것을 차단하고, 중간계급이 향유하던 성장을 찬탈하기 위함이었다. 기업들이 고안된 것이라는 사실 자체만으로도, 우리 스스로 입맛에 맞게 그것을 다시 고안할 수도 있다는 점을 상기하자.

---

* [역주] NASCAR – 미국의 대표적인 자동차 경주.

그렇다면 기업은 무엇을 증대하기 위해 고안된 것일까? 주주의 권력과 자본의 우선권을 증대하기 위해서다. 봉건 영주들은 수세기 동안 농노의 노동을 뜯어먹고 살아왔다. 그런데 사람들이 상품을 만들고 서로 교역하기 시작하면서 점점 궁핍해졌다. 귀족계급은 점진적으로 자유로워지는 시장에서 부와 지위를 보존해나갈 방법이 필요했다. 그래서 법제화된 독점을 고안해냈던 것이다. 그것은 몇몇 규칙을 적어 놓은 종이에 불과했지만, 한 산업에 대한 독점적 지배를 왕이 선호하는 상인에게 허락하는 전매특허였다. 대신 왕과 귀족들은 독점기업에 투자할 권리를 얻었다. 이러한 방법으로 그들은 단지 돈으로 더 많은 돈을 벌 수 있었다. 상인들은 과연 투자자가 필요했을까? 대부분의 경우에는 아니었다.* 그렇지만 왕의 독점권 허가와 보호를 얻어내기 위해 양보한 것이다. 투자자들은 오늘날의 주주들과 비슷했고, 상인들은 CEO라 할 수 있다. 한 가지 차이가 있다면, 당시의 주주들은 법을 제정할 수 있었다는 점이다.

기업들은 무엇을 쓸모없게 만들었는가? 지역의 바자를 죽였고, 바자에서 일어나는 모든 P2P적 가치창출과 교환을 죽였다.[2] 그것들은 시장의 혁신과 경쟁의 가치에 반(反)하여 작동되었다. 한 회사가 옷을 만드는 독점권을 얻거나 동인도 제도에서 독점권을 따내면, 다음 할 일은 오로지 가치를 추출해내는 것뿐이었다. 그 회사에게는 경쟁도 없고 혁신을 할 이유도 없었다. 우리는 그 부분의 프로그램을 잘 기억해야만 한다. 직관적으로 볼 때 상식에 어긋난 듯 보이지만, 기업 헌장의 핵심 코드는 교역과 혁신을 억압하는 것이다. 그것은 자유

---

* 나의 책 《삶 주식회사(Life Inc.)》를 보라. 이 책은 중세 말 기업의 출현에 대한 궤적을 쫓고 있다. 상인들에게 독점을 허가한 초기 헌장들을 보면, 투자할 수 있는 권리가 상인들의 양보에 의한 것임이 확실해진다. 상인들은 현금이 필요하지 않았고, 주주도 필요 없었다. 그러나 시장에 대한 독점권과 왕의 군대에 의한 보호의 대가로 투자금을 수용했다.

시장을 말소시키려고 고안되었다.

테트라드의 세 번째 부분, 복귀(회복)의 문제는 까다로운 개념이다. 그것은 대개 문화적 가치들과 관련이 깊다. 오래 전 과거로부터 온 것이 새로운 형태로 재발견된 것이다. 협동조합주의는 왕권과 세계적 거대기업들을 지휘할 능력을 고양함으로써, 제국의 가치를 회복시켰다. 그렇게 하면서 르네상스가 도래했다. 르네상스는 문자 그대로, 고대 그리스와 로마의 가치들이 '다시 태어남(re-nascence, 혹은 rebirth)'을 의미한다. 그 무렵, 신성로마제국은 식민제국주의로 대체되었다. 식민주의 권력은 장소적 가치를 제국의 영토로 축소했고, 인간적 가치를 노동착취의 인적자원으로 축소했다. 지역의 가치는 법제화된 기업의 가치와 그것을 보호하는 무장 함대들이 추구하는 가치에 길을 내줄 수밖에 없었다.

경영하던 영토의 법을 제정할 권력을 가짐으로써, 기업들은 매우 잘 나갈 수 있었다. 예를 들어, 네덜란드의 동인도회사가 사탕수수를 수확하면, 지역의 섬 주민들은 나머지로 밧줄을 만들었다. 이것은 토착민들에게 있어 새로운 이윤창출 산업이었다. 그러자 기업들은, 이러한 지역적 가치창출을 불법화하는 권력의 도장을 받아냈다. 기업은 왕에게 요청했고, 왕은 전매특허권자 이외에는 밧줄 생산을 금지하는 법을 제정했다. 이후 밧줄을 계속 만들려면, 그 회사의 노동자 혹은 노예가 되어야 했다.[3]

마찬가지로 미국의 식민지들에서는 농부들이 지역에서 면화를 판매하는 것이 금지되었다. 법에 의해 그들이 수확하는 모든 것은 영국 동인도회사에 고정된 가격으로 팔아야 했다. 그렇게 수매된 것은 영국으로 보내졌고, 그곳에서 또 다른 전매특허권자에 의해 의복으로 가공되었다. 그 후 다시금 미국으로 운송되어 식민지 사람들에게 판매되었다.

이것이 더 효율적이어서가 아니었다. 단지 더 뽑아먹기가 좋았기 때문이다. 그렇기에 미국 혁명은 모국에 대항한 것 못지않게 모기업에 대항해서 싸운 혁명이다.[4]

마지막으로 테트라드의 네 번째 물음으로, 기업이 극단으로 몰아졌을 때는 어떤 일이 발생하는가? 기업은 무엇으로 전환하는가? 이미 짐작하고 있을지도 모르겠다. 인격체다. 기업과 산업 지형이 인간들을 가치 등식에서 제거하려는 방향으로 작동해 왔었지만, 그 대신 **기업 스스로** '사람의 권리와 특권'을 얻어내기 위해서 지속적으로 싸워왔다. 최근 미국 대법원에서의 호비로비(Hobby Lobby) 판례* 의 근거도 그러했다. 이 케이스에서 대법원은 **'기업의 인격**'이, 그 기업이 도덕적으로 동의하지 않는 의료보험의 측면들을 거부할 권리를 준다'고 결정했다.[5] 이 인격권은 또한 시티즌스 유나이티드(Citizens United) 판례* 에서도 추동력으로 작용했다. 이전까지는 인간에게만 보장되던 언론자유의 권리를 기업에게도 부여했다. 기부금 모금운동과 관련해서는 인간보다 제한적이긴 했지만 말이다. 이 사례들은 모두 다 가장 험악한 전투 중의 하나였던 링컨 시대의 기업 인격 투쟁으로 거슬러 올라간다.[6] 그 투쟁 목적은, 다른 세 가지의 기업 핵심 명령들이 그러하듯이, 지역 주민이 토지에 대해 가지는 권리와 동일한 권리를 철도기업들에게 부여하려는 것이었다. 이렇게 하여 사람들은 자기네 도시와 부동산을 가로질러 철도가 통행권을 추구하는 것을 더 이상 반대할 수 없게 되었다.

기업이 하나의 인격체가 되려는 것은, 그렇게 함으로써 최대의 수혜

---

* [역주] Burwell vs. Hobby Lobby Stores Inc. 미국 최초로 영리 법인의 종교적 신념을 조건부로 인정한 재판.영리 법인에게 처음으로 종교적 신념 같은 인격을 부여한 재판으로 여겨진다.
* [역주] Citizens United vs. FEC. 대선 출마자, 힐러리 클린턴에 대한 비판적 영화를 상영하고 TV에 광고하려는 법인, Citizens United의 언론자유 권리의 손을 들어준 재판.

자인 투자자가 이 게임에서 모습을 드러내지 않도록 하려는 것이다. 원래는 왕이었으나 이제는 주주로 변모한 투자자들이 돈으로 돈을 벌 수 있도록 하려는 것이다. 일을 하거나 가치를 창출하는 것 대신에 투자자들은 누군가 다른 사람들, 이제는 인간이 아닌 기업에게 나가서 이윤을 벌어 오라고 한다. 투자자에게 이윤으로 보답하면서, 기업은 무언가 잘못되었을 경우에는 법적 책임을 감내한다. 투자자의 책임은 유한한 것으로, 주식을 사기 위해 지불한 만큼으로 제한된다. 이미 받았던 배당금은 그대로 가질 수 있고, 주식을 이전에 이미 팔았다면 그것으로 얻은 이익도 가질 수 있다. 이것이 유한책임회사의 개념이자 어원이다.

오늘날의 기업 미디어의 기능은 이러한 최초 프로그래밍의 표현이다. 그것을 이해할 때 의미가 명료해진다. 잊고 있던 코드가 아직도 기업의 행태를 견인해가며, 비평가들을 화나게 하고, 또한 기업 이사회를 좌절시킨다. 그러나 기업은 최초 테트라드의 네 가지 측면을 실행하는 것 이외에 다른 대안이 없다. 가치를 추출해내라. 지역 P2P 시장을 짓이겨라. 제국을 확대하라. 그리고 인격을 추구하라. 이 모든 것은 돈 항아리, 즉 자본을 키우기 위함이다.

지난 세기의 가장 성공적이고도 가장 혐오스러운 기업들은 모두가 이러한 방식으로 운영되었다. 이미 예시했던 월마트는 테트라드에 따라 살고 있다. 지역 공동체에서 가치를 추출해내고, 공동체의 P2P 경제를 외지 제품을 위한 단 하나의 일방향 배급처로서 대체해 간다. 노동자들은 이전의 직업 혹은 사업만큼도 벌지 못하고, 노동기회마저 시간제 고용으로 제한된다. 회사는 의료보험이나 그밖의 지방정부 복지 혜택에 드는 비용을 외부로 돌릴 수 있게 되었다. 이에 따라, 월마트가 영업하는 지역의 빈곤율과 공공의 복지비용이 상승하고 있다. 미디어로서 이해하자면, 월마트는 노동으로부터 가치를, 소비자로부터 현금을 추출함으로써, 그리고 그 추출물을 공동체로부터 빼내어 원격의 주주들에게 가져가 버림으로써 자본의 권력을 증폭하고 있는 것이다.

월마트는 지역의 교역을 쓸모없는 것으로 만든다. 월마트가 새로운 지역으로 들어가면, 지역 상인들의 가격을 후려친다. 단지 지역 소상인들을 무너뜨리기 위해 종종 손해를 보는 가격으로 판매한다. 포식자적인 가격정책을 실시하지 않는다 해도, 월마트는 노동자들에게 저임금을 주고 공급자들로부터는 규모를 지렛대 삼아 할인을 받아냄으로써 더 낮은 이문으로도 살아남을 수 있다. 결국 월마트 상점은 소비자들에게 더 큰 비용을 안겨준다. 밥벌이를 잃고, 실직하고, 지역 세수 기반이 줄어든다. 게다가 도로확장과 공해로 인한 비용을 외부화함으로써 소비자들은 월마트가 가격을 절감해준 것보다 더 많은 비용을 감당해야 한다.

월마트는 확장이 첫 번째 목표인 제국의 가치를 복귀시킨다. 월마트는 미국에서 하루 한 개의 점포를 개설해 왔다.[7] 때로는 16Km에서 32Km 정도 떨어진 곳에 두 개의 점포를 내기도 한다. 두 점포 모두 지역 상인들이 비즈니스에서 퇴출되고 새로운 소비자 패턴이 확립될 때까지 유지한다. 그리고는 덜 인기 있는 점포를 폐점함으로써, 소비자들이 남은 점포까지 오도록 만든다. 마치 로마의 영토전쟁과 같은 방식이다. 군대를 진격시켜라. 그리고 떠나라. 그 지역을 유지할 만큼 필요한 것만 남기고.

마지막으로, 인격체로 접어들기에 있어서 월마트는, 그야말로 문자 그대로 인간의 얼굴을 내세워 이 모든 것을 성취해내려고 시도해 왔다. 1970년대의 상징은 노란색 미소 짓는 얼굴이었다. 월마트는 이것을 브랜드로 만들어 미스터 스마일리(Mr. Smiley)로 형상화 해냈다.[8] 반 기업 활동가들과 공격적인 미디어들의 항거가 임계점에 다다를 만큼 압박을 받자, 월마트는 최근에 기업이미지(CI)의 새로운 단장에 들어갔다. 리핀콧(Lippincott)이라는 회사를 고용해서 회사의 가치추구와 사명(社命)을 인간적으로 바꾸는 작업이었다. 월마트의 모토는 실용주의적이면서도 불멸의 느낌까지 풍기는 '항상 낮은 가격'이었다. 이것을 훨씬 더 인간미가 넘치는 '돈을 아껴라. 그리고 잘 살아라.'로 바꾸었다. 리핀콧의 말에 따르면, 이 모토는 "월마트의 유명한 저가정책을 강조하면서도, 가격을 뛰어넘어 월마트에서 쇼핑의 정서적인 혜택으로 초점을 전환한 것"이다. "돈을 아끼라는 것은 시작일 뿐이고, 그 절감된 돈으로 월마트가 고객들의 보다 나은 삶을 돕겠다."는 의미라고 한다.[9] 새로운 로고인 별 모양은 불꽃을 형상화한 것으로, 그 브랜드 자체 내에 살아 있는 인간의 창의력의 반짝임을 일깨우는 의미다. 월마트는 살아 있다.

여타 확장주의 기업과 마찬가지로 월마트는 하나의 성공스토리가 되었다. 적어도 성장 전략이 한계에 도달할 때까지 말이다. 중국이라는 새로운 시장 덕분에 아직도 회사가 성장하고 있는지는 알 수 없다. 그러나 그 점포들은 궁극적으로 확장이 목표여서, 정복한 지역에서 가치를 빼간다. 그 회사의 비즈니스 모델이 성공적으로 작동하는 곳에서는 어디서든지 지역적인 부의 창출과 교환이 줄어든다.[10] 그럴 수밖에 없다. 그 회사의 일이라는 것이 지역 공동체들로부터 가치를 추출하여 투자자들에게 헌납하는 것이기 때문이다. 그 회사의 고객층과 피고용인들은 궁극적으로 더욱 가난해진다.

회사나 이사회는 선택의 여지가 없어 보인다. 주주들의 소망을 존중할 수밖에 없다. 바로 성장이다. 월마트의 주요 경쟁자인 코스트코(Costco)는 노동자들에게 좀 더 후하고, 전일제로 고용하며, 좀 더 나은 복지를 제공한다. 이로써 고용은 더 잘 유지되고, 숙련된 노동자들과 좀 더 나은 고객 서비스, 그리고 논란의 여지는 있겠으나 장기적 관점에서 더 높은 매출과 시장 점유로 나아갈 수 있다. 그러나 월 스트리트는 코스트코가 전통적인 노동 고용과 관련한 기업 프로그램을 위배하고 있는 것에 대해 벌이라도 가하듯이, 주식에 대한 배수를 월마트보다 낮게 책정했다.* [11]

월마트와 마찬가지로, 대부분의 대기업들은 수익이 줄어드는 게임을 하고 있다. 한 지역이나 부분시장에서 가치를 추출해내고 있으나, 그것은 더 이상 지불능력이 없어질 때까지만 가능하다. 추출적인 경제는 지하에 물이 스며드는 것보다 더 빠르게 물을 빼내는 것과 유사하다. 모든 물을 빼내고 나면 당분간은 빼낼 수 있는 물이 더 이상 없다.

결국 기업들이 전 세계에 걸쳐 맞이하게 되는 곤경이 바로 이런 것이다. 기업들은 매번 식민지 저항과 같은 벽에 부딪친다. 그들은 그럴 때마다 새로운 법을 쓰거나 새로운 전쟁을 일으킨다. 미국 혁명과 같은 사건들에 따르는 커다란 기업 손실들도 발생하긴 하지만, 법이 완화되고 기업주의가 다시 꽃피울 수 있도록 허락된다. 결국에는 기업의 승리로 끝난다. 수세기 동안 기업이 확장하면서 이러한 기조가 영원히 지속될 듯했다. 항상 정복할 풍요의 신대륙이 있었고 노예화할 새로운 인간들도 존재했다. 오늘날에도 디지털스러운 물건들을 믿고 기다리는 사람들이 많다. 그들은 새로운 확장 영토가 어디인가를 찾아줄 것이라고 믿는다. 증기기관과 대량생산, 그리고 자동차와 텔레비전에 이르기까지 세상을 뒤흔드는 기술들을 통해 그것을 이루어 왔는데, 이번이라고 뭐 별다를 수 있겠어?

---

* 그러나 최근 들어 코스트코의 접근방식이 승리를 거두어 가고 있다. 이 회사는 해당 점포당 매출이 해마다 증가하는 몇 안 되는 전통 할인소매상 중 하나가 되었다. 회원고객들의 충성도가 증가한 이유뿐 아니라, 매장들에서 구매해야 하는 최소 회원제 요금을 부과하기 때문일 수도 있다. 이것이 전체 영업소득의 70%에 달하고 있다.

기업 확장의 한계는 사실 1950년대에 이미 드러나기 시작했다. 20세기 중반에 이르러 인도나 아프리카 사람들이 저항하면서, 기업들은 새로운 정복지가 줄어들고 있는 것을 알게 되었다. 미국에서조차 소비자들은 너무 많은 구매 선택과 주택담보 대출상환, 그리고 소비자사회가 쳐놓은 올가미들에 헤매고 있다. 이것이 아이젠하워와 후계자들이 기술로 눈을 돌린 이유다. 그들은 기술이 새로운 개척지를 열 것이라 희망했다. 그들은 본질적 질문을 던졌다. TV와 컴퓨터 같은 전자 영역의 가상공간들은 기업 성장을 위한 새로운 영역을 제공할 것인가?

어쨌거나 이제까지는 모든 수치들이 "아니오."라고 대답한다. 1960년대 중반 이래로, 그리고 전자제품과 통신기기, 컴퓨터 칩이 폭발적으로 부상한 이래로 순자산 대비 기업이윤이 감소해 왔다. 이것이 기업의 돈벌이가 멈추었다고 의미하는 것은 아니다. 여러 분야에서 기업이윤은 아직도 증가하고 있다. 그러나 명백히 성공한 대부분의 회사들은, 빌린 돈이든 번 돈이든 간에, 전례 없이 쌓인 현금을 깔고 앉아 있다. 전 세계 구석구석에서 돈을 추출해내는 데에는 탁월했지만, 그 돈을 소모하거나 투자하는 데는 훌륭한 방법을 찾지 못했던 것이다. 그렇게 모아진 돈은 진공청소기의 먼지주머니에 쌓여진 쓰레기와 다름없다. 자산이라기보다는 짊어져야 할 책임일 따름이다. 이런 일이 일어날 줄은 생각하지도 기대하지도 못했다. 그러나 그것은 기업주의의 가차 없는 확장이 불러온 필연적인 결과였다.

2009년, 딜로이트첨단센터의 경제미래학자들은, 이것을 '대전환(the Big Shift)'이라고 명명했다.[12] 그들은 현재 거시경제학자들이 께름칙하게 다다르고 있는 결론을 이미 예견했다. 대기업들에 의해 지배되는 경제는, 결국 시스템 전체에 걸쳐 스태그네이션(stagnation)으로 빠져든다는 결론이다. 애플과 아마존 같은 몇몇 디지털 기술기업들은 새로운 비즈니스 지형에서 잘 해나가고 있다. 그렇지만 연구에 따르면, '그들 기업들은 아직까지 전체 경제에서 상대적으로 작은 부분만을 담당할 뿐'이다. 그것들 역시 장기적인 관점에서 보면 열기가 식을 것이라고 한다.[13]

매년 갱신되고 있는 이 연구는, 1965년 이래로 2만여 개의 미국 회사들에 관한 세부적인 재정, 생산성, 경제 데이터들을 조사한다. 2013년 새로운 기술을 접목한 회사들은 보다 효율적인 운영능력을 갖추었다. 반면에, 절대 다수는 이러한 새로운 잠재력으로부터 가치를 잡아내지 못하고 있다는 것을 알아냈다. 달리 말해 1인당 노동생산성은 증가하는데 반해, 기업의 핵심 수행능력 자체는 수십 년에 걸쳐서 쇠락해 왔다는 것이다.

주의할 것은, 이 연구에서 회사를 평가할 때 투자수익률(ROI, return on investment)을 근거로 하지 않았다는 점이다. 투자자가 회사의 주식을 사서 얼마나 수지를 맞췄느냐를 보지 않았다는 것이다. 연구자들이 관심을 가진 지수는 ROA(return on assets)였다. 자산수익률이라고 하는 것인데, 이것은 현금과 부동산, 부채와 세금 등 회사가 소유하거나 빚지고 있는 모든 것을 포함하는 회사의 총자산 대비 수익률이다. 연구자 중 한 명인 존 하겔(John Hagel)은 《시프트가 발생한다》라는 책에서 이렇게 설명한다. "미국 회사들의 자산수익률은 점차 감소해 1965년의 약 1/4 수준이 되었다."[14] 다시 말해 지난 50년 동안 기업의 ROA가 격감했다는 의미이다. 기업들은 주주들에게 여전히 더 많은 수입을 제공하고 있을 것이나, 수익을 더 많이 내서 그러는 게 아니라는 뜻이다.

딜로이트의 경제학자들은, 새로운 기술이 가져다준 횡재 같은 효율성과 생산성 향상을 자본화할 능력이 없어서라고 질타한다. 그들의 시각에서 볼 때, "이러한 결론은 당연한 귀결이다. 세습 구조와 경영 관행으로 뭉친 거대한 계층적 관료주의, 그리고 근시안적인 마인드로 인해 이 새로운 세상에서 기업들이 꽃피울 방법을 찾지 못하고 있다."[15]

그러나 그들이 말하는 '새로운 세상'은 이제 이미 반세기가 지나버렸다. 반도체를 이용한 트랜지스터에서 중앙처리장치와 집적회로를 거쳐, 노트북 컴퓨터와 스마트폰, 그리고 클라우드컴퓨팅(cloud computing)에 이르는 기술적 도약이 연이어 발생하기 전이다. 이 시기의 세상은 우리 모두가 자라던 세상이다. 예전에도 그랬듯이 기업들이 꽃피울 방법을 찾고자 했다면, 벌써 찾아냈어야 하는 게 아닌가?

기업들이 디지털 환경에서 번성하는 데 실패한 것은 아닐 것이다. 환경과는 상관없이 기업 모델이 가진 근본적 한계라 하겠다. 그로 인해 새로운 기술 도약의 단계마다 쇠락이 가속화된 것이라고 할 수 있다. 기업들은 눈앞의 가치를 낚아채서 정체된 돈으로 바꾸는 데는 성공했다. 그러나 이 돈을 투입하여 새롭게 작동하도록 만들어내지 못했다. 자유시장의 조건 하에서 소규모 비즈니스와 개인들은, 그 부스러기를 주워 새로운 가치를 창출하고 있는지도 모른다. 그들은 대기업에 의해 인수될 수도 있고, 이를 통해 더욱 성장할 수도 있다. 그러나 그러한 경제 활동의 토양은 공격적인 기업의 활동과 규제로 인해 휴경지가 되어버렸다.

유기체적 성장을 통해 일류를 만들어내지 못하므로, 기업들은 주주들을 기쁘게 해주려고 경영적, 재정적 눈속임으로 눈을 돌린다. 이것은 더 높은 주가와 배당을 제공하기 위해 기업 스스로 사육제의 제물이 되는 것을 의미한다. 이사회는 어떤 수단을 동원해서라도 단기적 이윤을 증대시킨 것에 대해 CEO들에게 인센티브를 제공한다. 그러한 수단이 몇 년 후면 가치가 창출될 수 있는 R&D 실험실이나 인원을 삭감

하는 것일지라도 말이다.

대차대조표에 좀 더 많은 현금을 긍정적인 쪽으로 올려놓는 눈속임은 한동안 잘 작동한다. 그러나 ROA는 더욱 악화된다. 쓰이지 않는 더 많은 현금과 죽어 있는 비생산적 자산들의 덩어리로 인해 결국에는 회사의 부담이 가중될 뿐이다. 남아 있는 피고용인들에게 더 이상 혁신을 들쑤실 수 없다. 회사들은 이제 인수합병의 쇼핑에 흥청망청 돈을 쓴다. 스스로는 창출하지 못하는 성장을 사려는 것이다. 현재 거대 제약회사들은 새 약품개발을 조그마한 신생기업에 거의 전적으로 의존하고 있다.[16] 페이스북과 구글처럼 너무 부유해져서 뚱뚱해져버린 디지털 회사들마저도 스타트업들을 인수함으로써 혁신을 도모한다. 그들에게 치르는 몸값은 가히 왕의 몸값이라 할 수 있다. 구글은 스스로가 알파벳(Alphabet)이라는 지주회사로 변모 중이다. 다른 회사의 아이디어를 구매하는 것이 회사의 새로운 역할이라는 것을 더 잘 반영하는 듯하다. 표준 재무의 관행은 이것을 부추기고 있다. 기업인수는 자본지출로 처리하고, 반면 실제의 R&D는 수익에 대한 지출로서 셈하기 때문이다. 일단 새로운 인수기업이 흡수되면, 모기업 장부에는 일종의 비용절감 항목으로 취급된다. 기대했던 시너지들은 대부분 성공적으로 진행되지 못한다. 때문에 80%에 달하는 M&A는 양편 모두의 이윤 감소로 귀결된다.[17]

또 다른 회사들은 핵심역량을 외주처리하는 것으로 원가절감 시도를 한다. 해외 외주는 옛날 식민시대에 수탈하기 좋았던 날들처럼 외국의 노동력을 활용할 수 있도록 해준다. 거의 공짜로 일할 해외 노동력을 찾는 것은 어렵지 않다. 빚이 많은 나라들은 손쉬운 목표물이 될 수 있다. 그런 나라들은 대출금을 갚기 위해 어쩔 수 없이 곡물과 자원을 수출해야 한다. 더 이상 자국민들에게 생계형 영농 기회를 제공하는 것이 불가능하다. 그리하여 외지의 다국적기업들은 1600년대에 즐기던 방식과 매우 유사하게 현지의 고용과 교역을 독점한다. 중국과 싱가포르 같이 새로이 산업화가 진행 중인 나라들에서는 예전의 농노 계층이 도시에서 중산층 공장근로자가 되고자 한다. 지나치게 낮은 임금 수준은 인위적으로 저평가된 환율에 거의 전적으로 의존한다.

이러한 불평등과 조작이 무기한으로 유지될 수 있다 해도, 아웃소싱은 여전히 지속 가능한 전략이 될 수 없다. 그것은 아무것도 남지 않을 때까지 되풀이하여 모서리를 깎아내는 방법에 불과하다.

십여 년 전에 나는 '미국 TV 브랜드'의 대표 주자를 자칭하던 회사의 CEO로부터 부름을 받았다. 그는 마케팅 방법을 좀 더 투명하게 만들 방법을 조언해 달라고 부탁했다. 문제는 미국 내에서 생산되는 TV가 없다는 것이었다. 그가 인정했던 것처럼, 제조와 디자인, 마케팅 등 모든 활동이 '사외에서' 수행되고 있었다. 그렇다면 도대체 무엇으로 투명성을 드러낼 수 있을까? 그의 회사는 행정관리를 위한 껍데기에 불과했다. 몇몇 계산원들이 외주처리된 모든 활동을 관리하는 스프레드시트 꾸러미를 놓고 작업했다. 그렇게 함으로써 단기적으로는 원가를 절감할 수 있었을 것이다. 그렇지만 회사 자체는 아무것도 남아 있지 않았다. 기업의 DNA에 장착할 필요가 있었던 가장 크고 새로운 것은, 페이스북이나 트위터 혹은 빅데이터조차도 아닌 기본적인 능력이다. 그들이 필요로 했던 것은, 전문가를 고용해서 경영을 혁신하고, 소비자들에게 더 큰 마진을 정당하게 부과할 수 있는 그 무언가를 제품과 브랜드에 더하는 것이었다. 그 회사가 이루어낸 부가가치는 무엇이었던가? 그들의 능력은 새로운 기술을 바탕으로 한 도전이 아니었다. 가치 창출과는 거리가 먼 기업주의의 편향을 바탕으로 한 것이었다. 무언가 잘한 일은 장기적으로 성과가 나타나기 마련이다. 보상에 집착하는 대부분의 CEO들이 기획해내는 일보다 큰 가치를 창출한다. 그리고 그것은 훌륭한 업무와 제품의 형태로, 누군가를 위해 가치를 창출해냈음을 의미한다.

이런 일 대신에, 회사들은 원가를 낮춤으로써 당장의 이윤만을 추구한다. 그것이 일류급의 성장 혹은 장기적인 수익성에 어떤 의미를 갖는지 상관이 없다. 한 사무기기 제조회사의 CFO가 베트남에 1억 달러를 투자해서 공장을 짓겠다고, 자랑스럽게 말했다. 그러면 연간 수천만 달러의 노동 비용을 절감할 것으로 추산된다고 했다. 나는 그의 계산법이 지리학적 역학관계와 자재비용, 그리고 환율 등 회사가 통제할 수 없는 변수에 기초한 것이라고 조언했다. 그러나 그의 눈에 보이는 것은 오로지 하나였다. 원가절감을 통해 그의 주가가 얼마나 올라갈 것인가뿐이었다. 그 회사는 결국 주식시장에서 성장주로 여겨졌다.

불행히도, 그러나 예측할 수 있는 바대로 계획은 참담한 실패로 끝났다. 사무기기 제조업자들은 그들의 일거수일투족을 들여다보고 있는 투자은행들의 환차익거래 기법을 따라갈 재간이 없다. 환율과 원자재 선물의 차이를 지렛대 삼아 글로벌 자본보다 한 수 앞서나갈 수 있다고 생각하는 그 어떤 회사들보다 시장을 더 잘 알고 또 해당 외환 환율과 원자재 선물을 이미 할인받고 있는 트레이더들이 있다. 그들은 사무기기 제조업자로서는 알 길조차 없는 음성적인 통정매매 거래를 활용하기도 한다. 그 공장의 경우, 공장건축이 채 끝나기도 전에 헤지펀드들이 차익거래를 해지해 버렸다. 공장은 제대로 가동도 못 해보고 1~2년 후에 문을 닫을 수밖에 없었다. 거의 10억 달러의 손실을 기록했다.

미국의 가장 똑똑한 회사들은 공장들을 미국으로 되돌리고 있다. 애플, GM, 그리고 프리토-레이(Frito-Lay)와 같은 기업들은 국내 생산을 자축하고 있다. 이것은 예전에 L.L빈(L.L Bean)이나 벤&제리

(Ben & Jerry's)와 같은 소박한 회사들이 했던 방식을 다시 따르는 것이다. 그들의 귀환은 일자리부족으로 위협받고 있는 인구로부터 후광을 얻는 것뿐만이 아니다. 안에서 바깥으로의 문화를 구축하는 기회를 주고, 단기적인 대차대조표 상의 술책보다는 장기적 전략을 위한 핵심역량에 집중할 수 있도록 한다. 대부분의 경우, 본국으로 역량을 송환하는 이유는 회사의 생명선과도 같은 제품과 생산과정을 가까이에 두기 위함이다. 사무실로 올라가면서 맡는 공장 생산라인의 냄새는 당신이 어디로부터 왔는가를 환기시킨다. 뿐만 아니라 당신의 일과 문화의 핵심이 무엇인지를 깨닫게 해준다. 삶을 위해 당신이 하는 것이 그것이다.

국내로의 회귀는 회사의 브랜드 이미지나, 회사문화, 그리고 장기적인 혁신에 좋은 것이다. 그런데도 주주들은 이것을 보호주의 정책에 대한 좌파들의 투덜거림에 암묵적으로 동조하는 모양새처럼 이해하고 있다. 그러나 한 기업이 국내/외 어디에서 비즈니스를 하든지 간에 기업은 **항상** 이방의 낯선 사업주체라는 사실을 좌파/우파 어느 쪽도 알지 못한다. 실업률을 중시하는 매파는 일자리와 제조를 중국으로 외주처리하는 데 반대한다. 그렇지만 이러한 과정들은 이미 아웃소싱 되고 있었다. 기업들은 지역공동체라는 직물의 일부가 되거나 공동체에서의 결속 대신에 원거리의 추상적 브랜드에 충성하도록 이미 프로그래밍되어 있다. 또한 피고용인들과 소비자 모두로부터 가치를 추출하도록 만들어졌다. 강력한 CEO가 등장하여 의식적으로 리엔지니어링하지 않으면, 회사가 운영되고 있는 지역과 그곳의 사람들에게 장기적인 번영을 가져다줄 수 없다. 기껏해야 거짓된, 일시적인 경제를 일으키고 기업에 전적으로 의존하도록 만든다. 그마저도 회사가 문을 닫아버리면 어떤 경제적 인프라 구조도 남지 않는다.

기업 활동은 새로운 바람을 불러와서 지역의 숨통을 트이는 선풍기라기보다는 그 지역의 산소를 빨아들여 다른 곳으로 보내는 진공흡인기와도 같다. 그러한 연유로 해서, 군주가 처음 기업헌장에 인위적으로 합성한 생명력을 불어넣은 이래로 오늘날까지 겪고 있는 그 모든 곤궁을 피할 수 없게 된 것이다. 문제 해결에 기술을 접목할 수도 있으나 모든 것을 디지털 기술이 해결해주리라 기대하는 것은 착각이다. 낡은 전술에 디지털 프로세스를 접목하면 과거와 똑같은 문제점들을 악화시킬 뿐이다. 로봇에게 아웃소싱을 하는 것은 또 다른 형태의 외주처리일 뿐이다.

디지털 지형은 기업 모델의 파산 양태를 보다 극명하게 보여주는 데 도움이 된다. 기업 모델의 파산이 일어나는 속도와 범위로 볼 때, 우리가 겪는 경제 침체는 기업들이 디지털 기술의 파괴적인 충격을 보충하고자 시도하는 동안 일어나는 순환적인 경기침체가 아니다. 구조적인 몰락을 겪고 있는 것이다. 디지털적 산업 메커니즘에 의해 한걸음 더 발전된 형태의 기업주의가 성장을 위해 가치를 뽑아낼 수 있는 장소를 점점 잃고 있는 것이다. 기업주의 프로그램은 한계에 도달했다. 기업주의의 기능은 능동적인 경제활동을 자본의 정체된 돈자루 속으로 집어넣음으로써 회사를 성장시키는 것이다. 그렇게 하면서 경제 순환에 필요한 유동성을 쓸어가서 기업 회계 안에 냉동시킨다. 농부들은 밭을 휴경하거나 토양복원적 작물을 심어 농토를 복원하거나 미네랄을 재충전하면서 농사를 짓는다. 반면 공격적인 수탈은 아무것도 남기지 않는다.

전통적인 경제 관점에서 볼 때, 그리고 최근의 S&P(Standard & Poor's)의 보고서에서도 알 수 있듯이,[18] 개인과 기업의 소득 격차가 너무 커졌다. 앞으로의 전망을 위해 사용된 논리는 매우 직설적이다.

S&P의 연구자들은 소득을 4가지의 주요 범주로 세분하였다. 노동, 자본소득, 자본수익, 사업소득이 그것이다. 건강한 경제에서는 이러한 소득의 형태들 간에 균형이 이루어진다. 대부분의 사람들은 노동이나 소규모 사업소득을 통해서 돈을 벌고, 소수의 부유층들은 배당이나 자본수익으로서 주식으로 돈을 번다. 기업들이 너무 많은 자산을 노동이나 비즈니스로부터 순수 자본으로 이전시키면, 전체 시스템이 연료부족으로 멈추게 된다.

S&P 연구자들이 인용한 중요 수치인 소득불균형에 대한 지니(Gini) 계수는, 최상위에 있는 주주들에 의해 소득이 얼마만큼 독점되어 왔는지를 측정해주는 수치이다. 지니 계수가 0이면, 모든 사람들이 동일한 액수의 돈을 갖는다는 의미가 될 것이다. 1이라면 한 사람 혹은 한 기업이 그 모든 소득을 독차지함을 의미한다. S&P의 수석 경제학자인 베스 앤 보비노(Beth Ann Bovino)에 따르면, 지니 계수가 0.4 혹은 0.45 이상으로 올라가면 모든 사람들의 성장에 저해가 된다고 한다. "소득불균형이 있는 것은 시장 경제에 도움이 될 수 있지만, 지나치면 장기적 성장에 해가 되고 성장의 지속성을 저해합니다."[19] 보비노는 극단적 불평등만이 비난의 대상이 되는 것이 아니라 자본수익이 증가하는 데 반해 노동과 사업 소득이 감소하는 것 역시 힐책해야 함을 보여주었다. 간단히 말해서, 저울눈이 투자자와 주주들에게 유리한 쪽으로 너무 기울면, 일을 하거나 가치를 창조하여 돈을 벌기가 더욱 어렵게 된다.

어떤 의미에서 기업 프로그램의 목표는 이미 달성되었다. 가치를 창출하는 사람들은 수동적으로 투자하는 사람들에게 완벽하게 복속되었다. 그러나 보비노가 경고하려 했던 것처럼, 순환적 경제 구조 속에서 주주들은 알 낳는 거위를 죽여야만 많은 돈을 가져갈 수 있다. 진짜 비즈니스를 영위하는 사람들이나, 더 열악하게는, 하루 벌어 하루

사는 사람들은 긴 꼬리 끝부분의 나쁜 자리에 위치한 음악가들과 마찬가지의 처지에 빠진다. 반면에 경제 성장에 의탁하여 돈자루를 깔고 앉아 있는 수동적인 투자자들은 더 이상 새로운 생산적인 투자처를 찾지 못한다.

바로 이것이 S&P가, 이 모든 상황에 둘러싸여 어쩔 줄 몰라 하는 미국 기업들의 성장 가능성을 낮추잡은 까닭이다. 기업들은 스스로를 매우 추상적으로 보았고, 그들이 진정으로 있어야 하는 장소, 즉 시장에서 괴리된 이방인처럼 생각했다. 그들은 자신들이 의지하고 발 딛고 있는 경제 생태계를 파괴하고 있다는 것을 깨닫지 못했다.

플랫폼 독점

기업은 스스로를 볼 수 없다. 사회에 대한 것은 고사하고 경제에 대한 전반적인 공헌을 측정할 수도 없다. 기업은 그 기능들을 실행하기 위해 항상 인간에 의존해 왔다. 기업이 얼마나 사람과 동일해지느냐, 혹은 의회나 법원에서 얼마나 많은 인간적 권리들을 얻어냈느냐와 상관없이, 그것은 아직도 전적으로 추상적이다. 그것이 작동하려면 우리의 팔과 다리와 입과 두뇌가 필요하다.

그러나 기업들은 결국 디지털 기술로 자주권을 부여받은 것 같다. 우리 없이도 의사결정을 할 수 있는 자주권과, 더 나아가서는 선택한 것을 실제 세계에서 실행에 옮기는 데 필요한 몸마저 얻은 듯하다. 기업들은 지금 이 시각에도 인간의 온전한 의식적 개입이 없이 돌아가는 기업시스템으로 모든 것을 결정한다. 기업들은 곧 소프트웨어에 의해 돌아가는 소프트웨어가 될 것이다.

디지털 기술이 엄청난 새로운 성장의 길을 연 것은 분명하다. 애플, 구글, 페이스북, 아마존, 마이크로소프트 등 많은 기업들이 새로운 기회들을 만들어냈고, 새로운 백만장자들을 창조했다. 그러나 추출적이고 독점지향적인 사업관행의 결과로, 경제는 활동성과 성장잠재력의 총합이 위축되었다. 빵의 파이는 줄었다. 좋게 봐주어도 과거와 마찬가지다. 그런데도 이 디지털 기업들은 줄어든 파이의 더 큰 조각들을 차지할 수 있었다. 결과적으로 주변의 다른 기업들이 빵을 차지하기는 점점 더 어려워졌다. 궁극적으로는 그들도 그렇게 될 것이다.

이러한 일이 발생하는 것은, 여전히 그들이 20세기의 산업주의 기업처럼 운영되고 있기 때문이다. 이제는 기업 코드가 더욱 강력하고 신속한 실행력을 가진 디지털 비즈니스 플랜에 의해 집행되고 있는 점만 다르다. 주식시장에서 알고리즘이 하는 것을 경제에서는 디지털 비즈니스가 하고 있다. 컴퓨터 프로그램의 순수한 이성적 견지에서 볼 때, 디지털 기업은 현금을 주식가격으로, 돈과 가치를 자본으로 전환하는데 최적화되어 있다. 경제를 주도하는 대부분의 사람들은, 이것이 인간은 고사하고 비즈니스 지형에도 해롭다는 사실을 믿을 이유가 없다.

오늘날의 첨단기술 기업가 세대와 논쟁하다 보면, 창조적 파괴라는 끔찍한 말을 자주 듣는다. 이 개념은 마르크스(Marx)가 최초로 만든 것으로, 후일 조셉 슘페터(Joseph Schumpeter)에 의해 유명해졌다.[20] 창조적 파괴의 과정을 통해 경제는 자연적으로 휘저어진다는 것이다. 단순히 말해서, 이 개념은 젊은 회사들이 월등한 기술과 공정으로 기득권자들을 몰아내고 그 자리를 차지하는 현상을 묘사한 것이다. 무슨 일이든 낡은 방법은 새로운 방법에 의해 대체된다. 회사들이 퇴출되고 사람들은 일자리를 잃는 아픔이 있겠지만, 궁극적으로는 새로운 시장이 확립되므로 이득이 온다. 자동차는 말을 대체했다. 말과 마차

관련 비즈니스가 파괴되는 대신에 자동차 가게와 주유소들로 대체되었다. 초상화 작가들은 사진으로 대체되고, 사진은 업계를 지배했던 코닥(Kodak)으로, 코닥은 다시 디지털 카메라와 스마트폰의 출현으로 사양길로 접어들었다. 독립적으로 운영되던 책방들은 반스앤노블(Barnes & Noble)이나 보더스(Borders) 같은 대형서점들에 의해 파괴되었고, 대형서점들은 다시 아마존에 의해 파괴된다.

달리 말하면, 사멸하는 회사나 사업 범주들로서는 파괴적이겠지만, 새로운 기업들에게는 새로운 기회가 창조되는 것이다. 이것은 겉보기에 매우 희망적으로 들린다. 더 젊은 것들이 오래되고 낡은 것들을 교체하거나, 더 발전된 종들이 허약한 종들을 대체해간다고 하니 말이다. 슘페터는 이것이 또 하나의 진화 형태라고 주장했다.

이제 실리콘밸리의 고지식한 사업가들은 더 이상 자기네들의 행동이 가져올 충격적 영향에 대해 걱정할 필요가 없었다. 어차피 수행될 기업적 코드를 디지털 기업들이 선배들보다 더 잘 수행할 뿐이다. 그들은 모든 상황이나 선택에 대해, 가장 훌륭하고 옹호될 수 있는 결과물을 엔지니어의 논리로 최적화 해낸다. 예를 들어, 지난 세기의 소매상들은 카탈로그를 발송하고 판매 피드백을 활용하여 다음 분기에 제공할 상품 내역들을 조정했다. 디지털 회사라면 웹페이지에 A 혹은 B의 테스트를 실시하거나, 광고를 게재하거나, 실시간으로 온라인 카탈로그를 테스트할 것이다. 모든 상호작용은 하나의 테스트다. 작고/큰 폰트, 높고/낮은 가격, 친근하고/정중한 언어 등등을 모두 테스트한다. 한 페이지가 1000번씩 테스트를 거치면서 그것은 훨씬 더 훌륭한 판매 메커니즘으로 진화된다. 디지털이 더 좋다.

각각의 선택과 과정은 더 효율적이고, 시장 조건에 대해 더 대응력 있게, 그리고 사용자들에게 더 설득력 있게 만들어질 수 있다. 그런데 어째서 회사들이 승리를 위해 최적화하면 안 된다는 말인가? 대인적 대학 강좌를 대체하는 무크스(MOOCs)이건, 상점들을 대체하는 웹사이트이건, 신문들을 대체하는 앱이건, 라디오를 대신하는 스트리밍 서비스건, 그것은 창조적 파괴일 뿐이다. 프로그램과 함께 가든지, 아니면 그것에 추월당하든지 선택하라.

이것이 산업주의가 시작된 이래로 승자들이 고수하는 창조적 파괴에 대한 낙관적인 해석이다. 만일 당신이 문 닫는 공장의 불행한 희생자라면, 내버려진 공동체의 거주민이라면, 혹은 기반이 무너진 작은 비즈니스의 소유자라면, 당신은 비즈니스 혁신과 자유시장 경쟁을 위한 불행하지만 어쩔 수 없는 희생물일 따름이다. 자유시장의 주창자들은 창조적 파괴를 찬양한다. 지지부진한 창업 청년들이 등장하여 가장 강력한 회사들을 몰아내고 그 자리를 차지할 수 있는 길을 열어준다는 것이다. 그러나 슘페터 역시 각각의 새로운 승자들은 전임자들이 했던 것보다 더 완전한 방법으로 자신의 영역을 차지하고－단기적으로는 의심의 여지없이－새로운 비즈니스를 창출하는 것보다 더 많은 비즈니스를 파괴한다고 주장했다. 그것은 진짜 큰 물고기 몇 마리만 남을 때까지 작은 물고기들을 닥치는 대로 잡아먹는 것과 같다. 그리고 충분해진 영향력을 바탕으로 큰 물고기들은, 그들을 잡아먹기 위해 커지고 있는 다른 놈들에게 점점 더 불리하도록 규칙들을 바꿔나갈 수 있게 된다.

장난감 산업을 예로 들어보자. 그것은 1980년대와 90년대에 고도로 집중화가 진행되었다. 최상위 4개의 글로벌 회사들이 각각 40억 달러 이상의 매출을 올렸다.[21] 이 4개의 회사 뒤를 이어 훨씬 작은 회사들의 긴 꼬리가 시작된다. 2007년에 중국산 장난감 수천 개가 납 성분 페인트로 인해 리콜된 이후 4개의 산업 선두주자들은 미국 정부기관과 작업을 개시하여 새로운 규제를 만들었다. 모든 것은 어린이 보호의 이름으로 진행됐다. 그들이 준비한 테스트 규약 비용은 제품 당 4만 달러가 넘었다. 이러한 액수는 대규모 생산자들에게만 의미가 있는 것이었다.[22] 독립적인 장난감 제조사들이 항의했음에도 불구하고, 그들은 협상테이블에 초청조차 받지 못했다. 수공으로 만들고 혹은 소규모로 운영하던 장난감 장인들은 테스트 공정을 준수할 도리가 없었고 결국 비즈니스에서 퇴출되었다. 애초에 중국산 제품을 아웃소싱한 회사들이 아니었음에도 불구하고 이런 결과를 맞이한 것이다. 소비자 보호를 위장한 규제를 통해, 그들은 독점 방어를 위한 참호를 팠던 것이다.

새로운 주요 기술이 등장하여 사업 활동을 함양할 때에는 창조적 파괴가 가속화한다. 그러므로 지금 우리가 그렇게 많은 격변을 목도하고 있는 것은 놀랄 일도 아니다. 기술이 휘젓고 있는 현 상황에서, 실업과 사회적 파괴로 인한 고통 없이는 자본을 위한 새로운 시장도 없다는 슘페터의 생각을 가슴 깊이 받아들인다면, 분노할 것도 없다. 그러나 오늘날의 격변을 조장하는 기업가들은 독점을 창출하는 방법, 네트워크를 지렛대로 삼는 방법, 기술적 우위를 활용하는 방법을 전임자들보다 더 잘 알고 있는 듯하다. 정부의 조작 없이도 말이다. 디지털이 다른 점은 정치적 수준에서 독점에 유리한 규제를 마련할 필요가 없다는 점이다. 이제는 운영체제 자체에 규제를 내장시킬 수 있게 되었기 때문이다.

이미 살펴본 바와 같이, 우버는 현 택시 업계의 창조적 파괴자가 되고자 한다. 우버는 운전기사와 승객을 연결하는 방법으로서 자기 스스로를 법제화한다. 그러한 사고방식에 따르면 우버는 단순한 택시나 리무진 서비스가 아니다. 일차적으로 하나의 플랫폼이며 과금 시스템이다. 승객들이 신용카드를 우버에 등록한다. 우버는 가격을 책정하고 요금을 부과하면서 20%를 차감한 후 운전기사에게 지불한다.[23]

우버는 택시 운행 관리업자보다는 플랫폼을 자처했다. 그럼으로써 단속법규의 회색 지대에서 매출은 부풀고 불필요한 비용은 없앴을 수 있었다. 법규에 지배받는 전통적 택시 서비스와는 달리, 우버는 공공선에 대해 짊어진 의무가 없다. 허리케인 샌디와 같은 재난이 발생했을 때처럼 사용량이 정점에 달하는 시기에는 '폭증가격 책정'을 맘껏 시행한다. 이것은 바가지요금과 전혀 다를 바가 없다.[24] 우버는 단순한 플랫폼의 지위를 가지므로 운전자들에 대한 의무가 현저하게 줄어든다고 주장한다. 이 쟁점은 아직 법정과 시의회에서 결판이 나야 할 사항이다. 그렇지만 전통적인 택시운송 서비스들과 비교해볼 때, 차이는 명확하다. 적법하게 면허를 취득한 택시회사에서 일하는 운전기사들보다 우버의 운전자들은 더 많은 개인 책임을 진다. 우버 운전자가 승객을 태우러 가던 중 6살 난 소녀 행인을 치어 사망케 한 사고가 발생했을 때였다. 우버는 회사의 책임이 없다고 주장했다. 전통적 택시 서비스는 근무 중의 운전기사가 사고를 냈다면, 승객을 태우고 있는지와 상관없이 회사에 법적 책임이 있다고 보았을 것이다.[25]

이것이 우버가 180억 달러 이상의 가치평가를 받을 수 있었던 방법이다. 반면에 수많은 우버 운전자들은 비용을 제하면 최저임금 이하의 돈을 가져간다. 그 사이 수십 혹은 수백 개의 독립 택시회사들이 파괴되고 있다. 표면적으로는 중앙집중화된 택시 위원회와 관료주의를 창조적으로 파괴하는 중이라고 한다. 그렇지만 결과는 소규모 자영업자들을 제거하여 단 하나의 플랫폼으로 대체해가는 것이다. 예전의 사업주가 이제는 우버의 보호받지 못하는 계약노동자로 변하고 있다.* 시장 가격과 경쟁은 독점회사의 알고리즘적 가격결정으로 대체되고 있다.

창조적 파괴라고? 어쩌면 그럴지도 모른다. 하지만 그것은 뒤틀려 있다. 디지털 시대의 새로운 비즈니스들은, 가게나 제조업체들처럼 홀로 서 있는 회사들이 아니다. 그들이 말하는 것처럼, 전적으로 플랫폼들이다. 이들의 창조적 파괴는 그들이 관여하는 분야를 하루아침에 재구성할 수도 있다. 그들은 운영자들이 아니다. 환경 그 자체다.

플랫폼이 전체 환경이 되려면 그 분야에 대해 보다 완벽한 독점을 얻어야만 한다. 만일 우버가 여러 개의 승차공유 앱들 중 하나였다면, 어떤 지렛대 효과도 내지 못할 것이다. 그 때문에 그렇게 공격적으로 행동해야만 하는 것이다. 우버의 경쟁자인 리프트(Lyft)는 우버 모집책들이 자기네 운전자들에게 했던 5천 건 이상의 취소 전화 사례를 문서화했다. 이 취소 건들은 운전자들이 플랫폼을 바꾸도록 하려는 시도라고 의심되고 있다.[26] 그것은 접근할 시장이 너무 비좁아서가 아니다. 우버가 단지 택시를 부르는 앱으로 남지 않으려는 것을 의미한다. 배달 서비스, 심부름 서비스, 그리고 그 모든 운송관련 기능들을 위한 기본 앱이 되고자 하는 것이다. 이를 위해 우버는 승차공유 분야를 완전히 장악해야만 한다. 그런 다음에야, 산업주의 시대의 법제화된 독점과 같은 종류의 명령어를 사용해서 비슷한 일을 실행해나갈 수 있기 때문이다. 현대 디지털 기업들도 그러한 독점의 코드 위에서 운영되고 있다.

유니언 스퀘어 벤처(Union Square Ventures)의 창업자인 프레드

---

* 이 책을 쓰고 있는 현재, 우버에 대항하여 그 회사 운전자들의 독립적 자유계약자 지위를 다투는 법적 절차가 진행 중이다. 우버는 그들을 피고용인으로 보는 견해에 반대한다. 우버는 단지 개인들 간의 비즈니스 관계를 가능하게 하는 중립적인 플랫폼에 지나지 않는다고 주장하고 있다.

윌슨(Fred Wilson)은 회사 블로그에 우려를 표명했다. 디지털 기업가들이 많은 참여자들과 더불어 인터넷의 잠재력을 실현하고 가치 창출을 위해 노력하는 것보다, 독점을 만들고 가치를 추출하는 데 몰두하고 있다는 것이다. 윌슨은 새로운 종류의 교환을 가능케 하는 새로운 플랫폼의 가능성에 대해 고무적이라고 하면서도, 이렇게 말한다. "그러나 인터넷에는 그렇게 편하지만은 않은 또 다른 측면이 있다. 인터넷은 네트워크이고, 지배적 플랫폼들은 네트워크 효과를 활용하여 지배적인 독점으로 질주해 갈 수 있는 혜택을 누린다."[27] 디지털 회사들이 독점적 플랫폼을 만들 수 있다는 사실로 인해 창조적 파괴는 이제 전혀 새로운 수준으로 접어든다.

아마존은 전통 방식의 기업주의 가치가 플랫폼 독점을 통해 증폭되는 방식을 보여주는 극명한 사례다. 《뉴욕타임스》가 설명하기를, "처음에 출판업계 사람들은 그것을 귀여운 장난감 정도로 여겼다. 어떤 책의 정확한 판매순위를 볼 수 있는 참신한 것으로, 반즈&노블이나 보더즈 같은 대형서점에 대한 유용한 균형추 역할 정도로 생각했다. 독점의 사슬이 이제 무게를 분산시키겠구나 생각한 것이다. 그러나 지금 보더즈는 죽었고, 반즈&노블은 약해졌다. 그리고 아마존은 디지털 시대의 출판계 플랫폼을 소유하게 되었다."[28]

아마존의 시작은 매우 순수했다. 아마존이 있기에 모든 사람은 같은 출발점에서 시작할 수 있었다. 작은 출판사도 좀 더 효율적으로 메이저 출판사들과 경쟁할 수 있게 되었다. 반즈&노블이 더 이상 자기 책을 더 쌓아주기 바라면서 전투를 벌일 필요가 없어졌다. 아마존은 모든 것을 모두에게 팔았다. 소비자들은 원하는 것을 보다 손쉽게 찾을 수 있었다. 개인들의 추천 글도 읽을 수 있었다. 게다가 가장 좋은 가격에 구매한다는 확신까지 얻을 수 있었다. 웹사이트를 가진 작가들은 아마존과 제휴하여 링크를 통해 책들을 추천함으로써 약간의 돈도 벌었다. 회사가 성장함에 따라 회사 카탈로그는 출판계의 최초 서지 목록인 〈북스 인 프린트〉를 대체했다. 순위는 새로운 베스트셀러 목록으로 자리 잡았다. 이때까지만 해도, 전체 업계가 활짝 열리며 민주화되는 양상으로 보였다. 인터넷의 파괴적인 힘 덕분에.

뒤늦게 깨닫게 되었지만, 아마존은 더 이상 서점이 아니라 하나의 비즈니스 플랜이었다. 《포브스》는 아마존을 반쯤 추켜세우면서 이렇게 덧붙였다. "구글, 애플, 페이스북이나 마이크로소프트 같이 우리 시대를 상징하는 큰 기업들과는 달리, 아마존은 새로운 생산품이나 서비스를 고안해냄으로써 권력으로 부상하지 않는다. 기존의 산업 전체를 체계적으로 걷어내면서 권력이 되고 있다."[29] 그 회사의 모든 발자취 속에서, 플랫폼 독점을 지렛대로 하는 모든 방법에서, 예전의 기업주의 원리를 디지털적으로 추진해가는 모습을 볼 수 있다.

아마존은 중앙 권위의 힘을 증폭하고 있다. 처음에는 모든 이들에게 무한한 책꽂이를 허락함으로써 독립 출판에 힘을 실어주는 듯 보였다. 그러나 결국은 출판 세계의 중심으로 성장했다. 이제 모든 이들이 책을 팔고 소통하는 플랫폼에 비교할 때 똑같은 크기가 되어버렸다. 너무도 왜소해진 크기다. 아마존은 가격과 판매 조건, 복제 방지, 적용 기술, 독자의 사생활 보호 등 모든 것을 정한다.

여기에 참여하지 않는 것은 현실적 선택이 아니다. 출판인과 저자들은 아마존의 조건에 승복하거나 극단적인 홀로서기 중 하나를 결정해야 한다. 플랫폼의 요구에 저항한다면, 그것은 곧 그 출판사의 책들을 검색 결과에서 제외되는 것으로 귀착된다. 그것은 출판계의 위키피디아라고 부를 만큼 독점에 가까운 판매 플랫폼만이 할 수 있는 해코지다. 물론 출판 정보는 다른 곳에서도 얻을 수 있다. 그렇지만 아마존은 이미 기본이 되었다. 마치 '검색'하면 구글인 것처럼.

아마존은 출판업자들로부터 더 좋은 가격을 요구할 수 있다. 출판업자들은 새로운 틀에서 살아남기 위해 발버둥친다. 아마존은 출판업자가 거래를 접고 작품들을 직접 배포하든 말든 특별히 신경 쓰지 않는다. 네덜란드의 동인도 회사가 스스로 밧줄을 생산하는 것처럼, 아마존은 외부에서 제공되는 어떤 서비스도 자신의 이윤추구의 기회로서 흡수할 수 있다고 본다. 인쇄, 출판, 전자 책, 독자들, 태블릿, 심지어 스마트폰과 스트리밍 미디어, 영화 스튜디오까지 모든 것을 빨아들이고 있다. 아마존은 웹 기반의 클라우드 서비스에까지 손을 뻗고 있다. 이것은 넷플릭스부터 에어비엔비에 이르기까지 다른 모든 플랫폼들이 기반 하는 플랫폼, 즉 플랫폼의 플랫폼이다. 아마존은 다른 회사들이 자신의 기술특허에 기반한 소프트웨어 환경에 맞추도록 한다. 그렇게 함으로써 자신의 지위를 높이거나 지켜내는 것이다. 일단 당신이 들어온 이상, 쉽게 나가지 못한다. 그것은 당신의 모든 음악을 아이튠즈에 저장하는 것과 같다. 부디 행운이 깃들어 다시 잘 꺼내 가시길….

아마존은 P2P 시장을 쓸모없게 만든다. 처음에는 '아마존 제휴와 성취'* 같은 서비스들이 P2P적인 활동에 매우 요긴한 것처럼 보였다. 새 책과 중고 책, 혹은 다른 상품들의 목록을 게시한 것도 그러했다. 그러나 동일한 페이지 위에 중고 책의 오퍼를 함께 게시함으로써, 아마존은 원래 판매자의 매출뿐 아니라 자신의 새 책 판매량까지 까먹었다. 그래도 저자들이나 출판업자들은 이제 종속적 위치에 있기 때문에 아무 힘을 쓰지 못한다. 그리고 이런 것은 아마존에게 아무 문제가 되지 않는다. 책은 그저 미끼상품일 뿐이다. 더 큰 상은 따로 있다. 시장 자체를 소유하는 것!

---

* [역주] 아마존에서 필요한 장-단기 일자리를 회원들에게 공시해주는 서비스.

아마존 플랫폼에서 물건을 사고파는 사람들은 진정한 P2P 시장에서 교역하는 것이 아니다. 그들은 직접적으로 연결되는 것이 아니다. 각자가 중앙화된 서버 상의 제품 목록에 연결되어 그를 통해 이어진 것이다. 인터넷 망의 진정한 P2P적 연결 능력은 발전하지 못한다. 대신에 양편 모두가 각각 웹사이트와 교류를 할 뿐이다. 웹사이트는 이루어지는 거래의 몇%를 뽑아내는 것, 그리고 그런 유형의 거래가 일어날 수 있는 유일한 장소가 되고자 하는 것 말고는 어떤 것에도 관심이 없다.

아마존은 제국의 정신을 회복시켰다. 사업 범주 내의 수직적 시장뿐 아니라, 다른 범주의 수평적 시장까지 식민화 해냄으로써 제국의 정신을 복귀시킨 것이다. 아마존은 처음에 책으로 – 책을 밑지고 팔면서 – 플랫폼 독점을 확립하였다. 월마트가 자본이 제공한 풍부한 군자금을 이용해서 지역 상점들의 근거를 말살했던 바로 그 방법이다. 무료 배송과 같은 단순한 특전은 처음에는 충성의 표시였다. 그러나 궁극적으로는 끊임없이 확장하는, 그리고 점점 더 끈끈해져만 가는 아마존 제일주의로 모습을 드러냈다. 아마존은 그렇게 책 분야의 독점과 무료배송을 지렛대 삼아 다른 범주의 시장 독점으로 발전시켜 나갔다. 가전에서 서킷시티와 베스트바이를 파산시킨 것에서 출발해서, 신발류와 식용품, 음악과 비디오까지 인간의 충족과 결부된 모든 품목들로 뻗어갔다.

마지막으로 아마존은 전통적인 사람과 기계의 관계를 뒤집음으로써 인격으로 접어들어간다. 아마존이 특허를 취득한 추천 엔진들은 우리들의 선택 과정을 조종하려 든다. 아마존의 메커니컬 터크(Mechanical Turks)를 통해 컴퓨터들은, 인간 드론 군단에게 반복적인 과제를 부과하는 능력을 얻는다. 컴퓨터들이 생각하고 선택한다. 인간은 컴퓨터가 지시한 대로, 혹은 유인한 대로 지점을 찾아 클릭만 하면 된다.

이렇다고 해서, 아마존이나 그 창립자인 제프 베조스의 주가가 신저

가로 미끄러질 일은 아니다. 회사는 단지 기업주의의 핵심 프로그램에 맞게 진지하게 기업을 운영하면서 기업주의를 디지털적으로 구현하고 있을 뿐이다. 이 책을 쓰는 현재, 놀랍게도 아마존은 적자 운영 중이다. 올라가는 것은 주가뿐이다. 현재 시가총액 1500억 달러 이상을 유지하고 있다.[30] 그러나 좀 더 깊은 의미에서, 이러한 현상은 기업 프로그램이 완벽하게 작동하고 있다는 것을 뜻한다. 즉, 모든 가치는 투자자들의 주식에 축적되고 있고, 그것들은 여전히 올라가고 있다.

아마존은 결코 새로운 종류의 회사가 아니다. 오히려 아주 오래된 종류의 것이라고 할 수 있다. 바로 식민주의 권력들이 신세계로의 독점 항로를 지렛대로 삼은 것과 똑같은 방법으로 디지털 플랫폼에 지렛대질을 해댄다. 심지어 둘 다 해적질(해킹)을 조심해야만 하는 것까지 똑같다. 이러한 이유에서 어느 모로 보나 아마존은 인간에게 더 많은 가치를 가져오거나, 사람들이 스스로를 위해 가치를 창출하고 교환하는 것을 돕는 기업이라고 볼 수 없다. 기업의 디지털화는 사람과 지역에 남아 있는 가치를 추출하기 위한, 그 무엇보다 효율적이고 또 거부할 수 없는 방법을 제공해줄 뿐이다.

따라서 인공지능의 광폭행보가 인간의 잠재력과는 관계가 없고 컴퓨터의 능력 증진과 관련된 것이라는 사실은 그리 놀라울 것도 없다. IBM의 왓슨연구소나 구글의 머신러닝연구소에서 진행되고 있는 프로젝트들은 인간의 지능을 증대하는 게 아니다. 스스로 생각하는 기계 시스템을 창조하고 있다. 우리가 컴퓨터 키보드를 한번 누르고, 마우스를 한번 클릭할 때마다 그들의 알고리즘들은 우리에 대해 점점 더 많은 것을 알아가면서 어느 인간보다도 복잡한 이해력을 갖추어 나간다. 우리 인간들이 상대적으로, 혹은 절대적으로 점점 멍청해지는 동안 그들은 점점 똑똑해지고 있다.

기계들은 서서히 인간을 어떻게 조종해야 하는지 배워가고 있다. 캡톨로지(captology)라고 불리는 것으로 컴퓨터와 상호접속이 인간 행동에 어떻게 영향을 줄 수 있는가를 연구하는 것이다. 스탠포드 대학교의 컴퓨터과학부에서 가르치고 있는데 이 연구를 통해서 사람들이 더 행복하고 건강한 삶을 살 수 있도록 도와줄 것이라고 주장한다. 캡톨로지의 실제 사례는, 누군가 수표책의 수지를 맞추거나 디지털 저울로 체중을 쟀을 때 목표한 몸무게를 달성하면, 사람의 마음을 기쁘게 해주는 그래픽과 음향으로 보상해준다. 그러나 생각하는 기술이 목표로 하는 실제 시장은 인간들의 행동을 유발하기 위한 더욱 강력한 방법을 찾고 있는 기업들이다.

사진과 색깔, 그리고 알고리즘의 조합과, 개인의 프로파일에 맞추어 미세 조정된 매력에 의해 온라인 구매를 부추기는 세상을 상상해보라. 또는 당신이 그것을 꺼버리고자 마음먹으면, 슬픈 공 소리를 내거나 찡그리는 표정을 짓는 앱(app)들을 상상해보라. 그런 것들은 이미 세상에 있다. 기계들이 점점 똑똑해질수록 더 훌륭한 연기자가 되어, 원하는 방향으로 우리들의 마음을 사로잡을 것이다. 그것들이 살아있거나 감정을 가지고 있어서가 아니다. 기업 프로그램을 수행하는 데 성공했기 때문이다.

여러 컴퓨터 과학자들, 그리고 기술철학자들은 컴퓨터들이 인간의 지능을 뛰어넘는 날을 학수고대하고 있다. 그들의 용어로 싱귤래리티(singularity)다. 그들은 컴퓨터가 일종의 의식을 가질 수 있게 되는 동시에, 인류가 모두 사라진 미래에도 인간의 프로젝트를 수행해나갈 수 있기를 희망한다. 궁극적으로 기업이 인격으로 접어드는 상태를 극명하게 설명해주는 부분이다. 몇몇의 대법원 판례가 도움이 된 것은 사실이지만, 인격으로의 기업 진화를 가능하게 하는 가장 큰 능력자는, 바로 기업이 스스로 생각하도록 해주는, 새로이 발견된 디지털 능력이다. 기업 프로그램이 전적으로 디지털 기술과 통합되고 있는 시점에서 거대복합기업들이 인공지능을 최우선 과제로 설정하는 것은 놀랄 만한 일이 아니다.

컴퓨터들이 끝내 의식을 갖게 되지 못할 수도 있을 것이다. 그렇지만 더 똑똑해질 것은 분명하다. 빠르게 반복하는 능력은 기업 등식의 양변 모두에서 인간의 지위에 도전할 것이다. 그러한 시점에 누가 끝까지 남아서 비즈니스에 인간 개입을 실행할 수 있겠는가? 기업 운영자들이 단지 고객의 요구에 대응하고 있을 뿐이라고 주장하는 것은 더 이상 신빙성이 없다. 그 고객 요구도 대부분은 똑똑한 기계들이 결정해준 것이다. 기계들은 애초에 만들어진 대로 최선을 다해 기업 프로그램을 운행해 갈 뿐이다. 그렇게 하면서 가치를 자본으로 전환하기 위한 13세기의 템플릿을 수행하고, 인간의 기획을 기업의 의도로 대체하고, 기득권자들의 독점적 착취를 위해 창조적 인간들의 유기적 성장을 침탈해나갈 것이다.

갈수록 컴퓨터들이 이런 일들을 더 빨리 더 잘하게 될 것이라는 점은 매우 의미심장하다. 그것들은 한 동작 한 동작에서 배우고 개선해 나가고 있다. 온라인 쇼핑부터 구인구직 플랫폼까지 우리가 일상의 비즈니스를 수행하는 데 쓰는 프로그램들은 모두가 가속화하는 데 최적화되어 있다. 가속화의 특성 때문에 이런 비즈니스 플랜들은 통제 불능의 상태로 돌아가게 되고, 우리가 지금 목도하고 있듯이 극단으로 치닫게 되는 것이다. 한때 그 실행을 위해 인간의 작동을 필요로 했던 프로그램을 가져다가 디지털 플랫폼에 장착해 버렸다.

역설이지만 반박할 수 없이, **이것은 비즈니스를 위해서도 좋지 않다**. 더 많은 가치가 경제로부터 추출되어 기업의 창고에서 얼어붙어버림으로써 회사들의 자산수익률(ROA)은 점점 더 침식되고 있다. 기업의 알고리즘들이 플랫폼 독점을 위해 각축하는 가운데, 진짜 경제로부터의 가치와 기회 추출이 점점 더 어려워지고 있다. 하나의 앱이 해당 산업을 삼켜버리지만, 그것에 대해 아무것도 보여줄 것은 없다. 오로지 수입을 기반으로 하지 않는 주식으로만 보여줄 따름이다. 디지털 지형에서 기업 코드만을 운영해 나가면, 기업들 스스로 음악가들과 똑같은 곤궁에 처하게 될 것이다. 몇몇의 승자들이 모든 것을 차지하고 나머지는 아무것도 얻지 못하는 상태 말이다. 상황을 더 나쁘게 하는 것은 성공적인 기업 환경이 온다고 해도, 돈이 주식 가치로 빨려 들어가게 되어 전체 경제활동은 감소한다는 것을 명심해야 한다.

비즈니스 세계가 마치 비디오 게임으로 변환되는 듯하다. 지니 계수가 1에 가깝게 갈 때, 누가 이 성장 게임의 궁극적인 승자가 될 것인가. 그것만이 궁금할 따름이다. 세르게이 브린(Sergey Brin), 마크 저커버그(Mark Zuckerberg), 혹은 제프 베조스(Jeff Bezos)…. 혹은 누구? 모든 이들이 승자독식의 경쟁에서 게임을 하고 있다. 구글은 플랫폼 독점을 지렛대로 삼아 쇼핑 플랫폼이 되고자 하고, 페이스북은 소셜 미디어 분야에서의 독점으로 광고서비스의 플랫폼이 되고자 한다. 아마존은 상점을 지렛대질하여 클라우드 서비스 제공자가 되려고 하고 있다.

기업 프로그램에서 자리는 오직 하나뿐이다.

기업을 다시 코딩하기

CEO들은 디지털 산업주의의 이윤 감소를 인식하기 시작했다. 몇몇은 불가피한 파멸 이전에 그들이 쥐어짜낼 수 있는 남은 가치를 뽑아내려고 으깨고 있는 중이다. 반면에 다른 CEO들은 디지털 지형에서 회사들이 초토화의 결의를 가지고 덤비거나, 전통적 기업주의 편향을 핵심 코드로서 고집하면서 시장에 접근할 필요가 없다는 것을 깨닫기 시작했다. 살아남기 위해 성장할 필요는 없다. 혹은 목적 달성을 위해 절대적인 독점을 달성해야 하는 것도 아니다. 특히나 디지털 회사들에겐 이러한 가정들을 다시 생각하고, 새로운 접근 방법을 펼쳐나갈 수 있는 능력이 있다.

예를 들어, 오늘날의 대부분 벤처 투자자들이 선호하는 플랫폼 독점 기업에 대한 투자의 대안으로서, 프레드 윌슨(Fred Wilson)은 우버의 경쟁자인 사이드카(Sidecar)에 투자했다. 그러면서 그는, "사이드카는 승차공유를 위한 진정한 열린 시장을 만들어냈다."고 주장했다.[31] 사이드카는 우버처럼 극도의 편리함을 제공하지 않는다. 또한 비즈니스 여행객들의 효율을 증대하는 쪽으로 서비스를 맞추지 않았다. 그보다는 P2P적인 승차공유 앱이다. 승객은 사전에 운전자와 탑승 예약을 한다. 그 앱은 승객과 운전자를 연결해준 후에는 길을 비켜준다. 플랫폼으로서의 우선순위 위에 인간대 인간의 연결을 보다 강조한다. 우버의 중앙화된 가격확정 정책이나 기회주의적 바가지요금 책정과는 대조적으로,[32] 사이드카는 운전자들에게 승객과의 협의를 통해 앱 상에서 스스로 요금을 정하도록 요청한다. 사이드카는 탈중앙화된 자유시장을 도모하고 있는 것이다.

사이드카의 앱은 실세계의 인간 간의 연결을 막는 기업의 전통적 편향을 뛰어넘으려고 한다. 좀 더 사회적인 승차공유 프로그램인 것이다. 회색 지대에서 규제를 받지 않는 택시 서비스를 지향하지 않으므로, 정규 택시 운전기사들과 일대일로 박치기 경쟁을 하지 않는다. 우버는 민첩함이 성공의 열쇠가 되는, '항상 켜 있는' 세상에서는 확실히 유리하다. 사이드카는 승객이 미리 계획하는, 약간은 더딘 세상에서 승리한다. 미리 계획한 자에게는 가격이나 운전자, 그리고 편의시설에 대해 더 까다롭게 선택할 수 있는 '부가사치'를 제공한다. 매주 시내로 미장원이나 식료품점에 가는 할머니를 생각해보자. 사이드카를 통해 딱 맞는 운전자를 찾고 정기적으로 예약할 수도 있을 것이다. 지역적 연결의 질감이 발현되기 시작하는 것이다. 비정규 운전기사의 입장에서는 플랫폼에 수입을 덜 의존하면서도, 자신의 서비스에 비해 턱없이 작은 액수는 받아들이지 않게 될 것이다.

어떤 의미에서 이러한 앱들은 세상에 대한 제각각의 비전에 맞추어 설정이 된다. 우버의 세상은 기업이 이끄는 세계이다. 속도와 편리함이 사회적이거나 미리 계획하는 것보다 더 우선이다. 그것은 플랫폼 독점을 이용하여 사용자들로부터 가치를 추출해낸다. 반면에 사이드카는 사용자들이 새로운 방법으로 가치를 창출하고 교환할 수 있도록 도와주려 한다. 서로를 판단하기 위해 앱 상의 정보에만 의존해야 하는 익명의 지형에서 우버의 정보검토 등의 기능은 우리에게 더 값어치가 있다. 사이드카는 사용자 스스로가 선호하는 운전자를 찾고, 반복적으로 거래관계를 맺고 정기적인 일정을 확립하는 것에 더 의존한다.

망(net)의 연결적인 잠재력을 촉진하도록 의식적으로 구축되는 앱들은 앞선 파괴자들을 파괴하고 있을 뿐이라고 볼 수 있다. 윌슨이 설명하듯이, "진정한 P2P 시장은, 우버에 대항하여 생사를 걸고 싸우고 있는 리무진이나 택시들의 전통적 함대보다 우버를 더 정직하게 생각할 수도 있다."[33] 현재로서는 P2P적인 대안들은 일터로 가기 위해 차를 얻어 탄다든지 아이를 맡길 유모를 구하는 등의 지역적인 시나리오에 국한되어 있다. 그러한 곳들은 아직까지 지역적, 인간적 요소들이 경쟁적 우위를 나타내고 있는 분야들이다.

벤처캐피털 게임에서는 우버가 명백히 승리했다. 사이드카는 대략 2천만 달러에 팔렸다. 반면에 우버는 200억 달러에 달하는 값을 받았다. 투자자들에게는 전통적, 추출적, 독점적 전략을 가진 기업들이 제공하는 중앙화된 솔루션이 더 매력적이다. 그들은 승자독식의 결과물에 베팅하고 있는 것이다.

그러나 실제 세계에서의 매출을 통해 수익성에 도달할 수 있는, 그리하여 그 배당을 근로자들이나 주주에게 환급해줄 수 있는 회사들이 훨씬 더 옹호를 받으면서 앞으로 나아갈 수 있다. 그들에게 성장은 필수가 아니다. 일을 잘해서 생기는 일종의 행복한 부차 효과일 뿐이다. 더 커진다는 것은, 비즈니스 소유자들을 좀 더 부유하게 만들 수는 있을 것이다. 그러나 대부분의 경우 더 많은 개인이 가치 창출에 참여할 수 있음을 의미한다. 전리품들이 주식으로 축적되는 것이 아니라, 봉급과 배당, 그리고 각종 서비스들의 형태로 배분된다.

새로운 디지털 비즈니스의 물결은 우버보다는 사이드카와 더 닮을 것 같다. 아니 그래야만 할 것이다. 시장이 한계에 이르러서 투자자계급에게 더 이상의 자본을 제공할 수 없기 때문이다. 최근에 출현하는 디지털 회사들은, 플랫폼의 독점에 목매는 것 대신에 이러한 분산적인 개념의 P2P적 영감을 반영하는 디지털 네트워크 구조를 추구하고 있다. 이러한 회사들은 확고하고 강압적인 독점에 덜 의존하고 성장 명령에 덜 지장을 받는 비즈니스 모델을 만들어낼 것이다. 건강, 의복, 3D 프린팅 등, 거의 모든 비즈니스 영역에서 분산적인 대안들이 플랫폼 독점에 대항하여 도전해 오고 있다.

교육을 예로 들어보자. 대학수업 관리에서 가장 앞서가는 디지털 플랫폼은 블랙보드(Blackboard)다. 이 기업은 17,000개 이상의 학교와 계약 중이다. 이 분야에서 플랫폼 독점의 길로 향해가고 있고, 비공개

시장에서 이미 수십억 달러의 가치로 평가 받았다.[34]

블랙보드 시스템은 하나의 거대한, 중앙화된 서버에 의해서 운영된다. 누가 무엇에 접속했는지 낱낱이 통제한다. 그룹 이메일에서 비디오 과제와 채점에 이르기까지, 교육과 학습에 관련된 모든 것을 위한 원스톱 매장이기도 하다. 모든 것이 플랫폼을 통해 일어나고, 때문에 블랙보드를 사용하면 할수록 점점 더 많은 교실 자산을 통제할 능력을 갖는다. 예를 들어, 블랙보드를 통해 한 학생이나 학급 전체에 이메일을 보내는 것은 매우 편리하다. 그러나 상대 학생의 이메일 주소를 알아낼 방법은 차단되어 있다. 블랙보드 말고 다른 수단을 통해 교신할 수 없다. 블랙보드가 더 많은 교육과 행정을 포함시킬수록 사람들은 점점 더 종속된다. 그것을 계속 사용할지에 대한 결정은 점점 힘들어진다. 회사는 통제력을 지렛대 삼아 더욱 쉽게 다른 것들을 비싸게 팔아먹을 수 있다. 교육자들에게 블랙보드의 이름을 올려보라. 당신은 즉시 중앙화된 플랫폼의 숨은 위험에 대해 장광설을 들을 수 있을 것이다. 플랫폼 독점의 진정한 정신에 부합하기라도 하듯이, 그 회사는 웹기반의 도구들을 연결해 상호 연계된 대학전체의 강의를 관리하는 시스템, 그 전체의 개념에 대해 특허를 신청했다.[35] 그리고 단 하나 있는 경쟁자를 특허침해로 고소했다.

블랙보드의 승자독식적인 교육 분야에서의 식민화와 극명한 대조를 이루는 것이 노운(Known)이다. 노운은 나이트재단(Knight Foundation)이 투자한 스타트업이다.[36] 이들은 그 어떤 중앙화 없이 동일한 교실 수업 기능을 수행하려고 시도한다. 노운은 오픈웹(open Web)으로 알려진 것을 모델로 삼고 있다. 오픈웹은 사람, 웹사이트, 그리고 어플리케이션들이 직접적으로 상호작용할 수 있는 일련의 프로토콜들이다. 페이스북 이전으로 돌아가 보자. 사람들은 별개의 서버 상에 구축된 자신의 웹사이트를 관리할 수 있었다. 페이스북은 모든 웹페이지들을 한꺼번에 모아 한 장소로 가져왔다. 사람들은 본인들 정보에 대한 권한과 데이터들에 대한 소유권, 심지어 자신의 친구 네트워크에 있는 사람들에 대한 접근 능력마저도 페이스북에 갖다 바쳐야 했다. 그리고 그런 것들을 위해 추가 프리미엄 비용을 내야 했다. 오픈웹의 주창자들은 개별 웹사이트들의 P2P적 특질을 회복하는 서비스와 어플리케이션들을 창조해내려 노력했다. 그들은 플랫폼들을 가능하면 '날씬하게' 만들어, 사용자들이 자신의 데이터를 보관하고 무엇이든 주고받도록 했다. 페이스북이나 신문 웹사이트를 떠올리지 말고, 뉴스 피드나 이메일 같은 것으로 생각하면 된다. 중앙 저장소가 없으면, 플랫폼 독점, 또는 단 하나의 독립체에 대한 절대적 의존으로 몰아가는 추동력도 훨씬 줄어들 것이다.

노운의 프로젝트는 일단의 구성 요소들의 소스를 공개하는 것에 불과하다. 이를 통해 교사들과 학생들은, 각자의 웹페이지를 통해 발행과 구독을 자유로이 할 수 있다. 교사들은 학급을 위해 웹페이지들을 만든 후 등록된 학생들에게 페이지 접근 권한을 제공한다. 등록된 학생들은 학급의 웹페이지를 구독하고, 자신의 웹페이지에서 적절한 피드백을 받는다. 노운은 원하는 사람들에게 서버의 공간을 제공해주긴 하지만, 모든 것은 의무사항이 전혀 아니다. 이들이 만들어낸 것은 플랫폼이 아니라 일단의 프로토콜들이다. 그것들을 통해 모든 독립적인 소규모 웹페이지들은 서로 간에 정보와 일정조율, 숙제 등등을 주고받는다. 제인(Jane)은 개인 페이지에 문서를 작성하고, 그녀가 원하는 바에 따라 교사와 전체 학급 학생들에게 공개한다. 그들은 자신의 웹페이지에서 그 문서를 볼 수 있게 된다.

노운은 서버 공간과 지원 도구들의 맞춤형 버전들에 대해 비용을 부과하지만, 전체 시스템은 오픈 소스이며, 공개형 APIs, 즉 어플리케이션 프로그래밍 인터페이스(application programming interfaces)이다. APIs는 누구나 공개된 어플리케이션을 자신의 시스템에 통합할 수 있도록 허락하는 것이다. 노운은 투기꾼들에게 주식을 팔아서 돈을 벌지 않는다. 회사가 사용자에게 제공한 것에 대해 이용료를 부과하여 돈을 번다. 노운은 얼마나 많은 사람들에게 봉사하느냐에 비례하여 서비스 회사에 합당한 이윤을 만들어낼 뿐이다. 블랙보드처럼 폐쇄적 플랫폼의 가치평가 액수를 정당화하는 방법을 통해 돈을 벌 수 없을 것이다. 다시 말해, 노운과 같은 회사들은 너무 많은 벤처캐피털을 수용하지 않는 한, 그런 종류의 무리한 가치평가를 정당화해 나가야 할 이유가 없을 것이다.

디지털 경제에서 진정으로 성공하고 있는 스케일러블(scalable)*한 회사들은 무한히 성장할 수 있는 회사가 아니다. 작건 크건 어떤 규모로든 번영을 누릴 수 있는 회사들이다. 현재는 영속적 성장을 추구하려던 최초의 기업 게임의 계획이 한계에 부딪친 경제 상황이다. 규모를 키우는 것뿐만 아니라 줄일 방법을 아는 것이 바로 장수의 비결일 수도 있다. 메이저 회사가 백 년 동안 성장을 추구하다 방향전환을 하는 것보다, 처음부터 새로 시작하는 신생 디지털 회사들에게는 이것이 더 쉽다.

《포춘》지 선정 500대 기업은 지금 거대한 참나무 모양새보다는 강가의 갈대처럼 움직여야 할 때이다. 그러나 어떻게?

---

* [역주] 컴퓨터 용어. 확장/축소해도 난조가 생기지 않는

안정화 상태의 기업

이것은 내가 지난 10여 년 동안 여러 CEO들로부터 받았던 질문이다. 그리고 애초에 내가 이 책을 쓰기로 마음먹게 된 질문이기도 하다. 그들은 경청할 준비가 되어 있다. 그러나 이 주제로 강연 요청을 하지는 않는다. "내가 회사를 더 이상 성장시키지 못하면 어떻게 해야 하나?" CEO들은 이런 질문을, 디지털 경제와 지속 가능한 접근법 등에 대한 강연을 들은 후에 나를 점심식사에 초대하거나, 호텔로 데려다 주는 차 안에서 한다.

우리는 기술과 미래에 대해 의견을 나눈다. 그러나 작별 인사를 하기 전, 변함없이 진짜 질문이 등장한다. **전후의 성장 기업에서 현재의 상태에 걸맞은 회사로 전환하기 위해서는 어떻게 해야 합니까? 그리고 그런 해법을 알릴 때에 나는 주주들에게 어떻게 설명해야 할까요?**

그들이 고통스레 겪어 온 순가치 대비 점차적 이윤의 감소는 그들만의 비밀스런 문제가 아니다. 경제적, 기술적 역사에서 이 시대가 맞닥트린 만연한 증상일 뿐이다. 그것을 알려주면 그들은 항상 안도한다. 다만 오래 이어지는 질문은 이것이 반복적인 순환인지, 아니면 우리 경제의 운영체제에 대한 새롭고도 전례 없는 도전인가이다. CEO들은 이런 식으로 상황을 보고 싶지 않았을 것이다. 진짜로 이번에는 상황이 전혀 다르게 변한다 할지라도 회사가 잘 해 나갈 수 있다고 생각하고자 했을 것이다.

모든 경제영역이 어떻게 기술 혁명에 대응하는가에 대해 가장 알기 쉽게 분석해온 정치경제학자 칼로타 페레즈(Carlota Perez)에 따르면,

우리는 예전에도 이러한 길을 걸어왔다고 한다.[37] 증기 기관, 전기, 자동차, TV 할 것 없이 주요한 기술혁명의 모든 사례에서, 우리는 동일한 5단계를 겪어왔다고 한다.

첫 단계는 **성숙(maturity)**이다. 이전의 기술혁명에서 안착했던 회사들은, 새로운 패러다임을 위해 씨를 뿌린다. 전기회사들은 초기의 라디오와 텔레비전 회사들에 투자했다. 사무기계 회사인 제록스(Xerox)는 컴퓨터 사용자 인터페이스를 위한 연구에 투자했다. 코닥(Kodak)은 처음으로 디지털 카메라를 개발했다. 회사들은 자본을 활용하여, 궁극적으로는 자신의 회사를 대체하고 말 기술과 산업에 투자한다. **침입(irruption)**으로 불리는 다음 단계는 기술의 확장적 발전 자체이다. 이 단계에서는 산업 전반에서뿐 아니라 예전 기술들에 대한 파괴가 일어난다. 자동차는 말의 교역을, TV는 라디오를, 인터넷은 TV를 와해시켰다. 다음 단계로 **광란(frenzy)**이 찾아온다. 이 단계에서 우리는 투기적 버블의 형성과 실업 증가, 그리고 소요 발생의 시작을 목격한다. 지금 우리는 이 단계에 와 있는 듯하다. 전혀 이치에 맞지 않는 각각의 플랫폼 독점에 대해 터무니없는 가치 평가를 하고, 실업이 증가하고, 성공한 자들이 야기하는 모든 분노가 그러하다. 택시운전기사들은 우버에 항거하고, 호텔 노동자들은 에어비엔비에 불평하고, 샌프란시스코 거주민들은 임대료 거품에 대한 불만으로 구글버스에 돌을 던지고 있다.

다음으로 버블이 터진다. 페레즈는 이것을 **전환점(turning point)**라고 보았다. 승자와 패자 사이의 부의 불평등이 극에 달하면, 시민의 소요가 정점에 이르고, 정부는 규제를 통해 행동해야 하는 시점에 다다른다. 예를 들면, 자동차와 대량생산된 가전제품들의 침입과 광란의 단계는 광란의 20년대(Roaring Twenties)를 거쳐 결국 1929년의 충돌로 이어졌다. 그리하여 정부와 산업까지도 떨떠름하게 뉴딜정책과 복지국가를 지원하게 되었다. 그 후에야 좀 더 안정적이고 규율이 잡힌 시기인, 황금시대가 도래했다. 이 황금시대에는 중간계급도 산업주의적 기술로부터 혜택을 얻을 수 있었다. 이 시기를 페레즈는 **시너지(synergy)**라고 불렀다. 이때에는 애초의 기술혁명에 기반하여 보다 광범위하게 산업들이 발전하고, 보다 많은 사람들이 접근할 수 있는 방법으로 발전이 이루어진다. 페레즈가 든 사례를 살펴보면, 자동차 운전학원은 자동차의 넓은 확산을 지원했고, 수입과 수출 산업들은 운하들의 혜택을 더 증대했다. 그런 식으로 산업들이 자라나고 성숙해지면서, 기술혁명의 다음 라운드를 위한 기반을 형성해 간다.

처음에는 고통스러울지도 모를 정부의 개입이나 규제들이 없었다면, 이러한 기술혁명들은 황금시대로의 전환점을 통과하지 못했을 것이다. 산업이 추동한 미국의 꿈, 교외에 마련한 집과 자동차는 복지국가의 지향으로 가능했다. GI원호법(GI Bill)*은 할부로 집을 장만할 수 있게 했고, 실업보험으로 실업기간 동안에도 주택과 자동차 할부금을 낼 수 있었다. 이러한 복지적 융통성이 없었다면, 공장이 조업을 멈추고 노동자들을 해고할 때마다 자동차들은 회수되고 집들은 차압되기 일쑤였을 것이다. 그랬다면, 여전히 미국의 산업경제의 중추 역할을 했던 자동차 산업과 주택건설 산업들은 절뚝거릴 수밖에 없었을 것이다.

지금까지 2000년도의 닷컴 붕괴와 2007년의 디지털 파이낸스 붕괴라는 두 번의 폭락 사태를 겪었다. 뿐만 아니라 극단적인 부의 불균형 상태를 목도하고 있음에도 불구하고, 더 강력한 규제나 복지국가 정책에 대한 포퓰리스트들의 비명 섞인 목소리가 터져 나올 징후는 아직까

---

* [역주] 1944년 루즈벨트에 의해 조인된 참전용사 원호법. 복무자의 재적응을 위한 법(Servicemen's Readjustment Act)라고도 한다.

지 없다. 티 파티* 같이 요즈음의 인기영합주의자들은, 정부를 그들이 겪고 있는 불평등을 해결할 주체로 보기보다는 원인으로 보고 있다. 이런 상황에서 정부 개입을 요구하는 대중적인 봉기가 일어나기 어려워 보인다. 정부 관리감독 하의 민영의료보험 계획마저도 자본주의를 말살하는 사회주의 형태라고 이해하고 있는 실정이다. 반면에 '월 스트리트를 점령하라(Occupy Wall Street) 운동'의 구성원들 같은 진보적 포퓰리스트들은, 정부에 개혁을 요구하는 것에서 더 나아간다. 그들은 공제조합과 채무 환매 프로그램을 통해 현안을 해결하라고 주장하기에 이르렀다. 정치적 스펙트럼의 양쪽 어느 편을 막론하고, 오늘날의 포퓰리스트들이 정부 개입의 형태로 옷을 갈아입으려는 시도로 인해, 사태가 더 악화될까 겁난다. 이렇게 되면 진짜 개혁을 실행하기 위해서는 좀 더 잘 작동하는 의회의 기능이 필요하게 될 터이다.

게다가, 우리가 어찌어찌 하여 '광란'의 단계를 통과한다 해도, 낙관적이지 않다. 위기의 다른 측면에서 기다리는 부수적인 새로운 비즈니스들로 '시너지'를 만들어낼 기회는 크지 않을 것이다. 오늘날의 기술혁명에 가담하고 있는 신생회사들은, 많은 근로자와 지지 산업들을 필요로 하지 않는다. 그렇기 때문에 우리가 현재 마주하고 있는 곤궁은 창조적 파괴의 경우라기보다는 **파괴적 파괴**의 사례이다. 진정한 비즈니스와 이윤창출이 가능한 거래관계들이 파괴되었다. 그 자리를 영업이익조차 내지 못하는 기업들이 차지하고 있다. 모든 돈, 모든 가치는 주식에 묶여 있다. 새로운 회사들은 예전만큼 경제전반의 활성화를 담당해주지 못한다. 이런 상태는 전적으로 나쁜 것만은 아니다. 특히나

---

* [역주] 2009년 미국에 여러 길거리 시위에서 시작한 보수주의 정치 운동. 보스턴 차 사건을 따서 만들었다. 미국의 진보성향 시민단체인 무브온(Move-On)과는 대립되는 입장으로, 버락 오바마 행정부의 의료보험 개혁정책에 반발하여 등장했다.

우리가 경제활동을 목적으로서 보지 않는다면 말이다. 그러나 그것은 점점 현실이 되어가고 있다.

혹은 다른 식으로 생각해 볼 수도 있다. 한때 음악가와 작곡가, 음반 제작 기술자와 제작자, 배급업자, 일러스트레이터, 점포 소유자 등등 음악 관련 종사자들을 먹여 살렸던 음악 산업이 MP3와 몇몇의 새로운 음악듣기 앱들에 의해 파괴되었다. 그 앱들은 실제로는 돈을 만들지 못한다. 대부분은 초기 투자자들을 제외하고 나머지 사람들에게는 돈을 잃는 비즈니스 제안들이다. 초기 투자자들도 이미 출구전략을 시행해 버린 상태다. 아마존은 벽돌과 시멘트로 된 수천 개의 상점과 모든 지원 산업을 밀어냈다. 쇼윈도 장식업자에서 선반 제작업자, 쇼핑객들이 점심을 사먹던 먹을거리 제공업자들까지 밀려났다. 에어비엔비도 창출하는 것보다 더 많은 일자리와 수입, 그리고 의료보험 체계를 파괴했다.

산업주의 시대의 혁신들을 재검토하는 것 대신에, 우리는 그것을 MIT 대학의 경제학자들이 제시한 '제2기계시대(second machine age)'로 확장해 버렸다. 산업주의의 알고리즘적 가치들을 뛰어넘는 것이 아니라, 디지털화 해버린 것이다.

앞으로 자세히 설명하겠지만 이러한 사례들은, 우리가 디지털 시대와 연상하여 생각하는 재정적 그리고 마케팅적 혁신들은 이미 자리를 굳힌 비즈니스 관행들의 파괴라기보다는 그것의 연장이 확실하다. 예전의 동일한 기업주의를 실행하는 새로운 방법이다. 산업주의 시대의 법제화된 독점은, 우버와 아마존 등등의 플랫폼 독점으로 다시 표현되고 있다. 결과를 의도하지 않았다 해도, 증권거래소에서 알고리즘에 의해 자행된 피해나 새로운 기술기업이 기존 시장에 끼친 막대한 피해는, 산업주의 운영체제에 내장된 가치들에서 그 기원을 찾을 수 있다.

	장인 경제 시대 1000년~1300년	산업 경제 시대 1300년~1990년	디지털산업경제시대 1990년~2015년
방향	●	↗	⤴
목적	생계	성장	지수(기하급수적) 성장
회사	가족 비즈니스	법제화된 독점 회사	플랫폼 독점 (아마존, 우버)
화폐	시장화폐 (통상을 지원)	중앙화폐 (은행을 지원)	파생금융상품 (레버리지 부채)
투자	직접 투자	주식시장	알고리즘
생산	수작업 (손 원고)	대량생산된 제품 (인쇄된 책)	복제가능 (파일)
마케팅	인간 대면	브랜드 아이콘	빅데이터(예측)
소통	개인 접촉	매스미디어	앱(apps)
토지와 자원	교회 공유지	식민화	사유화
임금	가치당 지불 (장인)	시간당 지불 (피고용자)	미지불/과소 지불 (독립적 계약노동자)
규모	지역적	국가적	세계적
무엇을 위해 최적화되었나	가치의 창출	가치의 추출	가치의 파괴

다행히도, 몇몇의 회사들이 탈출구를 모색하고 있다. 나에게, 성장에 대한 요구를 극복할 수 있는 방법을 묻는 경영자들은 지금 돌아가는 세태를 기꺼이 직시하고, 무언가 새로운 시도를 도모하는 권한을 지닌 사람들이다. CEO들은 여기에 인간이 개입하도록 기회를 제공할 수 있는 가장 적임자들이다. 그들의 비즈니스 토대인 자유시장의 원리들이 광

란의 단계에서 얼마나 기반을 잃어가고 있는가를 가장 직접적으로 목격하고 있는 사람들이기 때문이다. 이전의 기술혁명들은 창조적 파괴로서 이해될 수 있었다. 기술혁명은 한 사람이 이미 영위하던 비즈니스에는 나쁜 것일 수 있었다. 그렇지만 최소한 그 사람이 사업을 재배치하거나 투자할 새로운 영역을 만들어주었다. 어딘가에는 활황시장이 존재했다. 지난 70년 간 순가치에 대해 기업 수익률이 계속 낮아지는 경향에도 불구하고,[38] 그리고 지구 환경이 한계에 이르고 있다는 사실에도 불구하고, 공정하게 판단해 보면, 아직까지 성장의 여지가 남아 있는 분야도 있다. 군수산업이나 독성 제거 산업처럼 병적으로 왕성한 분야들이 그것들이다. 이런 산업들과 발맞추어, 대형 제약회사들과 의료 보험사가 속한 산업도 그러하다. 이 모두는 전쟁, 공해, 그리고 나쁜 경제 환경의 폐해에서 비롯된 건강에 대한 재난적인 위협요소들의 증가와 더불어 성장하고 있다. 이것들은 이미 '붐비는 사업'이어서, 미국이라는 '회사'가 머물 수 있는 안전한 은신처를 제공할 법하지 않다.

CEO들은 이제까지 인수합병, 감원, 아웃소싱, 그리고 감가상각 등 편법적인 방법의 뒤에 숨으려고 노력해 왔다. 그러나 이제는 더 영리한 CEO들이 돌이킬 수 없는 수축국면에 들어간 듯 보이는 현실에 맞대응 하려고 한다. 좋은 소식이다. 정부가 나서주기를 기다리는 대신에, 그들은 스스로 개입을 선택하고 있는 것이다. 게다가, 작금의 기술혁명이 기업 프로그램의 핵심 가치들과 뗄 수 없는 혼인관계에 있다면, 어쨌든 새로운 성장과 노동창출 기회의 알을 낳지 못할 것이다. 이 기술혁명은 추가적인 기업 활동이 발생해야 하는 기반인 경제지형 자체를 파먹어 들어가고 있다. 동시에, 고도로 중앙화된 기업 모델은 파괴되고 있으며, 지역적 디지털적 네트워크의 좀 더 분산적이고 P2P적 잠재력을 가진 기업 모델로 교체되는 사례도 적지 않다. 그것을 어떻게 바라보든지 간에, 전통적 기업주의는 디지털 경제에서 끝까지 살아남을 수 없다.

그래서, 여기에 열쇠가 될 수 있는 주요 개념들과 앞으로 전진해 나갈 전략들을 소개한다. 그것들 각각은 기업주의의 본원적인 핵심 명령들 중 적어도 하나는 무너뜨리겠지만, 결국에 가서는 기업의 지지자들에게도 도움이 될 것들이다.

1. 성장을 극복하라

이러한 변덕스럽고, 궁극적으로는 수축할 수밖에 없는 경제지형에서 번영을 꾀하는 기업들을 위한 유일한 진짜 선택은 그들이 발 딛고 있는 법제화된 독점의 핵심명령들을 거부하는 것이다. 출발점은 성장 자체에 대한 것이다. 회사를 끊임없이 성장해야 하는 주체로서 생각하는 대신에, 피고용인들에게 보상할 수 있는 충분한 매출을 지속적으로 발생시켜야 하는 사업주체로 바라보아야 한다.

끝없는 성장이 더 이상 가능하지도, 바람직하지도 않으므로, 당신은 IPO나 인수합병, 혹은 성장목표 등의 형태로 커다란 '승리'를 거두고자 하는 시각에서 멀리 벗어나야만 한다. 대신에, 좀 더 지속가능한 평형상태를 달성하는 것에 초점을 맞추라. 회사운영을 마치 완승만이 유일한 조건인 전쟁처럼 생각하지 말고, 마치 평화라고 생각하라. 평화의 목표는 지속할 방법을 찾아내는 것이다. 이러한 방식으로 비즈니스를 운영하는 것은, 승자와 패자를 극명하게 가리는 전통적인 축구 경기와는 좀 다른 느낌이다. 판타지 롤플레잉게임이나 비디오아케이드게임과 유사하다. 여기에서의 목적은, 승패가 아니라 가능한 오래 게임을 즐기는 것이다. 고객들이나 근로자들부터 당신이 사업을 운영하고 있는 경제지형까지, 모든 것이 지속적으로 생존과 성공이 가능해야만 한다.

가족 기업들은 수세기 동안 이것을 잘 이해하고 있었다. 친구들과 가족을 고용하기. 그들의 운명이 당신에게도 중요한 그런 사람들에게 투자하기. 그리고 비즈니스를 추출의 수단이 아닌 보살펴 나가야 할 유산으로 생각하기 등이다. 당신이 당신 가족을 '뒤집어 바꿀 수' 없는데, 어찌 당신의 비즈니스와 공동체, 혹은 지구를 뒤집어 재낄 수 있겠는가? 흥미로운 것은, 더 분산된 소유구조를 가진 회사들은 활황기의 경제에서는 덜 잘나가는 경향이 있는 반면, 가족들에 의해 운영되는 회사들은 불황기 동안 훨씬 더 안정적으로 이윤을 창출했다. 가족들은 그들의 소중한 돈을 가지고 덜 투기적으로 움직이고 리스크를 싫어하는 성향이 크다. 자녀의 미래가 그들의 의사결정 여하에 달려있기 때문이다. 1856년부터 쌀을 생산해온 이탈리아의 리조 갈로(Riso Gallo)는 이렇게 말했다. "우리는, 회사를 나의 부모에게 물려받은 것이 아니고, 우리의 자식들에게서 빌려왔다고 말합니다. 우리는 그것이 우리 후손들에게 어떤 영향을 끼칠 것인가에 대해 생각합니다. 우리는 분기별로 생각하지 않고, 세대라는 기간에 걸쳐 생각합니다."[39]

매 분기마다 더 나은 실적을 내서 인센티브를 받는 CEO와는 달리, 가족 비즈니스의 경영자들은 생존의 가능성을 증가시키는 것과 친지들에게 좋은 위치를 찾아주는 것이 최대 관심사이다. 최소한의 빚을 지고, 구매를 최소화하며, 재능을 더 잘 길러낸다. 외국 시장의 문을 두드릴 때에는 좀 더 참을성 있고 조직적으로 해 나간다. 《하버드 비즈니스 리뷰》에 의하면, 가족 기업의 평균적, 장기적인 재정적 성과는 엇비슷한 규모의 다른 업체들 성과보다 몇 퍼센트 포인트 이상의 차이로 더 우수하다고 한다.[40]

안정화 상태로 비즈니스를 운영한다는 것은, 전통적 기업의 추출적인 편향에 반하여 운영하는 것을 의미한다. 대신에 회사가 의존하고 있는 시장에 대한 투자와 재투자를 거듭하도록 노력해 나감을 의미한다. 회사 금고 속의 군자금만큼이나 고객들과 이웃들, 그리고 자원들은 소중한 것이다. 사실, 군자금을 축적하는 것은 책임을 축적하는 것과 같은 개념으로 이해된다. 금고 속의 돈은 쓸모없어진 자본의 데드존(dead zone)이다. 기업 순가치 대비 이윤율을 저하시킬 뿐만 아니라, 멈추어 서 있으면 인플레에 따라 가치를 잃는 특성을 가진다. 더 나쁜 사실은, 한 회사가 시장에서 가치를 뽑아내는 것은 그 시장이 더 이상 되풀이하여 그 회사의 몫을 계속 제공할 수가 없는 상태로 만든다는 점이다. 그것은 마치 채무자를 죽이는 고리대금업자와 같다. 그렇게 함으로써 다른 채무자들에게 겁은 줄 수 있겠으나, 그 돈을 돌려받을 수는 없다.

그렇게 하는 대신에, 현재 진행되고 있는 매출, 안정적인 이윤, 그리고 건강한 노동력과 고객만족 기반을 극대화하도록 노력하라. 만약 비즈니스 활동에 있어서 어떤 급작스런 증가 현상이 있기라도 하면, 그것을 혹여 잠재적으로 지속가능하지 않은 성장의 궤적이 아닐까 하는 의심의 눈초리로 보아야 한다. 급속히 증가하는 수요에 대응하기 위해 새로운 공장을 짓는 것 대신에 안정화 상태로 경영하는 CEO는, 설비를 빌려서 생산 용량을 증대하면서 시장의 지속 가능성을 테스트한다. 일시적 유행을 '회사 성장'의 구실로 활용하려 들지 않고, 탄력성과 확장성을 훈련하는 기회로 삼는다. 그런 마인드를 가진 회사는 더 확장할 이유가 있더라도 언제나 예전 규모로 되돌아갈 준비가 되어 있는 선에서, 혹은 파트너들과 협력함으로써 확장의 필요성을 해결한다. 한 회사가 정해진 규모로 영속적으로 존재하기 위해서-그것이 하나의 가게이든, 웹사이트든, 공장이든-계속해서 성장할 의무가 어디에 있겠는가?

어떤 사업이 적절한 규모를 찾아내고자 하는 것을–그것이 축소를 의미할지라도–공산주의적 음모로 보면 안 된다. 또한 처음부터 그 회사를 지속 가능하도록 키워 온 근로자들에게 같은 급여를 주면서 주4일 근무제를 실시하는 것도 공산주의적 발상이 아니다. 먼저 성장을, 보상은 나중에 함으로써 CEO들이 인센티브를 받는 시대에 이러한 방식들이 언뜻 납득이 되지 않을 수도 있다. 그렇지만 사실은 디지털 기술이 비즈니스에 가져다준 효율성과 가장 어울리는 방식이다.

우리 가운데 진화론적 자유주의자들은 안정화 경영 상태를 자연에 대한 모독으로 여기고, 강박적으로 거부해야 한다고 느낄지도 모른다. 자연이 고도로 경쟁적이고 종들은 끊임없이 적응해 가야 한다는 것은 옳다. 진화의 수준에서 졸면, 진다. 그러나 경쟁력을 유지하기 위해 종들이, 크기 면에서 그리고 개체 수 측면에서, 계속 성장해야 하는 것을 의미하지 않는다. 한 숲에서 생쥐에 대한 올빼미의 비율이 적정 범위를 유지하면 두 종 모두에 유익하다. 올빼미가 너무 성공적이면 먹잇감이 말라갈 것이다. 이와 마찬가지로, 한 개인의 삶은 '충만하게 성장'한 단계까지만 성장하도록 허락되어 있다. 성장이라는 것은 어린 시절에만 해당하는 것이지, 성체 단계에서도 적용되는 것이 아니다. 살아남기 위해서 계속 성장해야 하는 세계는 말이 되지 않는다.

우리의 비즈니스도 산호초와 같은 생태계 방식과 닮아가야 한다. 종들은 반복을 거듭하며 새로운 접근 방법에 적응하며 진화한다. 그러나 그들은 더 큰 안정적 성장 틀 내에서이다. 마찬가지로, 안정화 상태의 비즈니스는 여전히 진보한다. 여전히 연구 개발을 해나가지만, 인위적으로 부과된 성장 목표를 불 지펴나가기 위한 것이 아니다. 좀 더 효율적으로 봉사하기 위한 필요성으로 동기부여 되어서이다. 성장과 진보의 공통점은 모두 인위적이고 비생산적이라는 것뿐만 아니라, 수축하는 시장에서, 그리고 자원이 제한된 하나의 행성 위에서 둘 다 지속 가능하지 않다는 점에 있다.

2014년에 토요타는 매출 신기록과 영업이익 100억 달러의 폭증에 대해 대수롭지 않은 듯 공표했다. 토요타는 지나친 확장을 느린 성장이나 마이너스 성장보다 더 큰 리스크로 보았다. "지난 몇 년 간 경험했던 성장 속도에 준하여 우리가 계획한다면 결과는 그리 좋지 못할 겁니다."고, 토요타의 경영자가 로이터통신 기자에게 말했다.[41] 토요타의 사장, 아키오 토요다(Akio Toyoda)는 자기 회사의 공격적인 확장을 비난하기까지 했다. 이와 아울러 제품 리콜에 비용이 많이 들어간 데 대해서-상황에 딱 들어맞게도, 차들이 자기 스스로 급발진을 일으켰다-, 그리고 지난 십여 년 간의 경제 위기 상황에서 드러냈던 취약성에 대해 비판했다. 경쟁자인 폭스바겐(Volkswagen)이 2018년까지 연간 1000만대의 판매를 목표로 공격적인 성장목표를 추구해 나가고 있는 데 반해 토요다는 숨을 참고 있다. 그는, "나무 하나가 너무 빨리 성장하면 그 줄기의 나이테가 불안정해져서 나무가 약해질 겁니다."라고, 이유를 설명했다.[42]

2. 하이브리드적 접근을 택하라

성장 명령에 기꺼이 도전해 보고자 하는 CEO들조차도 회사의 방향을 한 푼어치라도 돌리기가 힘들다. 주주들을 화나게 하거나 회사 정관에 쓰인 신탁 의무를 위배하는 행동이기 때문이다. 하지만 그들은 좀 더 분산된 지형을 위한 새롭고 지속 가능한 전략들에 대한 시험을 시작해볼 수 있을 것이다. 추출적인 구태의 방법으로 주요 비즈니스는 계속 운영해 가면서도, 그들에게 허락된 제한적인 물적 자원들을 최대한으로 활용해보는 방법이다. 그러한 하이브리드적 접근은, 디지털 경제의 미래에 모든 것을 거는 도박의 위험성을 완화하고 대비하는 느낌을 준다.

그러한 예로써, 디지털 경제적 기후환경에서 자기 파괴적으로 드러나는 기업의 몸에 밴 행동양식이 있다. 비밀주의다. 때로 비밀주의는 노골적인 디지털적 요소 자체 때문에 실패하기도 한다. 기업과 은행을 위한 보안 소프트웨어는, 장기적인 측면에서 오픈 소스 솔루션보다 보안성이 취약하다는 것이 드러나고 있다. 왜냐하면, 비밀리에 개발된 소프트웨어는, 더 적은 수의 시나리오로 더 적은 수의 사람들에 의해 만들어지고 테스트되기 때문이다. 오픈 소스 소프트웨어는 수백 혹은 수천 명의 개발자들이 상상할 수 있는 모든 방향에서 치고받고 두드려서 만들어지는 장점이 있다. 개방성은 약점이 아니라 강점이다. 어떤 방화벽의 침투불가능성이 항상 비밀리에 작동할 수 있는 방법에 기반하고 있다면, 그것은 이미 방화벽이라고 할 수 없다. 보안 누출은 시간 문제이다.

우리는 이런 원칙을 디지털 시대의 좀 더 큰 비즈니스 환경에도 일반화해볼 수 있다. 오늘날 공유와 협력이, 격리된 연구 개발보다 더 훌륭한 장기적 기업 전략임이 밝혀지고 있다. 비밀 공식을 숨기는 것은, 대중들이나 투자자들에게 회사가 과거의 혁신에 의존하고 있으며, 새로운 아이디어를 개발하여 미래로 뻗어나갈 자신이 없음을 암시해주는 행위다. 그 회사의 좋은 날들은 이미 지나갔고, 이제 할 수 있는 것은 오로지 수비적인 것뿐이다. 이와는 대조적으로, 자신감 있게 혁신하는 회사는 남들의 통찰력까지 편입하려는 희망을 가지고 회사의 개발 내용을 공유한다. 그런 회사는 외부에서의 공헌을 환영한다. 훌륭한 아이디어를 가진 사람들을 고용할 수도 있고, 개선을 위한 영역들을 찾아낼 수 있는 회사들은 새로운 파트너로 만들 수도 있다. 그런 것들이 없다고 해도, 그러한 개방적 태도를 과시하는 것은 중요하다. 회사의 전문 지식과 기술, 리더십, 그리고 회사가 봉사할 것으로 사료되는 문화에 대한 헌신을 표현하는 것이다. 누가 그 공을 가로채느냐보다는, 더 좋은 것을 만드는 것이 더 중요하다.

회사가 모든 것을 단번에 공개할 수는 없다. 투자자들과 다른 이들이 그 회사의 가장 큰 자산이 지적재산권적 솔루션이라고 믿는 경우는 특히 그러하다. 그렇기 때문에, 확고히 자리잡은 회사들은 유사 오픈 소스의 방법으로, 내부의 R&D와 외부 기술자들, 대학들, 심지어는 다른 회사들과 연계하여 개발을 진행하는 것이다.

예를 들어, 프록터 & 갬블은 2004년 '연계+개발(Connect+Develop)' 프로그램을 착수할 당시,[43] 회사 전체 R&D의 50%를 협력적 혁신을 통해 만들어내겠다는 목표를 가졌다.[44] C+D 행동강령은 외부인들에게 파트너십으로 가는 쉬운 통로를 제공했다. P&G는 온라인을 통해 그들의 혁신 목표들을 공표했고, 크든 작든 누구든지 협력을 원하면 해결책 제시에 참여하라고 공개적으로 호객행위를 했다. C+D는 웹사이트에 〈Needs〉라는 제목의 목록을 올려 놓았다. 거기에는 구체적인 프로젝트의 명세들을 인터넷으로 접속만 하면 누구든 볼 수 있게 해 놓았다. 회사는 명백히 외부의 도움을 구하는 개방적 행위를 전혀 부끄러워하지 않았다. 오히려 자신의 문제해결에 외부인들이 파트너로 기꺼이 동참하는 자신감을 보여주는 행동으로 여겼다.[45]

지난 십여 년 동안 개방적 접근은 결실을 맺어 왔다. C+D의 가장 유명한 데이트 성공 스토리는 '미스터클린 매직 지우개'였다. 이것은 단순한 블록 모양의 멜라닌 발포고무로, 독일의 화학회사 BASF가 개발한 폴리머 물질이었다. 그 발포고무는 애초에 바소텍트라는 브랜드를 붙였는데, 방음제로 사용하기 위해 개발되었고, 후에는 자동차의 절연

처리제로서 사용됐다. 그러나 P&G의 기술자들은 그것에 세척 스펀지 기능이 있다는 것을 발견했고, BASF와 파트너가 되기 위해 움직였다. 두 회사는 재빨리 그 발포고무 그대로 포장하여, 미스터클린 매직 지우개라는 브랜드로 2003년에 출시했다.[46] P&G와 BASF는 R&D 팀에 공동출자 하여 제품을 계속 맡겼고, 이어 2004년 출시한 매직 지우개 듀오(Duo)로 큰 성공을 거두었다.[47]

마찬가지로 P&G가 페브리즈 브랜드로 오래 쓸 수 있는 방향제 신제품을 개발하려 노력할 때였다. 5000명의 직원 규모였지만, 방향제 제조에 특이한 전문기술을 보유한 이탈리아의 조벨레(Zobele)와 파트너십을 맺었다. 전원이 필요 없고, 천천히 방향제를 내보낼 수 있는 것을 시장에서의 성공컨셉으로 생각했다. 자기 회사는 혁신 제품을 대량으로 판매할 수 있는 공급루트와 배포망을 갖추었으나, 그러한 아이디어를 실현해낼 공학적 전문기술이 부족했던 것이다. 조벨레와 협력하여 P&G는 실제로 신기원을 이루어냈다. '페브리즈 셋&리프레쉬'라는 이름의, 전원이 필요 없는 자동 방향제를 개발해냈던 것이다. 제품은 계획보다 2년이나 빨리 시장에 출시되었고, 파트너십은 오늘날까지 이어지고 있다.[48]

두 경우 모두 파트너 회사들은 제품 공학적 기술을 위한 새로운 응용방법을 찾아낼 수 있었고, P&G의 막강한 브랜드와 마케팅 파워로의 접근이 가능했던 것이다. P&G의 입장에서는, 화학산업 분야의 사외 씽크탱크 전문가들을 통합 활용하는 가운데, 연구 기간과 수백만 달러의 개발비용을 절감했다.

연구를 독점하기 위해 외부회사를 인수하는 대신에, P&G는 이런 회사들과 파트너가 되는 것을 추구했고, 장기적인 관계를 맺게 된 것이다. 마치 비교우위론을 발견한 나라처럼 P&G는, 그들의 브랜드와 공급능력의 전문성을 가지고 이들 회사의 독창적인 기술들과 교역하여 더 좋은 결과를 창출해낸 것이다. 회사들에게 독립성을 유지할 수 있도록 함으로써, 그들 회사의 혁신적인 문화를 존속할 수 있도록 해주었다. 이것은 훗날 필요할 때 다시 요청해서 쓸 수 있는 요긴한 자산으로 남았다.

이러한 전략을 비집고 들어감으로써, P&G는 위험을 피하는 동시에 주주의 분노도 피할 수 있었다. 그것은 전통 기업 본연의 추출적이고 경쟁적인 기업 전략을 단번에 전면적으로 포기한 것이 아니라, 단연코 디지털뿐이라 여겨지는 우리의 지형에서도 좀 더 오픈 소스적인 발전 형태를 '실험'했던 것이다. R&D 노력의 일부분만큼은 민첩하고 실험적인 과정으로 할애하여 대체했고, 나머지 부분은 전통 방식의 닫힌 기업 관행의 영역에 안전하게 간직해 두었다.

전통적 방법론은 보호하면서도, 동시에 더 새로운 접근 방법에 참여를 독려하는 것을 '이원적 변화추구(dual transformation)'라고 부른다. 《하버드 비즈니스 리뷰》가 조언하듯이, 제도적 프로세스의 혁신으로 편익을 창출해내기 위해서는 수년이 소요된다. 자리를 굳게 잡은 한 회사가 새로이 등장하는 디지털 경제에 대처한답시고 개방적이고 P2P적인 방법론을 실현하기 위해 전사적으로 노력을 기울인다면, 그것은 회사가 이미 보유하고 있는 우위적 장점을 내던져 버리는 것과 같다. 그 회사의 CEO는 주주들의 저항이나, 어떤 때는 시민적 행동까지 감수해야 한다. 안전하게 혁신하기 위해서 회사들은, '한편으로는 미래 성장의 근원이 될 혁신을 발전시켜나갈 별도의 파괴적 비즈니스를 창출해냄과 동시에',[49] 다른 편으로는 보수적 견지에서 기존의 핵심 사업들을 재배치해야 한다.

큼지막한 회사들은 하이브리드한 전략으로 경기침체와 수입 축소에 대항하여 싸워나갈 수 있다. 불황의 시기 동안 압력에 못 이겨 자산을 팔아버리는 대신에 사업비용을 발생시키는 바로 그 부서들을 위해, 유휴 시설과 설비의 목적을 재조정할 수도 있다. 이것은 능력을 확대하고, 새로운 기업 환경에서의 역량을 발전시키고, 또한 그 역량을 널리 알리며, 새로운 유형의 종사자들을 유인하고, 자발성을 이끌어낸다. 불편한 경제 환경의 변화에 단지 저항하는 대신에, 그것을 껴안으면서 파괴적 혁신이 '새로운 시대의 기준'이 되는 상황에서 제한적이지만 확실하게 자기 역할을 주장할 수 있을 것이다.

이러한 전략들은 향후 어떤 양상으로 움직여 나갈 것인가? 슈퍼마켓 체인을 생각해보자. 이것은 지역식품 공유운동이나 공동체지원농업(CSA: community-supported agriculture)의 확대와, 대기업적 영농에 대해 커져가는 반감 때문에 점점 더 위협받는 사업 분야다. 이러한 난제에 대한 전통 기업의 대응 전략은 '홀 푸드(Whole Foods)'였다. 이것은 대형 유통회사가 유기농 제품들을 소비자들에게 방대한 규모로 공급하는 방식이다. 문제는 유기농 인증이었다. 미국 농무부에 대한 기업농들의 로비로 인해 명칭 자체가 타락했는데, 인증된 유기농 제품은 소규모 농사꾼이나 지역농장에서 생산된 제품과는 거리가 먼 개념이 되어버렸다. 그리하여 캘리포니아 주에 소재한 6개의 대형 영농회사가 공식적인 유기농 농산품의 절대다수를 차지하게 되었다.[50] 매장들 곳곳에 걸려 있는 지역 농부들과 협력하는 대형 포스터들이 무색하게도, 홀 푸드 매장에서 지역농이 생산한 농산품을 찾기 매우 어렵다. 일이 이렇게 된 이유는 간단하다. 대형 회사들이 '규모의 효율'을 희생시켜가면서 시골구석에서 자질구레한 제품을 수집, 유통하는 것은 말도 안 되는 일이기 때문이다. 홀 푸드는 전혀 하이브리드한 전략이 되지 못했다. 단지 새로운 소비자 성향에 대한 산업주의의 대응방식으로 전락했다.

일반 슈퍼마켓들이 지역농 활성화를 위한 하이브리드한 전략 채택에 있어서 더 나은 위치에 있었다고 볼 수도 있다. 커가는 공동체지원 농업(CSA)이나 소규모 농사꾼들의 시장참여를 경쟁자들로 볼 것이 아니라, 파트너로 감싸 안을 수도 있었다. 슈퍼마켓이 주말농장 농부들의 시장을 장려하고 판매 공간을 제공하는 방식을 택했다면, 농산물 매출의 감소를 건식품류와 조미료 판매의 매출로 보상할 수도 있었을 것이다. 건식품류와 조미료는 신선제품들보다 마진이 좋고 쓰레기도 덜 나온다. 특성화라는 측면에서 슈퍼마켓은, 장거리 운송의 포장상품들의 판매를 더 잘할 수 있다. 반면에 지역의 농부들과 CSA들은 '밭에서 식탁으로 직송'이라는 신선도 제공 측면을 특화해낼 수 있었을 것이다.

슈퍼마켓들은 현금관리, 전력생산, 주차, 보험, 그리고 공급업자들이나 소비자들이 기꺼이 지갑을 열 수 있도록 하는 여러 가지 서비스를 주관하는 측면에 숙련되어 있다. 농부들은, 지자체 장터에서 하던 방식대로, 슈퍼마켓에 가판대 비용을 지불하지 않을 이유가 없었다. 당일에 팔리지 않은 농산물들은 슈퍼마켓의 냉장고에 보관할 수도 있다. 아니면 슈퍼마켓에 도매금으로 넘겨 한동안 슈퍼마켓에서 팔 수도 있다. 좀더 P2P적인 성격으로 마케팅을 하는 지역 농가는, 농산품과 육류 산업의 상당 부분을 대체해낼 수 있었을 것이다. 반면에 슈퍼마켓은 핵심적 비즈니스를 포기하지 않고도 번영을 위한 자리매김이 가능했을 것이다.

월마트 같은 매장마저도 좀 더 지역적이고 P2P적인 시장에 대한 요구를 충족시킴으로써, '초토화'라 비난 받는 기업 정책에 대해 체면치레도 할 수 있었을 것이다. 중국에서 값싼 제품들을 수입하여 중산층 미국인들에게 팔아먹는 것은, 어쨌든 장기 전략이 되지 못한다. 특히나 미국의 중산층들이 몰락해가고 중국인들이 중산층으로 떠오르고 있는 이 시대에는 더욱 그렇다. 그러한 차익거래는 회사가 매 분기마다 명확하게 경영 관련 숫자들을 나타내며 정상궤도에서 달려갈 때에만 가능한 것이다. 미국의 중산층들이 다시 부활한다면, 그 부활은 확장지향의 경제활동이 아니라 좀 더 수평적인 경제활동에 대부분 의존하는 것이다. 월마트 같은 회사들은 그런 수평적인 경제행위에 참여할 수 있는 방안을 찾아야만 스스로 지속적인 번영을 확고히 할 수 있다.

더욱 공격적인 전술을 가지고 미래에 저항하는 대신에 월마트는 고객층의 축소가 임박했음을 인정해야 한다. 그렇다고 점포의 문을 닫거나, 압력에 못 이겨 부동산을 매각하라는 뜻이 아니다. 다만 새로운 경제 환경에 맞도록 자산과 전문성의 일부에 대한 목적설정을 다시 해야 한다는 뜻이다. 엣시처럼 아날로그적인 실세계를 시장에 제공함으로써, P2P적 디지털 시장의 성장을 지원하도록 노력해 볼 수도 있겠다. 아니면 상점 공간을 월마트 본연의 제품들과 함께 지역의 공예품들과 값비싼 부티크 품목들의 하이브리드적 결합으로 만들어 갈 수도 있을 것이다. 이 모든 것들이 월마트가 가진 계산시스템과 창고물류 시스템으로 흡수되도록 하는 것이다. 한 지역에서 생산된 인기 제품들은 월마트 시스템을 통해 빠르게 지명도를 얻고, 가장 가망성이 좋은 시장으로 판매를 확대하기 위해 더 많은 양이 주문될 수 있다. 이렇게 주문된 제품들은 월마트의 막강한 운송시스템과 추진력을 이용하여 세계 곳곳에 연결되어 있는 점포망들로 팔려 나갈 수 있다. 단지 가치를 추출해내고 공동체에서 현금을 빨아내는 대신에, 월마트가 아니었다면 쉽게 연결되기 어려웠을 공동체 간의 P2P적인 활동뿐만 아니라, 지역의 사업 활동까지 육성하는 위치로 자리매김할 수 있었을 것이다. 월마트는 부동산과 전문성, 그리고 물류 역량의 일부를 활용하여, 이대로 가다가는 자기 회사를 대체해 버릴 수도 있는 경제 환경에 오히려 동참하고 기여할 수도 있었을 것이다.

내가 세계경제포럼의 연구자들과 이러한 접근방법에 대해 의견을 나누었을 때, 그들은 월마트 같은 회사는 그러한 일을 할 수가 없다고 주장했다. 회사 정관을 위배하는 일이기 때문에 주주들의 고소 위험을 감수해야 한다는 것이다. 그 말은 맞다. 전통적인 회사 코드를 따르자면, 다른 사람들을 부유하게 하는 짓은 맞지 않다. 그렇지만 경제 파괴보다는 번영을 위한 더 좋은 장기 전략이 될 수 있다. 위축되고 있는 성장-후(post-growth) 경제 지형에서는, 고객과 공급자들이 살아남도록 유지하는 것이 가장 좋은 선택일 수도 있다. 지역 경제의 발전을 용이하게 함으로써, 월마트는 자기의 소매유통 비즈니스가 기초하고 있는 지역 시장들을 지속할 수 있을 것이다. 혹은 주주들이 잘 이해할 수 있는 용어로 표현하자면, 돈이 돌아올 것이다.

이런 것들은, 비록 전폭적으로 옹호 받지 못하지만, '포용적 자본주의'라고 불리는 비교적 새로운 기업 윤리에 의해 지지를 받고 있는 원칙들이다. E.L. 로스차일드(E.L Rothschild)의 CEO인 린 포리스터 드 로스차일드(Lynn Forester de Rothschild)가 창안한 포용적 자본주의 운동은, 재래의 기업주의적 자본주의가 특히 지난 30년 동안 야기한 잘못된 위치선정을 수정하고자 노력한다. 그 운동은 회의를 개최하고 간행물을 발간하면서 기업들이 최소한 어느 만큼은 경제적 사회적 발전을 증진하는 방향으로 사업 활동 계획을 도모해 달라고 독려하고 있다.

이 운동의 교리들 중 하나는 이렇다. 규모가 큰 기업들은 최대한 여러 소기업들과 지역업자들로부터 필요물자를 계약, 구매함으로써 지역경제와, 아래에서 위로의 경제를 위한 먹잇감을 제공하라고 주장한다. 같은 부류의 초•대기업끼리 서로 현금을 이체하는 것과는 달리, 중

소기업들로부터의 구매는 돈이 더 잘 돌게 만든다. 그렇게 되면, 결국에는 돈이 더 밑바닥에서 운영되고 있는 비즈니스들로 주입된다. 그리고 그곳에서 일어나는 기업 매출의 더 많은 비율이 급여와 지방세로 흘러간다.

기업들은 이와 같이 계약 보상이라는 하이브리드한 접근방법을 채택함으로써, 세상에 엄청난 선행을 하는 동시에 자신에게는 일종의 보험을 제공할 수 있다. 2011년, HP 영국 지사는 600개가 넘는 SME(중소기업)들과 계약하여, 공급 체인 예산의 10% 정도를 의도적으로 할애했다. 그를 통해 HP는 삐뚤어진 승자독식의 극단적 기업 효율성에 대항했다.[51] 여기에 더해, IBM이 좀 더 분산된 성과를 만들어내기 위해 HP의 발걸음에 동조했다. 2012년 3월, IBM은 디지털 기술을 편 가르지 않고 동등하게 활용하려는 취지에서, 군소공급자들을 HP의 행보를 따르고자 하는 대기업들과 연결해주는 온라인 시장인 공급자커넥션(Supplier Connection) 개설에 힘을 보탰다. 이러한 공급자커넥션을 통해 연간 1500억 달러 이상이 움직였다.[52]

이러한 대기업들의 활동은, 생계터전인 호수를 풍성하게 하려고 작은 물고기들을 다시 놓아주는 어부나, 토양 회복을 위해 작물들을 교대로 경작하는 농부의 행동과 같은 것이다. 똑똑한 비즈니스는 자기가 의존하는 공동체를 파괴하지 않는 법이다.

3. 주주의 사고방식을 바꿔라

립톤(Lipton), 도브(Dove), 헬만스(Hellmann's)같은 브랜드들을 거느린 거대복합기업 유니레버(Unilever)는 포용적 자본주의 운동에 영감을 얻었다. 그래서 분기별 수입 보고 관행을 폐지하고 미래의 소비자 시장에서 해결돼야 할 사회적 관심과 지속가능성의 과제에 한발 앞서 대처하는 데 초점을 맞추기로 했다.[53] 유니레버가 정관에 따라 주주에게 이윤을 돌려주는 회사라는 점은 명백하지만, 당장 수익성이 입증되지 않는 기업 활동에도 관여할 수 있는 여지가 있었음을 보여주는 사례다.

대부분의 기업들은 순수한 사업 동기에서 비롯된 활동일지라도, 주주들의 법적 대응에 대처해 나갈 엄두를 내지 못하여 포기하는 경우가 많다. 2013년의 맥킨지(McKinsey) 연구에 따르면, 기업 경영자들 중 절반 이상이 해볼 만한 프로젝트일지라도, '분기별 수익 목표를 조금이라도 그르칠 가능성이 있을 것 같으면' 실행하지 않는다고 한다.[54] 주주들이 너무 두려운 나머지, 회사의 장기 수익성을 위한 것이라고 믿는 것들을 포기한다는 것이다. 주주들의 성장 중독증에 굴복하여 회사 경영진들이 포기하는 활동들은 진보적이거나, 환경친화적, 혹은 정신적인 우선 사항들이 아니라, 실은 비즈니스적으로 우선순위에 있는 것들이다.

기업 순가치에 대한 이익률이 감소하는 경제 환경에서, 더 이상 주식가격을 성공의 유일한 척도로 보아서는 안 된다. 회사가 제살을 도려내는 사육제의 제물이 되지 않고는 더 이상 성장할 길이 없다면, 장기적으로 살아남기 위해 성장을 포기해야 한다. 달리 말하면, 운 좋게 다음 번의 성장 기간이 찾아오기 전에는 주가가 상승하지 못함을 의미한다. 반면에 좋은 소식은 대안이 있다는 것이다. 주가가 성장하지 않는 회사도 훌륭히 번성할 수 있고, 번영의 큼지막한 부분을 주주들에게 돌려줄 수 있다. 다만 보상이, 대부분 주주들이 유일한 척도로 여기는 주가 상승의 형태로 오지는 않을 수도 있다. 이 때문에, 주주들이 다른 가치척도들로 평가할 수 있도록 훈련되거나, 아니면 그렇게 할 수 있는 사람들에 의해 교체될 필요가 있는 것이다.

주주들을 기쁘게 하기 위한 가장 쉬운 대안은 돈을 지불하는 것이다. 배당이다. 분기마다 배당을 지급해주는 것은 한때 좋은 것으로 여겨졌다. 투자자는 장기 성장의 기대로 주식을 사지만, 대부분은 회사가 부를 창출하는 데 동참하는 것을 기대하면서 투자를 한다. 성장에 집착하는 오늘날의 주식시장에서 배당은 나약함의 표시로 이해되고 있다. '그 회사는 투자 받은 돈을 사업에 투입할 능력이 없는 거야?' 주주들에게 유별나게 많은 배당을 정기적으로 실시하는 회사들을 가리켜 배당의 덫이라고 부른다. 왜냐하면, 주주들은 큰 배당을 성장 저하와 주식가격 하락의 불길한 전조로 보고 기피하기 때문이다.

우리는 배당 없는 주식을 성장의 덫이라고 불러도 좋을 것이다. 한 회사가 주주들에게 가치를 돌려주기 위해 매분기마다의 성장에 전적으로 의존한다면, 그 회사는 더욱 위태로운 위치에 있게 된다. 특히나 수축되는 경제 상황에서는, 지속 가능한 번영을 성취해 가고자 운영하는 회사보다 위태로워 보인다. 자연스레 성장하는 것과, 빚을 갚아가기 위해, 그리고 주주를 위한 가치를 만들어 내기 위해 성장에 의존하는 것은 별개의 문제다. 최악은, 진짜 돈벌이는 미래의 언젠가일 거라고 단지 약속만 하는 것이다.

주가에 대한 불균형한 강조는 점점 더 디지털화해가는 주식시장에 의해 증폭된다. 주식시장의 알고리즘은 주가 변동에 의존해서만 트레이드가 가능하다. 알고리즘은 변동성에만 의존하고 지속적인 수익은 무시한다. 알고리즘에게 안정된 주식시장은, 이윤 없는 시장에 불과하다. 어찌됐건 고속의 초단타 주식거래 프로그램은 배당을 받을 만큼 어디에도 오래 머무르지 않는다.

지속 가능한 회사의 CEO들은 회사 프로젝트들에 대해, 그리고 주식 보유의 장점들에 대해 주주들과 진솔하게 소통할 필요가 있다. 배당과 안정적 보상은 언제나 회사의 가치를 측정하는 잣대로서 주식가격을 대체할 만하다. 보통주는 주로 기관투자자들과 민간 연기금이 소유하는 '우선주'와 점점 더 비슷해진다. 우선주는 주가가 호조일 때는 폭등하지 않지만, 대신 투자자들에게 지속적으로 배당을 해준다. 이것은 일정 주식지분을 소유한 것이라기보다는 회사를 소유하는 개념과 비슷하다.

주식가격보다 배당에 중점을 둠으로써, 회사가 경제에 가하는 파괴적 영향의 실타래를 푸는 데 도움을 준다. 자본의 덫에 걸린 채로 머물러 있는 주식 가격과는 달리, 배당은 돈의 형태로 돌아온다. 물론 그 돈은 주식에 다시 투자될 수도 있겠으나 소비될 수도 있다. 일부 주주가 성장보다 번영을 수용하는 데 확신이 없다면, 다른 주주들로 대체될 필요가 있다. 이것은 쉬운 문제는 아니다. 주식을 팔기 원하는 주주들이 많을수록 주가는 내려가게 마련이고, 바로 그때가 집단소송이 일어나는 시점이 되기 때문이다. 더 좋은 대안은 주식을 모두 사들인 후 주식시장에서 이탈하는 것일 수도 있다.

회사들은 비공개회사가 됨으로써 일시적이라도 리셋버튼을 누를 수 있다. 성장목표와 같은 강박관념에서 벗어나 장기 목표에 집중할 수 있고, 장 마감 때의 주식가격 대신에 진정한 가치 창출에 초점을 맞출 수 있다. 최근까지만 해도 기업의 비공개화는 재무적인 편법의 한 형태로 사용되었다. 비공개기업 투자회사는, 경영난에 시달리거나 저평가된 회사를 매입하여 자신의 금융적 배경을 활용하여 회사 빚을 구조조정한 후 시장에 내놓아 막대한 이익을 얻는다. 2007년에 블랙스톤 그룹(Blackstone Group)이 힐튼호텔 체인을 마감 평가가치에 32%라는 프리미엄을 얹어 주당 47.50달러에 사들였을 때 바로 이런 방법이 사용되었다.[55] 7년 후에 블랙스톤은 힐튼을 재상장했다. 복잡다단한 세무와 부채 처리 책략을 통해, IPO(주식상장)에서 100억 달러의 순이익을 챙겼다.[56] 그것에 대해서도, 많은 참관인들은 실망스런 투자수익률(ROI)로 간주했다.[57]

그러나 CEO나 창립자 혹은 종사자들의 입장에서는, 회사를 주주들로부터 되사는 일은 성장을 늦추고 보다 중요한 것에 집중할 또 한 번의 기회를 얻을 수 있는 기회다. 이러한 접근 방법 중에 가장 유명한 사례는 아마도 마이클 델(Michael Dell)일 것이다. 회사가 성장하던 1980년대와 90년대에 주주들은 그지없이 기뻤다. PC시장이 태블릿에 의해 사양길로 접어들고, 서버시장은 클라우드 서비스에 의해 뒤집혀버리게 되자, 델(Dell)은 성장둔화를 겪게 된다. 문제는 제품혁신보다는 공급가격과 마진에 초점을 맞추는 근시안적 태도에 더해, 전형적인 성장 집착적인 과대확장에 의해 더욱 악화되었다.[58] 마이클 델은 표면상 급진적인 변화를 단행하고자 했다. 소프트웨어와 서비스 분야의 사업을 더 비싸게 팔기 위해 PC사업을 손해를 감수하고 매각하려고 했다. 참을성 없는 주주들은 이를 거부했다.[59] 그러한 방향전환을 이루는 데에는 1분기 이상의 시간이 소요될 것이다. 만일 실패하면, 혹은 재빨리 해내지 못하는 경우에는 델의 주식가격은 더욱 하락할 것이다. 그러면 적대적 기업인수, 상장폐지 내지는 주주소송의 손쉬운 대상이 될 판이었다.

새로운 사업 기회로 나아가기 위해서, 성공적이지만 수축되고 있는 시장의 사업 분야를 미끼상품으로서 활용하는 방법은 새롭거나 급진적인 접근방법이 아니다. 경영학부 강의에서도 가르치는 기본 상식이다. 마이클 델은 바이백*에 대해 증권거래위원회에 제출한 서류에서

---

* [역주] buyback – 주식 되사기

이렇게 설명했다. "델이 장기적으로 건강한 회사로 회복해 가기 위해서는 이러한 변화의 수순들이 필요합니다. 물론, 단기적으로는 이런 수순이 총 마진을 줄어들게 하고, 회사의 영업비용을 상승시키고, 자본지출을 증가시켜 회사 수입을 낮추는 결과를 초래할 수는 있습니다."[60] 주주들이 참을 수 없었던 것이 바로 그것이다. 더욱이 주가가 기업의 건강을 측정하는 지수처럼 너무도 널리 인식되고 있는 판국이었다. 주가가 지속적으로 떨어지면 소비자의 인식과 고용 유지에 해롭게 된다고 마이클 델은 설명했다.[61] 공개기업인 델을 살리기 위해 필요한 기본적인 수순을 밟을 수 없게 되자, 델은 주식을 바이백하기 위해 비공개기업 투자회사에 도움을 요청했다.

협상이 성사되자, 델은 그의 종사자들에게 선포했다. "이제 델은 공개기업에서 비공개로 간 회사들 중 매출이 가장 큰 회사가 되었습니다."[62] 그가 회사를 비공개기업으로 되돌린 것은 적어도 부분적으로는, 주주들을 위해 주가를 떠받쳐 올리려는 헛된 노력 대신에 회사와 미래를 강하게 만들 자유를 얻기 위함이었다. 주주들은 주가 이외에, 회사와 종사자들, 그리고 지속 가능성에 일말의 실제적 관심도 없다.

델이 비공개로 돌아간 것은 순전히 비즈니스적인 이유였지만, 영혼의 부름에 따라 그렇게 하는 경우도 있다. 예를 들어, 미키 드렉슬러(Mickey Drexler)는 브랜드 창시의 마법사로 널리 인정받는 CEO이다. 애쓰지 않은 것 같으면서도 멋져 보이는, 1990년대 젊은이의 상징처럼 여겨지는 갭(Gap) 브랜드를 만든 장본인이다. 드렉슬러는 마치 개성적인 영화감독 같은 감각으로 포지셔닝에 성공했다. 2003년 CEO로서 이사회에 참석했을 때, 그는 이러한 포지셔닝 감각을 활용하여 좀 더 고급스런 브랜드인 J. 크루(J. Crew)를 시도하겠다고 발표했다.[63] 그러나 몇 년 후에 드렉슬러는 주주들과 전투를 벌이고 있는 스스로의 모습을 발견했다. 주주들은 자라(Zara)나 H&B처럼 판매 마진과 효율성에 매진할 것을 주문했다. 그 회사들은 네트워크를 통해 금전 등록기들이 로봇처럼 자동화된 공급체인으로 연결이 되어 있었고, 실시간으로 재고를 교체할 수 있는 체제를 갖추고 있었다. 드렉슬러는 회사를 비공개기업화 하자고 이사회를 설득했다. 숨 쉴 수 있는 여지를 찾기 위함이었다. 그것은 갭과 같은 아이콘적인 회사가 브랜드를 건설하는 데 꼭 필요한 것이었다.[64]

한 회사가 실제로 비공개로 가기로 마음먹었다면, 비공개기업 투자회사 파트너를 세심하게 선정해야 한다. 그렇지 못하면, 비공개화로 단기 압력을 물리칠 수 있다고 보장할 수 없다. 이 글을 쓰고 있는 지금 현재, 드렉슬러와 J. 크루(J. Crew)는 비공개기업 투자회사의 주주들로부터 다시 공개기업으로 가라는 성화에 시달리고 있다. 거의 5년이 되었으므로 투자자들은 돈을 벌고 싶고, 더불어 세계 주요시장 진출을 위한 자금 유치도 하고 싶어진 것이다. 성장 명령은 쉽사리 죽지 않는다.[65]

적어도 노동자들을 소모자원으로 보는 기업들에게는 말이 안 되는 듯이 들리겠지만, 가장 참을성 있는 주주들은 회사의 종사자 주주들일 경우가 많다. 주식 소매상 같은 주주들과는 달리, 종업원 주주들은 회사의 장기 번영에 한 부분을 차지하고 있다. 전적으로, 혹은 일부라도 종업원이 주식을 소유한 기업들은, 저 멀리 떨어진 투자자들이나 자본 그 자체의 추상적인 모멘텀을 반영하지 않는다. 회사와 종사자, 그들 공동체의 가장 큰 이익을 반영하는 의사결정이 수월하다. 그 역시 기업주의적 자본주의임에 틀림없다. 그러나 주요 주주들이 기업의 여러 측면에 있어서 실세계적인 지분참여를 할 수 있도록 보장하는 기업주의적 자본주의다.

이제까지 종업원들에게 회사를 판 경우들은 대부분 압력에 못 견뎌서였다. 예컨대, 1985년 중공업부품 제조업체인 암스테드 인더스트리

(Amsted Industries)는 미국과 캐나다 전역에 35개의 공장들을 가진 회사였다. 그때 찰스 허위츠(Charles Hurwitz)라는 자가 그 회사를 적대적 인수의 목표물로 삼고 있다는 것이 알려졌다. 같은 해, 찰스 허위츠는 퍼시픽 럼버 컴퍼니(Pacific Lumber Company)를 사들이고, 일시적인 빠른 수익을 위해 캘리포니아의 삼나무 고목 숲을 벌목하고자 시도한 것으로 악명을 떨쳤다. 암스테드는 사업이 해체되어 그에게 팔려나가는 것을 수용하는 것 대신에 총액 5억2900만 달러의 주권 양도 계획을 수립하여 소유권을 회사 종사자들에게 분산하기로 선택했다.[66]

30년이 지난 후 그 회사는 아직도 존재하고 여전히 종업원 소유이다. 그동안 회사는 많은 충돌과 갈등을 인내해 왔고, 주주들의 의사소통은 전통적인 분기별 보고회의와는 전혀 다르게 진행되었다. 마치 브루클린식품조합*의 회의 같은 떠들썩한 소리가 났다. 그러나 종업원 지주제로의 전환은 그와 유사한 구조조정의 가능성을 입증했다. 회사의 번영을 희생하여 성장만을 추구하는 대신, 번영을 유지하고자 하는 회사들을 위한 대안이 될 수 있음을 증명했다.

많은 회사들이 애초부터 이러한 방침을 수립하여, 주주 지배를 받는 비슷한 또래 회사들보다 더 큰 안정성을 구가하면서도 성장까지 이루고 있다. 16만 명의 종업원을 가진 퍼블릭스 슈퍼마켓(Publix Super Markets)은, 미국에서 일곱 번째로 커다란 비공개 기업이자, 종업원이 다수의 지분을 소유하고 있는 가장 큰 기업이다.[67] 대략 80%의 회사 지분이 종업원들에게 분산되어 있고, 나머지는 창립자인 조지 W. 젠킨스(George W. Jenkins)의 가족들 소유다. 1000시간을 근무하고 1년 이

* [역주] Brooklyn food co-op - 브루클린 지역의 소규모 식품 상점 운영자들이 모여 100% 지분 참여로 만든 조합. 집단적 역량을 모아 그 지역 내의 중•저소득 계층의 공동체에 신선한 식품을 제공하자는 임무를 가짐.

상 재직한 종업원은 주식 형태로 급여의 8.5% 추가 수당을 받는다. 주식가격은 독립적인 평가사에 의해 4분기마다 책정된다. 《포브스》에 따르면, 그 회사에서 20년 일한 매장 매니저급이라면 10만 달러의 연봉에 추가적으로 30만 달러 가치의 주식을 소유했을 것이다. 퍼블릭스의 종업원들은 고객의 쇼핑백을 드는 소년에서 정육코너 직원에 이르기까지 회사를 떠날 동기가 없음을 의미한다. 특히나 그 회사는 거의 예외 없이 내부의 인사 승진을 시키고 있기에.[68]

종업원을 발전시키고 유지해 가는 이러한 종류의 투자 방식은, 장부원장에는 드러나지 않는다. 그러나 같은 지역의 월마트와 대비되는 퍼블릭스의 성공 행보가 입증한다. 자발적이고, 자기 일에 능숙하고, 행복한 노동자들의 모습에서 아랫선의 가치가 실현되고 있음을 확인할 수 있다. 퍼블릭스는 산업평균 1.3% 마진율 대비 5.6%로, 미국 전국에서 가장 수익성이 높은 채소상점 체인이 되었다.[69]

4. 새로운 운영체제를 선택하라

퍼블릭스는 애초부터 종업원 지주제 회사로서 설립되었기 때문에 유리한 위치에 있었다. 공개기업이 아니므로, 설립자는 종업원 주주들에게 관대하게 혜택을 제공할 수 있다. 그의 회사는 전통적인 기업들의 추출적인 편견들을 기꺼이 배제하면서 운영한 결과 더 큰 번영을 이룰 수 있었다. 그렇지만 그가 공개시장에서 거래되는 회사의 CEO였다면 소송을 당했거나 지금처럼 좋은 결과를 얻지 못했을 것이다.

작금의 회사법 구조에 따르면, CEO들과 이사회들은 공공의 주주들을 위해 매 분기마다 이윤을 최대화하기 위해 최선을 다해야 한다. 주어진 범위 내의 모든 힘을 다하지 못한 경우 책임을 져야 한다. CEO들은 단기성과를 추구함에 있어서 인센티브만 제공되는 것이 아니라 법적 책임도 진다. 오늘날 디지털 시대는 궁극적으로 반생산적인 그런 규칙들로부터 기업을 해방시키지 않는다. 단지 규칙들에 자동화의 옷을 입힘으로써 그것이 경제에 던지는 충격을 보다 악화시키고 더욱 영속적으로 경제체제에 굳게 장착된 듯한 양상을 띠게 했다. 디지털 환경의 전도유망한 잠재력을 활용하면 우리 입맛에 맞게 기업을 바꿔나갈 수도 있을 터이다. 그래서 우리는 모두를 이곳으로 초대하고자 한다. 기술로써 기업을 숫자화하지 말고, 재구성 능력을 지닌 디지털적 관점에서 기업 자체에 접근해 가자는 것이다. 기업 헌장은 개정될 수 있다.

예를 들어, 많은 이들이 '공익기업(benefit corporation)' 개념을 만지작거리고 있다. 이것은 디지털 시장 시스템에 떠밀려 탑승한 전통기업들이 겪는 단기성과와 추출적 이윤요구의 고통을 덜어주는 개념이 될 수 있다. 공익기업은 이윤을 추구할 수도 있지만, 이윤 동기는 정관에 선언된 회사의 사회적 환경적 임무에 부차적이어야 한다. 법적으로 주식가격은 그 무엇인가의 뒷자리에만 위치할 수 있고, 그 무엇인가는 결단코 공익적이어야 한다. 이 공익기업은 제3자 표준에 근거하는 사회적 환경적 측정 지수를 개발해야 하고, 규정 이행을 확인하는 보고서를 매년 정부당국에 제출해야 한다.[70]

아기용 식품 제조업체인 플럼 오르가닉(Plum Organics)는 《아이엔씨 닷 매거진》이 선정한 가장 빨리 성장하는 5000개 미국 기업 중에 253번째 순위에 자리한 가장 큰 B등급 인증회사다.[71] 2007년 사업개시 무렵, 플럼은 공익기업으로 등록하지 않았으나, 2013년에 캠벨 수프(Campbell Soup Company)에 합병된 후 등록된다. 합병 전까지 플럼은 높은 환경 표준에 부합하게, 그리고 종업원들에게 적절한 대우를 해주며 회사를 운영해 왔었으나, 합병으로 인해 거대복합기업의 주주나 운영방침의 엄격한 감독 하에서 이러한 재량들을 잃을까 두려워했다. 상장된 공개기업으로서는 처음으로 공익기업이 된 플럼은, 새로운 오너 기업의 주주들로부터 스스로를 격리할 수 있게 되었다.[72] 플럼의 정관에는 경량 포장을 사용하여 유기농 아기 식품을 생산하고, 회사의 가장 낮은 임금을 최저생활임금보다 적어도 50% 높게 책정하고, 해마다 불우 어린이들을 위해 적어도 100만 파우치 이상을 무료로 나눠준다는 내용이 사명(社命)에 포함되었다.[73]

또 다른 회사들이 선택하고 있는 개념은 '유연한 목적 기업(flexible purpose corporation)'이다. 이것은 이윤 위에 어떤 우선적 목적을 강조해도 좋다는 허락이다. 유연한 목적에는 사회공헌 같은 거창한 목적이 명시적으로 드러나지 않아도 된다.[74] 유연한 목적 기업은 공익기업이 해야 하는 표준 준수 보고를 느슨하게 해도 되는 장점도 있다.[75] 비카리어스(Vicarious)는 베이 에리어(Bay Area)에 근거한 기술 창업기업으로, 유연한 목적 기업의 구조가 잘 작동하고 있는 회사다. 비카리어스는 인공지능과 딥 러닝(deep learning) 분야에서 사업을 벌이고 있다. 이 회사의 가장 성공적인 프로젝트는, 사용자가 사람인지 확인하려고 하는 귀찮은 테스트인 캡챠(CAPTCHA)를 인공지능(AI)으로 깨부수는 시도였다. 비카리어스는 성공했다고 주장했고, 최초의 튜링 테스트를 통해 입증했다.[76]

이러한 기술이 어떻게 배치되고 돈을 만들어낼 수 있을까? 비카리어스는 아직까지 이런 것을 걱정할 필요가 없다. 유연한 목적 기업으로서 비카리어스는, 발생 단계에 있는 인공지능 같은 분야에서 혁신에 필요한 장기적이고 큰 그림을 가지고 실험적으로 접근할 수 있다. 마크 저커버그와 피터 틸*이 지금까지 회사에 5600만 달러를 투자했다. 그렇지만 유연한 목적 기업이라는 회사 구조 때문에 벤처캐피털리스

* [역주] Peter Thiel – Paypal의 공동 창립자

트들이 투자와 함께 전형적으로 요구하듯 상장을 요구하는 따위의 압력을 행사할 수 없다. 회사를 강압적으로 내다 팔거나 혹은 과학적 호기심을 버리고 상업적인 성공 가능성을 추구하라고 압박할 수가 없다.

비카리어스는 시장의 압력에서 스스로 해방되었다. 대학의 연구실로 퇴각할 필요도 없다. 대학 자체도 자금 지원을 받기 위해서는 조건 문구들이 줄줄이 뒤따른다. 비카리어스의 사명에는 이렇게 천명되어 있다. "우리는 기술발표나, 지원금 신청, 혹은 제품개발 주기 따위에 강요받지 않는다. 비카리어스에는 아카데미나 산업이 지원하지 않을지도 모르는 새로운 기술적 접근들을 발전시킬 수 있는 여유 공간이 있다."[77] 실제로 비카리어스는 벤처캐피털의 프로세스를 해킹한 적이 있다. 이 회사의 목적은 현재 사회에 부응하는 것도 아니고 환경친화적인 것도 아니다. 지식의 추구다. 이러한 목적은 회사에 공익회사 같은 지위를 인정해주도록 하지는 못한다. 하지만 유연한 목적 기업으로 등록함으로써, 탐험과 실험을 그 어떤 수익성에 대한 요구보다 우선에 두면서도 무한한 투자를 이끌어낼 수 있다.

마지막으로, '저수익 유한회사(low-profit limited liability company)', 혹은 L3C는 2008년 버몬트(Vermont)에서 처음으로 사용된 하이브리드한 기업 구조이다. 디지털 시대의 사회의식이 있는 회사들을 위해 맞춤 개발된 개념이다. '좋은 점만 취할 수 있다'는 방식인데, 회사는 비영리 자선의 많은 활동과 더불어 설립자들에게는 벤처창업 자본을 유치할 수 있는 여지를 남겨준다. 또한 투자자들에게는 돈벌이를 할 수도 있도록 가능성을 열어주는 것이다. L3C 회사는 '유연한 목적 기업'과 유사하게 작동하는데, 둘 다 '공익기업'만큼의 엄격한 정부 보고 표준을 지킬 의무가 없다.[78] 이러한 유형의 회사는 넓은 범위의 잠재적 투자자들로부터 투자금을 유치할 수 있다. 잠재적 투자자들은 민간재단, 사회적 의식을 가진 영리단체, 교부금 등이 있다. 각각의 투자자들은 그들의 목적 또는 법적인 요구사항에 부합하는 각각 다른 층에 투자할 수 있다. L3C 회사는 보통 수준의 제한적 이윤을 투자자들에게 돌려준다.[79] 이러한 이유로 해서 이 회사유형은 홈포트 뉴 올리언즈(Homeport New Orleans)나[80] 배틀-브로(Battle-Bro)와 같은 조직체들에게 좋은 구조이다.[81] 전자는 루이지애나(Louisiana) 인근의 해양을 청소하는 회사인데 소규모의 자발적 조직이고, 후자는 전쟁 용사를 지원하는 풀뿌리 네크워크다. 이 구조는 비영리단체보다는 더 단순하고 부담이 덜하며, 소액의 매출로 움직이는 작은 조직에 적합하다. 이들 조직에게 승리란 돈을 많이 버는 것보다는 재정적으로 지속 가능한 것이다. 사회적으로 의식을 가진 투자자들에게는 **얼마간의** 이윤이라도 좋을 것이다. 그나저나 21세기 디지털 경제 시대에서 이윤 추출의 정도가 회사의 가치를 판단하는 가장 좋은 방법일까?

기업 프로그램과 관련하여 진짜 문제는, 사회적 가치와 관련된 것이라기보다는 단순한 수학적 셈법과 관계가 있다. 이제는 세상에 대해 사회적 편익 목적을 끼워 넣음으로써 디지털적으로 무장된 기업의 파괴적인 힘을 완화하려 노력한다. 그런데 우리는 그것 대신에 회사 프로그램의 근저에 자리하고 있는 재무 전제를 더 살펴보아도 좋을 것이다. 원래부터 기업은 흐르는 돈을 경제로부터 추출해서 이윤으로 전환하도록 고안되었다. 회사 정관에 그 어떤 사회적 편익을 선언한다 할지라도, 기업 모델 자체가 불러온 사회적 파괴를 보상해주지는 못할 것이다. 달리 말해서, 엘런 머스크(Elon Musk)나 리처드 브랜슨(Richard Branson) 등이 새로운 운송, 혹은 에너지 기술로서 엄청난 사회적 편익을 가져왔다고 쳐도, 그 기술을 만들고 마케팅하기 위해 창조해낸 회사는 세상을 수리한 것보다 더 많이 해를 끼친다는 것이다. 그렇다. 그런 회사들은 가라앉고 있는 배에서 어느 정도의 물을 퍼내기는 하지만, 그들 스스로가 침수의 원인이다.

사실, 새로운 회사구조들은 고삐 풀린 자본주의의 사회적, 환경적, 혹은 경제적 과도함을 선도하고 있는 핵심적 결함–더 많은 이윤이 곧 더 큰 번영이라는 생각–을 해결해주지 못한다. 이윤은 주주들에게 더 많은 가치를 가져다주겠지만, 그것이 반드시 장기적 관점에서 창업자를 포함한 모든 관계자들을 위해 부를 극대화시켜주지 않는다.

이러한 이유 때문에 NFP(not-for-profit, 비영리)가 디지털 지형에서 기업의 미래를 위해 궁극적으로 가장 좋은 모델이 될 수도 있다.

많은 사람들이 비영리(nonprofit, 혹은 not-for-profit)가 자선이나 자원봉사를 의미하는 것으로 잘못 알고 있다. 그런 것이 아니다. 구별점은 비용과 급여가 지불되고 난 후의 이윤으로 무엇을 하느냐이다. 주식시장에서 거래되는 공개기업들은 재정적 잉여를 투자자들과 CEO, 그리고 이사회에게 돌려준다. 잉여이윤을 휘저어서 사업에 되돌리는 데는 별 동기 부여가 없다. 우리가 보아 온 것처럼, 종업원들과 환경, 심지어 기업 자체의 희생을 대가로 잉여를 극대화하려는 동기부여는 매우 강하다.[82]

반면에, 비영리기업(NFP)은 잉여 수익을 주식소유 투자자, 이사회, 창업자, 종업원주주 등등의 주주들에게 돌리는 것이 법적으로 제한된다. NFP는 모든 잉여 수익을 회사로 되돌려야 한다. NFP의 종사자들은 좋은 봉급을 받는 경우가 많고 공익기업들보다도 더 광범위한 업무를 해야 할 경우도 많다. 그러나 NFP 회사는 오너가 없어도 되고, 정관에서 정한 수혜자들 이외의 그 누구나 그 무엇을 위해서 운영해야 할 필요도 없다.[83] 종업원들을 부유하게 하고 고객들을 행복하게 할 수는 있다. 그렇지만 아무리 성공해도 회사로부터 돈을 빼거나 회사를 팔 수 없다.

가장 창조적인 디지털 회사들이 회사 설립 전략을 설립 목적에 맞게 조합하기 시작했다. 파이어폭스(Firefox) 웹브라우저 개발자이자, 이 시대에 가장 잘 나가는 디지털 회사들 중 하나인 모질라재단(Mozilla Foundation)은 NFP회사다. 이 회사는 광범위하게 사용되는 오픈 소스 기술로 성공했을 뿐 아니라, 플랫폼 독점이 지배하는 영역에서도 선두주자를 유지하고 있다. 모질라는 실제로는 두 개의 다른 사업 주체로 이루어져 있다. 하나는 모질라재단으로 NFP회사이고, 다른 하나는 해외에 근거를 둔 모질라기업(Mozilla Corporation)이다. 이 자회사는 모질라 소프트웨어 개발에 많은 부분을 책임지는 동시에 마케팅과 유통도 담당한다. 또 파이어폭스로 발생하는 막대한 매출을 거둬들이지만,[84] 시장에서 거래되는 주식은 없다. 배당이나 주주들도 존재하지 않는다. 모든 이윤은 NFP회사로 돌아온다.[85] 이윤은 모질라재단의 비영리사업 목적을 수행하기 위해서 사용된다. 정관 상 비영리 사업목적은 '오픈 소스 모질라 웹브라우징과 인터넷 어플리케이션 소프트웨어의 발전, 그리고 그 제품들에 대한 대중의 접근성과 수용에 기여하는 것'이다.[86] 이윤을 자본 수익으로서 주주들에게 보내는 것 대신에 비영리적 목적으로 선로를 바꿈으로써 모질라는, 오픈 소스의 분산적 네트워크를 위한 자발적 참여자들과 500명에서 1000명에 이르는 유급 종사자들을 유지할 수 있었다.[87] 이 회사에서 자본은 항상 비즈니스를 위해, 그리고 회사 제품과 종사자들, 고객들을 위해 봉사를 하는 것이지 결코 그 반대가 아니다.

이러한 기업 구조조정 방법들 중 어떤 것이든, 그리고 출현하고 있는 다른 방법들 역시 기업들에게 지속 가능성의 길을 제시한다. 그리고 기업의 수명을 위협하는 성장 명령을 초월하거나 적어도 비켜갈 수 있는 길로 이끈다. 경제에서 돈을 제거하는 대신에 번영을 횡적으로 분산시킨다. 마치 네트워크에서처럼. 돈은 계속 순환하고 더 많은 개인과 기업들에게 유동성을 제공한다. 더 이상 돈뭉치들이 어딘가에 축적되지 않고, 기업이 비만증에 걸리는 골치 아픈 문제도 개선된다. 기업의 순가치는 축소되지만, 그 이유만으로도 순가치 당 이익률은 증가한다. 마치 체중을 줄이는 것만으로도 체지방률이 개선되는 것과 마찬가지다.

그러나 기업들이 성장을 멈추거나 혹은 더 날씬해진다면, 그리고 돈이 채무자로부터 채권자와 투자자들에게 나가는 대신에 많은 사람들 사이에서 횡적으로 움직인다면, 전체 경제는 어떻게 성장할 수 있는가? 연방준비위원회부터 은행들과 채권시장, 그리고 GNP까지 전체 시스템들이 성장률에 의존하고 있지 않은가? 나라 빚을 갚기 위해서라도, 더 많은 주택건축의 착공과 소비자 활동, 그리고 기업 이윤 증대가 필요한 것은 아닌가?

당연하다. 왜냐하면 애초부터 그렇게 작동하도록 운영체제가 만들어졌기 때문이다. 기업들은 이 경제 게임에서 지배적인 선수일지도 모른다. 그러나 그것은 그들이 이길 수밖에 없도록 특별히 만들어진 일단의 규칙들이 지배하는 가운데 이룬 성공이다. 우리가 진정으로 새로운 유형의 선수가 나타나는 것을 보고자 한다면, 우리는 성장 게임 자체의 규칙들을 다시 써야 한다.

제3장

돈의 속도

왕국의 동전

맥킨토시(Macintosh) 운영체제만 존재하는 세계에서 자라온 삶을 상상해보라. 당신이 보아온 모든 컴퓨터가 X운영체제로만 돌아간다고 하면, 당신은 다른 가능한 시스템이 있는지도 알 수가 없을 것이다. 실제로 당신은 운영체제 같은 것이 있다는 것조차 알 수가 없을 것이고, 컴퓨터처럼 생긴 것을 그저 X운영체제라고 생각할 것이다. 돈도 이와 마찬가지다. 우리가 사용하는 화폐는 우리가 알고 있는 유일한 것이다. 그래서 우리는 돈이 야기하는 문제들이 돈 자체의 내생적인 부분이라고 치부해 버린다.

우리 경제의 그 무엇인가가 더 이상 작동하지 않고 있다. 그러나 그 시스템 자체의 결함에 대해 관심을 이끌어내기가 어렵다. 또한, 우리가 사용하는 돈과, 그것이 고안된 목적에 대한 신성해 보이는 몇 가지 진실들에 도전하지 않고는, 개선방안을 제안하는 것도 어렵다. 냉전 이후, 돈 위에 '우리가 믿는 하나님의 이름으로'[1]라는 문구를 집어넣게 되는데, 그 무렵부터 자본주의의 교리에 대해 의문을 제기하는 그 어떤 행위도 반역적인 것으로 여겨지게 되었다. 우리는 이데올로기 전쟁에 푹 빠져 있었고, 이 전쟁은 기업자본주의 대 국가주도 공산주의의 대결인 것처럼 보였다. 자본에 대해 그 무엇이라도 해체적으로 분석하는 것은, 즉 그것이 어디서 왔는지, 어떻게 작동하였는지, 그것은 누구의 편인지 등을 낱낱이 분석하는 것은 마치 미국적 방식을 해체하려 드는 것과 마찬가지로 느껴졌다. 우리 화폐의 본질에 대한 문제제기를 위해서는 그것이 의도적으로 만들어진 것임을 들춰내야만 했다. 그러나, 그런 행위는 아무런 도움이 되지 못했다. 투자자와, 소비자, 돈의 차용자의 신념이 성장에 대한 희망과 불가분으로 결합되어 있는 상황에서는 더군다나 그러하다.

기업들의 보조금과 일정 임기 보장으로, 경제학자들의 연구는 자본주의의 장점을 확인해주는 방향으로 가게 되었고, 이러한 범주에서 벗어난 학자들은 기피대상이 되거나 블랙리스트에 오르게 되었다.[2] 그 결과, 유수한 대학을 통과한 경제학자들은 자본주의의 건축구조만이 모든 시장의 전제조건인 것처럼 보게 되었다. 따라서, 아무리 복합적으로, 지능을 총동원하여 생각해 보아도, 지난 반세기 동안 나타난 거의 모든 경제 모델들은 변함없이, 우리 특유의 시장경제에 주어진 조건들을 고정된 것으로, 애초부터 존재하는 것으로 가정하고 있다. 경제학자들은 단 하나의 경제규칙 세트만을 인정하는 지적 세계에서 훈련 받아 왔다. 경제가 자연세계의 일부여서 과학적 방법을 통해 그 원리들이 밝혀지는 것이라면 이런 것은 문제가 되지는 않는다. 그렇지만 경제는 그런 것이 아니다. 경제는 숲이나 기후 체계와 같은 게 아니라, 기술이나 미디어와 같은 특성을 가진다. 그것은 하나님에 의해 창조된 것이 아니라 인간들이 만들어낸 것이다.

법제화된 독점을 마치 일종의 소프트웨어처럼 볼 수 있는 안목이 있으면, 중앙화폐 시스템은 마치 그 소프트웨어가 돌아가는 하나의 운영체제라는 것을 명확하게 이해할 수 있게 된다. 우리가 사용하고 있는 운영체제는 은행이 발행하는 자본주의의 중앙화폐인데, 대부분의 사람들은 이것이 유일한 운영체제인줄로 알고 있다. '외국'의 화폐 역시 누군가 다른 은행이 발행한 것만 다를 뿐 이 역시 중앙화폐이다. 위에서 가정해 본 맥킨토시밖에 모르는 사용자처럼, 우리는 지갑 속이나 은행 계좌에 들어 있는 그 무엇을 돈이라고 생각하는데, 이때의 돈의 기능은 돈의 여러 가지 기능들 중 단 한 가지일 뿐이다.

디지털 사회의 일원으로서 다행인 것은, 우리는 견고하게 자리 잡은 많은 시스템들로 접근해 가기 위해, 손수 실행해 볼 수 있는 다양한 방법들을 채택해 가고 있다. 적어도 그런 것들을 좀더 프로그램적으로 이해하려는 자발성을 표출하고 있다. 우리가 보아 온 것처럼, 개개의 기업은 마치 소프트웨어처럼 프로그램을 다시 코딩할 수 있고, 더 많은 가치를 창출하여 기업의 여러 지분참여자들에게 분산해줄 수 있다. 그렇게 하기 위해서 각 기업은 성장보다 가치창출과 가치 회전을 더 우선시해야만 한다. 회사는 성장을 멈추거나, 혹은 쭈그러들 수도 있는 것이며, 회사가 얻어붙은 자본을 활용하여 그 채권자들과 투자자들을 만족시키고 시장에 적절한 규모로 도달하기만 하면, 이런 것은 전혀 문제가 되지 않는다.

그러한 회사들이 인간과 문화의 요구에 더 잘 부응할 수 있음에도 불구하고, 현재의 경제 운영체제와는 양립할 수가 없다. 기업이 성장하기를 멈추면, 경제가 성장을 멈춘다. 무언가 새로운 것이 진입해 경제의 등식을 바꾸지 않는 한, 장난감 집 같은 경제 구조 전반이 무너져 내리게 된다. 이러한 현상은 기업의 탐욕이나 투자자의 성급함이 빚어낸 것이라기보다는 우리가 사용하고 있는 화폐 시스템의 작동 결과이며, 그 시스템을 다른 모든 사람들을 배제하는 수단으로 사용한 결과인 것이다. 이러한 화폐 시스템을 보편적으로 받아들임으로써, 화폐는 부지불식간에 경제체제에서 하나의 요소가 되어 버렸다. 마치 공급과 수요, 혹은 상품과 마찬가지로 시장활동의 본원적인 특질인 것마냥.

여러 가지 화폐, 토큰, 그리고 귀금속들이 실로 수천 년 동안 교환의 수단으로서 사용되어 왔다. 그러나 빚을 바탕으로 하는, 이자를 머금은 은행 발행 중앙화폐는 매우 특이한 성향을 가진 도구인데 가장 두드러지게 나타나는 특징은 바로 성장에 치우쳐 있다는 점이다. 자본주의 자체는 화폐를 끌고 가는 동력이 아니고, 그 결과다. 자본은 이데올로기라기보다는 돈이 만들어낸 일종의 인공적 유산이다. 즉 성장을 기반으로 움직이는 특정 경제 운영체제를 수탈하는 방법인 것이다.

많은 종류의 돈이 있었고, 모든 돈은 동시에 작동했다. 이 말은 오늘날 의아하게 들릴 수 있다. 누가 얼마만큼을 소유했는가를 셈하고 남들이 가진 것과 비교하는 수단이 돈의 핵심기능으로 인식되는 오늘날, 이 말은 사리에 맞지 않게 들릴지도 모른다. 그러나 중앙화폐가 고안되기 전, 돈의 일차적인 목적은 단순 물물교환보다 상품을 좀 더 효율적으로 교환하기 위함이었다. 사람들 간에 상품의 회전을 증진하는 그 무엇으로서 돈은 유용하게 여겨졌다.

사실 바자(bazaar)가 출현하기 이전까지는 대부분 돈이 필요 없었다. 그들은 농노였고, 귀족의 땅을 경작하여 그 대가로 먹고 살 경작물을 조금 얻으면 그만이었다. 유일한 돈은 귀금속으로 만든 동전이었고, 이것은 로마 제국으로부터 흘러 넘어 들어왔거나 플로렌스 지방과 같은 무역 중심지들로부터 발행된 것이었다. 십자군전쟁 동안 약간의 더 많은 화폐가 발행되어 병사들에게 지급되었고, 이 중 일부를

살아남은 병사들이 이국의 수공예 및 다른 기술과 함께 고향으로 가져오게 된다.[3]

우리가 이미 살펴본 바와 같이, 이것으로 바자가 출현하게 되었으며 바자에서는 지역민들이 작물과 공예품들을 서로 교역했고, 떠돌이 상인들로부터 향료와 다른 '수입품'들을 구매했다.[4] 그러나 사람들이 원하는 것을 충분히 살 수 있을 만큼 금과 은이 충분히 유통되지 못했고 귀금속은 그 자체로 귀중한 것으로 여겨지게 된다. 희소하게 존재하는 것은 비축되기 마련이고, 이미 부자였던 사람들이 주로 그랬다.

사람들은 대신에 물물교환을 했으나, 물물교환은 복잡한 거래를 수행하기에는 부적합했다. 신발쟁이가 닭을 원하는데 양계 농부가 이미 신발을 가지고 있다면 어떨까? 물물교환의 촉진자들이 나타나 더 복잡하고 다단계적인 거래들을 주선하여, 마치 팀 스포츠에서 선수들을 트레이드를 하는 것과 같은 스타일로 거래가 이루어졌다. 신발은 귀리농부에게로 가고, 귀리농부는 마차바퀴 장인에게 귀리를 주고, 그는 양계농부를 위해 마차바퀴를 만들어주고, 양계농부는 다시 신발쟁이에게 닭을 주는 식이다. 그러나 이 모든 품목들의 상대적인 가치들은 달랐고, 브로커가 개입된 물물교환 시스템은 이러한 복잡다단한 거래를 효율적으로 수행해내기가 어려웠다.

이 시점에, 영리한 상인들은 귀금속이 아닌 다른 것에 기초한 화폐를 고안해냈다. 장이 서는 날 온종일의 판매가 매우 규칙적인 상인들은, 그날 장 마감까지 팔 수 있을 것 같은 만큼의 닭이나 빵에 대해서 귀금속 동전 대신에 종이로 된 영수증을 발행했다. "이 영수증은 매리네 치킨 판매대에서 닭 한 마리와 교환할 수 있음". 이러한 시장화폐는 신뢰를 낳을 수 있는 정도로 판매가 안정적인 상인들에 의해서 발행될 수 있었다.[5]

그리하여 시장이 개시되는 때에, 양계농부 매리는 자기의 치킨 영수증을 쓸 수 있었고, 신발쟁이는 그의 신발 영수증을 사용하여 자기가 필요한 품목을 살 수 있었다. 전체 시장을 활성화시키는 점프시동을 걸어주는 셈이었다. 그렇게 사용된 영수증들은 장날 내내 온종일 시장을 돌고 돌았다. 마치 돈처럼. 마침내 그 영수증들이 닭과 신발이 필요한 사람들의 수중에 들어가게 되면, 그 시점에서 그것을 발행한 애초의 상인들과 목적하는 상품으로 교환될 수 있었던 것이다. 일을 더 수월하게 만들 수 있었던 것은, 그 영수증들에는 값어치를 선언하는 도장을 찍어줄 수도 있었다. 그 상품이 내세울 수 있는 시장가격 말이다. 그리고 장이 끝나면, 남은 영수증들은 그것을 발행한 상인들에게 가져가 귀금속 동전으로 교환할 수도 있었고, 다음 장날을 위해서 보관될 수도 있었다. 돈의 목적은 발행자를 부유하게 만드는 것이 아니었고, 시장에서의 거래를 증진하고, 교역이 잘 이루어짐으로써 모든 이들이 번영할 수 있게 하기 위함이었다.[6]

그 무엇이든 돈으로서 표방될 수 있었다. 매우 인기 있고, 오래 지속된 또 하나의 돈의 형태는 곡물영수증이었다. 농부는 곡물가게에 그가 가져온 귀리나 보리 같은 작물의 양만큼 영수증을 써 받았다. 그 곡물영수증이 보리 100파운드에 대한 것이라고 치면, 그것은 동전으로 환산한 그 어떤 숫자로 된 값이 있었을 것이다. 그 값은 대개의 경우 얇은 금속 판 위에 새겨졌고 금속판에는 우표처럼 절취구멍들이 나 있어서 한번에 필요한 만큼의 비율로 조각 내어 사용이 가능했다.[7]

곡물이 이미 예치되어 있으므로, 그리고 예치된 곳은 그 어디로 사라질 것도 아니었으므로, 곡물영수증은 이전 것들보다는 약간 더 장기적인 가치를 가지는 경향이 있었다. 그러나 그것은 귀금속처럼 비축될 수는 없는 것이었다. 시간이 경과하면 값어치가 더해지는 것이 아니라 가치가 떨어졌다. 곡물저장소를 운영하는 사람들도 대가를 지불 받아야 했고, 곡물의 일정량은 부패하거나 해충, 해조들에 의해 손실이 발생했다. 따라서 영수증을 발행한 곡물가게는 매달, 혹은 매년 특정한 양에 대해 가치를 축소해 나갔다. 3월에 100파운드로 발행한 곡물영수증이 10월에는 90파운드의 가치밖에 안 되는 식이었다.

이 또한, 이 돈의 특질에 있어서 큰 문제는 아니었다. 사람들은 그 영수증을 받자마자 되도록이면 빨리 그것을 사용하고자 하는 동기유발이 되었다. 돈이 경제에서 거래를 부추키며 빠르게 움직인 것이다. 이상적으로는, 곡물이 필요한 그 누구라면 영수증의 가치가 절하되기 하루 전날 그 영수증을 처분하여 귀리로 교환하는 것일 게다.

이러한 지역화폐들은 원거리의 귀금속 화폐들과 함께 어우러져 제대로 작동했다. 금화와 은전들은 먼 거리를 옮겨 다니는 상인들에게는 여전히 필수적이었다. 그들은 저장된 곡물이나 미래의 신발은 소용이 없었기 때문이다. 그들은 모든 지역화폐들의 액수를 매길 수 있는 손쉬운 단위를 제공하기도 했다. 빵 영수증 위에 명시된 빵 한 덩어리의 값어치는 금화 한 개의 몇 분의 몇과 같이 계산됨으로써, 소비자들이 거래 흥정을 좀 더 손쉽게 할 수 있도록 했을 것이다. 또한 영수증 발행자들로서는 장이 끝나는 때에, 사용되지 않은 영수증들을 결산해내기가 더 쉬워졌을 것이다.

영주와 군주들은 이 모든 것을 당분간은 참고 지켜 보았으나, 사람들이 스스로 발행한 화폐에 실제적 통화가치를 새겨 넣는 것에 분개하기 시작했다. 더군다나 점점 더 많은 사람들이 수평적으로, 즉 각자 서로서로 교역을 하면 할수록, 귀족사회에 대한 의존이 줄어들게 되었다. 이러한 경제환경에서, 농노들이 밑바닥부터 시작하여 점점 더 부유하게 되어갔고, 그 힘의 기반은 왕성한 상거래였다. 농노들의 거래

능력과 규모의 상승으로 유발된 행복한 부작용으로서의 성장은 어떻게든 재조정되어야만 했다. 재조정을 통해 성장은 하나의 금융적인 무기로 변해 갔다.

귀족들은 금융고문들을 고용했다. 대부분은 무어인(Moors)들이었는데, 이들은 유럽의 금융가들보다 더 진보한 대수학적 기술을 가지고 있었다. 귀족들은 당시 진행중인 통화 혁신을 따라잡고, 이를 통해서 떠오르는 중간 계급에 대한 그들의 계급적 우위를 공고히 하고자 했다. 우리는 이미, 법제화된 독점을 통해 왕가들이 특정 회사들에게 주식의 대가로 산업 전 분야를 할당해 준 과정을 살펴본 바 있다.[8] 그러나 그 당시만 해도 모든 산업이 그만큼 규모가 큰 것은 아니었다. 그래서 왕들은 사람들 간에 자잘한 거래들로부터도 가치를 추출해낼 수 있는 방법도 필요했었다. 동시에, 더 이상적으로는, 그들의 경제 활동을 둔화시켜 중간 계급이 귀족들을 따라잡지 못하도록 하는 방법이 필요했던 것이다.

그리하여, 중세 후기와 르네상스 초기의 군주들은 하나씩 하나씩 지역화폐를 금지하고 그것을 왕국의 동전이라고 불리는 것으로 대체하였다.[9] 다른 화폐를 사용하는 것은 법으로 금지되었다. 아이러니컬한 것은 십자군 전쟁 이후로 사용하던 몇몇 동전들에 이교도 무슬림 상징들이 박혀 있었다는 사실이다.[10] 동전에 대한 절대적인 통제력을 바탕으로, 군주들이 경제에 대해 절대적 통제권을 행사하려는 것이 이 법의 진짜 이유였음을 시사하는 대목이다. 사람들은 항거했고 많은 피를 흘렸다. 그러나 그들은 스스로의 화폐를 발행할 권리를 상실하고 만다. 대신 모든 돈은 왕의 재무관서에서 주조되었다. 많은 경제사학자들이 주지한 바와 같이, 이렇게 함으로써 군주들은 화폐가치를 떨어뜨리고 잉여의 금을 보유하는 단순한 방식으로도 사람들에게 세금을 부과할 수 있게 되었다. 이 사실을 주지하고 있는 사학자들마저도 군주들이 단지 동전을 발행하는 것만으로써 돈을 벌었다는 사실을 지적하는 것은 꺼리고 있다.[11] 그런 금융체제 자체로 인해 자본을 가진 자들은 그 자본을 성장시킬 수 있는 길을 획득하게 된 것이다.

오늘날 중앙은행들이 화폐를 발행하는 방법과 유사한 관행으로, 군주들은 **돈을 빌려주는 방법**으로 왕국의 동전을 창제했다. 어떤 상인이 공급제품이나 재고확충 구매를 위해 현금이 필요한 경우, 그 상인은 왕의 재무관서에서 돈을 꾸어 오고, 이자를 더하여 되갚아야 했다. 이 방식은 미래 성장에 대한 일종의 투기였다. 부수적 요금들이 붙지 않는 시장화폐나 요금이 붙어도 일을 해준 곡물가게에 지불했던 곡물영수증과는 달리 중앙화폐는 비용이 들어가는 것이다. 사람들이 돈을 사용하고자 하면, 특권에 대해 비용을 지불해야만 했던 것이다.

착취적이기는 하지만, 이 방법은 일종의 영리한 혁신이었다. 이 혁신에 의해 탄생한 돈의 핵심 기능은 부유한 자들을 더욱 부유하게 만드는 것이었다. 귀족들은 이미 부를 차지하고 있었기에, 돈의 새로운 공급자 편에서 채권행위에 가담할 수 있는 유일한 계급이었다. 실제 경제에서 사람들과 기업들이 그 무엇이든 사야 할 필요가 있는 경우에는 재무부서에서 현금을 얻어와야만 했었을 것이다. 그 돈을 활용하여 그 어떤 거래를 하게 되면 어떻게든 본전보다 더 많은 돈을 만들어내야만 했었을 것이다. 그렇지 못한다면, 채권자에게 원금에 더하여 추가적인 이자를 돌려줄 수 있는 방법이 없다.

만일 한 상인이 1000개의 동전을 재무부나 그 지역 중개인로부터 빌렸다면, 그 해 말 그는 1200개를 돌려주어야만 했을 것이다. 여분의 200개는 어디에서 와야 하는 것일까? 누군가 파산하고 만 자들, 그리하여 빚쟁이 감옥에 갇히고 만 자들, 아니면 가장 양호한 경우라도,

새로운 채무자들로부터 생겼을 것이다. 새로운 비즈니스가 있는 한, 이전에 빌린 돈에 붙은 이자를 갚기 위해 더 많은 돈을 빌리는 것은 가능했다. 부유한 자들에게 이것은 대단히 좋은 일이었다. 단지 돈이 있다는 사실 하나만으로, 뒷전에 앉아서 돈을 버니까.

바자에 참여하는 자들은 그리 안녕하지가 못했다. 이 새로운 돈은 여전히 부족했고 비쌌다. 시장화폐는 상품에 대한 수요만큼 풍족했었던 반면에, 중앙화폐는 단지 시장 참여자들의 차입액만큼만 존재할 뿐이었다. 예전에 협력했던 상인들은 이제 그들의 빚을 되갚을 만큼의 돈을 갖기 위해 경쟁하게 되었다. 또한 잦은 화폐가치 절하는 사람들을 공포로 몰아가 돈을 비축하도록 만들었다. 다음 번에 나올 동전에는 현재 유통 중인 동전보다 금 함유량이 줄어들 것이라는 공포였다. 더군다나, 지금 시장에 있는 모든 것들은 값이 비싸졌다. 돈 그 자체가 이자라는 형태로 사람들로부터 가치를 추출해 가고 있었기 때문이다. 사람들은 닭 한 마리에 대한 값만 지불하는 것이 아니라, 양계 농부의 빚 관련 제비용까지도 지불해야만 했던 것이다. 그들이 성장 비즈니스들에 참여하고 있었다고 한다면, 자본의 비용을 따라잡을 여지가 있었을 것이지만, 그들은 대부분 생계를 위한 업체들이었다.

이자를 머금은 중앙화폐로 가기 위해 지역화폐를 폐지하는 나라가 하나 둘씩 늘어나게 되었고, 사람들은 가난의 수렁에 빠지게 되었으며, 건강상태는 쇠잔해지고, 그 모든 잣대를 들이대더라도 사회가 황폐해졌다.[12] 대역병마저도 그 연원을 거슬러 올라가 보면, 중세 말 시장의 붕괴와 착취적 화폐로의 이행, 그리고 도시 임금노동에 기원한다고 볼 수도 있다.

새로운 제도는 법제화된 독점체들처럼 규모가 큰 선수들을 선호했다. 이들은 보통의 소규모 비즈니스들보다 자본으로의 접근이 더 용이했고,

이자를 갚을 수 있는 더 많은 수단들을 가졌다. 군주들이 총애하는 상인들과 함께 처음으로 기업들을 설립했을 때, 그 기업들은 반드시 성장해야만 한다는 부담감은 그리 문제가 되지 않는 듯 보였다. 그들 곁에는 정부와 군대가 편들고 있었고, 그들은 대개의 경우 회사가 진행하는 프로젝트들에 직접적인 투자자들이었다. 네덜란드의 동인도회사가 성장하는 것은 식은 죽 먹기였다. 세계 곳곳의 새로운 지역에 전함 몇 대를 보내고, 땅을 접수하고, 그곳의 사람들을 노예화하면 그만이었다.

만일 이것이 월마트나 아마존 같은 기업들이 오늘날 향유하고 있는 차입의 이점과 유사하게 들린다면, 그것은 본질적으로 같은 화폐 시스템이 작동하고 있어서일 것이고, 그 화폐 시스템이 같은 부류의 선수들을 선호하기 때문일 것이다. 그렇지만, 선호되는 기업들이 제아무리 강력해 보일지라도, 그 기업들은, 그들보다 더 큰 화폐시스템이 모든 개인의 경제활동으로부터 가치를 뽑아내기 위한 수단으로서 사용하는 엔진에 불과하다. 거대기업일지라도, 보편적으로 받아들여지는, 아니 가까스로 인정받은 스마트폰 운영체제 상에서 경쟁하고 있는 앱(apps)과 비슷한 처지다. 그 기업들의 생존 여부는 채권자들이나 투자자들을 위해 자본을 키워갈 능력에 전적으로 달려 있다.

중앙화폐는 거래상의 도구이면서도, 비즈니스 자체를 지배해 왔다. 돈은 경제라는 개를 흔들어대는 꼬리이다. 금융 서비스는 서서히, 그러나 불가피하게 경제 속의 가장 큰 선수로 등장하였다. 1950년대에서부터 2006년 사이에, 금융부문이 차지하는 전체 경제에서의 비중은 GDP 대비, 두 배 이상으로 뛰어, 3%에서 7.5%를 기록했다.[13] 《21세기의 자본(Capital in the Twenty century)》에서 토마 피케티(Thomas Piketty)가 주장한 바와 같이, 자본이익률이 경제성장률을 넘어선 결과다.[14] 사람과 회사가 가치를 창출하는 것보다 돈이 돈을 버는 게 더 빠르다. 가장 부유한 사람들과 회사들은 따라서, 일을 하여 무언가를 창조해내는 것으로부터 저 멀리 스스로 자리매김해야 하며, 가능한 한 돈의 수도꼭지 쪽 가까이에 위치해야 한다.

제너럴 일렉트릭(General Electric)과 같은 몇몇 회사들은 1980년대에 이러한 원리를 매우 잘 이해했고, 그에 대응하였다. 그들은 핵심 사업들이 실제로는 훨씬 더 이윤이 좋은 은행 산업에 기여할 뿐이라는 것을 알아채게 되었다. GE의 CEO 잭 웰치(Jack Welch)는 GE가 세탁기를 만들어 파는 것보다, 그 세탁기를 소비자들이 구매할 수 있도록 돈을 빌려주는 것이 더 많은 돈을 벌게 해 준다고 결론을 내렸다. 그리하여 그는 GE의 공장들을 팔아 치우고, 회사의 면모를 금융 서비스 회사처럼 전환하기 시작했다. 세탁기 회사들은 중국으로 팔려 나갔다. 새로운 GE는 대출상품과 보험을 팔고, 자본 리스를 제공하게 되었다.

이러한 변모는 회사와 잭 웰치의 발걸음을 따르는 무리들에게 꽤 성공적이었다.[15] 그의 이러한 접근방법은 하버드와 다른 비즈니스 스쿨들에 의해 마치 카톨릭 성인처럼 추앙 받았고, 비즈니스 스쿨 졸업생들은 생산적인 산업들을 홀딩컴퍼니로 나아가는 디딤돌 정도로 보도록 교육받게 되었다. 화폐 공급 체인에 더 깊숙이, 그리고 더 높이 올라갈수록, 즉 돈을 찍어내는 은행과 더 비슷해질수록, 더 좋은 것이다.

미국의 경제는 회사와 시민들의 자발적인 대출 이용에 거의 전적으로 의존하게 되었다. 그 빚으로 그들이 무엇을 사는가는 중요하지 않았다. 대부분 중국산 상품을 사는 데 이용되었으나 그것도 문제가 되지 않았다. 우리는 상품과 서비스의 진짜 경제를 성장시키는 것이 아니라, 인위적으로 합성한 화폐경제 자체를 성장시킬 뿐이다. 식품 체인의 상위에 위치한 서구의 회사들은 소비품을 파는 것이 아니라 대출상품을 판다. 생산과는 무관한 생산품(productless product)이다. 참여하지 않으려는 사람들은, 태도가 바뀌어 그런 프로그램에 적응하게 될 때까지, 심리학자들의 연구대상이 되고, 급기야 "행동주의 금융(behavioral finance)" 기술의 조사 대상이 된다.[16]

전체 시스템은 우리 중 많은 이들에게 잘 작동하는 듯 보인다. 일반인들조차 집 장만을 위해 주택담보대출을 얻기 시작했고, 부동산 가격이 오를 때마다 스스로 자본을 증식하는 방법으로써 이를 활용하게 되었다. 앨런 그린스펀(Alan Greenspan)마저도 자본과 대출의 승리는 우리가 리스크 없는 투자의 새 시대라는 배에 승선하였음을 의미한다고 생각했다. 미연방준비위(Federal Reserve)의 전임 의장 그린스펀은, 2000년, 다음과 같이 언급하였다. "대형 금융기관들의 보편적 성장은 기반 시장의 구조적 맥락 속에서 발생한 것이며, 시장의 구조 속에서 큼지막한 리스크들은 대폭적으로, 아니 '전적으로'라고 말해도 좋을 만큼, 대비(hedge)되었다."[17] 이것은 즉, 2007년 금융 붕괴 직전까지만 해도 그래 보였다는 것인데, 2007년 금융위기 당시 과열되었던 대출 분야를 뒷받침할 만한 실제적 경제활동이 충분하지 않았었던 것으로 드러난 바 있다.

다른 금융 붕괴들과 마찬가지로, 2007년의 붕괴도 부정한 거래와 시스템 악용이 문제였다. 돈의 본질을 비판적으로 보기를 꺼리거나 그러지 못하는, 자본주의에 지나치게 경도된 연대기 편찬자들은 그 대신에 인간의 탐욕에 초점을 맞추었다. 엔론(Enron)과 월드컴(WorldCom)의 사악한 CEO들처럼 양심 없는 월 스트리트의 은행가들이나, 골드만 삭스(Goldman Sachs)의 지나치게 시기심 많은 트레이더들이 주주들의 양털을 깎아냈다는 것이다. 그렇지 않았다면 잘 돌아갔을 시스템을 위험에 빠뜨린 원흉으로 이들을 지목한 것이다. 그들에게 수갑을 채워 언론 앞에 줄 세우는 것은 당장에는 우리 감정을 달래줄 수는 있겠지만, 그들의 얼굴에 도무지 무슨 영문인지 모르겠다는 표정을 접하게 될 때까지일 뿐이다. 그들은 자기의 일을 하고 있었을 뿐이라고 생각했다. 빚의 구조가 맞춰내라고 명령한 비율에 따라 회사를 성장시키려고 노력한 것뿐이었다. 그들의 행동은 규범적인 것이었지, 일탈이 아니었다.

그 사람들이 허물이 하나도 없다는 것이 아니라, 우리가 경제적 고민거리에 대해 '부패'를 탓할 때에, 은연 중에 무언가 원래는 순수했던 것을 누군가 나쁜 등장인물들이 망쳐버린 것처럼 뉘앙스를 풍기는 것이 문제라는 것이다. 마치 원래 손상 없이 멀쩡했던 디지털 파일이었는데, 지금 그 데이터가 약간의 오류가 발생한 것마냥 넌지시 얘기하는 것 말이다. 여기에서는 경우가 다르다. 오히려, 13세기 유럽의 귀족주의사회를 유지하기 위한 하나의 방책을 찾기 위해 무어(Moorish)인 회계원들이 고안해낸 경제적 운영체제가 약속한 바대로 제대로 작동한 것이다. 그 경제체제는 시장을 하나의 거대한 빚쟁이들의 감옥으로 바꾸어 놓았다. 그것은 21세기 디지털 사회의 요구들과는 맞지 않을 뿐만 아니라, 중앙화폐 자체가 성장이라는 덫의 핵심 메커니즘인 것이다.

중앙화폐가 바로 2007년 붕괴의 심각성과 그 지속적 여파의 진짜 원인이다. 중앙화폐의 추출적인 편향을 어떻게 보완할 것인가를 따지지는 않고, 고도로 디지털화된 금융 산업은 그것을 악용해 먹는 것을 선택했다. 디지털적인 관점으로 우리가 돈을 운영체제로 볼 수 있게 되었다고 해서, 그것의 핵심 코드를 변경하여 좀 더 인간에 유익하게 만들려고 마음먹게 되는 것은 아니다. 이것은, 가장 이상주의적인 사람들에게도 매우 힘겹게 여겨지는 발전적 변화이기 때문이다. 그리하여, 은행가들과 금융가들은 화폐체제의 구조적 흠결을 수익을 위한 지렛대로 활용하려 시도했던 것이다.

그들은 자본수익률이 실질 성장보다 더 빠르게 증가하고 있음을 이해했고, 디지털적으로 가속화한 시장에서, 마치 아이튠즈나 아마존 상에서 그러하듯이, 승자와 패자 간의 단절은 불가피한 것임을 잘 알고 있었다. 단지 여기에서는, 승자들은 자본을 가진 자들이고 패자들은 상품과 서비스의 실제 경제에 매달리고 있는 사람들인 것만 아이튠즈나 아마존과 다르다. 그래서 그들은 대출자들에게 돈을 팔고, 그런 후에 그 대출을 덜 똑똑한 대출 기관에 팔아 먹었다. 그렇게 하는 동안, 그들은 최초의 대출에 대해 보험을 들고, **동시에** 반대 베팅을 했다. 이런 방식은 자본을 가진자들에게는 윈-윈(win-win) 상황을 만들어주었다. 그들은 대출금에 대한 정규적인 이자를 지급받았을 뿐만 아니라, 그들이 회수가 어렵다고 예상한 사람들이나 회사들에 대해 반대 베팅을 함으로써 또한 이익을 챙겼다.[18] 운 좋은 승자들은 자본수익을 통해 이익을 챙기는 동시에, 이자율을 따라잡지 못하는 실제 성장으로부터도 돈을 챙긴 것이다.

자본의 요구를 따라잡지 못하는 사람과 비즈니스의 실패로부터 이기적이고 냉소적으로 이윤을 얻어내는 것 대신에, 자본이 기능하는 방식 자체를 바꿀 수 있는 길은 과연 없는 것일까? 우리가 추구하는 선이나 돈의 원래 목적을 위해서는 돈이 너무 비싸져 버린 것일까? 우리는 이미, 부채의 짐을 경감함으로써, 투자자의 기대를 바꿔감으로써, 그리고 그 근저에 있는 시장 조건들에 좀더 적응할 수 있게 됨으로써 개별 회사들이 성장명령의 부담을 어떻게 덜어 갈 수 있는지를 살펴본 바 있다. 그러나 이러한 기업들이 작동해야만 하는 바탕이 되는 경제 운영체제는 자발적인 성장둔화의 사치를 누릴 수가 없다. 자연의 시스템과는 달리 혹은 더 나아가 인간사회와도 다르게, 이자를 바탕으로 하는 경제가 살아남기 위해서는 성장해야만 한다. 수세기 동안, 점령할 새로운 지역이 있는 한, 추출해 올 자원이 있는 한, 그리고 착취할 사람이 있는 한, 이런 방식은 작동 가능했다. 확장주의적 경제 시스템은 미주 대륙과 아프리카, 그리고 아시아를 식민화할 필요가 있었고, 또 그것을 고취시켰다. 더 많은 돈이 빌려지고 있는 한, 은행에 되갚아야 할 돈은 더 많아졌고, 그럼으로써 화폐제도는 파산을 모면해 왔다.

성장을 확대해 갈 새로운 대륙이 더 이상 없기 때문에, 산업은 생산율 증대 속도를 더해가기 위해, 혹은 기존의 과정들을 좀더 자본집약적으로 만들기 위해 안간힘을 썼다. 예를 들어, 기업농은 전통적이고 덜 집약적인 영농방법들보다 짧은 기간 동안에 더 많은 작물을 생산해 낸다. 그것은 또한 더 많은 기계류와 비료, 그리고 화학제품들을 필요로 한다. 휴경재배의 관습을 버림으로써, 산업적 농업은 토양을 더 빠르게 고갈시키고 그 결과로 다시금 화학제품이나 살충제들에 더 많이 의존하게 된다. 더 많은 돈이 필요하게 되고, 바로 그것이 이 게임의 목적이다. 대형농업회사들, 빅 아그라(Big Agra)의 생산공정은 덜 건강한 인구비율로 귀결되고 더 높은 암 발병률을 유발한다. 여기에 대형제약회사들, 빅 파마(Big Pharma)가 값비싼 대안으로 무장하여 대기 중이다. 또 하나의 경제적 확장의 근원에 불을 지피고 있는 것이다.

그러나, 이러한 과정들 속에서 모두가 고갈되고 있다. 우리의 진짜 세계인 인간과 토양, 그리고 지하수를 품고 있는 대수층은 자본의 참을성이 수용할 수 있는 것보다 더 회복 속도가 더디다. '주택건축 착공'은 새로운 주택 시장의 속도만큼만 가속화할 수 있다. 시장이 투기꾼들에 의해 인위적으로 억제되는 동안을 제외하고는, 주택건설 산업은 더 많은 숲을 파괴하여 토목을 하고, 거기에 집을 지어야 한다고 온갖 구실을 내세운다. 인간은 주택 산업의 욕구에 보조를 맞출 수가 없다. 나오미 클라인(Naomi Klein)은 《이것이 모든 것을 바꾼다(This Changes

Everything)》에서, 기후 변화가 확장주의 경제의 직접적인 결과라는 것을 명백히 보여주었다. 물리적인 환경이 자본의 속도를 따라줄 수 없을 뿐만 아니라, 인간의 생존마저도 지탱해 수 없는 지경이 되었다.[19]

경제철학자 존 스튜어트 밀(John Stuart Mill)은 1800년대에 이미 이 문제를 알아차리고, "부의 증가는 무한한 것이 아니다."라고 썼다.[20] 그는, 그 어느 것도 영원히 성장할 수 없기에, 성장이 경제의 영속적인 특질이 아니라고 믿었다. 대차대조표가 그 무엇을 요구하든지 간에 경제 성장은 실제 세계의 유한성에 의해 제한된다. 우리는 그 한계만큼만 경제활동을 일으킬 수 있고, 그만큼의 자원만을 추출할 수 있다. 밀은 성장이 멈춰지는 단계를 '정지상태'*라고 명명하고, 그것을 지속 가능한 평형상태라고 설명했다. 그 평형상태에서는 "충분히 보상을 받는, 부유한 노동자들의 집합체가 생겨날 것이고, 평생 벌어서 모으지 않는 한 막대한 재산은 아니지만 충분히 보상을 받는, 지금 현재보다는 훨씬 더 커진 개인들의 집합체일 터이고, 거친 노동으로부터 벗어나는 것은 물론, 신체적 정신적으로 충분한 여가를 가지며, 기계적인 노동으로부터 벗어나 인생의 은총을 자유로이 가꿔나갈 수 있게 될 것이다"[21]라고 했다.

밀은 이 정지상태를 사회와 기술 그리고 총체적인 만족도의 진전이 완전히 사라진 상태로 보지는 않았다. 단지, 큰 투자와 그에 따른 추출과 성장의 시대가 끝난 후 찾아올 행복한 결말의 특징을 말한 것이다. 자본은 우리 사회를 재구성해 나가면서, 그리고 우리 지구의 '수용 능력(carrying capacity)'까지 우리를 이끌어 가면서, 그 목적한 바를 완수할 것이다. 뒤집어 말하면, 사람들은 **더 좋거나, 다른 것**을 생산하고

---

* [역주] stationary state – 정체상태라고도 함

소비하게 될지도 모르겠지만, **더 많은 것**을 생산하고 소비하게 될 수는 없을 것이다. 또한 그럴 필요도 없다. 자본주의의 '진보 경제학'은 포기될 것이고 무언가 다른 것으로 대체될 것이기 때문이다.

디지털 기술과 컴퓨터, 네크워크, 그리고 소형화 기술은 처음에, 인간 삶을 좀더 안정상태로 이끌어가는 변혁을 예고하는 듯 보였다. 이런 기술 덕분에 재택근무는 유류 소비를 줄이고, 컴퓨터 화면은 종이인쇄를 줄여줄 것으로 생각했다. 그러나, 그 어느 예측도 실현되지 못했다. 오히려 사태는 더 악화되어, 투기꾼들은 디지털 기술에서 새로운 가상적인 형태의 식민주의를 발견해냈다. 자본을 배치할 새로운 착륙 장소, 성장을 위한 새로운 영토를 발견한 것이다.

그러나 아쉽게도 10대 젊은이들이 만들어낸 빅데이터 프로파일은, 노예와 향료의 원천이 되었던 그 모든 대륙들처럼 탄탄한 성장 기반을 제공하지 못한다. 게다가, 소비자 조사연구에 따르면 이 모든 것들은 고정된 구매의 일정 수치에서 특정부분만큼을 획득해 가는 것일 뿐, 더 이상의 소비를 창출하는 것은 아니다. 오히려, 기술적인 솔루션들은 시장을 더 축소하는 경향이 있어서, 운송이나 자원 관리, 노동 서비스 등과 같은 연관 산업에 알을 낳아 퍼트리지도 않는다. 기술적 솔루션들은 실제 성장과 자본수익률의 간극을 개선하는 것이 아니라 더 악화시킨다. 다시 말해, 기술적 솔루션들이 은행과 투자자들을 실제 돈벌이로부터 동떨어진 지점으로 점점 더 몰아감으로써, 궁극적으로는 자본과 가치를 완전히 분리하고 있다는 것이다.

그렇다면, 영속적이고 무한한, 결국 불가능한 성장을 대수적 전제로 깔고 있는 경제 전반이 어떻게 하면 스스로 디레버리지*를 해낼 수 있

* [역주] deleverage—차입을 줄이고 주식을 매각함으로써 경영 상태를 호전시키는 것

는가? 그리고 성장여력이 약간 남아 있다고 칠 때, 축적되어 얼어붙은 자본을 어떻게 뜯어내어, 사람들이 더 많은 상품들과 서비스들을 사고 팔 수 있도록, 경제 순환과정으로 되돌려줄 수 있는가?

정책입안자들은 유용하게 사용할 만한 자극적 도구가 고통스러울만치 적다. 그리고 그나마 있다고 해도 돈이 진짜로 필요한 곳, 즉 진짜 사람들의 수중으로 돈을 되돌리는 데에는 특별히 좋은 도구들도 아니다. 사람들의 활발한 거래를 돕는 일은 그들의 운영체제가 애초에 지원하도록 설정된 메뉴에 없다. 중앙화폐는 경제로부터 가치를 추출하기 위해 고안된 것이지, 가치를 경제에 퍼 넣으려 고안된 것이 아니다. 그렇기 때문에, 채무국들에게 정책을 완화하거나 이자율을 낮춰주는 것보다는, 내핍하고 허리띠를 졸라매라고 직관적이고 피상적으로 줄기차게 요구하는 것이다. 어떤 국가나 지역이 '차입한' 화폐에 대한 이자를 되갚지 못하면, 그들에게 화폐 공급을 줄여야 하는 게 아닌가? 이것이 재정난으로부터 긴급구제에 실패한 유로존 국가들에 대응하는 정당화 논리이다. 표면적으로는 논리적으로 들린다. 그러나 재정난으로 시름하고 있는 국가들이 차용을 줄이면서, 어떻게 더 많은 상환을 하라는 것인가? 특히나, 경제적 활성화를 위해 자국의 돈을 더 찍어내지도 못하게 하면서 말이다.

중앙은행들은 이것을 해결하기 위해 세워지지 않았다. 미국 연방준비위(Federal Reserve)의 주요 기능은, 현금의 가치를 떨어뜨릴 인플레이션을 방지함으로써, 현금을 가진 부유한 자들을 보호하는 것이다. 곤궁의 시기에는, 어떤 동정심 많은 중앙은행이 더 많은 돈을 경제에 펌프질해 줄 수는 있다. 그러나 그런 경우에도 그것을 성취하는 방법은 두 가지뿐이다. 하나는 중앙은행이 가능한 한 낮은 금리로 은행들에게 돈을 빌려주는 것이다. 어떤 때에는 제로 금리일 수도 있다. 혹은 중앙은행이 은행들의 비축 채권들을 사줄 수도 있다. 이것은 '양적 완화'라는 말로 알려져 있다. 그러나 이 돈이 실제 경제에 도달하기 위해서는 은행들이 사람들과 기업체에게 그것을 빌려주어야 하는 일이 남아 있다. 하지만 이 부분을 강제할 수 있는 것은 아무것도 없고, 저금리의 환경하에서는 대출 이윤이 마른 수건 짜내기와 같아서 은행들은 좀더 지렛대 효과가 큰 투자처에 투자하거나 기존 회사들의 주식을 사고자 할 것이다. 더욱이, 성장이 둔화된 경제 환경에서는 많은 은행들이 연방은행으로부터 돈을 받기를 거부한다. 언젠가는 그들도 되갚아야 하는 대출을 받기가 꺼려지는 것이다.

또 한 가지 다른 선택은 정부가 빚을 떠안는 것으로, 중앙은행으로부터 돈을 빌려서 노동자들에게 주는 방법이다. 이상적으로는 정부를 위해, 인프라 건설이나 사회적 서비스 제공과 같은 임무를 수행 중인 사람들에게 나누어 주는 것이다. 이러한 노동자들이 급료로서 번 돈은 그들이 무언가를 구매할 때 나머지 경제 전반에 퍼져 나간다. 경제가 회복되는 때에, 정부는 좀 더 많은 세금을 거두어 중앙은행에 돈을 갚는다.

이 전략은 경제 대공황 시기에 성공적으로 채택되었던 것으로, 오늘날에는 팔아먹기가 힘든 전략일 수도 있다. 선거로 뽑힌 리더들은 채무한계(debt ceiling)과 같은 단순한 개념조차 이해하지 못하는 사람이 많다. 또 많은 미국인들이 2009년 이래로 연방지출이 제자리 걸음을 하고 있거나 감소하고 있어서, 레이건(Reagan) 정부 동안의 그 어느 시기보다 저조하고, 나아가서는 2011년 폴 라이언*의 악명 높은 예산안보다도 낮다는 사실을 알지 못하고 있다.[22] 또한 인프라구조의 개선 자체만

* [역주] Paul Ryan – 미국 공화당 정치인, 하원의장

으로도 경제활동이 어떻게 자극을 받는지조차 알지 못하고,[23] 혹은 그런 목적으로 정부가 돈을 빌리는 시기가 바로 이자율이 제로에 가까운 때라는 점도 간과하고 있다. 정부의 이러한 정책활동은 아직도 자선이나 사회주의적 행동으로 느껴지고 있다.

사람들이 머리를 움켜잡고 고민하는 것은, 어떻게 하면 돈을 순환시킴으로써 사람들에게 거래 수단을 제공할까에 대한 고민이 아니고, 혹시 일을 하지 않은 사람에게도 대가를 지불하게 될지도 모른다는 고민이다. 우리는 정부더러 불필요한 노동자들을 고용해 달라는 것이 아니다. 우리가 필요한 것은 국민들이 가치를 서로 주고 받을 수 있도록 하는 것이다. 현금은, 숨겨진 추출적 기능으로 둘러싸여 있지 않다면, 그러한 실용주의적 목적에 공헌할 수 있을지도 모른다. 이 지점이 바로 1%로 여겨지는 사람들과 나머지를 가르는 중심 쟁점이다. 교환의 수단을 찾지 못하는 무능력 때문에 우리의 가치창출 능력은 점점 마비되어 왔다. 하루하루 벌이로 먹고 사는 사람들은, 돈으로 돈을 버는 사람들을 위해 고안된 시스템 하에서 고통 받고 있다. 그렇다. 이것은 마르크스(Marx)가 했던 말이다. 그러나 출구는 있다. 우리는 경제활동의 근본적인 특성이나, 혹은 자본주의의 의도하지 않은 결과를 목도하고 있는 것이 아니다. 우리가 마주하고 있는 것은 프로그램된 대로 작동하고 있는 경제 운영체제이다. 그리고 우리는 그것을 다르게 프로그램할 수 있다.

돈을 다시 프로그램하기—은행 금고로부터 블록체인으로

고맙게도, 우리는 돈의 운영체제를 바꾸는 데 필요한 관점과 도구들은 모두 가지고 있으므로, 현재 사용 중인 운영체제를 조정하거나, 혹은 새로운 운영체제들을 만들어낼 수도 있다. 기업의 비타협적 태도와 정부의 무능 때문에 중앙화폐 시스템에 그 어떤 의미 있는 수정을 가하는 것도 사전 봉쇄된 듯 보이지만, 더 커진 디지털 지형이 거래 활성화를 위한 대안적 접근방법을 지원해 주고 있다.

더군다나, 우리는 중앙화폐 시스템에게 애당초 프로그램된 것과 다른 그 무엇을 해달라고 부탁할 필요도 없다. 중앙화폐는 부를 저장하고 키워내는 데 있어서는 훌륭한 도구이고, 원거리 교역과 대규모로 이루어지는 확장주의적 투자에 적합하다. 단지 소규모의 선수들 간의 거래와, 돈이 계속 살아서 회전하도록 하는 목적으로는 유용한 도구가 아닐 뿐이다. 그러니까 그런 목적들을 위해서는 중앙화폐를 쓰지 말도록 하자. 마치 목수에게 망치는 사용하되 톱은 사용하지 말고 집을 지으라고 요구하지 않는 것처럼, 경제가 단 하나의 통화 도구만 가지고 작동하기를 기대하기 어렵다. 직관에 반하는 듯하지만, 우리는 두 개 이상의 통화를 동시에 가질 수 있다. 이것은 그 무슨 공산주의적 음모가 전혀 아니다. 그 반대로, 화폐를 자유시장의 열린 경쟁에 복속시키려는 것뿐이다. 가장 훌륭한 돈, 혹은 돈들이 승리하기를….

디지털 시대를 위해 돈을 새로이 만들려고 한다면, 그 돈이 어떤 기능을 해야만 하는가를 명확히 규정해야만 한다. 프로그래머들의 말투로 하자면, **무엇을 위해**, 우리가 프로그램을 하고 있는가를 묻는 것이다. 이 질문에 대한 다양한 답들로, 잡다하고 떠들썩한 화폐시스템 변경 제안들이 밑바탕에 깔고 있는 편향성들을 까발릴 수 있다. 예를 들어, 금본위제를 주장하는 것은, 이미 금에 투자한 사람들의 포트폴리오를 키워주는 것 말고 무엇을 완수해낼 수 있는가? 재무부에게 모든 달러를 일정량의 금으로 보증하라고 요구함으로써 중앙은행이 흥청망청 돈을 찍어대는 것을 확실하게 방지할 수는 있을지도 모른다. 돈은 확고한 가치를 갖게 되고, 인플레이션의 위협이 사라질지도 모른다. 그러나 금본위제도가 어떻게 화폐의 비축을 넘어서 회전을 증진시켜 줄 수 있겠는가? 그렇지 못할 것이다. 금본위제는 저축 금액이 정부보증의 달러로 측정되는 경우에는 안전하지 않을 수도 있다는 두려움을 해소하는 데 최적화된 제도이다. 그러나 금으로 보증되는 화폐는, 옛날 중세 시대에서 금화가 그랬던 것만큼이나, P2P 시장을 활성화하는 데는 적합하지 않을 것이다. 그것은 희소성에 너무 편향되어 있다.

유로화를 고안해내는 데 일조했던 베르나르 리에테르(Bernard Lietaer)*는 물리적 재화에 의해 보증되지 않고 정부에 의해 합법적이라고 선언된 돈인 불환화폐는 일단의 재화 '꾸러미(basket)'로 표상할 수 있는 화폐들로 대체되거나 증강되어야 한다고 1991년부터 제안해 왔었다.[24] 리에테르는 1/3은 금으로, 1/3은 숲으로, 그리고 나머지 1/3은 고속도로로 보증하는 화폐를 창제하자고 제안하고 있다. 금은 항상 일정량만 존재하므로, 고정재화(fixed commodity)의 요소이다. 숲은 나무가 자라기 때문에 성장(growth)의 요소이다. 그리고 고속도로는 수입(income)요소로, 톨게이트 덕분이다. 투자자가 디플레이션에 대응하는 방식으로서, 혹은 더 나아가 새로운 화폐 준비(reserve currency)제도로서도 일리가 있다.

그러나, 만일 우리가 돈의 회전과는 동떨어져서 이미 부유한 자들의 은행계좌 속으로 돈을 가둬두게 하는 중앙화폐의 작동 성향을 보완하려고 노력 중이라면, 리에테르와 같은 방식 대신에 무언가 돈을 더 잘 움직이도록 하는 방법들을 찾아보아야만 하겠다. 이러한 방법

---

* [역주] 벨기에의 경제학 교수, 통화 전문가

들은, 돈이 그 어떤 고유의 가치를 가지도록 함으로써 장기적으로 보관하고 축적되어 미래에까지 유효하도록 그 확실성을 보장하는 것과는 별 상관이 없고, 지금 당장 교환을 위한 매개체(medium)로서 제 역할을 잘해낼 수 있도록 하는 것과 훨씬 더 관계가 깊다. 경제적 프로그램 용어로 말하자면, 더 이상 돈의 성장을 위해서 최적화하는 것이 아니라, 돈의 **속도를 위해서 최적화**해야만 하는 것이다. 돈을 비축하는 것이 아니라, 교환을 위해 최적화해야 한다. 또 다른 디지털화된 미디어로 비유해 보자면, 비디오 테잎이나 DVD들처럼 영화를 저장하기 위한 방법을 찾는 것이 아니라, 디지털 케이블이나 위성 같은 것들을 통해서 사람들의 집으로 영화들을 배포할 수 있는 방법을 찾아내는 것과 관련이 깊다고 할 수 있다. 우리는 내용 그 자체에는 관심이 별로 없고, 그보다는 그것의 움직임을 촉진하는 것에 관심이 있다. 이러한 견지에서, 사람들이 상품과 서비스를 교환하는 데 도움을 주기만 한다면, 돈 그 자체는 별 문제가 되지 않는다. 이러한 이유 때문에, 대부분의 디지털 화폐 분야의 진정한 혁신들은 **새로운 종류의 돈**과 관련된 것에 몰두할 것이 아니라, **돈을 이동시키는 새로운 수단**에 집중했어야만 했다.

예를 들어, 최초의 온라인 판매 플랫폼들은, 그 중 제일 유명한 것은 이베이(eBay)이겠지만, 처음으로 수백만의 사람들을 판매자로 변화시켰다. 그러나 판매자들이 손쉽게 대금지불을 받을 수 있는 방법이 없었다. 수표는 추심하는 데 몇 주가 걸리고, 판매자들이 대금 확인 없이 배송을 기꺼이 해주지 않는 한 납품은 지연될 수밖에 없었다. 신용카드는 실용적이지가 못했다. 대부분의 비정규적 판매자들은 사업계좌와 지불처리 시스템에 드는 비용을 상쇄할 만큼 충분한 매출을 일으킬 수 없었다.

페이팔(PayPal)은 P2P적 거래의 떠오르는 수요를 수용해낼 수 있는 최초의 유틸리티를 만들어냈다. 최초의 모델은 간단했다. 구매자와 판매자가 은행계좌나 신용카드를 페이팔에 등록한다. 구매자들은 페이팔로 전자 송금을 승인한다. 페이팔은 대금이 안전하게 도착한 것을 판매자에게 알리고, 판매자는 상품을 구매자에게 배송한다. 구매자는 상품 도착을 인증해주고, 그러면 페이팔은 판매자에게 대금을 내준다. 페이팔은 하나의 신뢰할 수 있는 교환 매개자로서의 역할과 동시에 에스크로* 계좌의 역할을 동시에 수행했다. 그 모든 서비스는 공짜였다. 페이팔은 그 에스크로 계좌에 3~4일간 돈을 보관하는 동안 생기는 이자를 얻을 수 있었기 때문이다.

그러나, 은행과 해당 산업의 규제기관들은 이런 과정에서 벼락부자의 출현을 감지하였고, 그 회사의 합법성에 문제를 제기했다. 허가된 예금기관들만이, 페이팔이 하고자 한 것처럼, '떠다니는 돈'을 벌 자격이 있다는 것이다. 그리하여 페이팔은 비즈니스 모델을 변경하여 그 서비스에 대해서 판매자와 구매자들에게 직접 요금을 부과하기 시작했다.[25]

아직까지도 페이팔은 기존의 화폐유통 네트워크의 진입장벽을 낮춤으로써 P2P적 거래를 촉진하려는 회사들 중에 선두주자이다. 스퀘어(Square)라는 이름의 회사가 이것을 한걸음 더 발전시켰다. 이 회사는 기술과 회계관리 인프라구조를 개발해내 스마트폰들을 통해 사람들이 신용카드로 결제를 수락할 수 있도록 했다. 많은 커피점들과 작은 규모의 소매상점들이 이제 복잡하고 비싼 신용카드 시스템 대신에 스퀘어와 아이패드(iPad)를 사용하고 있지만, 이 시스템에 가장 큰 힘을 얻은 사람들은 독립적인 판매자들과 서비스 제공자들이고 또 이들

---

* [역주] escrow – 어떤 조건이 성립할 때까지 기금을 제3자가 보관하는 것

을 위해 돈을 지불하고자 하는 소비자들이다. 그러는 동안, 구글과 애플은 스마트폰과 태블릿을 통해 신용카드와 은행계좌를 사용하는 새로운 방법들을 개발해내기 위해서 서로 경쟁하고 있다. 이러한 기술들은 아마도 큰 사업체만큼이나 작은 비즈니스들을 위해서도 도움이 될 수 있을 것이다.

이러한 시스템들은 새로운 선수들 간의 거래를 육성하고, 거래 실행을 더 간편하게 만들고, 더 쉽게 입증하고, 더 빨리 완성시켜 줌으로써, 돈의 속도를 가속해준다. 그러나 이제까지는 이 모든 시스템들은 일률적으로 꽤나 비싼 거래 네트워크들을 사용하고 있다. 은행들을 위해 봉사하는 신용카드 회사나 ACH시스템*에 의해 운영되는 네트워크들을 이용하고 있는 것이다.[26] 사실 이러한 새 시스템들은 기존의 신용 기관들을 위한 새로운 디지털적 계기판에 불과하다. 신용기관들은 아직까지도 모든 각각의 거래를 인증하고, 현재 100억 달러 이상의 사기적 거래로 발생하는 비용을 부분적으로 감당해야 하는 실정이다.

그러나 그들을 위해 울어줄 것까지는 없다. 이것은 그들이 요금 부과를 정당화하는 또 하나의 방법일 뿐이다. 나쁜 선수들이 없다면 의지해야 할 신용 기관도 필요 없었을 것이라는 점을 기억하라. 신용카드 회사들은 모든 구매 거래에서 3~4%를 벌어 들이고 있다. 전체 경제의 성장률보다도 큰 비율이다. 더구나 이것은 신용카드 회사 매출의 주요 원천도 아니다. 그들 돈벌이의 주요 원천은 고객들이 그들 장부에 꼬박꼬박 지불하고 있는, 아니 계속 축적해 나가고 있는, 엄청난 액수의 이자다. 전체 시장이 빚을 기반으로 하는 화폐의 형태로 은행에 돈을 갖다 바칠 뿐 아니라, 거래 상 인증을 위해서도 신용기관에 돈을 지불해야

* [역주] automated clearinghouse – 자동결제 시스템

하는 현 상황에서, 한계 비용은 지탱해가기 어렵다. 상인들은 거래에 부과되는 그 모든 요금들을 충당하기 위해 물건 값을 올려야만 하고, 교역은 둔화된다. 덜 비싼 이자로 돈을 빌릴 수 있거나, 자체 신용카드를 제공할 수 있는 능력을 가진 거대 소매 기업들만이, 스스로 중앙 신용기관의 역할들을 채움으로써 이러한 고정비용들을 줄일 수가 있다.

더군다나, 점점 더 잦아지고 있는 굵직한 신용카드정보 및 고객정보 도난 사건들에서 볼 수 있는 바와 같이, 이러한 시스템들은 각별히 안전하지도 않다. 중앙집중적 신용기관들은 실제로 그들이 해야 할 일을 썩 잘하고 있지 못하다. 타깃(Target)에서부터 J.P.모건(J.P. Morgan)까지, 금전등록기나 종사자의 노트북 컴퓨터 하나 하나가 전체 시스템 해킹의 입력 포인트가 될 가능성이 있어서, 모든 사용자들이 신용 사기나 개인정보 도난 위험에 노출되어 있다. 그럼에도, 이러한 회사들의 보안 서비스들은 빠른 속도로 미끼 상품이 되고 있다. 수익이 더 짭짤한 대출판매 책략을 위해서.

이러한 견지에서, 디지털 거래 네트워크의 1세대들은 혁명적이 아니라 대응적이다. 이들은 새로이 탈중앙화를 시도하는 시장이 그 어떤 비즈니스라도 하려면 다시금 예전과 똑같이 중앙집중화된 기관들에 전적으로 의존해야만 한다고 재확인 해줄 뿐이다. 한편으로는, 그들이 채택하고 있는 통화 역시 은행 발행 지폐들로서, 중앙의 신용 기관이 발행한 생산품이며, 발행 서비스에 돈을 부과하고 있다. 우리가 이미 살펴본 바와 같이, 이것은 돈의 잠재적인 속도를 저해하는 더 큰 요인 중 하나이다.

모든 등장인물들이 인터넷과 같이 분산된 네트워크 상에서도 여전히 중앙의 신용기관들에 의존하여 P2P적 경제 활동을 추구하고 있다면, 인터넷의 분산 네트워크라는 게 무슨 소용이 있을까? 그것이 중앙의 ACH 자동결제시스템을 통해야만 거래가 가능하다면, 어떻게 그것을 진정한 P2P적인 거래라고 할 수 있겠는가? 아직도 많은 탈중심화된 개인들이 독점 플랫폼을 통해서 서로간에 거래를 하고 있는 실정이다. 낡은 동일한 시스템 상의 새로운 프런트 엔드*이다.

이런 것들이 차세대의 디지털 거래 네트워크들이 고심하고 있는 문제들이다. 어떻게 하면 참여자들의 분산된 네트워크가, 중앙기관의 개입이 필요 없이 집단적으로 가치를 전송하고 인증할 수 있을까? 과연 그것이 가능하기라도 한 것일까? 화폐 시스템이 아이튠즈(iTunes)보다는 비트토렌트† 같은 모습으로 작동할 수는 없을까? 그래서 모든 거래를 타결하기 위해 독점 플랫폼에 의존하는 것 대신에, 모든 참여자들이 서로서로 직접적으로 상호작용하는 통신규약을 사용할 수는 없는 것인가? 전통적 은행들이 비밀리에 하고 있는 것들을 디지털 화폐 시스템이 개방적으로 성취해낼 수는 없을까?

이런 질문들에 대한 답을 알아내는 유일한 방법은 가능한 한 개방적으로 그냥 시작해보는 것이다. 이 때문에 2008년 누군가에 의해, 혹은 누군가 여럿에 의해, 사토시 나카모토(Satoshi Nakamoto)라는 이름으로 쓰여진 백서의 주제로서 비트코인(Bitcoin)이 등장하게 되었다. 이 백서는 P2P의 오픈 소스 플랫폼 상에서 생성되고 교환되는 가상 화폐 개념의 개요를 설명했다. 이 가상화폐는 그것을 발행하는 중앙기관이 필요 없고, 그 거래들을 인증해주거나 관리해주어야 할 중앙의 중개인도 필요가 없다. 그 네트워크 플랫폼 자체를 비트코인(Bitcoin)이라 불렀고, 그 화폐를 비트코인스(bitcoins)라고 이름했다.[27]

---

* [역주] front end－호스트 컴퓨터와 사용자 사이에서의 전(前)처리 또는 제어, 사용자와 가까운 시스템의 전면 부문, 시스템의 시작점이나 입력 부문을 말한다

† [역주] BitTorrent－P2P 파일 공유를 위한 통신 프로토콜

이 아이디어는 전적으로 새로운 것은 아니었다. 가상 화폐들과 탈중앙화폐들은 과거에도 실험이 되었었던 것이다. 그러나 비트코인을 극명하게 구분해주는 요소는 거래의 정당성을 보장해주는 방법이었다. 한 화폐가 교환의 매개체로서 기능하기 위해서는 두 가지의 기본적 표준을 충족해야 한다고 나카모토는 설명한다. 첫째로, 사용자들이 자기가 보유한 통화가 위조된 것이 아니라는 것을 합리적 수준에서 확신할 수 있어야만 한다. 두 번째로, 그 화폐가 원천적으로 '중복 사용될' 가능성이 없어야 한다. 즉, 비양심적인 구매자가 동일한 돈을 두 가지의 다른 거래에 사용할 수 없어야 한다. 이 표준들을 충족하는 일은 중앙화폐에서는 꽤나 간단한 일이다. 고도로 발전한 인쇄기술은 감히 위조할 엄두를 사전 차단한다. 신용과 은행업무의 자동 결제시스템(ACH)은 사람들의 계좌를 안전장부 시스템으로 관리함으로써 중복 사용이 원천차단 된다. 돈을 사용하면, 단일한, 중앙화된 장부로부터 즉각적으로 인출되므로, 중복사용은 불가하다.[28]

나카모토의 백서는, 사용자들이 컴퓨팅 리소스들을 저장함으로써, 집단적이면서도 개방적인 각자의 장부를 관리함으로써, 분산된 네트워크가 중앙화된 화폐체제보다도 더 훌륭한 보안을 생성해낼 수 있다고 설명했다. 나카모토는 제안된 기술의 윤곽을 잡았고, 수천 명의 사람들이 의견을 개진하고 추가 제안을 하여, 드디어 2009년에 비트코인 네트워크가 등장하게 되었다.[29]

비트코인이 어떻게 작동하는지를 이해하는 것은 그것을 사용하는 데 있어서 중대한 문제는 아니다. 마치 전자투표의 통제 체인을 이해하는 것이, 당신이 한 표를 행사하기 위해 중요하지 않은 것과 유사하다. 그러나 비트코인 기술을 더 깊이 이해하면 할수록, 우리보다 디지털 지식이 해박한 사람들의 말에 오로지 의존하지 않고도 더 큰 신뢰를 가질 수 있게 된다. 비트코인의 코드를 공표하고 또 소스를 공개한 이유이기도 하다. 만일 정부나 범법자가 이 과정에 끼어드는 것이 두렵다고 한다면, 비트코인의 코드를 한번 살펴보라. 그러면 그게 어떻게 돌아가는지 알 수 있을 것이다. 여기서 그것을 간추려 설명하자면, 아무도 담당하는 사람이 없다는 것이다. 이것은 비트코인의 성향이 이자를 발생시키는 재래의 화폐시스템과는 매우 다르다는 것을 의미한다. 비트코인은 프로토콜을 통해 작동하는 화폐시스템이다. 즉, 중앙의 감독기관들을 통해 보안체제를 수립하는 것이 아니라, 피어들* 간에 디지털적으로 핸드쉐이크† 함으로써 작동되는 것이다.

비트코인은 '블록체인(blockchain)'이라고 알려진 데이터베이스에 기반하고 있다. 블록체인은 각각의 모든 비트코인 거래를 기록한 공공의 장부이다. 그것은 어떤 은행의 서버나 신용카드 회사 본부의 지하실 서버에 모셔 놓은 것이 아니다. 그것은 비트코인 네트워크에 있는 모든 사람들의 컴퓨터들 속에 살고 있다. 비트코인스(bitcoins)의 거래가 일어나면, 그 거래에 상응하는 알고리즘이 블록체인을 향해 '공표된다(published)'. 이 알고리즘은 단지 그 거래 자체에 대한 설명에 지나지 않는 것으로, 이를테면, "2개의 비트코인스가 A로부터 와서 B로 갔다"와 같은 것이다. 사용자들과 그들의 비트코인 대차대조표를 명부화하는 것 대신에 이 장부는 단지 발생시간 순으로 일어난 거래들을 목록화할 뿐이다. 그것은 사람들을 추적하지 않고, 돈을 추적한다. 그것은 당신이 얼마만큼을 가졌는가의 기록이 아니라, 돈이 어디로부터 왔고 어디로 가고 있는가의 기록이다.[30, 31]

하나의 거래를 장부에 등재하기 위해서는, 두 사람의 사용자가 우선

---

* [역주] peers – 프로토콜 상 동일계층, 대등지위
† [역주] handshakes – 상호 접수하는 신호를 개별 확인하며 제어를 진행해가는 것

교환에 동의해야만 한다. 상당히 표준적인 암호체계, 즉 공개 키와 개인 키들*을 사용하여, 양쪽의 사용자들은 체결하고자 하는 거래에 대해서 '서명(sign)'을 하면, 바로 그와 동시에 네트워크로 전송이 된다. 비트코인 생성과정에 참여하기 위하여 컴퓨터를 켜둔 네트워크상의 다른 구성원들은, 즉각적으로 그 거래를 확인하기 시작하고 그 거래를 공공장부에 기록한다. 이 부분의 과정은 컴퓨터적 계산 퍼즐을 풀어가는 복잡한 과정들과 결부되어 있고, 이러한 과정은 일종의 인증 절차로, 수많은 컴퓨터들이 그 거래를 입증한 후에 거래가 실행된다. 이러한 절차 때문에 나쁜 의도를 가진 사람이 있더라도, 가짜 거래를 장부에 등재하는 것이 원천 차단된다. 충분한 수의 사람들이 거래를 입증하면, 그것은 영구 원장(permanent ledger)의 일부로서, 새로운 거래들의 블록을 형성하고, 체인에 기록된다. 이런 절차를 위해서는 약 10분 정도가 소요되는데, 새로운 자금을 확인하는 데 최장 1주일까지 걸릴 수도 있는 은행과 비교하면 매우 빠른 것이다. 시스템의 작동 속도를 이렇게 높여준 데 대하여, 블록체인을 입증하고 관리해 준 사람들은 비트코인스로 보상을 받게 된다. 이 과정은 이른바 '채굴(mining)'이라고 불리는데, 이 채굴의 방법으로 새로운 비트코인스가 유통에 진입하게 되는 것이다. 이렇게 새로 순환과정에 진입하는 비트코인스의 공급으로 인한 가치 희석은 신용카드 수수료에 비하면 무한대 분의 일밖에 되지 않아서 그것이 거래에 미치는 부담은 무시해도 좋은 정도이다.[32, 33]

나카모토는 디지털 경제에서 신뢰를 퍼뜨릴 수 있는 적어도 한 가지 방법을 개발해낸 것으로 보인다. 즉, 거래들을 공공의 기록으로 남기고, 그것을 봉인하는 방법을 만들어낸 것이다. 은행의 보안 시스템

---

* [역주] public and private keys – 서로 다른 2개의 키를 사용하여 암호화하는 방법으로, 데이터를 암호화하는 공개 키와 데이터의 암호를 해제하는 개인 키로 구성된다

이나, 가상적 방화벽으로 이것을 이룬 것이 아니라, 공동체의 규합된 컴퓨터 사용의 힘으로써 해낸 것이다. 당신의 돈을 훔쳐갈 수가 없다. 침입할 곳 자체가 없기 때문이다. 모든 사람들이 모든 것의 기록을 가지고 있다.

거의 5년 동안, 비트코인 네트워크와 그 비트코인스의 저장고가 커졌다. 사용자들은 썸드라이브*, 알파카 양말, 그리고 맞다, 마약 따위의 제품들을 사고 팔기 위해 비트코인스를 교환했다. 사람들이 이름이나 이메일 대신에 암호 키를 통해 거래를 한다는 사실 때문에, 모든 구매는 익명으로 할 수 있다. 신용카드처럼 월말 청구서에, 누군가 구매했을지도 모르는 불법적인 상품과 서비스의 내역이 기재되지 않으므로, 디지털 암호화폐(cryptocurrency)는 암시장에서 성행되었고, 범죄를 위한 화폐라는 오명을 얻게 되었다. 그러다가 2013년 말에 무언가 재미있는, 그러나 충분히 예상할 수 있었던 일이 발생한다. 실크로드(Silk Road)로 알려진 불법적 온라인 비트코인 시장에 대한 세간의 질책에 대한 대응인지, 아니면 중국인 사용자들의 참여 증가에 따른 대응인지는 모르겠으나, 월 스트리트가 갑자기 투기적 투자의 새로운 도구로서 비트코인에 달려든 것이다. 비트코인은 미래의 대박이 되었다.[34]

투기꾼들이 비트코인을 그렇게 사랑하게 된 것은 비트코인스가 일정 한도의 수만큼만 채굴되어 유통될 수 있는 특성을 가졌기 때문이다. 채굴 과정은 앞으로 몇 십 년 정도만 지나면 완료되어 그 이후에는 화폐 공급량이 고정되어 버리게 된다. 더군다나 사용자가 자신의 개인암호 키를 분실하게 되면 그 사용자의 비트코인스는 화폐 순환에서 사라져 버리게 된다. 투자자들이 추론한 것은, 만일 비트코인이 인기를 얻

* [역주] thumb drives – 컴퓨터의 USB 포트에 꽂아 사용할 수 있는 휴대용 데이터 저장 기기

게 된다면, 빨리 들어간 사람들이 화폐 시장 전부를 독점하게 될지도 모른다는 것이다. 그랬기 때문에, 비트코인스 개당 가격이 2012년 11월에 10달러였던 것이 1년 후 1000달러로 치솟았다.[35] 이제는 비트코인 투자펀드까지 생겼고, 윙클보스(Winklevoss) 쌍둥이 형제가 그 중 유명한 사례다. 그들은 대학생 마크 저커버그(Mark Zuckerberg)를 그들의 소셜 네트워크 플랫폼 개발을 위해 채용했으나, 결과적으로 그것을 그에게 빼앗긴 것으로 잘 알려진 사람들이다.

그들은 그와 함께 비트코인의 기회 자체도 날려버리고 있는지도 모른다.

비트코인 화폐는 유틸리티일 뿐이지, 그 자체가 가치를 내포하는 것은 아니다. 그것은 그저 표딱지(label)일 뿐이다. 비트코인들이 너무 값지고 희귀해져 버리면, 언제고 그것을 대신해서 쓸 수 있는 블록체인 화폐가 나올 준비가 되어 있다. 국가가 발행하는 신용화폐와는 다르게 그 어느 누구도, 심지어 세무당국조차도 그 누구에게 비트코인을 쓰라고 강제할 수 없다. 이런 특성으로 해서 비트코인은 초기 르네상스 군주들이 P2P 시장을 철폐하기 위해 고안해낸 돈과 같은 역할을 할 수 있는 특성을 지니지 못한다. 놀라운 것은, 이 부분을 이해하는 데 가장 어려움을 느끼는 사람들은 바로 돈을 만지는 사람들이다. 그들이 비트코인 투자에 그리도 열을 올릴 수밖에 없는 이유가 바로 이 때문이다.

비트코인의 참 목적과 기능을 이해하는 유일한 길은, 그것이 좋은 투자 수단인지에 대해서 자문하는 일을 멈추는 것에서 시작된다. 지금 이 시각에도, 이 글을 읽어 나가면서도, 비트코인이 미래에 가치로워질 것이라는 건지 아니라는 건지 아리송해 하는 사람들이 많을 것이다. 지금 당장 책을 덮고 비트코인을 몇 개 사야 할까, 말아야 할까? 당신이 어떻게 행동해야 할지를 알고 싶은가? 이 질문에 대한 답이 정 필요하다면, 말하겠다. 비트코인에 투자하지 말라. 제때에 그것을 산다면, 돈을 벌 수 있을지는 모르겠으나, 비트코인은 그러라고 만든 것이 아니다.

그것의 장점을 입증하고 거래자들에게 수용되기 위해서 비트코인스는 투자자들의 충분한 관심이 필요한 것은 사실이지만, 너무 많은 관심은 사실 그 화폐의 효율성을 저해한다. 프로그램으로서 비트코인은 돈을 반복적으로 어떻게 투자할 것인가의 문제를 해결하기 위한 것이 아니다. 그것은 어떻게 중앙의 중재자 없이도 안전하게, 그러면서도 익명으로 거래를 할 수 있을까에 대한 고민으로 생겨난 것이다. 그리고 비트코인은 확실히 안전하다. 공개적으로 말하건데, 몇몇 비트코인 거래소들과 온라인 지갑(online wallet) 시스템에서 비트코인 도난과 사이버공격 시도들이 발생했다고 대대적으로 떠들어댄 적이 있었으나, 그 중 하나는 게임 웹사이트에서 각색된 것일 뿐이었고, 이체 기록을 빼낼 의도는 전혀 없었다.[36] 만일 그런 의도가 있었다고 하더라도, 그 기록들은 블록체인 그 자체와는 아무런 관계가 없는 것이고, 블록체인은 모든 점에서 사실상 침투 불가능하다.

비즈니스 문화의 비축과 희소성에 대한 편향을 비트코인이 극복하지 못한 것은 일시적인 지체현상일 수도 있고, 혹은 그 시스템이 디자인된 방법상 근본적인 흠결이 드러난 것일 수도 있다. 비트코인(Bitcoin) 블록체인은 비트코인스(bitcoins)의 공급량을 독단적으로 제한하여 생성한다. 중앙은행들이 괜히 낭비적으로 경제에 돈을 펌프질해대는 것처럼 보이는 것에 대응하는 취지로 그렇게 했을지는 모르겠다. 하지만, 궁극적으로 얼마만큼의 비트코인스가 생성될 수 있는가에 대해 상한선의 모자를 씌워 놓음으로써, 비트코인은 중앙화폐의 희소성 편향을 초월하지 못하고 있고, 오히려 그것을 악화하고 있다. 비트코인스에 대해서 그렇게 생각하지 않는 유일한 사람들은 채굴자들이다. 최고 속도의 컴퓨터들을 가지고 거래들을 입증해주면서 새로운 코인을 얻어내고 있는 이 참여자들은 이 경제의 중심에 위치하게 되었다. 적어도 새로운 코인이 생성될 수 있는 때까지는 그럴 것이다. 모든 돈은 그들의 컴퓨터에서 새로 만들어지고, 그것을 사용할 때에 그들의 손을 떠나게 된다. 중앙화폐와는 달리, 아무런 조건들이나 이자도 붙지 않은 채로 그들의 손을 떠난다. 그들은 새로운 종류의 엘리트일 수도 있다. 그러나 그들 역시 여태까지의 엘리트와 똑같을 뿐이다. 아무리 그들이 경제의 변두리에서 기능한다고 해도, 그리고 비트코인의 공급이 완성되는 향후 십여 년 동안만 존재할 수 있다고 해도, 그들은 새로 등장한 은행가들일 뿐이다.

비트코인스를 채굴하는 데 드는 비용도 그리 싸지가 않다. 하드웨어에 더하여 채굴자들은 막대한 컴퓨터 프로세싱과 전기 소비에 비용을 투자해야만 한다. 2013년에 채굴자들이 거래를 인증하고 새로운 비트코인들을 채굴하기 위해 사용한 전기는 하루 당 약 1000메가와트시나 된다.[37, 38] 《블룸버그(Bloomberg)》의 기자 마크 지메인(Mark Gimein)이 기록한 바에 따르면, 이 전기 소모량은 LHC 거대 하드론 충돌기*를 가동하기 위해 필요한 동력의 절반에 해당한다. 그 후 일년도 못되어, 《팬도데일리(PandoDaily)》는 그 네트워크의 전기 사용량이 하루 당 131,019.91메가와트시라고 집계했다. 무려 1,000%나 증가한 것이다.[39] '굴착기(mining rigs)'라고 불리는 채굴에 특화된 컴퓨터들은 비트코인 채굴의 에너지 효율을 개선하고 있기는 하지만, 채굴되지 않고 남은 비트코인스의 수도 줄어들고 있고, 또한 블록체인의 길이

---

* [역주] Large Hadron Collider－스위스 제네바 근방의 유럽입자물리학연구소(CERN)에서 만든 입자 가속 및 충돌기, 유럽연합 20개국의 6,000여 명을 비롯하여 전 세계에서 약 1만 명의 과학자들이 참여해 만들어진 LHC는 두 개의 입자 빔을 광속에 가까운 속도로 충돌시킴으로써 빅뱅 직후의 상황을 재현할 계획으로 만들었다. 세계 최대의 단일 기계다

가 길어지면서, 비트코인의 POW 인증작업*문제를 수행하는 데 필요한 계산능력의 수준도 올라가고 있다.[40] 그래서, 비트코인이 경제적으로 실행가능 하다고 판명이 나더라도, 그것은 환경적 지속가능성을 증명해낼 것 같지는 않다. 디지털적 지식과 처리능력을 가진 자들, 그리고 전기를 낭비하는 것에 대한 거리낌이 없는 사람들에겐 유리한 점이 있다. 반면, 이미 많은 돈을 가진 사람들은 비트코인 생성 전용 컴퓨터들을 리스릭(LeaseRig)와 같은 회사들로부터 임대해서 스스로 채굴을 할 수도 있다. 여전히 돈으로 식탁의 한자리를 사는 것이다.

그러니까, 비트코인은 자본의 생성을 은행가들로부터 뺏어다가 프로그래머들이나 그들에게 돈을 지불하는 자들에게 가져다주는 것이다. 물론 비트코인은 더 이상 이자를 지불하며 얻는 것이 아니라는 점과, 성장을 필요로 하지 않는다는 점에서 기존 화폐 문제의 몇 가지를 해결해 주기는 한다. 그러나 그것은 여전히 희소하고 비축되며, 물리적인 환경을 지속적으로 소모한다. 굳이 특성을 규정하자면, 비트코인은 바자(bazaar)의 P2P 경제에 물고기처럼 알을 퍼트려준 풍부하고 회전적인 시장화폐와 비슷하다기보다는 최초의 금화와 같아서, 너무나 희귀하여 실제적이지 못한 것이다. 그 화폐에 대해 이자를 받아가는 중앙은행과 같은 것은 없다. 그러나 그것의 가치는 여전히 상대적인 희소성의 산물이다. 마치 전쟁포로 수용소에서 담배가 현금의 역할을 수행했듯이. 죄수의 돈이다. 이것은 사용자들의 제로섬(zero-sum) 사고방식을 키우고 순환을 억제한다. 접근 가능한 것이 그것뿐이라면, 그것을 쓰는 것보다 비축하는 게 더 낫다.

그러나, 비트코인스(bitcoins)는 궁극적으로 화폐로서는 제한적인

* [역주] proof-of-work-스팸 등의 오남용을 막기 위해 이루어지는 컴퓨팅 처리과정

가치만을 입증해 오긴 했지만, 비트코인(Bitcoin) 네트워크는, 금융과 컴퓨팅, 그리고 기업들과 더 나아가 우리 사회를 우리가 어떻게 조직화해내야 할지에 대해, 잠재적으로 신기원적인 변화를 표상하였다. 표면적 수준에 그칠지라도, 비트코인 네트워크 덕분에 비트코인스는 분명 중앙화폐보다 더 입증가능하고, 더 집단적으로 결제될 수 있는 화폐다. 또 순환되는 통화량은 이미 연방준비위나 중앙은행의 통제로부터 완전히 벗어난 상태다. 또한 정치권이나 정치인들의 결정들을 알릴 수 있는 정치의제로부터도 벗어난 사안이 되었다. 그러나 더 본질적인 수준에서, 비트코인 프로토콜은 돈의 본원적인 두 가지 기능인 신뢰와 보안을 우리가 어떻게 이해해야 하는지에 관한 엄청난 도약의 대표 사례다.

입증은 더 이상 우리가 외부의 기관으로부터 구해야 하는 그 무엇이 아니다. 승인도장을 찍어 주거나 거부할 그 어느 개인이나 주체도 없다. 신뢰, 안전, 그리고 소유권은 중앙의 명령에 의해 보장되는 것이 아니라 참여자들의 네트워크에 의해 이루어지는 것이다. 이 시스템에 있어서, 화폐의 권력은 중앙정부의 강제력으로부터 나오는 것이 아니라 시장 속 민초들의 연대로부터 오는 것이다. 돈은, 실제이든 가상의 돈이든, 은행 금고가 지켜주는 것이 아니라, 가능한 넓을수록 더 좋은 공공의 관리감독으로 지켜진다.

월 스트리트의 투기꾼들은 이러한 사실을 깨닫지 못하거나 애써 외면하고 있다. 이 변화로 인해, 그들이 금융기법을 통해 부를 추출해내고 있는 시스템으로부터 획기적인 변혁이 일어날 것이기 때문이다. 잘못된 방법이기는 하지만, 그리고 잘못된 생각에서 비롯된 것이지만, 그들이 비트코인스에 대한 베팅에 열을 올리는 것은 시장에서 이러한 변화의 조짐을 이미 감지했음을 보여주는 반증이다. 다만 그들은 그

변화에 어떻게 참여할지를 아직 모르고 있을 뿐이다.

비트코인은 사실 돈보다 더 큰 무엇이다. 블록체인은 일방적인 신뢰를 낳지는 못할 수도 있지만, 새로운 방법으로 서로간의 불신을 보완해준다. 어떤 계약에 대해서 기관이 입회하던 것을 우리 모두가 대신한다. 장부로의 접근 열쇠를 쥔, 혹은 돈 서랍을 전담하는 그 어떤 단독의 '감시자(watcher)'도 없다. 그러므로 감시자들을 누가 감시할 것인가의 문제도 고민할 필요가 없게 된다. 절대적이든 아니든 간에, 부패할 가능성이 있는 권위기관도 없다. 권위가 분산되는 것이다. 블록체인의 모든 암호체계, 알고리즘, 그리고 사고 파는 과정을 돌이켜 보면, 블록체인은 그냥 하나의 공개적 장부이고, 집단적으로 생성되고 공개적으로 누구나 접근할 수 있는 개인간 계약의 기록이다. 이에 더하여, 그것은 익명의 피어 집단에 의해 인증되고 암호화되므로, 그 어느 특정한 거래에 관계한 사람들만이 누가 그 거래에 참여했는지를 알 수 있다. 블록체인은 비트코인스를 초월해서도 더 많은 응용력을 가지고 있다.[41]

블록체인은 비트코인 사용자들간의 현금 거래뿐만 아니라 우리가 선택하는 그 어떤 것도 '공증'하고 기록할 수 있다. 모든 회사들이 블록체인 상에서 조직화할 수 있고, 계약에서 보상까지 모든 것을 입증해줄 수 있다. DAC기업들*을 예로 들면, 집단적으로 연산되는 블록체인에 의존하여 지분이 어떻게 분산되어야 하는지를 결정하는 비즈니스 카테고리로서 빠르게 성장하고 있다. 진정한 DAC 회사로 손꼽히기 위해서는, 이사회나 CEO와 같이 주도적 단일 주체의 관리감독 없이 회사의 운영이 이루어지도록 오픈 소스에 진력하는 기업이 되어야

---

* [역주] decentralized autonomous corporations – 탈중앙화된 자율기업

한다.* 한 프로젝트를 통솔하는 규칙들과 임무는 공동합의로부터 도출되어야 한다. 프로젝트 담당 노동자들은 그들의 노동이나 혹은 자본 투자에 대해 블록체인 상의 지분으로써 보상을 받게 되고, 그 주식지분은 프로젝트가 발전할수록 숫자가 늘어난다.[42] 우리는 DAC회사들을, 단순한 비즈니스 플랜으로부터 출발하여 지속 가능한 기업으로 성장해 가면서 그 주식이 조금씩 조금씩 발행되는 회사라고 이해해도 좋을 것이다. 그 회사를 위해 가치를 창출해낸 개인들만이 그들의 공헌도에 따른 비율만큼 새로운 주식으로 보상을 받게 된다.[43]

딱 들어맞게, 대부분의 DAC회사들은 지금 스스로 블록체인 관련 서비스들을 팔고 있다. 자기 회사의 관리방식과 주식 분배를 위해 블록체인에 동참함으로써, DAC들은 그들이 팔고 있는 기술들에 대해서 신뢰를 더하고 있다. 그들은 윙클보스(Winklevoss) 쌍둥이가 앵벌이 행각을 벌이고 있는 비트코인 ETF†와 극명한 대조를 이루고 있다. 비트코인 ETF펀드는 전통적 월 스트리트 방식의 값 올리기와 비용률 적용을 통해 이윤을 추출하고 있으며, 거래는 여전히 불투명하다. 반면에, DAC들은 블록체인을 이용하여, 완벽한 투명성 아래에 스스로를 복속시키고 있다. 모든 사람들이 모든 것을 볼 수 있다.

그 모든 장점들에도 불구하고, 이러한 블록체인 프로젝트들에는 어느 정도 취약성도 있다. 그 어떤 종류의 코인이 유통되더라도, 초기에 진입한 사람들이 대부분의 것을 벌게 되는 성향이 있다. 더욱이 최초

---

* DAC들이나, Dapps(decentralized applications–탈중앙화된 어플리케이션), 그리고 DAOs(decentralized organizations–탈중앙화된 조직)을 어떻게 규정할 것인가에 대해서 참여자들 간에 논쟁이 여전히 존재한다. 또한 이러한 조직체들이 고수해야 할 원칙들에 대해서도 논쟁 중이다

† [역주] exchange traded fund–상장지수 펀드, 주식처럼 거래가 가능하고, 특정 주가지수의 움직임에 따라 수익률이 결정되는 펀드

에 시스템에 안착된 규칙들은 매우 변하기 힘든 만성적인 특성을 띠게 된다. 블록체인이 작동하는 특정 섹터에 있어서의 예측하지 못한 변화나 더 나아가 모든 세상의 예기치 못한 변화에 대해서 그때 그때 융통성 있게 대처하기가 힘들다. 마지막으로, 모든 사람이 각자 공공의 장부 사본을 보관한다고 하면, 충분히 많은 거래가 이루어지게 된 후에는, 그 자체가 매우 거추장스런 일이 될 것이다. 비트코인 블록체인 그 자체 용량만해도 일반인들의 하드 드라이브보다 더 크다. 간추려 말하면, 이러한 실시간 경제 프로젝트들의 규모가 커가면서, 그들의 유산이 채무가 되고 있다.

결국, 블록체인 어플리케이션들의 미래가 제아무리 밝다고 해도, 탈중앙화된 기술들이 공정한 분배를 담보해 주는 것은 아니다. 그 기술들은 단지, 현재의 추출적인, 중앙화된 체제가 해주지 못하는 방법으로, 가치를 교환하고 인증할 수 있도록 가능성을 열어주는 것뿐이다. 우리가 살펴본 바와 같이, 비트코인 프로젝트는 탈중앙화된 장부를 통해서 보안을 제공하려는 중심적 과제를 수행하려는 의도였을 뿐이다. 그것은 익명으로서 P2P 인증문제를 해결해 왔을 뿐, 경제적 정의는커녕 좀 더 건강한 화폐 유통을 위한 해결책도 아니었다.[44]

비트코인은 이전까지만 해도 중앙 기관들의 독점적인 영역으로 여겨져 왔던 문제해결 방법들을 분산시킬 수 있는 길이 있다는 것을 확실하게 입증해주었다. 우리는 스스로 그런 것들을 해낼 수 있다. 그러나 타고난 익명적 특성으로 인해 기업활동에 의해 섬멸된 인간관계들을 회복시킬 그 어떤 일도 해낼 수가 없고, 거리에 관계없는 무차별적 기능성으로 인해 실제 인간의 삶의 터전인 지역의 현실들을 재천명하기 위한 그 어떤 일도 해낼 수가 없다.

그것을 해내기 위해서는, 아마도 집단적으로 결제가 이루어지는 디지털 파일이 아니라 개개인 간에 거래로 방향을 틀어야 할지도 모르겠다.

돈은 동사다

디지털 시대의 피조물로서, 우리는 하나의 문제를 풀기 위해 우선적으로 그 무슨 알고리즘이나, 컴퓨터 프로그램, 혹은 그밖의 기술적인 솔루션을 동원해볼 충동을 느끼게 된다. 비트코인 역시 그러한 류의 시도이고, 분산되어 있는 개인 컴퓨터들의 막대한 프로세싱 능력을 방향 전환하여 가치 교환을 입증하는 데 사용하였다. 그러한 기술을 사용하면서, 우리는 암호화폐(cryptocurrency)의 오픈 소스 알고리즘이, 과거 특권을 남용해 왔을지도 모르는 은행가들이나 기관들보다 더 신뢰할 만하다는 것을 알게 되었다. 우리는 블록체인을 믿는다.

물론 그 기저에 깔린 전제는, 이중거래나 사기, 혹은 서비스 불이행 등의 지속적인 위협 없이 직접 거래할 수 있을 만큼 사람들이 서로서로를 신뢰할 수 없다는 것이다. 기술에 대한 신뢰를 장려하는 화폐체제를 시행함으로써, 또 다시 시장이 우리에게 제공할 수 있는 사회적인 결속 가능성을 빼앗아가 버렸다. 그리하여, 결속과 상호이익보다는 단절이나 벼랑 끝 전술에 의해 움직이는 경제적 문화로 향해 달음질치는 경향이 생겨났다. 우리가 사용하는 도구들로부터 우리는 영향을 받는다.

행동주의 경제학자들은 이것을 너무도 잘 알고 있다. 재미있는 것은, 우리가 앞서 살핀 바와 같이, 행동주의 경제학자들이 은행들이나 신용제공 회사들에 고용되기 시작했던 시점이 바로, 21세기에 들어와 빚을 바탕으로 하는 화폐의 한계점들이 수면위로 떠오르기 시작한 시점과 일치한다는 점이다. 그들은 행동주의 경제학자들을 고용하여 사람들이 더 높은 이자율로 더 많은 돈을 빌리도록 하기 위한 방법을 모색하려 했던 것이다. 심리학자들은 돈이 작동하는 원리에 대한 사람들의 잘못된 관념을 악용할 방법을 연구해내고, 우리의 취약한 관념들에 '비이성적 편견', '돈에 대한 착시적 편견', '손실회피성향 이론', 그리고 '기한 할인'과 같은 이름들을 붙여주었다.* 그리고는 금융상품을 개발하고, 사람들의 이러한 잘못된 편견들을 이용하여, 그들이 자기의 최고 이익에 위배되는 행동을 하도록 유인하기 위한 광고 문안을 작성했다. 다른 표현으로 말하면, '돈이 인간의 필요를 충족시키기를 멈춘다면, 돈의 필요에 인간들을 갖다 맞추라'는 식이다.

그것은 인간의 필요와 가치를 더 위대한 기계 아래에, 그리고 우리가 살고 있는 시스템의 가치 아래에 두는 산업주의 시대 윤리관의 또 다른 사례이다. 이와는 대조적으로, 디지털 미디어 환경은 우리가 사용하는 그 시스템들을 언제고 바꿀 수 있는 프로그램으로서 바라보고, 시스템과 기계는 인간을 위해 만들어진 것이고, 인간이 그것들의 최종 사용자라는 확고한 시각으로 우리를 초대하고 있다. 비트코인과 같은 컴퓨터 프로그램들은 경제체제가 마치 무슨 컴퓨터 운영체제라도 되는 듯 마구 해킹을 해대고 싶은 충동을 가장 극명하게 나타내는 디지털적 표현일지도 모르겠다. 그러나 비트코인 프로토콜들은 인간의 필요에 봉사하는 것보다는 여전히 돈의 기능들을 스스로 모방복제하려는 데 관

* 사람들은 기회주의적으로 돈을 빌리는 것이 아니라, 비이성적으로 돈을 빌린다. 대상물을 먼 거리에서 보는 것마냥, 그들은 미래에 지불할 돈을, 실제로는 그것이 더 큰데도 불구하고, 현재의 것보다 작게 본다. 사람들은 또 큰 액수의 돈을 얻기 위해 갈망하는 것보다 작은 액수의 돈을 잃고 싶지 않고자 하는 거리낌의 강도가 더 크다. 어떤 특정한 거래에서 각각의 경우가 일어날 확률과는 무관하게 그러하다. 사람들은 또한 무언가를 구매한 날과 그것에 대한 값어치를 지불해야 할 날 사이에 일어나게 될지도 모르는 그 어떤 부정적인 상황변화의 가능성에 대해 고려하지 않는 경향이 있다.

심이 더 많다. 참으로, 우리의 빚과 화폐 시스템들을 수정하고자 나타난 가장 두드러진 변화들조차도 기술적으로 세련되지 못한 모습을 드러냈고, 그것들이 해결하고자 시도해온 인간의 특정 문제들에 오히려 스스로 집착하고 있다. 그들은 돈에 대한 해답을 찾고 있는 것이 아니라, 사람에 대한 해답을 구하고 있다.

예를 들어, 〈월 스트리트를 점령하라(Occupy Wall Street)〉 운동에 뒤이어 나타난 주요 이슈 중 하나가 빚 문제다. 대학생 빚은 현재 1조 2000억 달러로 추산되고, 5000만 명 이상의 미국 성인들이 의료비 관련 빚에 시달리면서,[45] 의료관련 부채가 개인파산의 최대 단일 원인으로 대두되었다.[46] 이 모든 불량채무자들은 대부산업에도 골칫거리로 등장하게 되었다. 우선 집을 사고 주택담보대출을 받을 만한 연령대들이 아직도 학자금 대출을 갚기에도 너무 바빠서 부동산을 구매할 엄두를 내지 못하고 있다. 반면에 주택을 소유한 나이든 사람들은 의료관련 부채에 마주하게 되어 압류와 채무불이행의 주요 원인 제공자가 되고 있다.[47] 대부분의 은행과 신용카드 회사들은 불량채권들을 패키지로 묶어서 신용추심회사나 그밖의 밑바닥 인생들에게 헐값에 팔아버리고 있다. 불량채권을 장부에서 털어 버리기 위함이다. 채무자들의 빚은 여전히 그들이 빌린 전액이 남아 있게 되고, 새로운 채권자들은, 채무자가 파산신청을 하거나 도망가 버리지 않는 경우, 그 액수의 일부만을 회수할 수 있을 거라는 걸 알고 있다. 모든 사람들의 상황이 더 악화되고 있다.

〈월 스트리트를 점령하라〉 운동이 규합되는 동안, 활동가들은 모든 전통적 접근법을 동원해서 이 난제를 풀려고 했다. 그들은 집단적 대출거부를 통한 저항운동 확산에 주목하였다. 한편으로는 채권자들이 회수하고자 하는 채권을 관리하기 위한 모든 추심 체인을 공개하도록 압박하고, 다른 한편으로는, 은행제도와 대출업무의 개혁을 위해 PAC* 를 조직하거나 의회에 로비를 벌여 왔다. 그러나, 그들은 디지털 시대의 실천적이고, DIY(스스로 만들기)적인 편향으로부터 일을 풀어갈 단서를 찾아낸 게 아니었으므로, 활동가들은 훨씬 더 간결한 해법을 찾게 되었다. 빚을 사버리는 것이었다. 그들은 롤링 쥬빌레†라고 불리는 프로젝트를 추진하여,[48] 기부자들로부터 기금을 조성하여 빚을 되사서 녹여버렸다. 첫 모금액, 70만 달러만 가지고도 1700만 달러의 학자금 빚과 1500만 달러어치의 의료관련 빚을 소각해낼 수 있었고, 이제는 단기부채(payday loan)와 사금융 유예부채들을 목표물로 정하고 있다.[49] 그들이 더 많은 사람들을 빚으로부터 건져낼수록, 더 많은 기부자들이 나타나고 있다.

그러한 솔루션들은 고도의 기술을 요하는 것들은 아닐지도 모르나, 그들의 정신은 디지털적이다. 특히 상호부조의 P2P 메커니즘을 되살리는 방식에 있어서, 그리고 개인적인 리스크와 책임을 전 네트워크를 통해 분산시켜내는 방식에 있어서는 매우 디지털스럽다. 마지막으로 그 솔루션 자체가 기존의, 고도로 착취적인 시스템을 무너뜨리는 해킹이다. 채무를 패키지로 헐값에 구매함으로써 신용정보회사가 얻었던 레버리지를 이제는 그들이 이용하여, 기부된 돈의 25배에 달하는 빚을 탕감해주는 데 쓰고 있다. 가장 기대되는 훌륭한 케이스는, 이 프로젝트의 수혜자들이 교대로 연달아 조그마한 액수를 기부함으로써 다른 사람들을 빚으로부터 연속적으로 탈출할 수 있게 하고, 주관단체 롤링 쥬빌레의 빚 탈출 쥬빌레(jubilee–경축잔치)가 계속 롤링할(rolling–굴러갈) 수 있게 됨

---

* [역주] Political Action Committee–정치활동위원회, 미국에서 특정 입후보자들 당선시키거나 낙선시키기 위해 기업이나 노동조합 등의 이익단체가 조직한 선거운동조직

† [역주] Rolling Jubilee–〈월 스트리트를 점령하라〉 운동의 일환으로, 헐값에 빚을 사서 소각해버리는 집단적 빚 퇴치운동

으로써, 더 많은 채무자들이 구제되는 경우일 것이다.

빚을 빨아먹는 수많은 촉수들을 부수고 화폐시스템을 다시 만들어내는 일에 소셜미디어와 블록체인 등의 망(net)을 이용할 수도 있다. 소비자 테크놀로지 영역에 우리는 이미 그 모든 보안 및 관리 운영과 관련한 능력들을 보유하고 있다. 한때 이런 능력들은 은행이나 주요 기업들의 독점적인 영역으로만 여겨졌었다. 돈을 다시 프로그램하기 위해서는 디지털 기술보다는 디지털적 사고와 목적을 필요로 한다. 우리의 손가락, 즉 우리의 셈(digits) 도구가 더 좋은 화폐시스템을 지향하고 있는 이 때, 우리는 어떤 일단의 특정 기술로써 무엇을 **성취할 수 있는가**보다는 그런 것을 가지고 **무엇을 성취하길 원하는가**에 집중해야 할 것이다. 우리 마음 속에 그러한 목적들을 명확히 함으로써, 우리는 제공된 솔루션들을 평가하거나, 혹은 스스로의 새로운 솔루션들을 개발해낼 수 있을 것이다.

그러므로, 인간의 재무적인 행동 양식을 조정하여 어떻게 기존의 화폐 형태에 맞게 작동하도록 할 것인가를 묻는 것 대신, 우리는 이렇게 묻는다. 어떤 종류의 화폐가, 우리가 칭송하고 실천하기를 희망하는 인간의 행동양식을 북돋아줄 것인가? 어떤 종류의 화폐시스템들이 신뢰를 장려하고, 지역의 교역에 다시금 활력을 불어넣고, P2P적 가치 교환의 편에서, 성장의 요구를 초월할 수 있는가? 간략히 말하면, 어떻게 돈이 가치의 추출기가 되지 않고 교환을 위한 유틸리티가 될 수 있을까? 자본에 들러붙어 꼼짝달싹 못하는 게 아니라, 활력 있게 흘러 다니게 될 것인가?

1. 지역화폐

중앙화폐의 탈지역화와 추출적 파워를 제한할 수 있는 가장 단순한 접근법은 공동체들이 지역화폐를 채택하여 중앙화폐와 어떤 방식으로든 묶이거나 연동하도록 하는 것이다. 이 시대에 가장 처음으로, 그리고 가장 성공적으로 시도된 지역화폐는 매사추세츠(Massachusetts)의 버크쉐어(Berkshare)다. 버크쉐어는 버크샤이어(Berkshire) 지역으로부터 흘러나가는 돈을 지키기 위해 개발된 지역화폐다.

100버크쉐어는 95달러의 가격으로 그 지역 어디서나 지역은행들에서 살 수가 있다. 참여하고 있는 지역 상인들은 버크쉐어를 마치 달러처럼 받고, 결국 이 지역화폐를 사용함으로써 5%에 해당하는 할인을 고객들에게 제공하는 셈이 된다.[50] 이렇게 하면 지속적인 할인가격으로 상품을 파는 셈이 되기는 하지만, 상인들 역시 고객으로부터 받은 버크쉐어를 역내의 다른 비즈니스에서 사용할 수 있으므로, 동일한 가격할인을 적용 받는 셈이 된다. 타 지역이나 여행자들은 달러를 주고 할인되지 않은 가격으로 구매하게 되고, 불편함을 감수하고 버크쉐어로 물건을 산 여행객들은 아마도 쓰고 남은 얼마간의 지역화폐를 주머니에 넣어가지고 그 도시를 떠나게 될 것이다.

5%라는 지역 할인금액을 감수해야 하는 것은 막대한 불이익처럼 보일지 모르지만, 비즈니스인들이 자기 스스로를 경쟁만 하는 주체로 볼 때만 그러하다. 긴 안목으로 볼 때, 버크쉐어가 지역 내에서만 유통될 수 있다는 사실 하나만으로도 그 할인 폭은 상쇄되고도 남는다. 월마트와 같은 타 지역 상점들도 지역화폐를 받는 것을 동의하지만, 그 돈을 주주들에게 상납할 수가 없고 저축계좌에 꽁꽁 묶어놓을 수도 없게 된다. 월마트가 할 수 있는 최선책은 그 돈으로 지역 노동자들의 임금을 지불하는 것, 혹은 지역 상인들로부터 공급품들이나 서비스들을 구매하는 것일 게다. 이 역시 월마트의 외계인 같은 특성들을 그대로 감수하는 것 대신, 지역경제에 보탬이 되는 일이다.

버크쉐어와 같이 단순히 달러에 고정된 지역화폐들은 이른바 지역

승수효과(local multiplier effect)에 의존하고 있다.[51] 어떤 종류의 화폐도, 심지어 정규적인 과거의 달러들도, 지역 비즈니스들에서 사용이 되면 지역경제 안에 머무르는 경향이 있다. 지역의 독립적인 사업체들은 물건과 서비스를 그 어느 타지의 기업본부에서가 아니라 인근에서 구하는 경향이 있기 때문이다. 미국도서판매협회에 의해 폭넓게 진행된 연구결과에 따르면, 지역인들이 소유한 소매점들에서 쓰여진 달러의 48%가 그 공동체 안에서 다시 순환하는 반면에, 체인스토어에서 사용된 돈은 14%만이 순환한다.[52] 지리적으로 제한된 지역화폐들의 경우는, 다시 달러로 교환될 때까지 거의 100%에 가깝게 순환된다. 그러한 화폐는 추출에 대항하고 속도를 지향하는 성향을 띤다.

버크쉐어로는 지역 농산물, 공정무역으로 시장에 나온 커피, 숙박, 그리고 아침식사 등 뉴잉글랜드(New England) 지역의 진기한 물건들을 그 무엇이든 살 수 있다. 뿐만 아니라 더 실용적인 상품과 서비스로도 바꿀 수 있다. 건축 계약, 웹 디자인, 심지어 죽어서 장의사 서비스를 받는 것까지 가능하다.[53] 이것이 버크쉐어의 묘미다. 지역화폐들은 지역에서 생성된 상품과 서비스에 안성맞춤이다. 혹은 한 상품의 이윤마진이 지역적 특성이나 노동에 의해 그 지역에서 가치부가가 이루어진 경우에 가장 잘 작동한다. 반면에, 외지의 공급체인들로부터 도달한 상품들이나, 원격지로부터 구해진 원자재들에 의존하는 상품들을 팔 때에는 제대로 작동하기가 어렵다. 도급자가 지역에서 생산된 셔터들을 버크쉐어를 주고 구매할 수는 있으나, 공구들이나 못을 버크쉐어로 살 수는 없는 식이다. 책방 주인은 고객들에게 구매 금액의 5%라는 큼지막한 할인을 제공할 수는 있지만 재고를 들여 놓기 위해서 그는 온전한 가격을 지불해야만 한다. 지역화폐를 수용하는 것은 지역 비즈니스의 단기적 이윤에 부합하지는 않는다. 그리고 승수효과는 사업체들

전체가 기꺼이 동참할 때에만 실제로 작용할 수 있다.

지역화폐의 주창자들은 이러한 부족한 점을 인정하지만, 화폐의 가시성에 의해 완화될 수 있는 것이라고 믿고 있다. 지리적인 기반 화폐들이 있으면, '지역에서 사자(buy local)'는 윤리적 기풍이 가시화된다고 믿는다. 이러한 기풍은 자발적이긴 하지만, 상인들이나 정치지도자들에 의해 유효성이 더해질 수 있다. 상인들이나 정치지도자들이 버크쉐어를 사용하지 않으면서, 어떻게 지역 비즈니스를 의식적으로 지지하고 있다고 분명하게 말할 수 있겠는가? 지역화폐는 그들의 가장 좋은 홍보 수단이다. '지역에서 산다(buy local)'는 것을 가시적으로 보여 주고, 이것은 다시 공동체 정신과 구성원들 간의 부드러운 압박 분위기를 조성해주는 수단이 되어 '안에서 사자(buy-in)'는 분위기와 네트워크 효과를 널리 퍼트리게 되는 것이다. 이런 상황이 진전되면, 일부 고객들은 지역화폐에 붙는 할인혜택의 단맛을 모두 포기하고 '진짜' 돈으로 지불함으로써 지역 상인들에 대한 자신의 충성도를 과시하게 될지도 모른다.

다른 많은 공동체들이 버크쉐어를 모델로 변형된 형태의 지역화폐를 실험하고 있다. 찬성론자들은, 더 큰 경제로부터 이탈함으로써, 이 화폐들이 중앙화폐의 희소성 편향에 대항하여 잘 작동할 것이고, 붐-파탄-거품 사이클(boom, bust, bubble cycles)에 좀더 저항력을 갖게 될 것이라고 주장한다.[54] 디트로이트 달러(Detroit Dollars), 산타 바바라 미션(Santa Barbara Missions), 그리고 영국의 브리스톨(Bristol), 브릭스톤(Brixton), 컴브리안 파운드(Cumbrian Pounds) 등등은 각각 자기 나름대로의 변형적 특성들을 제공하고 있다. 디트로이트 달러는 버크쉐어와 거의 같은 방식인데, 할인률이 10%인 것만 다르다.[55] 영국의 브리스톨 파운드는 신용조합을 배경으로 삼고 있고, 디지털 직불 시스템을 갖추고 있으며, 사업자들은 일부 세금들을 이걸로 낼 수 있다. 프

랑스의 낭트(Nante)에서는 지역화폐로 지자체의 요금을 낼 수 있는 시험 프로그램이 진행 중이다.[56]

이러한 지역화폐의 대부분은 아직은 실용단계이기보다는 유행에 그치고 있다. 몇몇의 경우에 있어서는 경제적으로 의식 있는 진보주의자들만이 지역화폐 실시를 반기기 때문이고, 그것마저도 정신적 치료나 직업 상담 같이 정규적인 열린 시장에서 분명한 가격을 붙이기 어려운 상품들이나 서비스들에만 적용하려 하기 때문이다. 또 다른 경우에 있어서는, 중앙화폐 시스템이 여전히 너무도 강력하게 대다수 사람들에게 파고든 상태여서, 상용화가 가능한 다른 대안들을 일축해 버릴 만큼 지배적이기 때문이다. 이에 더하여, 지역할인화폐들은 스스로를 중앙화폐에 고정시킴으로써, 그만큼 인플레이션, 디플레이션, 버블, 그리고 빚과 같은 기존 통화체제의 만성적인 문제들 속에 스스로를 고립시킬 가능성을 안고 있다.

2. [이자 없는] 자유화폐: 유틸리티로서의 현금

지역화폐가 유행 그 이상의 것으로 두드러지기 위해서는 기존 화폐 시스템으로부터 지극히 독립적이어야 한다. 즉 자기 스스로 이외에는 그 어느 것에도 묶여서는 안 된다. 대안 화폐의 좀더 부트스트랩*스러운 어플리케이션이 수면 위로 등장하는 것은 경제상황이 너무나 나빠서 그 어느 곳에서도 돈 구경하기가 어려운 때에만 그런 것 같다.

예를 들어, 세계 1차대전에서 독일이 패퇴한 이후, 여러 독일어권 국가들이 경제적으로 아수라장이 되었다. 오스트리아의 도시, 뵈르글(Wörgl)

---

* [역주] bootstrap – 웹 브라우저의 종류 및 크기에 따라 디자인 요소가 자동으로 정렬되는 그리드 레이아웃을 표준 설계로 사용하며 동일한 하나의 웹 페이지를 수정 없이 데스크탑, 태블릿, 스마트폰에서 모두 볼 수 있도록 지원하는 어플리케이션

에서는 30%가 넘는 노동자들이 실업상태에 빠졌고 인구 중 심각한 비율이 극빈 상태로 전락했다.[57] 오스트리아 실링(schillings) 통화는 충분하지가 못해서 구하기가 어려웠고, 은행들에 전쟁 부채를 갚기에도 모자랐다.

독일의 경제학자 실비오 게젤(Silvio Gesell)의 '[이자 없는] 자유화폐(free money)'이론에 영감을 받아, 뵈르글 시장은 지역화폐를 만들어 이 특별한 위기상황을 해결해 나가고자 계획하였다. 게젤에 따르면, 화폐시스템의 핵심적 특질들인 가치 추출이나 회전 저해와 같은 편향성들은, 대안이 눈 앞에 나타나기 전까지는 사람들이 잘 알 수가 없다고 한다. 게젤은 마르크스주의자가 아니었고 자유시장의 옹호자였지만, 돈에 대해서 이자를 부과하는 것에 대해서는 유별나게 반감을 가지고 있었다. 이자는 돈으로 무장한 소유계급이 다른 계급들이 경제에 온전히 참여하는 것을 막는 수단이라고 굳게 믿었다.

뵈르글은 노동력과 자원이 풍부한 도시였다. 수요도 많았고 공급자들도 많았다. 그 도시가 갖지 못했던 것은 오로지, 그곳 사람들과 사업체들이 재화와 서비스를 교환할 수 있는 수단이었다. 창출해낸 모든 돈이 빚을 감당하는 것으로 다 빠져 나갔다. 그래서 뵈르글의 시장은, 그 도시에서 그러모을 수 있는 모든 재원을 모아 만든 4만 오스트리아 실링을 새로운 종류의 화폐를 발행할 수 있는 부분적인 유보금으로 지역 저축은행에 예치했다. 이렇게 탄생한 새 화폐가 바로 훗날 뵈르글(Wörgl)이라 알려지게 된 노동 증명서다.[58]

그는 뵈르글로 공공노동 프로젝트에 참가한 사람들에게 돈을 지불해 줌으로써 도시가 다시 작동하도록 만들었다. 게젤의 책에서 본대로 그 화폐가 지역번영을 위한 쪽으로 작용할 수 있도록 만전을 다했다. 노동 증명서는 애초부터 디자인된 대로, '유통만 가능'한 화폐로서 기능했다. 시민들은 상품과 서비스를 사기 위해 노동 증명서를 사용했고, 심지어 그것으로 지역 세금도 납부했다. 뵈르글은 저축하기에는 형편없이 나빴다. 그 증명서는 가치를 상실하기 때문이었다. '기한초과할증료'로서 매달 1%씩의 비율로 가치가 하락한 것이다. 이것은 중세 말의 양곡 기반 화폐의 작동방법과 매우 흡사한 것이었다. 기대하지 못한 결과였으나, 이러한 기한초과할증료 때문에 시민들은 세금을 일찌감치 내는 게 유리했다. 또 이로 인해 지방정부는 인프라구조를 관리하기 위한, 그리고 더 많은 고용프로젝트를 창출할 수 있는 유동자산을 얻게 되었다. 롤링 쥬빌레(Rolling Jubilee)처럼 그 새로운 화폐는 선순환하기 시작한 것이다. 세계적인 불황기 속에서도, 그 소도시는 다리를 놓고 주택들을 건설하고, 저수지와 심지어 스키점프 시설까지 건설했다.[59]

시간이 갈수록 가치를 상실하는 반-성장(anti-growth) 화폐로서 뵈르글을 프로그램함으로써, 뵈르글 시장은 돈의 비축을 단념케 하고, 돈을 해방시켜 본연의 역할인 교환의 매개체로서 기능하도록 했다. 그러한 계획은 발 빠르게 달아나는 빚에 봉사하는 것이 아니라, 지역 개발투자를 장려하는 결과로 돌아왔다. 세상에 나온 지 13개월 만에, 뵈르글의 대성공은 나쁜 생각을 하는 진영에 지나치게 큰 주목을 받게 되었다. 독점을 위협하는 것으로 보고, 오스트리아 중앙은행은 뵈르글을 불법이라 선언하였다. 모든 뵈르글은 유통에서 제거되어야 했고, 곤궁이 다시 찾아 왔고, 실업률은 다시 최고점을 회복했다.

오스트리아와 독일에서는 이 밖에도 많은 성공적인 지역화폐 도입시도가 있었다. 그러나 그 모든 것들은 이와 유사한 중앙 입법당국으로부터의 대응에 봉착하게 된다. 그 지역화폐들은 해당 지역을 벗어나서는 사용될 수 없었기에, 정치, 경제의 중심부에서는 아무런 가치를 지니지 못했다. 실제 사람들과 실제의 장소들에서는 안정화에 기여했으나, 독일 전역에 대한 통제권을 중앙화하려던 자들에게는 안정을 해치는 것일 뿐이었다. 그러나, 지역화폐의 배제로 불필요한 경제침체가 길어짐에 따라 불붙은 대중의 불만이 파시즘으로 향하는 길을 포장해주는 결과를 초래했다.

(이자로부터 자유로운) 자유 지역화폐들은 대공황기에 미국에서도 거래수단으로서 역할을 담당했다. 그 중 몇몇은 중앙권력에 위협을 가할 만큼 성공적이었고, 일부는 전통적 은행들이 다시 제자리를 찾도록 하는 정도로만 성공적이었던 것도 있었다. 게젤(Gesell)의 저서들보다 더 실용적인 일단의 저술들에서, 예일 대학교(Yale University)의 경제학자 어빙 피셔(Irving Fisher)는, "그러한 공황기의 상황에서 대안 화폐가 초점을 맞춰야 하는 유일한 것은 돈의 속도다."[60]라고 주장한다. 그는 디플레이션에 대항하는 무기로서, 스탬프 스크립*의 사용을 주창했다.[61] 스탬프 스크립이란 명칭은 그 가치를 유지하기 위해서는 사용이 되야 하고 일정 시간 간격으로 도장이 찍혀져야만 한다는 것에서 유래한 것이다. 스탬프 스크립은 도장을 다 받은 연후에야, 즉 각각의 증서에 따라, 이를테면 36번, 혹은 52번 쓰여지고 나서야 은행에서 현금화할 수 있다. 그러므로 이러한 형태의 화폐는 사용되어야만 하는 동기가 애초에 내장되어 있다. 그리고 그것은 제대로 작동을 했다. 적어도 그것이 사용되었던 공동체 안에서만큼은.

또 하나의 공황기의 화폐로서, 당시 은행 위기로 지자체의 기금이 손실을 보게 된 미시건(Michigan) 주 앤 아버(Ann Arbor), 오클라호마(Oklahoma) 주 털사(Tulsa) 등 몇 십 개 도시에서 '세금 징수부 스크립(tax anticipation scrip)'이 발행되었다.[62] 쓸 돈이 없던 도시의 정

---

* [역주] stamp scrip－군영지, 광산촌, 원양어선, 피점령지 등 격지에서 권력주체가 희귀한 돈 대신에 발행하는 증서. 1836년 미국에서도 앤드류 잭슨(Andrew Jackson)대통령이 발행한 바 있다.

부들은 미래의 세금 재정수입을 기반으로 하는 차용증서인 아이오유(IOUs)라는 소액 화폐를 노동자들과 공급자들에게 지불하기 시작했다. 그 증서는 대개 액면보다 할인된 금액으로 유통되었지만, 그것이나마 없었다면 파산할 수밖에 없었던 경제 상황에서 노동자나 시민들에게는 없는 것보다는 나았다.

희소한 화폐에 대처하는 아마도 가장 단도직입적인 해결책으로서, 불황에 찌들린 노동자들은 물물교환과 자조적(self-help) 협업체에 합류하였다. 때때로 노동자들은 자신의 노동을 공장주들의 생산제품과 맞교환하곤 했고, 농장주들과는 작물의 몫으로 맞바꿨다. 그들은 얼마만큼의 일을 투입했고 얼마만큼의 값을 가져갔는지를 계속 추적하기 위해 여러 가지 형태의 증서(scrip)를 사용했다. 이러한 화폐들을 창시하고 사용한 사람들은 공산주의자들이 아니었고, 이데올로기적인 사람들도 아니었다. 실업자조직Inc.(Organized Unemployed Inc.)의 레버렌드 조지 멕클렌버그(Reverend George Mecklenburg)를 포함하여 많은 사람들이 국가보조를 혐오했다. 그는 자신이 이끄는 사우어크라우트* 협동조합의 증서(scrip)에 다음과 같은 슬로건을 인쇄했다. “일하라, 실업수당은 영 아니다!”[63]

프랭클린 델라노 루즈벨트(FDR, Franklin D. Roosevelt) 연방정부 프로그램들이 시행되면서, 이러한 대안적 화폐시스템들은 불법이라고 선언되거나, 포기되었고, 혹은 더 큰 경제를 대비하는 초석으로 사용되었다. 그러나 많은 경우에, 새로운 빚의 형태로 원조가 도착하기 전까지, 공동체에 자족의 맛을 선보였다. 국채, 부동산 담보 정책, 그리고 제대군인 원호법(GI bills)과 같은 루즈벨트의 정책프로그램들이 더

---

* [역주] sauerkraut – 무채로 담근 김치와 비슷한 음식 이름에서 따옴

많은 미국인들에게 더 나은 삶을 가져다준 것은 의심할 나위가 없다. 그는 성공적으로 은행들을 강제하여 대출을 시작하도록 했고, 그 후 7~80년 동안 의무적인 통화 팽창과 경제성장의 길로 우리를 접어들게 했다. 더 좋은 쪽이든 나쁜 쪽이든 간에 말이다. 대출을 일종의 실업수당과 같은 맥락으로 이해할 수 있다면, 멕클렌버그의 슬로건은 그가 의미하고자 했던 것보다 더욱 선견지명이 있는 것이었는지도 모른다.

3. 협동적 화폐: 일을 통해 세상에 나오는 돈

오늘날 경제 회복은 아직까지도, 거대 기관들이 새로운 발전을 자본화하기 위해 다른 기관들에게 막대한 액수의 돈을 빌려주는 것으로 이해되고 있다. 도시들이 현금이 없는 때, 그리고 실업률이 높을 때에는 주지사나 대통령은 은행에 동기부여를 해서 기업에게 돈을 빌려주게 하고, 기업이 그 돈을 투입해서 공장을 지어 경제에 시동을 걸어줄 일자리를 창출하도록 하는 것이 마땅하다고 여긴다. 그러나 결국에는, 자본 체인의 위쪽에 위치한 모든 사람들은 대가를 지불받아야 하고, 다수의 재정전문가들과 그밖의 돈놀이를 하는 주주들도 그들의 몫을 받아야 하므로, 그 지자체는 모든 것을 타지에서 온 기업에 의존하게 될 수밖에 없는 상태가 된다. 그 기업은 그 지역에서 창출하는 가치보다 더 많은 가치를 지역으로부터 추출해내면서도, 그것을 지렛대로 더 유리한 과세 처분을 요구한다. 그런 후 기업은 떠나고 사이클은 다시 시작된다. 이것이 성공스토리가 된다. 바로 우리의 순환 경제가 기반하고 있는 전제다.

그 지역을 빚더미 속이나 외지 기업체의 서비스에 종속시키지 않고 작동할 수 있게 하는 것은 훨씬 단순하고, 더 지속 가능하고, 비용이 적게 들 터이다. 산업시설을 설치하는 것 대신에, 정부는 각 지역들이 가치 교환의 수단을 발전시켜 나가기 위해 필요한 도구들과 정보로 그들을 좀 더 쉽게 무장시킬 수도 있을 것이다.

결국에는, 사람들이 기술을 가지고 있고 또 수요가 있다면, 이미 경제의 기반을 가진 것이다. 이제 필요한 것은 서로간에 가치를 교환할 방법이다. 죠가 냉장고를 고치고, 매리가 빵을 굽고, 피트는 밀을 경작하고, 실비아는 어린애를 돌본다고 하면, 이들 각각은 서로를 지탱해 줄 수 있다. 물물교환만으로는 잘 되지 않을 수도 있다. 실비아는 자기 냉장고를 고칠 필요가 있고, 죠는 아이가 없어서 실비아의 도움이 필요하지 않고, 빵이 필요할 수도 있다. 그러나 매리의 아이들은 이미 커버려 대학에 다닌다고 하면, 실비아는 매리를 위해 아이 돌보미를 해 줄 수가 없다. 다만 피트를 위해 애를 봐 줄 수 있다고 한다면, 이걸 어떻게 해야 도움이 될까?

모두가 달러를 갖고 있다면 일은 간단하다. 피트가 실비아에게 아이를 돌봐준 대가를 지불하고, 실비아는 죠에게 냉장고 수리비를 지불한다. 죠는 매리에게 빵 값을 주고, 매리는 피트에게 그녀의 빵을 만드는데 들어간 곡식에 대한 대가를 치르면 될 것이다. 피트가 약간의 돈이 있다면, 실비아를 고용하면 될 것이다. 그래서 피트는 새로운 자본 투입, 새로운 공장, 그리고 새로운 일자리와 새로운 달러, 궁극적으로는 애초에 돈을 공급한 은행에 돌려주어야만 할, 새로운 일단의 대출을 약속하는 정치인에게 투표를 하게 된다.

이 대신에, 만일 피트와 그의 나머지 공동체 구성원들이 직접적으로 거래하는 방법을 배울 수 있다면 어떨까? 외지의 회사에 새로운 면세기업지대와 같은 특혜를 뇌물로 바치는 것 대신에, 그 정치인들은 간단히 PDF파일에다가 '협동 은행(favor bank)'을 어떻게 시작할 수 있는지의 안내문을 만들어 시민들에게 배포한다거나 지역화폐를 만들면 어떨까? 혹은 몇 주 동안 지역 상공회의소에 전문가를 초빙해서, 새로운 교환시스템이나 공동체화폐를 추진해 보는 것은 어떨까? 버크쉐어와 같은 지역할인화폐와는 달리, 협동적 공동체 화폐들은 달러와 고정될 필요가 전혀 없다. 그것들은 구매를 해서 세상에 나오는 것이 아니라 일을 함으로써 순환 속으로 들어오는 것이다. 이는 중세 말의 시장화폐와 닮은 면이 조금 있다. 그것들은 돈과 비슷하다기보다는 교환에 더 가까운 가장 좋은 사고방법이다.

협동적 화폐의 가장 단순한 형태가 협동은행인데, 이것은 유로화 위기 때에 그리스와 다른 남부 유럽의 각지에서 채택되었던 것과 유사하다. 일을 찾지 못하거나 유로화가 얻기 힘들어서 여러 지역의 사람들은 거래를 할 능력을 잃었다. 그들이 필요로 하는 대부분의 것들이 지역 내에서 생산될 수 있었음에도 불구하고, 교역을 할 돈이 없었던 것이다. 그래서 그들은 아주 단순한 교역 웹 사이트들을 만들었다. 일종의 미니-이베이(mini-eBays) 같은 것이었는데 그곳에서 사람들은 그들의 재화와 서비스를 남들에게 제공했고 그 대가로 그들이 필요로 하는 상품과 서비스를 받았다.[64] 그 웹 사이트들은 가치의 액수를 기록하지는 않았고 그 대신 공동체를 위해 누가 무엇을 제공했는지의 자취를 보편적으로 추적했고 공정한 교환을 위해 조율했다. 이러한 일상적이고 투명한 솔루션은 이미 서로를 잘 알고 있는 공동체 내에서 특히나 잘 작동했고 거저먹으려는 사람들에겐 압박이 가해졌다.

규모가 더 큰 공동체들은 타임달러(time dollars)를 활용해 왔다. 이것은 사람들이 얼마나 많은 시간을 서로에게 공헌했는지의 자취를 쫓아가는 화폐시스템이다. 여기에서도 마찬가지로 웹사이트 상에서 간단한 교환이 이루어지는데, 사람들은 자기가 필요한 것과 그리고 자기가 공헌해줄 수 있는 것들의 목록을 제시한다. 공동체가 더 크고, 더 익명적일수록 더 많은 보안과 인증이 요구된다. 다행스럽게도, 수십 개의 스타트업과 비영리단체들이 지역적 혹은 지역을 초월한 공동체가 스스로의 화폐를 창립하고 운영할 수 있는 스마트폰 앱과 웹 사이트 킷(kits)들을 개발해 오고 있다.[65] 타임달러는 제공자와 구매자간 거래 인증을 위해 블록체인 상에서도 구동될 수 있다.

시간 교환은 사람들 각자가 같은 방식으로 시간을 평가하거나 같은 종류의 서비스를 제공하는 때에 가장 잘 작동하는 경향이 있다. 일본의 경기침체로, 이제까지 생겨난 시간교환들 중에 가장 성공적인 것 가운데 하나인 후레아이 킷뿌(fureai Kippu－ふれあい切符)로 불리는, 돌봄서비스 관계 티켓(Caring Relationship Tickets)이 탄생했다. 사람들은 자기 부모나 조부모들의 건강돌봄 서비스 비용을 지불할 현금이 충분하지 못했다. 또한 일자리를 찾아서 집으로부터 멀리 떠나야만 했기에, 그들은 자기네 친족들을 스스로 돌볼 수도 없었다. 후레아이 킷뿌 교환으로 사람들은 자기 주변의 공동체에서 노인들을 돌봄으로써 노인돌봄 시간을 은행에 예치하고, 멀리서 사는 자신의 친족을 남들이 돌보게 하는 대가로 그 시간을 사용할 수 있게 되었다. 그리하여 예를 들어, 한 여성이 인근에서 노인들을 위해 한 시간의 목욕 서비스를 제공함으로써 그 보답으로 누군가가 다른 도시에 살고 있는 그 여성의 할아버지를 위해 식사를 준비해주는 서비스를 받을 수 있는 것이다. 이 돌봄서비스 관계 티켓이 가치 있는 것으로 받아들여지면서, 사람들은 그것을 다양한 서비스들을 위해서도 적용하기 시작했다.[66]

더욱이, 재래의 이윤을 위한 서비스 제공자들에게서 건강돌봄 서비스를 받을 수 있을 만큼 일본 경제가 되살아났는데도, 대다수는 후레아이 킷뿌 시스템에 남아있기를 선택했다. 젊은이들이 봉사시간으로 직접 지불하는 것이 비용이 덜 들어서이기보다는 어르신들이 아마추어

돌보미들에게 더 연대감과 공감을 느꼈기 때문이었다.[67]

여러 가지 화폐시스템은 그것을 이용하는 공동체로부터 여러 상이한 행동양식과 태도를 생성해낸다. 후레아이 킷뿌로 해서, 돌봄서비스 제공자들은 자기 자신의 조부모에게 자기가 제공하고 싶었던 정성어린 돌봄 그대로를 해드릴 수 있는 대체 어르신들을 얻게 된다. 그들은 확고한 관계를 구축할 수 있다. 또한 회사의 이윤과 일정, 요금부과, 혹은 보험에 대해-혹은 이런 모든 것들이 일으키는 비용들을-걱정할 필요 없이 직접 일정을 협의할 수도 있다. 일은 더 적게 하고 더 많은 것을 얻을 수 있다. 문제는 그 거래를 통해 가치를 추출하기를 희망하는 사람들에게만 있다.

타임달러 화폐시스템과 그와 유사한 시스템들은 애당초 타인과의 노동과 서비스 교환에만 실익이 있도록 만들어져 있기 때문에, 추출적인 이윤추구를 장려하지 않는다. 은행발행 화폐와는 달리, 타임달러는 빌려옴으로써 존재하게 되거나, 시간이 경과했다고 이자를 거두어들이지도 않는다. 그것들은 실제로 축적되지 않는다. 대신에, 모든 사람들의 계좌는 제로(zero)에서 출발한다. 죠의 어린애를 실비아가 돌봐주었을 때, 실비아의 계좌는 3시간이 늘어나고, 죠의 것은 3시간이 차감된다. 그 둘 모두 제로에서 출발하였으므로, 실비아는 이제 3시간을 계좌에 갖게 되고, 반면에 죠의 계좌는 3시간 값어치의 일에 대해 적자가 기록된다. 시스템에, 즉 그 공동체에, 매리가 그를 고용해서 냉장고를 수리받을 때까지, 그 3시간을 갚아야 하는 것으로 남아있게 된다. 교환의 차감 결과는 균등하다. 그 시스템의 차감 총액은 항상 제로이다. 그것은 성장의 경제가 아니고, 거래의 경제다.

어떤 사람이 전체 서비스들을 이용할 수 있을 만큼의 충분한 시간을 예치하기 위해 엄청나게 일을 할 수 있다고 해도, 대부분의 시간 교환들은 회원들이 축적할 수 있는 시간이 얼마인지에 대해 제한을 두고 있다. 그것들은 또한 한 회원이 빚질 수 있는 시간에 대해서도 제한을 두고 있다. 이러한 방법으로 무임승차하려는 자들을 시스템으로부터 퇴치할 수 있고, 전체 공동체는 벌어지지 않은 시간들의 비용을 상당히 쉽게 흡수해줄 수 있다.

뉴욕(New York)의 이타카(Ithaca)나 콜로라도(Colorado)의 보울더(Boulder)와 같은 진보적 공동체의 시간은행들은 현존하는 가장 유명한 시간은행들인데, 온라인 상에서도 관리가 될 수 있는 손쉬움 덕분에 벌써 세계 각지의 침체된 지역들로 도약해 가기 시작했다. 예를 들어, 스페인 전역에는 여러 가지 형태와 규모의 타임은행들이 있는데, 평균적인 스페인 사람들이 눈곱만큼의 책임도 없이 발생한 통화 긴급 사태와는 독립적으로, 일하고 교역할 수 있는 방법을 제공하고 있다. 현재 바르셀로나에만도 100개가 넘는 타임은행들이 있고, 각각 적게는 50명에서 수 천 명의 회원을 가지고 있다. 그 중 몇몇은 인간 관리자들-그들 역시 타임달러로 보상을 받는다-에 의해 하루하루 그럭저럭 관리가 되고 있지만, 다른 것들은 전적으로 디지털화되어 있고 자동화되어 있다. 더 규모가 큰 여러 타임은행들은 심지어 서비스 점검과 감리, 그리고 온라인 뱅킹 서비스까지도 제공하고 있다.[68]

타임달러들은 극단적으로 평등주의적이어서, 각 개인의 시간을 다른 사람들의 시간과 똑같이 가치평가를 한다. 1'시간'은 그것이 배관공에 의해서든 심리치료사에 의한 것이든 한 시간 동안의 일의 가치를 나타낸다. 레츠*라고 불리는 타임달러의 또 하나의 버전은 사람들이 자신의 시간과 서비스의 가치에 대해 협상이 가능하도록 하고

---

* [역주] LETS-Local Exchange Trading System, 지역 교환 교역 시스템

있다. LETS의 장점은 재화의 비용이나, 혹은 특정 서비스들을 위해 필요한 훈련에 들어가는 자본 투자까지도 처리해줄 수 있다는 것이다. 순수하게 시간만을 바탕으로 하는 시스템에서는 자동차 기술자는 차를 수리하는 데 소요되는 시간에 대해 몇 '시간들'만을 부과할 수 있으나, 들어간 부품들에 대해서는 표준적인 화폐로 부과해야만 한다. LETS 시스템에서는 그가 구매한 부품들에 대한 값을 지역화폐의 가치로 정할 수 있다.

물론 궁극적으로 그 자동차 기술자가 비즈니스를 계속 해나가기 위해서는 얼마간의 정규 달러가 필요하게 될 것이다. 자동차 부품 제조업자는 지역 증서를 수용하지 않을 것이다. 따라서 타임달러와 LETS가 중앙화폐의 모든 기능을 완벽히 대체하는 것이라 생각하기보다는 보완적 화폐시스템으로서 생각해야 마땅할 것이다. 이들은 현금이 귀하거나 너무 비쌀 때에 지역 비즈니스를 수행해 나갈 수 있는 훌륭한 방법을 제공함으로써 중앙화폐를 **보완한다**. 또한 비축하거나 이윤을 짜내는 것 대신 거래의 속도와 선의를 장려한다. 더 많은 사람들이 서로를 위해 더 많은 일들을 하게 된다.

지역화폐가 모든 경제적인 목적달성을 위한 올바른 도구로 성공할 필요까지는 없다. LETS 시스템 하나로 사람들이 새로운 아이폰이나 제설기, 혹은 철광석 등 필요한 물건을 빠른 시일 내에 구할 수는 없다. 보완적 화폐의 목적은 종종, 지역 경제의 시동을 걸어주거나, 혹은 지역 상거래에 화폐의 비용부담을 덜어주어 타 지역 기업의 체인점이나 큰 박스 단위의 제공품들에 대해서 좀더 경쟁력을 갖추도록 하는 것이다. 지역 농업회사나 지역 바이오디젤 회사가 LETS의 회원사가 되면, 그 공동체는 설사 돈이 없더라도 그것이 살아남기 위해 필요한 것의 대부분을 얻은 셈이 된다.

LETS의 구조를 더 유연하게 적용하면, 좀 더 하이브리드한 접근방법들이 가능하게 되어 경제 개조와 지속 가능한 경제로 나아갈 수 있다. LETS 시스템의 화폐를 실제세계의 다른 것들과 결부함으로써, 사용자들은 좀 더 쉽게 신뢰와 동력을 얻을 수 있다. 예를 들어, 제이미 러너(Jaime Lerner)시장은 브라질의 큐리티바(Curitiba) 시가 직면하고 있던 경제적 환경적 위기에 대응하기 위해, 변형된 LETS 시스템을 이용했다. 슬럼가에서의 위생문제와 환경오염은 통제불능 상태였으나, 러너 시장은 세계은행(World Bank) 같은 재원으로부터 거액을 차입 요청하는 것이 조심스러웠다. 그리하면 결과적으로 영속적인 채무상태로 남게 될 가능성이 크다는 것을 알았기 때문이다.[69] 큐리티바는 위생문제를 개선할 목적으로 수수한 프로그램을 천천히 착수하였는데, 결과적으로 그 프로그램은 LETS 사상 가장 성공적이고 오래 지속된 것으로 자라나게 되었다. 그것은 어린이들에게 쓰레기를 수거하는 대가로 버스 토큰을 제공해주는 것으로 시작되었다. 대부분 너무 가난해서 학교도 다니지 못했던 어린이들이 판자촌들을 청소하는 걸 도왔고, 그럼으로써 도시 위생국의 과중한 업무를 보완하게 된 것이다. 아이들이 그 토큰들을 집으로 가져가게 되어, 그들의 부모들은 그 토큰을 사용해서 일거리를 찾아 시내로 나갈 수 있었다. 곧 이어, 상인들은 그 토큰들을 보통의 화폐처럼 받아들이기 시작했는데, 바로 LETS처럼 운영된 것이다.

이렇게 되자, 러너 시장은 그 프로그램을 더 확대할 수 있는 자유를 얻었고, 버스토큰 기반의 LETS 화폐를 주택 건설과 인프라구조 건설과 같은 공공근로 프로젝트들에 사용할 수 있게 되었다. LETS로 해서 단지 가난을 개선하는 것뿐 아니라 도시와 그 미래를 위한 투자여력을 얻게 된 것이다.[70] 사실, 그 결과 운송 목적에 실제적으로 필요한 것보다 더 많은 버스토큰이 풀려 순환되게 되었으나, 그 LETS적 성격의 토큰이 갖는 의미는 토큰이 애초에 만들어진 목적인 버스 좌석에 비할 바가 아니었다. 25년이 지난 이후, 그 도시는 세계에서 삶의 질 지수가 최상위권에 속하는 도시가 되었다. 대략 70%의 가구가 아직도 '쓰레기와 토큰 바꾸기' 프로젝트에 동참하고 있고, 이를 통해 시는 60%에서 70%에 달하는 쓰레기를 지역 내에서 재활용할 수 있게 되었다. 오늘날, UN은 지속 가능한 도시발전의 선두주자로 큐리티바 시를 지목하고 있다.[71] 큐리티바의 버스토큰의 사례는 LETS가 충분히 실행 가능한 시스템이고 소규모의 공동체들에만 국한할 성질이 아니라는 사실을 보여준다. 한 지역이 교환의 매개체에 대해 동의하면, 통화의 자극으로 인한 유동성을 즐길 수 있게 되고, 중앙은행이 언제쯤 돈을 회수해갈지 불안한 나날을 보내지 않아도 된다. 그 지역은 단지 이자를 물기 위해, 성장을 해야 할 부담감도 없다. 손쉽게 회복하고 지속 가능성에 도달할 수 있다.

보완적 화폐는, 디플레이션, 인플레이션, 혹은 경제가 한 극단에서 다른 극단으로 요동침에 따라 공동체가 무기력해지는 것을 차단해주는 데 도움을 준다. 단지 정치적 경제적 권력의 중심부를 흔드는 재정위기들이 실제로는 통화 공급 체인의 맨 말단에 위치하는 변두리 지역과 작은 공동체들을 말살하는 경우가 너무도 많다. 지역화폐, 타임달러, 그리고 LETS 시스템은 추출적이지 않고 고도로 상호교환적이면서도 공짜로 빌릴 수 있도록 프로그램되어 있다.

4. 추출에서 활성화로: 새로운 지역 은행

그러한 환경조건 속에서, 전통적인 은행들이 서비스를 제공하고 있는 공동체들의 재정적 재활과정에 효율적으로 참여할 수 있는 방법은 없을까? 사람들이 중앙화폐를 추출적인 것으로 여기고, 이자의 형태로 공동체로부터 가치를 제거해가는 외지의 낯선 기업으로서 은행을 바라보게 되었다면, 은행들은 어떻게 기능해야만 하는 것일까? 다시금, 은행 역시, 동료 신도들인 기업과 마찬가지로 하이브리드한 접근법을 채택해야만 할 것이다. 여기에 한 가지 가능성을 제시한다.

샘의 피자가게는 지역 비즈니스로서 번창하고 있고, 샘은 식당 테이블을 확장하고 화장실을 하나 더 증설하기 위해 20만 달러가 필요하다고 하자. 보통의 경우, 은행은 그의 비즈니스와 신용을 평가한 후 대출을 거절하거나 8% 상당의 이자율로 돈을 빌려줄 것이다. 여기서의 위험성은 새로운 공간을 채울 수 있는 새 비즈니스를 충분히 만들어내지 못해 대출금을 상환하지 못하고 비즈니스를 접어버리는 것일 터이다. 대출 비용의 상당부분은 실제로 그러한 투기적인 위험성에 대한 것이다.

더 하이브리드한 접근법을 채택한다면, 은행은 샘에게 다른 제안을 할 수도 있을 것이다. 만일 샘이 시장화폐의 형태로 10만 달러를 공동체로부터 만들어낼 수 있다면 나머지 10만 달러를 8% 이율로 투입해주겠다고 동의해 줄 수도 있을 것이다. 즉, 샘은 새로 확장한 식당에서 120달러어치의 피자를 살 수 있는 디지털 쿠폰을 100달러에 발행하는 것이다. 은행은 그것을 위한 소프트웨어와 에스크로를 관리해준다. 만일 샘이 그 액수를 일으켜내지 못하면, 그 공동체가 아직 샘의 가게 확장을 받아들일 준비가 덜 되었다는 것을 입증해주는 것이고, 은행은 모든 사람들에게 돈을 되돌려 주면 된다.

만일 실제로 그 액수를 달성하였다면, 은행은 공동체의 엄청난 구매력을 확인한 셈이어서 안전성을 확보하게 된다. 소매가로 메겨진 피자로써 반액의 이자를 지불하는 것이므로, 샘은 은행으로부터 전액을 빌리는 것보다는 더 싸게 돈을 얻은 셈이 된다. 공동체의 차주들은 거의 20%의 이익을 얻게 되는데 이것은 은행이나 뮤츄얼 펀드에서 얻을 수 있는 것보다 훨씬 큰 액수다. 그리고 그것은 훗날 다양한 보상이 따르는 투자이기도 하다. 도시가 번성하고, 지역의 다른 비즈니스들에 더 많은 고객들이 창출되고, 부동산 가치도 상승하고, 조세 기반도 확충되고, 더 좋은 공립학교 설립 등등의 보상이 뒤따를 수 있다. 이러한 혜택들은 주식이나 추상적인 파생금융상품들을 살 때에는 기대할 수 없는 것들이다. 그러는 동안, 그 모든 지역의 '투자자들'은 그 식당이 적어도 모든 쿠폰을 소진할 때까지, 문을 닫지 않고 살아남는 것에 대해 일정 지분을 갖게 된다. 그 가게를 홍보하고 거기에 친구들을 데려가 식사를 하고, 식당의 성공에 공헌하는 훌륭한 동기부여가 된다.

은행은 은행대로 서비스의 범위를 다양화하고, 공동체 화폐가 동력을 얻을 가능성에 일조하였으며, 공동체로부터 가치를 추출해내는 것 말고 다른 무언가를 기꺼이 하고자 하는 의지를 과시할 수 있다. 은행은 공동체의 파트너가 되어 지역 투자 활성화에 공헌하게 된다. 또한, 이러한 접근법을 통해 은행은 지속되는 디플레이션, 하이퍼인플레이션, 혹은 월 스트리트와 중앙발행화폐에 대한 소비자들의 커가는 불만족을 회피할 수 있는 훌륭한 대비책을 얻을 수 있다. 자본대출이 취급업무 중 일부분으로 계속해서 축소되면서, 그 은행은 이미 일종의 서비스 회사처럼 작동하도록 스스로 자리매김 된다. 소규모 비즈니스들이 번창하기 위해서 여전히 필요로 하는 사업성 확인과 금융적 전문성을 제공 해주면서 말이다.

이리하여, 그 은행은 빚의 중개대리인에서 분산과 회전의 촉매제로 변신하게 된다. 디지털 시대의 돈답게, 화폐는 그 자체로 가치 있는 것이 되기보다는 가치 창출과 사람들의 교환을 촉진해주는 도구가 된다. 명사이기보다는 동사다.

제4장

출구 없이 투자하기

"우리가 선호하는 보유기간은 영원이다."
-워렌 버핏(Warren Buffett)

금융은 개인적인 것이 아니다

좋다. 디지털 경제가 가장 뜻깊은 약속을 지켜줄 거라고 가정하자. 산업주의 시대의 사고방식을 초월해서, 가치 등식으로부터 인간을 제거하는 것 대신에 인간의 필요에 부응하기 위해 헌신하는 플랫폼들을 발전시켜 줄 것이라고 가정해보자. 상환능력을 계속 유지하기 위해서 기업들이 성장에 매달리지 않아도 되는 경제 지형으로 옮겨간다고 생각해보자. 그리고 잘만 해낸다면, 화폐운영체제 자체에 대해 진정한 논의가 가능해지고 그것을 밑바탕부터 송두리째 바꾸어 다시 프로그램함으로써 부유한 자들의 수동적 부 축적이 아닌, 모든 사람들이 서로 간에 가치를 교환할 수 있는 방향으로 나아갈 수 있다고 가정하자.

중세시대의 바자(bazaar)의 에토스와 메커니즘을 되살리는 것은 활발한 교역을 촉진하는 훌륭한 방편일지도 모르지만, 그것을 통해 어떻게 안정과 안전을 보장받을 것인가? 모든 것이 움직이는 상황이 되면, 그 어떤 사람도 부를 축적할 수 없게 된다는 것인가? 만일 돈이 명사이기보다는 동사와 같은 거라면, 투자자들로서는 어떻게 해야 하는가?

물론, 99%들이 곧 다가올 투자경제의 몰락을 축하하며 기뻐하는 것은 손쉬운 일이다. 충분히 여러 번에 걸쳐 공적 자금을 투입하여 사적인 은행가들을 긴급구제 해준 이후 지금 우리들이 하루 벌어 하루 먹고 사는 마당에, 은행가들이 희박한 공기 속에서 가치를 짜내 가는 능력을 상실하고 있다는 사실에 대해서 기뻐하지 않을 수 없는 것이다.

그리고 그들은 확실히 겁먹고 있다. 이것은 믿어도 되는 사실이다. 내가 지난 십여 년 동안 연사로 초청받은 금융 및 투자 컨퍼런스의 분위기는 시간이 감에 따라 점점 더 패닉상태를 나타내고 있다. 모든 종류의 이자율은 너무 낮아져서 더 이상 돈을 그러모으기 힘들어진 상태다. 돈을 보유하는 것은 낮은 이자율의 환경에서는 잘 먹히지 않으므로, 투자자들은 어쩔 수 없이 주식이나, 원자재들, 그리고 프라이빗 에쿼티*로 전환할 수밖에 없다. 그리고 모두가 그러한 투자처들에 몰려 붐비는 가운데, 투자처들은 결국 밑받침이 되는 자산들보다 고평가되는 결과가 초래됐다.

중앙은행은 경제에 더 많은 돈을 쏟아붓고 있으나, 그것이 일자리나 인플레이션으로 연결되지 않는 것에 의아해하면서 머리를 긁적인다. 고용과 물가가 계속 저조한 이유는 주입된 돈이 낙수처럼(trickling down) 임금과 제품의 경제로 흘러들어가고 있지 않기 때문임을 그들은 보지 못한다. 돈이 투자 섹터에만 머물러 있고, 그곳에서 돈 자체가

---

* [역주] private equity – 비공개로 투자자들을 모집하여 자산가치가 저평가된 기업에 자본참여를 하여 기업가치를 높인 다음 주식을 되파는 투자방식

투자분야에 한정된 인플레이션을 유발하는 금융적 도구가 되었다. 반면에, 내가 만난 자산 관리자들이나 헤지 펀드 운영자들은 인플레이션에 대한 두려움보다는 **디플레이션**에 대한 두려움이 더 컸다. 우리가 물건을 구하고 만드는 것을 점점 더 효율적으로 하게 되면서, 물가는 내려가고, 이윤도 감소하고, 임금도 감소한다. 그러나 모든 투자 자본은 여전히 꼼짝 않고 어딘가에 주차되어 있고, 성장의 꿈만 꾸고 있다.

그것은 비단 은행가들의 문제만은 아니다. 우리 대부분이 헤지 펀드를 운영하고 있지는 않지만, 우리 역시 미래에 아이들의 대학교육 자금과 우리 자신의 은퇴를 위해 효율적으로 저축할 공간이 필요하다. 협동 은행(favor bank)과 LETS 시스템들은 일을 하고 있는 사람이나, 계속 일을 하고자 하는 사람들을 위해서는 훌륭한 시스템들이지만, 그렇다고 성장의 덫으로부터 탈출한다는 것이, 일반인들이 장기적 목적을 위한 투자와 자본 축적 능력을 상실함을 의미해야만 하는 것일까?

디지털 기술은 개인 투자자들, 즉 보잘것없는 사람들을 위해서 요긴한 도구가 될 수 있어 보인다. 인터넷은 시장을 좀 더 투명하게 만들 수 있고, 금융정보를 보다 민주적으로 확산하고, 일반인도 마치 프로처럼 스스로 거래할 수 있게 한다. 또 은행이나 브로커의 중개를 거치지 않아도 되는 길을 제공할 수도 있을 것이다. 미들멘들의 역할을 덜어내고, 좀더 자율적이고 효율적인 투자가 가능하게 될지도 모른다. 디지털로 무장한 트레이딩은 지속적으로 발전하면서 개인 투자자들을 위한 대리인의 역할을 해줄 것처럼 보인다. 그러나 이 모든 것이 사실이기 위해서는 개인들이 자신의 미래 안전을 스스로 주관해 나가는 것이 승산이 높은 제안이라는 밑바탕에 깔린 전제를 수긍할 수 있어야 한다.

그러나 이제까지 나타난 확실한 증거들을 놓고 볼 때, 이것은 사실이 아니고, 애초부터 이것을 실현하기 위해 진정으로 계획된 적도 없다. 《포브스(Forbes)》의 기고자인 헬레인 올렌(Helaine Olen)은 《바보처럼 두드리다(Pound Foolish)》라는 제목의 금융산업 분석에서, 현재 실행되는 우리의 은퇴 계획들이 우리 자신의 미래를 확실히 하는 것과는 별 상관이 없고, 오히려 그러한 인간 욕구를 둘러싼 금융 서비스의 수익성 높은 새로운 분야를 성장시키는 것에 골몰하고 있다는 것을 보여주었다.[1]

전후 대부분의 기간 동안 미국의 노동자들은 고용주가 제공하는 퇴직연금의 약속된 혜택을 누려왔다고 올렌은 설명한다. 회사들은 고용 노동자들의 봉급 명세서에서 일정 비율을 공제하여 그것을 투자하고, 해당 노동자가 퇴직하여 죽을 때까지 계속 미리 동의된 만큼의 액수를 되돌려 주었었다. 만일 투자 대비 수익률이 연금 지급보다 더 크면 회사는 그 잉여분을 이윤으로서 가질 수 있었다. 마찬가지로 연금펀드가 지급해야 할 연금 대비 충분한 고수익을 만들어내지 못하는 경우에는 회사가 그 차액을 충당해야만 했다. 그 사라진 돈은 어디로부터든 나와야 했고, 경영자나 주주 그 누구도 이미 오래 전부터 가치 제공을 멈춘 예전의 종사자들을 위해 회사 이윤을 할애하는 것을 환영하지 않았다.

물론 대부분의 경우에, 회사들은 온갖 창의적인 방법들을 찾아내어 책임을 종사자들에게 전가했다. 연금 지급에 대해서 재협상을 시도하거나,[2] 젊은 근로자들의 연금혜택을 줄여서 예전의 근로자들의 연금을 지급하는 제안으로써 노동조합 구성원 간의 갈등을 부추겼다.[3] 또 어떤 회사들은 암울한 연금의 전망을 지렛대 삼아 봉급이나 전반적인 복리후생을 줄이거나,[4] 파산 위협을 한다거나, 노조 없는 노동권*으로의 전환의 계기로 삼았다.[5]

많은 회사들이 진행 중인 사업이나 고위험 투자를 위한 자금을 조달

* [역주] right-to-work – 조합에 가입하지 않고도 직장을 다닐 권리

하기 위해 연금 시스템을 남용하기까지 했다. 안전하게 보호될 것으로 믿겨졌던 연금계좌에 손을 댄 것이다. 회사 사정이 더 어려워질수록 연금 기금을 마치 긴급은행창구처럼 보는 경향이 더 커졌다. 어떤 경우에는 회사들이 고위험 혹은 자기필요충족적인 투자 이후에 연금지급 의무에 대해 채무를 이행하지 않는 사례들이 있었다.*6

1970년대의 경제후퇴기에 많은 연금펀드들이 필요한 목적치에 부합하지 못하여 회사들이 차액을 부담해야 하는 곤란한 지경에 이르렀다. 그래서 그들은 종업원들의 퇴직을 책임져야 하는 자산신탁의무로부터 벗어날 방법을 찾기 시작했다. 종업원들을 고용기간 내내 가족 구성원처럼 받아들이고, 그 이후에는 죽을 때까지 보상해주어야 한다는 생각은 고상하고 매력적이긴 했지만, 데처-레이건(Thatcher-Reagan)시대의 자유시장 원리와는 어쨌거나 상반된 것이었다. 기업과 정부 모두 종업원들을 독립적인 자유계약자로 취급하기 시작했다. 즉, 일종의 자유시장 참여 선수로서, 개인적으로 책임을 지는, 그리고 궁극적으로는 없어도 되는 존재로 말이다.

독립적 계약자들과 그밖의 자기고용 노동자들은 자기의 미래안전을 위해 과세유예계좌 IRA†를 일찌감치 사용하고 있었다. IRA는 전문적으로 관리되고 집합적으로 조성된 연금펀드처럼 수익률을 내기는 어려웠으나, 자기고용 노동자들이 퇴직에 도움을 받기 위해 과세유예 혜택을 얻을 수 있는 합법적인 도구이기는 했다. 그러다가 1981년에, 테드 베너(Ted Benna)라는 재정수익 컨설턴트가, 시행중인 세법을 세세히 들여다보고는, 회사들이 노동자들에게 IRA에 투자하도록 기

---

* 그 유명한 엔론(Enron)스캔들에서 발생한 사례이다. 이 에너지 회사는 연금펀드를 회사의 불법적인 투자계획에 부분적으로 사용했으며, 종업원들이 스스로 저축한 퇴직적립금 중 20억 달러를 비용으로 탕진했다.

† [역주] individual retirement accounts – 개인퇴직계좌

회를 제공하는 것도 합법으로 해석할 여지가 있다고 주장했다.[7] 사업가들은 이 해석에 반색하며 그것을 가지고 의회로 달려갔다.

운 좋게도, 개인의 자산관리 의무를 촉진하는 그들의 새로운 입법 제안은 개인으로의 권한 분산이라는 레이건 식의 더 큰 주제와 잘 맞아떨어졌다. 일반인들에게도 개인적 자산관리로의, 즉 투기 게임으로의 직접적인 접근로가 있어야만 한다고 그들은 믿었다. 그렇게 하여, 이에 군침을 흘리는 자산관리 서비스 산업의 도움에 힘입어, 현재 널리 퍼진 401(k)가 입법화되어 탄생하게 된 것이다.[8]

IRA와 전통적 연금플랜의 하이브리드한 형태로서, 401(k)는 다달이 종업원들의 급여에서 일정 비율을 공제하고, 때로는 고용주의 선택적 보조를 더하여 기금이 형성된다. 그리고 나서, 종업원은 외부 자산관리 회사에 의해 관리되는 구색이 더 다양해진 포트폴리오로부터 선택을 하게 된다. 평생 동안의 보장 대신에 이제 고용주들은 연금플랜으로의 접근로만 제공하고 고작해야 선불로 일정부분을 보조해주면 그만이게 되었다. 연금플랜이 가치가 오르는지, 인플레이션을 따라잡고 있는지, 혹은 책임 있게 투자를 하고 있는지는 이제 오롯이 종업원들의 몫이 되었다. 더구나, 자산관리 비용, 중개 수수료, 그리고 재정관리 서비스 비용 또한 회사로부터 종업원 개개인으로 전가되었다.[9]

자산관리 산업은 이러한 새로운 제품을 사랑했다. 연금을 꾸리는 몇몇 회사들에 조언을 해주는 것 대신, 수백만의 새로운 401(k) 보유 개인들에게 서비스를 제공할 수 있기 때문이다. 집단적으로 저축을 하는 대신에 개인적으로 함으로써, 노동자들은 결국 똑같은 조언에 대해 수백 배 혹은 수천 배의 비용을 지불해야만 한다. 연금플랜들은 중개회사에 지불하는 사례금과 내부 펀드 운영 수수료를 제외하고도, 기본 수수료를 최고 0.65%까지 부과할 수 있어서, 그 어떤 연금플랜도 인플레이션을 따라잡는 것은 고사하고 수익을 축적해 나가기 어려운 실정이다.[10] 이러한 수수료 부과는 수익을 내거나 손실이 발생하거나 상관없이 적용이 된다. 자산관리 상담사나 연금플랜 관리자 그 누구도 결과에 대해서는 법적 책임이 없다. 새로운 구조 하에서, 이제 모든 사람들이 맞춤형 개인 계좌를 갖게 되고부터, 퇴직금이라는 한 솥단지의 훨씬 더 많은 부분이 더 많은 연금 설계자들과 서비스 직업을 뒷받침하는 수수료의 형태로 추출된 것이다.

또한, 자산운용회사들은 재정적 감각이 매우 부족하고 실제적으로 단체협상 능력이 없는 막대한 새로운 고객 풀(pool)을 얻게 되었다 – 예전의 전문적 기업 연금 관리자들의 통곡소리가 멀리서 들려 온다. 자산운용 서비스산업은 개인의 자율권 확대의 도구로서 퇴직연금 플랜을 판매하기 위해 온갖 노력을 기울였다. 스스로의 마케팅 연구에서 드러나듯이, 그들은 금융 심리학적으로 알려진 틈새들 – 게이머들이 '엑스플로잇(exploits)'*이라 부를 만한 약점들 – 뿐만 아니라 시장과 시장 규칙에 대한 투자자들의 무지를 지렛대 삼아 개인 투자자들 고유의 약점들을 파고들었다.[11] 금융회사들이 이러한 연금 플랜들을 더 많이 홍보하면 할수록, 더 많은 고용주들이 마음껏 연금을 폐지해 나가게 되었고, 더 많은 노동자들이 자기 자신의 저축계획과 거래 기술에 전적으로 의존할 수밖에 없게 되었다. 이렇게 하여, 더 많은 돈이 금융산업으로 흘러들어가게 되었고, 그 돈은 다시금 금융산업이 더 큰 돈벌이를 할 수 있는 금융상품들을 마케팅을 하는 자금으로, 그리고 그러한 금융상품들을 만드는데 걸림돌이 되는 규제를 줄이는 로비를 위한 자금으로 쓰이게 되었다.

디지털 사회에서 살아가는 우리는 은퇴를 개인적 책무로 당연하게 받

---

* [역주] IT 시스템의 보안 취약점을 노린 공격

아들인다. 젊은 직업인들은 은퇴 전략 시장뿐만 아니라 일자리 시장에서 서로간에 경쟁해 가는 일종의 게임을 하고 있다는 것을 이해하고 있다. 미국의 제조업 기반이 사양길로 접어들면서, 퇴직연금과 같은 구식의 장기적 보장을 기대하는 젊은 노동자들의 수는 어쨌든 점점 줄어들었다.[12] 401(k)의 출현과 이에 따른 퇴직연금의 쇠퇴는 미국 역사의 알맞은 시기와 맞물려 나타났다. 근본주의적 '자유시장'의 압박이 공화당 비주류 골드워터(Goldwater)와 프리드먼(Friedman)으로부터 기술자유주의* 주류로 스며들던 시기였다. 1990년대의 긴 호황과 그에 수반한 기업의 군살빼기 경영에 대한 강조로 이러한 풍조는 더욱 증폭될 뿐이었다.[13]

과세유예 연금저축 수단의 발명, 미국 제조업의 쇠퇴, 초자유주의시장 이데올로기의 등장, 홍보와 로비력을 내세운 금융산업의 성장, 그리고 온라인 트레이딩 도구의 상용화 등 여러 상황이 합류하는 지점에서, 각각의 요소들이 점점 더 과장되고 또한 다른 요소들이 서로 서로 보호막 역할을 해주는 일종의 피드백 회로가 만들어지게 되었다. 1979년에서 2012년 사이에 연금 가입률은 피고용인의 28%에서 3%로 급격히 줄어들었다.[14]

개인의 IRA 계좌가 예전의 연금계획들처럼 혹은 그보다 더 좋은 성과를 내기만 한다면 이 모든 것은 괜찮을 터이다. 그러나 《포브스》와 《USA투데이》의 보고에서와 같이, 401(k) 참여자들은 실제로 전보다 더 적은 돈을 저축하고 있고, 그 액수로는 안전하게 퇴직하기에 불충분하다. 퇴직연금저축 계좌를 관리하고 감시하는 것은 일반인들이 도저히 가질 수 없는 일정 정도의 재정적 감각을 요하는 문제다—실제로는 대부분의 상담사들의 능력 범위 밖이기도 하다—. 애매모호하게 만들

---

* [역주] technolibertarianism—실리콘밸리의 IT산업을 기반으로 하는 정치철학으로 Paulina Borsook에 의해 주창됨

어진 각종 커미션과 금융 수수료들은 수익 감소의 또 다른 원인이 되고 있다. 사실 어렵게 얻어졌으나 너무 쉽게 정기적으로 철회되는 2012년 은행 개혁 이전까지만 해도 펀드매니저들은 자기네들이 부과하는 수수료들에 대해서 보고해야 할 의무조차도 없었다.[15] 이것은 사실이다. 1981년 이러한 연금플랜들이 출현한 이래로 2012년에 이르기까지, 고객들이 퇴직연금통장을 보유하는 '특권'을 위해 얼마만큼의 돈을 지불하고 있는지에 대해 펀드매니저들은 문자 그대로 법적 고지 의무가 없었던 것이다. 고객들은 뮤추얼펀드 내부에서 그 수수료들을 조회해 볼 수는 있었겠지만, 고객 계좌들을 관리하는 금융회사들은 그것을 알려줄 의무가 없었다. 따라서 고객들은 어안이 벙벙한 상태였다. 2011년 AARP 조사에 따르면, 401(k) 가입자들 가운데 71%가 자신에게 그 어떤 수수료도 부과되지 않는 것으로 잘못 알고 있었고, 그밖의 6%는 수수료부과에 대해 아는 바가 없다고 했다.[16] 결과적으로, 《포브스》에 따르면, 2011년 연금형 플랜들은 2.74%의 수익률을 달성했던 반면에, 401(k)는 실제로 0.22%의 **손실**을 기록했다.[17]

그러니까 개인연금플랜들은 개인투자자들이 게임에 참여하도록 자율권을 주는 수단으로써 팔려나갔으나, 실상에 있어서는 개인의 무지와 협상력을 더 자주 악용하였다.[18] 중산계급 노동자들의 401(k)가 은퇴 이후에 의지할 만큼 성과를 거두기 위해서는 노동자들이 마치 프로처럼 투자를 해야 할 뿐 아니라 아파서도 안 되고, 이혼도 하면 안 되고, 절대로 정리해고 되어서는 안 된다.[19] 다른 말로 하면, 실제 삶에서 이것은 제대로 작동할 수 없는 것이다.

은퇴를 위한 저축을 개인에게 떠 넘김으로써, 회사들은 리스크를 피고용인들에게 전가하였고, 이윤을 주주들에게 바치고, 이와 더불어 금융 서비스의 막대한 새로운 시장을 창조해냈다. 이것은 다시금 압력차를 이용해 사람들로부터 금융 섹터로 더 많은 가치를 옮겨갔다. 그럼에도 불구하고 우리 대다수는 위쪽으로 솟구치는 그래프와 복합적인 이익들에 대한 원형 차트들이 진정 사실일 것이라는 희망의 끈을 놓지 않고 있다. 광고대로 우리의 투자가 상승하지 않음에도 말이다. 우리 대부분은 고용주가 지명한 금융 상담사들과 비즈니스 언론이 말하는 이야기들을 믿는다. 그들은 주식시장에 돈을 담가 놓은 사람들이 시간이 지남에 따라 7~8% 평균 수익을 얻는다고 말한다. MIT 대학의 경제학자 즈비 보디(Zvie Bodie)는 1915년부터의 S&P 지수를 관찰했고, 그 결과 지난 1세기 동안 44년 간을 투자했을 경우의 실제 수익률을 보여주었다. 그 실제 수익률 평균은 3.8%다. 한 사람이 은퇴하기 가장 적합했던 해는 1965년이었고, 그랬었다면 얻을 수 있었던 수익은 평균 6% 정도였다. 오늘 은퇴를 하게 된다면, 당신은 3% 이하를 얻을 것으로 보면 된다.[20] 물론 수수료를 지불하기 전에 그렇다는 것이다. 그만큼이 바로 우리가 스스로의 재정을 주관한 것에 대한 보상이다.[21]

이러한 책임을 너무도 잘 인지하고 있으면서도, 금융 서비스 산업은 사람들이 스스로의 미래를 위해 투자하는 것을 돕는 일에는 별 관심이 없고, 오히려 바로 그러한 필요에 착안하여 돈을 벌 방법을 궁리하는 것에만 관심을 기울였다. 시스템 그 자체를 가지고 게임을 하면서, 그러는 동안 투자자들이 그 게임에 참여하고 있다고 느끼도록 만드는 새로운 방법들을 모색하고 있다. 이런 현상을 볼 때, 오히려 본래의 주식시장의 전형적인 피라미드 구조가 비교적 정직해 보이기까지 한다. 주식시장에서는 적어도 일찍 진입한 자들은 돈을 벌 수 있다. 물론 뒤늦게 진입한 자들을 제물로 버는 것이지만 말이다. 그것이 바로 투자가 작동하는 방식이다. 어떤 것의 미래 가치에 투기하는 것, 즉 낮게 사서, 높게 파는 것이다. 어수룩한 사람은 그와 반대로 하는 자이다. 401(k)

게임에서 어수룩한 사람은 인사부서의 조언에 따라 자기 급여의 일정 부분을 퇴직플랜산업에 갖다 바치는 사람이다. 이 모든 것들이 개인의 책임이라는 구실 하에서 이루어지고 있다.

이러한 풍조를 확대해 가는 디지털 트레이딩 플랫폼들은 개인투자자들에게 자기 자신의 투자에 대해서 더 많은 책임을 질 것을 요구하고 있고, 그에 따라 더 많은 리스크를 짐지우고 있다. 그러므로, 디지털 트레이딩은 개선이 아니라, 유지관리비 제로의 보장된 연금 풀(pool)로부터 고도로 참여적이고, 개인화되고, 경쟁적인 투자로 한걸음 더 나아간 것일 뿐이다.

온라인 트레이딩 유틸리티들이 예전에는 이해하기 어려웠고 다가설 수 없었던 주식시장으로 소매 사용자들을 안내해준 것은 틀림없다. 온라인 트레이딩 이전에는, 인간 주식브로커들이 사람들 사이에서 거래를 주선하곤 했다. 고객은 자기의 브로커에게 전화를 걸어 정보를 요청하고, 자기가 들은 것에 근거하여 의사결정을 내리고, 그런 후에 브로커에게 트레이드를 실행하도록 지시했다. 브로커는 이에 따라 실제 주식시장의 객장에 있는 거래소직원에게 전화를 걸고, 직원은 상급 전문직원에게 걸어가서 이를 전달하고, 전문직원은 매도자를 물색하여 매입자와 연결함으로써 거래를 실행했다. 물론 이 트레이딩 사슬의 모든 인간이 매입 매도가격 사이의 기름기를 일부 걷거나, 약간의 마진을 붙여서 커미션을 챙기기는 했다. 그들도 가치를 추출했으나, 그 과정에 그들이 있는 것만으로도 일의 진행을 인간의 속도로 늦춰주는 기능을 했고, 걷잡을 수 없는 속수무책 상태가 되지 않도록 해주었다. 불안해하는 주주들에 대해서는 담당 브로커들이 자제하도록 설득할 수 있었고, 패닉매도는 효율적으로 중단시키거나 숙련된 전문가가 대응할 수 있었다.

1980년대에 브로커 할인서비스가 등장해서 고객들은 수신자부담

전화번호를 이용하여 브로커 대신 전화 상담원에게 주문을 할 수 있게 되었다. 마침내 고객들이 전화기의 버튼을 눌러서 20분 지연된 주식 시세를 듣고 곁보기에 새로운 정보를 바탕으로 주문을 넣을 수 있게 되었다. 이것이 인터액티브(상호작용적) 트레이딩의 처음 형태였고, 주식거래량의 급증과 거래를 실행해준 주식중개사무소 커미션의 막대한 증가로 이어졌다—찰스 슈와브*를 예로 들자면, 35% 이상 거래량이 폭증했다고 보고된 바 있다.[22] 거래량이 증가하자, 주식중개사무소들은 스스로의 트레이딩 창구를 개설했다. 주식거래는 더 탈중앙화되고, 자동화되었으며, 가상적으로 바뀌고, 시장을 질서 있게 유지해 왔던 인간 전문가들의 역할은 점점 더 의미가 퇴색해 갔다.

웹(web)의 확산으로 이러한 추세는 더욱 심화했고, 할인 주식중개사무소들은 온라인 트레이딩 플랫폼을 통해 경쟁적으로 고객들에게 더 높은 수준의 접근성과 제어력을 제공했다. 1999년에 이미, 모든 주식 거래의 25~30%가 E-트레이드(E-Trade), 티디 워터하우스(TD Waterhouse), 슈와브(Schwab) 같은 사이트들에서 이루어졌다.[23] 온라인 서비스들은 소매 트레이더들에게 공개된 정보로 더 나은 접근성을 제공하고 궁극적으로는 실시간 주식시세까지 제공하게 된 것은 맞지만, 그것으로 해서 트레이더들이 주식시장의 더 깊숙한 곳에서 이루어지는 게임에 진정으로 참여할 기회를 늘려준 것은 아니다. 제공된 정보는 아직까지도 프로들이 알고 있는 것에 비교하면 새로운 것이 아니었고 피상적인 것이었으며, 주식거래 자체는 아직 주식중개사무소에 의존하고 있었다. 중개사무소들은 거래소에 공식적인 자리를 얻어 운영되고 있거나, 다른 어떤 경우에는 고객들의 주식을 내부적으로 거래

---

* [역주] Charles Schwab—금융 브로커 회사 이름

할 만큼 충분한 접속량을 보유하기도 했다.

더욱이 온라인 주식 소매상들에게 제공된 플랫폼과 유틸리티들은 전문 트레이더들이 사용하는 것들과 닮아 있기는 했지만, 실제로는 작동하는 방법이 달랐고 접근 수준도 달랐다. 이-트레이드(E-Trade)의 '파워 이-트레이드(Power E-Trade)'를 예로 들면, 컴퓨터 스크린이 몇 개의 작은 창으로 나뉘어 있고 각 창들은 수시로 변하는 숫자들과 티커(시세표시기)들, 그리고 빨간색과 초록색의 박스들이 반짝인다. 이것들은 마치 전문 트레이더들의 컴퓨터 셋업의 축소형 버전처럼 보인다. 그러나 프로들이 사용하는 도구들과는 달리, -비디오 게임으로부터 차용된 전문용어처럼 들릴지는 모르겠으나-레벨2 혹은 레벨3 데이터로 알려진 것들을 제공해주지 않는다. 이러한 보다 높은 수준의 데이터들은 매매된 가격과 '사자'와 '팔자' 사이의 스프레드를 종합하여 도출된 것으로 이를 통해 트레이더들은 특정 주식에 대한 매입-매도에 대한 실제적 압력을 판단할 수 있다-이것은 주식의 가격이나 그 동향만을 볼 수 있는 사람들에 대해 월등한 장점이 된다.

그러한 도구들이 존재한다는 것을 알고 또 그것에 접근하기 위해 요금을 지불한 트레이더일지라도 다른 트레이더들과 직접적으로 트레이딩을 하는 것은 아니다. 그 도구들은 트레이딩 데스크를 위한 제어판(control panel)이 아니기 때문이다. 스크린 반대 편에는 아무도 없다. 그것은 프로처럼 보이지만 전적으로 아마추어 소매상들의 플랫폼으로 연결해주는 인터페이스일 뿐이고 개인들은 여전히 예전과 똑같은 주식중개사무소의 컴퓨터들로 연결되는 것이다. 변함없이 P2P적인 거래활동은 이루어질 수가 없고 인터넷 유저들은 이윤을 뽑아가는 중개상들을 건너뛸 수는 없다. 마치 게임처럼 실행되는 제어판들로 해서 좀 더 개인참여 방식의 주식거래 경험이 원활해진 것은 사실이고-트레이딩에 대한 긍정적인 피드백들도 있고—이렇게 하여 더 많은 트레이딩 활동을 부추키고 있다. 《뉴욕타임스》가 보도한 바에 따르면, 2000년도까지 740만 가구가 온라인 트레이딩에 관여했다고 한다.[24] 버클리의 캘리포니아 대학 브래드 바버(Brad Barber)에 의하면 1995년에서 2000년대 중반까지 1250만 개의 주식중개계좌가 개설되었다.[25] 기록 상 가장 붐볐던 시기는 2013년으로 아메리트레이드(Ameritrade)와 이-트레이드(E-Trade)의 일간 평균 거래가 전년도에 비해 각각 24%와 25%씩 증가했다.[26] 그러나 주식시장으로 이처럼 접근량이 증가했다고 해서, 일반인들도 프로가 해왔던 방식대로 주식 게임에 접근할 수 있게 되었음을 의미하는 것은 아니다.

DIY 트레이더 인구 증가에 대한 연구들은 하나같이, 트레이딩 도구들과 시장 데이터로의 접근이 늘어남에 따라 시장능력에 대한 자기 환상을 일으키고 잘못된 의사결정을 부추키고 있음을 보여준다. 인터넷을 통한 거래가 등장하기 전에도, DIY 투자자들은 금융전문가를 이용하던 사람이나 관리가 전혀 필요하지 않은 '인덱스' 펀드에 투자하는 것보다도 못한 투자결정을 하는 경향이 있었다. DIY 투자자들이 잘못된 투자를 하는 주된 이유는 무엇일까? 아마추어들은 너무 자주 사고 판다. 반면에 온라인 트레이딩 중개업자들은 거의 모든 이익이 사고 파는 과정에서 커미션으로부터 나오기 때문에, 가급적이면 사용자들이 많은 거래를 하도록 유도하는 데 이해관계를 가지고 있다.

데이터가 보여주듯이, 똑같은 중개사무소들이 예전과 똑같은 방법으로 이루어지는 트레이딩 활동으로부터 이윤을 만들어내고 있는 반면에, 소매 투자자들의 실제적인 이익률과 트레이딩의 정확도는 낮아지고 있다. 이러한 현상이 인터넷 혁명기 동안 발생했다는 사실만 보아도 새로운 유형의 투자자들이 충분한 정보를 받아 투자결정을 하는데도 새 도구들이 별 도움이 되지 못했다는 것을 알 수 있다. 오히려 그와는 반대로, 사람들이 더 많은 데이터에 접근하여 그것을 통해 미래를 예측할 때, 예측의 실제 정확도보다 훨씬 더 지나치게 그 예측을 신뢰하는 경향이 생겼다.[27] 즉, 온라인 사이트 상에서 더 많은 데이터가 제공되면 될수록 트레이딩이 더 안전하다고 느끼게 된 것이다. 마찬가지로, 트레이딩 활동에 대해 스스로가 더 많이 제어력을 발휘하고 있다고 느끼면 느낄수록 더 많은 매매를 하게 되고, 그 매매에 대해 더 큰 확신을 가지게 되는 것이다. 그리고 결국엔 더욱 형편없는 투자를 하게 된다.[28]

정보접근과 제어에 대한 환상이 가져오는 심리학적 영향력을 전적으로 인식하고 있기에, 온라이 트레이딩 중개업자들은 이러한 취약성을 악용하는 광고 캠페인들을 개발해내고 있다. 이-시그널(eSignal)은 "더 많이 아는 당신, 더 많이 번다"고 공언한다.[29] 아메리트레이드는 광고에서 온라인 트레이딩은 '어떻게 제어하느냐에 달린 것'이라고 설명한다.[30] 개인투자자들을 위해 온라인 트레이딩 도구들의 온갖 구색맞춤은 점점 더 발전하고 있고, 이것을 통해 투자게임이 활짝 열린 것처럼 느끼도록 만들고 있으나, 실상은 투자자들에게 게임 참여의 짜릿한 대리만족을 제공하는 것에 불과하다. 수많은 버튼들과 메뉴들, 데이터 포인트, 선택사항들이 있으나 대부분의 것들은 실상 별반 다를 바 없는 결과물을 만들어낼 뿐이다. 트레이딩 자체는 실제이고, 커미션과 손실도 실제이지만, 그 운동장 위에서 동일한 출발선은 디지털적인 시뮬레이션에 불과한 것이다.

알고리즘이 디지털적 파생을 꿈꾸는가?

프로 트레이더들도 디지털화된 환경에서 유사한 도전에 직면하고 있다. 붕괴되고 있는 다른 산업분야에서와 마찬가지로, 금융 노동자들도 네트워크와 컴퓨터들로 교체되어 왔다.

주식중개업자들은 시장으로의 접근로를 제공하는 것 이외에도, 고객들에게 조언과 더불어 주식할당이나 미래 수익에 대한 온갖 수치들뿐만 아니라, 주식이나 산업분야에 대한 최고의 정보를 제공할 책무를 지녔었다. 이런 단계를 거쳐 주식거래는 전문가들의－지명된 시장 조성자들의－손에서 이루어졌는데, 이들은 특정 주식을 일정량 비축하여 때마침 거래상대방이 없을 때의 주문에 대응해 주기도 했다. 일시적 유동성 부족으로 불필요하게 주가가 폭락하는 것을 막기 위한 최후의 보루로서 매입자의 역할을 요구받기도 했다. 물론 이런 일을 하면서, 주식거래의 현장에 위치함으로써, 싸게 사서 비싸게 팔 수 있는 우월적 지위를 활용하여 돈을 벌었다. 그러나 그들의 활동으로 변동성은 완화되었고, 시장은 좀더 지속적으로 유동성을 가지며 질서를 찾을 수 있었다.

인터넷 덕분에 고객들은 이제 시장에 접근할 수 있게 되었다－혹은 적어도 가상 트레이딩 데스크에 직접적으로 접근이 가능해졌다. 디지털화한 시장은 더 이상 중개인이나 전문가들의 기능을 필요로 하지 않는다. 주식거래는 세계 전역의 구매자와 매도자를 연결해주는 '즉각적' 프로세스를 통해 실행된다. 전자적 트레이딩 데스크로부터의 실시간 매물정보는 시세를 보다 투명하게 만들었다. 네트워크화된 교환의 탈중앙화 특성으로 거래에 익명성이 더해지고 정실에 따른 거래가 줄어들었다. 전자 기록보관으로 책임이 증대되었고, 그 어떤 범죄적 행위들에 대해서 미래의 감사나 소추를 위한 기록물을 쌓아갈 수 있게 되었다. 단일 전문가 대신 복수의 경쟁적인 교환을 통해 트레이더들은 매수매도 간의 더 촘촘한 스프레드를 얻을 수 있게 되었고, 이것은 곧 각각의 거래로부터 돈이 덜 새어나가게 되었음을 의미한다.

인간 전문가들을 제거함으로써 또한 최후의 보루로서의 매입자도 제거되었고, 그들이 제공하던 시장변동성 완화의 기능도 사라지게 되었다. 그로 인해 증가된 권력의 빈 공간과 궁핍 속을 비집고, 일시적 혹은 순식간적인 거래 불균형만을 이용하여 이익을 추구하는 컴퓨터 프로그램인 초단타매매자들(HFTs)과 알고리즘이 들어오게 되었다.

물론 많은 경우에, 어디선가 발생할 수 있는 거래량 부족이 발생하는 것을 감시하고 거래 안정성을 제공할 수 있다는 측면에서 알고리즘이 있는 것은 좋은 일이다. 초단타매매 알고리즘은 누군가가 원하는 주식을 먼저 알아낸 대가로 몇 페니 정도의 요금을 부과할 수 있으나, 예전의 전문가들도 역시 비슷한 정도의 소액을 서비스 요금으로 부과했었다. 문제는 서비스를 제공한 주식의 변동성을 줄여줄 의무가 있었던 전문가들과는 달리 HFTs는 변동성을 오히려 **선호한다**는 점이다. 전형적인 HFT 전략 하나를 예를 들면, 시장에서 불안정한 신호가 올 때까지 한 종목의 주식에 유동성을 제공한다. 신호가 감지되면 알고리즘은 급작스럽게 모든 매도호가와 매수호가를 철회해 버림으로써, 순식간에 수요결핍과 가파른 가격하락을 야기한다. 약삭빠른 알고리즘은 이런 일이 발생할 것을 알고 있었으므로, 이미 파생옵션을 활용하여 그 주식에 반대로 베팅을 해 두었다. 다른 알고리즘들이 지금 발생하고 있는 상황을 파악하게 되면, 그들 역시 얼어붙게 되고, 결국 그 주식은 '심각한 폭락'으로 가게 된다. 그 주가가 폭락했으나 그럴만한 실세계의 이유가 없다. 게임 자체로부터 발생한 부수적인 타격일 뿐이다.[31]

또 다른 일반적인 알고리즘 전략은 가짜 거래 주문을 쇄도하는 것이다. 하지만 이것은 의도된 주문들로 실행까지는 하지 않는다. 그리하여 사람 트레이더들—혹은 다른 알고리즘들—이 시장이 어떤 특정한 방향으로 움직이고 있다고 믿도록 만든다. 90% 이상의 주문들이 컴퓨터에 의해 생성되는 이러한 류의 가짜 제스처들이다.[32]

알고리즘들은 주식거래소와 물리적으로 가장 가까운 거리로 연결된 초고속의 컴퓨터 상에서 돌아가고 있다. 이렇게 해야만 피어 컴퓨터들이나 그밖의 인간 트레이더들에 비해 프로세싱에서 잠재적인 우위를 확보할 수 있다. 좋은 위치를 확보한 알고리즘은 그보다 더 멀리 떨어진 인간이나 컴퓨터가 거래를 시행하는 순간과 그 거래가 완전히 실행되는 순간의 차이를 비집고 작전을 수행할 수 있다.[33] 이것은 본질적으로 남들보다 '앞서 달리기' 식의 선매매 거래이다. 즉 남들이 사고자 하는 주식을 먼저 사서 바로 그 사람들에게 이윤을 붙여 파는 것. 이렇게 함으로써 트레이더는 추가적으로 단 몇 페니 정도를 더 지불해야만 하겠지만, 알고리즘들이 이러한 루틴을 하루에도 수백만 번씩 수행하므로 그 몇 페니들이 쌓이게 되고 시장으로부터 실제 가치를 추출하게 된다.

명확하게, 알고리즘들은 그 어떤 서비스도 제공하지 않는다. 그것들이 만들어낸다고 하는 그 어떤 유동성조차도 그것들이 의도적으로 일으키는 불안정과 패닉 매도로 인해 앗아가 버리는 유동성을 벌충해주지 못한다. 알고리즘은 인간 중개업자들뿐만 아니라 디지털 주식시장이 권한을 넘겨주겠노라 주창했던 개인 투자자들에게도 폐해를 끼치고 있다. 알고리즘적 트레이딩은 와이파이에 의해 인터넷으로 연결되는 노트북 컴퓨터에서는 실행될 수 없다. 그것은 일정 사양의 하드웨어와 접속, 그리고 부동산의 위치를 필요로 하는 것이어서 가장 부유한 사람이나 체계화된 회사들만이 운영할 수 있는 것이다. 알고리즘 트레이딩이 주식거래 산업의 파괴자일 수도 있겠으나, 전통적 선수들만 더욱 유리하게 만들어줄 뿐이다. 혹은 기껏해야 그 선수들이 기계에 의해 대체되기 전까지 종사하게 될 회사들만 유리하게 만들어줄 뿐이다.

이러한 경향들에 부분적으로나마 대처하기 위하여 새로운 교환 수단들이 출현하고 있다. 아이러니컬하게도 그것들은 거래를 위한 교신의 속도를 낮춤으로써 알고리즘들을 회피해보려 한다. 이미 살펴본 바와 같이, 알고리즘들은 트레이더들이 한 트레이딩 데스크에서 다른 트레이딩 데스크로 교신하는 순간을 가로채 이익을 수탈해 간다. 어떤 매도자가 주식 1000주를 팔고자 한다면, 주문은 전형적으로 몇몇의 가상 트레이딩 데스크로 가게 된다. 이 데스크들은 여러 다른 장소에 위치하므로 그 중 하나의 데스크에 도달한 후 그 다음 데스크에 도달하기까지는 0.5초 정도의 시간이 걸릴 수 있고, 제3의 데스크까지는 꼬박 1초가 소요될 수도 있다. 초고속으로 작동되는 컴퓨터는 첫 번째 데스크에서 무슨 일이 발생하고 있는지를 알 수가 있고, 최초의 주문이 도달하기 전에 두 번째와 세 번째 데스크에 줄달음질쳐 해당 거래를 선매매할 수 있다. 이것에 대응하기 위해 새로 만들어진 안티-알고리즘 교환방식은 가장 먼 거래소까지 도착하는 데 걸리는 시간을 계산하여 시간 차를 두고 주문을 전송한다. 가장 먼 거래소에 먼저 주문을 발송하고 가장 가까운 곳에는 마지막으로 보내는 것이다. 이러한 방식으로 하면 주문이 모든 거래소에 동시에 도달하게 된다. 알고리즘이 그 첫 번째 주문을 목격하더라도 뒤쫓아오는 주문에 앞서 선매매 행위를 할 수가 없다. 거래가 이미 완료되었기 때문이다.[34]

어찌되었건 간에, 이런 정도의 것들이 지금 이 순간 월 스트리트의 승리 전략을 구성하고 있다. 기껏 트레이딩 프로토콜들을 악용하는 알고리즘들 간의 게임일 뿐이다. 그것은 성장하고 있는 회사들에게 자본을 제공하는 것과는 전혀 무관한 것이며, 오픈마켓의 대전제의 밑둥을 파냄으로써 투자산업으로부터 가치를 추출해내는 데만 몰두하고 있다. 그것은 시스템을 갖고 노는 게임이다.

주식이라는 것은 본디 사업가들이 새로운 비즈니스나 사업 확장을 위해 자본을 일으키기 위한 도구로써 생겨난 것이다. 투자자들은 현금을 주고 회사의 한 조각, 즉 지분을 얻는다. 최초의 거래가 일단 완결되고 나면 그 주식의 나머지 행로는 중요하지 않게 된다. 주식 가치의 증가는 트레이더의 몫으로 돌아가고, 회사로는 들어오지 않는다. 회사가 더 많은 자본을 얻기 위한 유일한 방법은 보유주식을 팔거나 더 많은 주식을 발행하는 것밖에 없다.

주식지분의 가치는 여전히 그 회사의 운명과 연결되어 있다. 회사가 성장하면, 주주들은 더 커진 파이의 조각들을 소유하게 된다. 회사가 충분한 이윤을 만들어내면, 이윤은 배당의 형태로 주주들에게 상납된다. 이 때문에 투자자들은 전통적으로 회사와 그 경영, 그리고 그 회사를 둘러싼 비즈니스 조건들에 대한 조사연구에 기초하여 투자를 결정하는 것이다.

회사의 실제 가치 평가에 의해 오랜 시간에 걸쳐 돈을 키워나가려는 투자자들과는 대조적으로, 트레이더들은 주식이나 채권 가격의 변동으로부터 이윤을 얻으려고 한다. 이들에게 한 회사의 기저 가치는 문제가 되지 않는다. 트레이더들은 밀물과 썰물, 추세선과 이동평균, 버블과 폭락만 쳐다본다. 이들에게 디지털 기술에 의해 촉발된 엄청난 양의 데이터와 프로세싱 능력이 중요한 것은 오로지 그런 것들이 주식투자 게임에서 전략적 움직임의 새로운 방법들을 제공해줄 때뿐이다.

《블룸버그》에서 《야후 파이낸스》에 이르기까지, 디지털 증권정보

발행인들은 온갖 차트와 시각화한 데이터들에 대한 트레이더들의 끝없는 식탐을 만족시켜 주면서 기대 이상의 성과를 거두고 있다. 마치 스스로 알고리즘처럼 행세하면서 불안정성 그 자체에 투자하기 위해 트레이더들은 스토캐스틱과 모멘텀 오실레이터를 채택하기도 한다. 당연히, 그들의 트레이딩은 진짜 알고리즘적 트레이더들, 즉 알고리즘 그 자체에 의해 힘도 써보지 못하고 사전에 제압당한다. 알고리즘들 역시 또 다른 알고리즘들과 전투를 벌이고 있다. 다른 것들의 전략 꼭대기에서 자신의 전략을 구사해 내려고 그 모두가 경쟁하는 가운데, 파생적 거래의 단계가 앞선 단계로부터 연이어 파생되어 나오고 있다.

기술적 개인 트레이더, 알고리즘 오퍼레이터 할 것 없이 이 공간에서 뛰고 있는 사람들은 모두가 스스로 게임의 중심에, 즉, 게임 규칙 그 자체를 작성할 위치에 근접해 있다고 생각한다. 그들이 실제로 트레이딩의 지형을 지배하는지는 모르겠으나, 그들이 지렛대질 하고 있는 주식의 발행회사나 투자자들과는 멀리 동떨어진 비행기 위에서 조종을 하고 있는 모양새다. 그들의 활동을 통해 이루어지는 엄청난 거래량은 애초에 그들의 연료 제공 역할을 기대했던 상거래로부터 시장을 더욱 분리해 나갈 뿐이다. 그리고 그곳으로부터 더 많은 가치를 추출할 뿐이다.

양적으로만 보면 파생금융의 규모에 비해 실제 시장의 규모는 왜소해 보이기 그지없다. 2013년 파생시장의 가치는 710조 달러에 육박하는 것으로 추산되었다.[35] 이것은 세계경제의 비파생시장 규모의 거의 10배에 달하는 것이고,[36] 미국 주식시장 규모의 47배에 이르는 액수다.[37] 덜 보수적으로 추산하면, 파생시장 규모는 1200조 달러에 이르고, 이 액수는 세계경제 규모의 20배 이상에 달한다.[38] 이런 수치로 보면, 2013년에 인터콘티넨털 익스체인지(Intercontinental Exchange)

라 불리는 파생상품 거래소가 뉴욕증권거래소(NYSE)를 통째로 사버린 것도 당연한 귀결이다.[39] 본디 상거래의 부산물인 주식시장은 그 자체의 부산물에 의해서 삼켜져 버렸다.

시장이 점점 더 이 모든 류의 가상적 게임운영능력에 의해 주도되면서 점점 더 취약해지고 그 어떤 펀더멘털을 동원하더라도 읽어내기가 어려워졌다. 회사나 산업분야에 약간의 변동징후만 보여도 전례 없는 속도와 규모로 버블이나 폭락으로 귀결된다. 이 모든 디지털 트레이딩 기법들은 시장을 뒤흔들면서 마치 자기만의 독특한 날씨체계와 같은 그 무언가를 생성해낸다.

알고리즘들이 시장을 점점 더 지배할수록 시장은 점점 더 동적 시스템의 특성을 띠기 시작한다. 이제 시장은 더 이상 수요와 공급, 비즈니스 조건, 혹은 상품의 가격 따위가 직접적으로 주도해 가는 시장이 아니다. 오히려, 모든 알고리즘들 사이에서 이루어지는 트레이딩에 의해 가격과 흐름, 그리고 속도가 결정되고 있다. 각각의 알고리즘은 하나의 피드백 고리이고, 그 어떤 실행을 한 후, 결과로 초래된 조건들을 관찰하고, 그에 따라 또 다른 실행을 한다. 이 순환을 반복하고, 반복하고, 또 되풀이하여 반복한다. 이것은 알고리즘이 매 순환고리마다 스스로 적응하면서 실행을 조율해내는 무한반복 프로세스다. 이 순환과정에서 알고리즘은 새로운 근본적인 것에 반응하는 것이 아니라 알고리즘끼리 서로 반응을 주고 받는다.

그러한 시스템은 통제불능 상태가 되어간다. 오리지널 시그널보다 알고리즘끼리의 피드백이 더 요란스러워졌기 때문이다. 그것은 마치 공연자가 스피커 앰프에 마이크를 너무 가까이 갖다댔을 때 나는 소리와 같다. 마이크는 스스로의 되먹임 소리를 받아서 스피커로 보내고, 그 소리가 다시 마이크로 되돌아 오고, 그 소리를 다시 내보내는 무한

반복과 같은 현상이다. 그 결과로 나오는 '삐이이익' 소리는 알고리즘들이 스스로의 피드백을 반복함으로써 유발하는 시장의 급등 혹은 급락 현상과 마찬가지라 보면 된다.

전통적인 시장의 플레이어들은 이런 류의 뜻밖의 사태들에 대해 머리를 긁적인다. 인간 간의 트레이딩 활동의 관점에서는 도저히 설명이 되지 않기 때문이다. 무엇 때문에 버블이 터져버린 것일까? 시장분위기에 편승한 것일까, 그 어떤 뉴스 때문일까, 혹은 과매수 때문일까? 그 어떤 전통적 용의점들로는 문제를 설명할 수가 없다. 때문에 이러한 합리성의 공백에 '흑조(black swans)'라는 이름표 붙이기가 성행하게 되었다. 마치 예기치 못한 극단적 기형 현상인 것처럼 말이다.

사실 그런 현상들은 전적으로 예측 가능한 것이다. 이런 극단적인 사건들이 정확히 언제 일어나는지는 알지 못할 수도 있다. 하지만 그런 사건들이 일어날 거라는 사실은 알 수가 있다. 왜냐하면, 비선형적 시스템들이 스스로를 표현하는 방식이 원래 바로 그런 것이기 때문이다. 우리가 목도하는 것은 비즈니스의 자본화 과정에서의 금융적 위기가 아니다. 가장 돈 많은 투자회사들이 조종하는 인간 아닌 플레이어들이 벌이는, 한껏 돈을 건 비디오 게임을 구경하고 있는 것이다. 기껏해야 우리 인간들은 그 게임에 편승하여 끼어들게 된 것뿐이다.

이러한 붐-그리고-파산의 사이클들은—술수에 의해 납치된 트레이드 같은 미시적 국면에서나, 혹은 대대적인 시장붕괴의 거시적 차원에서나—주식시장에서 추출적 기능으로써 작동하고 있다. 자기유사 프랙털*에서와 마찬가지로, 모든 수준에서 동시에 똑같은 과정이 일어난다—버블 안에서 버블이. 우리 인간들이 어떤 종목에 '사자' 주

---

* [역주] self-similar fractal—만델브로트(Mandelbrot)가 소개한 기하학적 개념. 고전적 유클리드 기하학보다 자연현상을 더 잘 표현할 수 있는 '자기닮음'의 새로운 패러다임을 제시함

문을 넣는 때마다, 우리는 알고리즘 매도자들 간의 컴퓨터화된 경매 기능의 방아쇠를 당기는 격이고, 결국 그 찰나적인 트레이딩에 있어서 '상투(top)' 가격에 그 주식을 살 수밖에 없게 된다. 우리 인간들은 거시적으로도 질 수밖에 없다. 우리의 포트폴리오를 굳건히 지키고 있으면 알고리즘들은 시장 최고가에서 팔아버리고, 결국 우리의 10~20년의 투자가 녹아버리게 된다. 또 그 과정에서 파산해 버린 시늉을 하는 금융기관들을 납부자들의 세금으로 구제해주고 나면, 알고리즘은 최저가에 주식을 되산다.

이러한 혼돈의 시스템은 때론 참신한 행태를 선보이는 듯도 하고 예측 가능한 패턴이 있는 것처럼 보이기도 하지만, 그런 것들은 시스템이 애초에 만들어진 경제적 기저지형과는 거의 관계가 없다. 때문에 전통적인 비즈니스 애널리스트들이나 경제학자, 중앙은행가들 모두가 하나같이 전통적 방법으로는 도저히 시장을 이해하지 못하여 쩔쩔매고 있는 것이다. 이에 대해, 세계은행(World Bank)의 전 시니어 경제학자였던 허먼 데일리(Herman Daly)가 논평했다. "물리학에서와 같이 경제에 있어서도, 극한에 가까운 지점에서는 고전적 이론들이 잘 먹히지 않는다."[40]

자본화의 과정이 자기 영역이 아닌 무언가 다른 방향으로 가속화되고 있다. 시장을 통합하는 것 대신, 디지털 기술은 시장을 단지 마구 휘저음으로써, 그 조작자들만을 위해 가치를 뽑아내는 파생 시스템들을 생성해 나가고 있다. 그것은 인위적 성장이다.

이런 것을 비즈니스의 한 방법으로 받아들일 사람은 골수 디지털 토박이뿐일 것이다.

게임화된 투자: 스타트업

투자가 실제 경제활동으로부터 이렇게 분리되어버린 시점에 회사가－성장의 덫에 걸리지 않고－사업자금을 찾는 것은 어렵다. 사업가들은 게임 판 저쪽에서 투자자들이 하고 있는, 본류에서 벗어난 똑같은 게임을 해야만 한다.

내가 아는 웨스트 코스트 출신의 아주 똑똑한 젊은 여성 기술자는－가칭 루비라고 부를 터인데－ 즉흥적으로 회사를 하나 출범하기로 했다. 그녀는 돈을 버는 데는 관심이 없었고, 심지어 새로운 기술을 띄워보겠다는 생각조차도 없었다. 단지 스타트업 시장의 밀물과 썰물이 어떻게 작동하는지, 그리고 자신의 수완을 시장에 팖으로써 자기가 게임의 승자가 될 수 있는지, 자기의 이론을 실험해보고 싶었던 것이다.

그래서 루비는 기술과 비즈니스 관련 컨퍼런스에서의 화젯거리들과 TED*에서 거론되는 주제들뿐 아니라 전문지들에서 떠오르고 있는 관심사와 키워드들을 샅샅이 조사 연구했다. 벤처 캐피털리스트들은 도대체 무엇에 관심을 가질까? 또 그쪽 산업에서 가치 있게 여기는 기술들은 어떤 종류의 것인가? 예컨데, 빅데이터가 지배적인 위치에 있다는 결론을 얻게 되면, 그녀는 빅데이터 관련 스타트업을 출범하는 것뿐만 아니라 데이터시각화 기술이나 팩터 분석기술 등과 같이 빅데이터 관련 회사가 필요로 하는 능력을 확고히 구축하고자 했던 것이다. 이런 방법으로 하면, 설사 그 회사가 주력 기술제공에서 실패하더라도 인수합병 대상으로서는 여전히 가치가 있을 것이기 때문이었다. 그 회

---

* [역주] TED－기술(Technology), 엔터테인먼트(Entertainment), 디자인(Design). TED는 미국의 비영리재단으로 미국뿐만 아니라 유럽, 아시아 등에서 정기적으로 기술, 오락, 디자인 등에 관련된 강연회를 개최하고 있다.

사의 기술이건 혹은 잠재적 재능이건, 성장하고 있는 분야에 대한 그녀의 베팅이 옳았다면 그 수요는 대단할 것일 테니까 말이다.

성장분야로서 지리위치 서비스를 최종 선택했다. 팀을 꾸리고 지리위치 기술에 기반하는 몇 가지 앱을 구축했다. 그 앱들 자체가 대단한 것이어서가 아니라—물론 그 중 하나가 히트를 치더라도 불만은 없었겠지만—, 그것들로 잠재적인 인수희망자들에게 오퍼할 수 있는 가능성을 높이기 위해서였다. 앱 작업을 하면서 그녀의 팀은 해결해야 할 문제들이 산재한 성장 중인 분야에서 몇 가지 대수롭지 않은 특허 가능 솔루션과 함께 마케팅 가능한 기능들도 개발하게 되었다. 회사는 팔렸다. 그것도 아주 비싼 값에, 자기네 소프트웨어와 플랫폼에 지리위치를 합체해 넣고자 하던 훨씬 더 큰 기술기업에게 팔렸다. 그녀를 신뢰했던 종사자들, 설립자, 투자자들 모두 지금은 부자가 되었다.

루비는 냉소적인 사람이 아니다. 그녀는 본디 해커이고, 그녀가 이미 게임인줄 알았던 시스템을 가지고 단지 게임을 해본 것뿐이다. 그녀는 시장 조건, 산업 동향, 기술태동기의 일시적 투자자 유행에 맞추어, 역발상으로 스타트업을 설계 시공해낸 것이다. 나는 이번엔 내가 파트너나 투자자가 될 테니 그걸 한번 더 해볼 생각은 없느냐고 물어 보았다. 그녀는 고개를 가로저었다. “그랬으면 좋겠지만, 그건 진짜 따분한 일이에요. 게다가 지금은 주기 상 글러먹은 시기예요. 내년이면 어찌될지는 모르지만. 하지만 뭘 위해서든 사업자금이 필요하시면 말씀만 하세요.”

재미로 해본 실험이 성공했다는 점에서 독특해 보일 수는 있지만, 루비가 시도한 스타트업 시장에 회사를 거꾸로 꿰맞추는 식의 접근방법은 너무도 일반적인 것이다. 진짜 똑똑한 해커들은 기술기업을 해킹하는 재주보다 디지털 시장을 해킹하는 재주가 더 중요하다는 것을 잘 알고 있다. 그들에게는 디지털 시장의 모든 것이 코드일 뿐이다. 혹여 사실이 그렇지 않더라도, 일상 속의 코드와 유사한 것으로 여긴다. 경제라고 하는 것은 가치를 창출하는 장소라기보다는 그들이 가지고 노는 게임일 뿐이다. 금융과 은행업에 종사하는 모든 이들이 그 체제를 가지고 게임을 하고 있다. 벤처기업들의 순수 자본조달 목적이었던 것으로부터 돈을 추출해내고 있는 것이다. 그렇다면 반대로 벤처기업을 만들어서, 그들의 게임에 참여하여 게이머들을 가지고 게임 좀 하면 안 되는 것인가?

진정어린 아이디어를 가지고 대학을 나온 젊은 기술기반 사업가들 대부분은 투자자들의 게임보다 우선하는 그 어떤 비전을 가지고 일에 뛰어들었든지 간에, 자본화 과정에서 그 어떤 비전도 희생되어야만 한다는 것을 재빨리 깨닫게 된다. 그것은 점차적으로 환상을 깨나가는 과정이다. 대부분은 실패를 경험하기 마련인데, 실패 후에는 대개 다음번엔 더 철저하게 게임에 복종해야겠다는 생각이 강화된다. 돌팔이 치료사를 추종하는 사람들처럼, 잘못된 결과가 자기 스스로의 잘못에서 비롯된 것이라고 결론을 내린다. 자기자신과 미래를 몽땅 바치고 있는 그 미친 시스템의 잘못이 아니라고 말이다.

웹의 발전이 예전부터 항상 스타트업 게임으로 특징지어져 온 것은 아니다. 인터넷의 초창기 시절로 거슬러 올라가 보면, 해커들은 거의 우발적이다시피 회사를 차리곤 했다. 1980년대와 1990년대 초반의 슬래커(게으름뱅이) 시대에 소프트웨어는 특별히 가치 있는 것도 아니었고, 생활비도 비싸지 않았다. 개발자들은 누군가의 차고에 모여서 피자와 소다수로 연명하면서 소프트웨어와 게임, 혹은 기기와 하드웨어 시제품을 만들곤 했었다.[41] 이런 것들은 일반적으로, 아직까지 존재하지도 않는 소비자의 수요에 의존하는 것들이었으므로 투자자본을 얻어낼 수 없는 아이디어들이었다.

두 명의 젊은이와 괜찮은 컴퓨터 한 대를 위해, 다음 번에 큰 일을 해내는 데 필요한 그 무슨 자본이 필요한 것도 아니었다. 그들이 발명을 거듭해 가면서, 스티브 잡스나 스티브 케이스(Steve Case), 빌 게이츠, 미치 케이퍼(Mitch Kapor) 같은 이들이 세운 회사들은 창립자들과 초기 종사자들을 백만장자로 탄생시켜 주었다. 물론 몇몇 친구들이나 산업 내부자들이 약간의 종자돈을 대고 큰 보상을 수확한 경우도 있었으나, 그러한 투자 프로세스는 대부분의 투자자 집단에게는 알려지지 않았고, 주식이 상장되기 전까지는 보통의 경우 진입의 문이 닫힌 상태였다. 그제서야 어찌됐건 많은 회사들이 최고의 시기를 맞게 되었다.

그 어떤 피라미드 구조에서와 마찬가지로, 큰 돈은 먼저 온 사람이 벌게 되어 있다. 때문에 기존 벤처캐피털뿐만 아니라 수많은 신생 벤처캐피털들이 서둘러 현장에 뛰어들었다. 1990년대 후반 《와이어드(Wired)》는 우리가 '장기적 호황국면'에 접어들었다고 선포하였고, 인터넷 발전 지형은 제2의 캘리포니아 골드러시의 양상을 띠게 되었다. 웹 페이지에 이윤을 붙여 팔아 먹을 줄 아는 젊은이를 찾는 것보다 현금을 싸 들고 있는 '엔젤'을 찾는 것이 더 쉬웠다.

그 후 십 수년 동안, 스타트업이 어떻게 IPO를 하거나 인수합병이 될 것인가에 대한 기본적 전술교본이 확립되었다. 대학에서 아이디어를 얻어라. 같은 기숙사 내에서 프로그래머를 찾아라. 프로토타입을 만들고 비즈니스 계획을 작성하라. 컨퍼런스에서 프레젠테이션을 하고 '엔젤 라운드'의 초기투자를 받아라. 그 돈으로 몇몇 프로그래머들을 고용하여 '할 수 있는 최소한의 제품'을 만들어라. 그 다음은 투자의 '시리즈 A' 라운드다. 웹이나 앱스토어에 출시하고, 큰 숫자의 실적을 올리거나 양산체제를 갖춘다. 도달 가능한 비전을 제시하는 새로운 비즈니스 계획을 작성하라. 더 많은 자금이 절대적으로 필요한 경우에는 '시리즈 B' 라운드의 투자를 받는다. 그리고 나서, 인수합병이 되든지 아니면 IPO를 한다. **엔젤 라운드**라든지 **시리즈 A** 등의 용어는 이제 마치 **클라이언트**나 **서버**와 마찬가지로 프로그래머의 일반적인 어휘가 되어버렸다. 그리고, 젊은 대학중퇴자 CEO들은, 스타트업 게임에서 승리하기 위해서는 이러한 비즈니스 용어들이 코딩언어보다 더 중요하다는 것을 신속하게 깨닫게 된다.

내가 주기적으로 방문하던 남-캘리포니아의 피트니스 앱 개발 스타트업의 젊은 창립자들은 매주 회의를 갖고 CTO가 개발 과정의 다양한 측면들에 대해 엔지니어들을 교육하곤 했다. 선량한 회사였다. 그러나 시간이 지남에 따라, 생체자기제어 인터페이스 프로그래밍에 대한 강의보다는 비즈니스 전략에 관한 것으로 치우쳐가는 느낌을 주었다. 마치 새로운 종류의 암호코드라도 풀어낸 듯 보이기도 했다. 확장성 높은 솔루션이라든지, 장기적 계약, 높은 교체비용 등에 대해 말하는 것이었다−'**옹호받을 수 있는 결과**'를 도출하고 '**플랫폼 독점**'을 달성해내기 위해 취해야 하는 단계라는 둥.

그는 양적 성장을 무엇보다도 강조하는 스타트업 교본을 전적으로 받아들였고, 그의 대단한 프로그래밍 능력도 이제는 교본이 제시하는 매우 제한적인, 한 가지 야망으로 방향을 틀었다. 그가 생산해낼 제품은 이제 그다지 중요하지가 않고, 그보다는 상(prize)이 중요하다. 그와 파트너들은 어쨌든 진정한 시장 파괴를 즐길만한 위치에 있지는 않았다. 그야말로 그저 하룻밤 사이에 나온 아이디어로 '아이디어 내놓기' 경연대회에서 승리했었을 뿐이다. 그 며칠 후 벤처캐피털이 밀려들어왔고, 이 젊은이들은−수천만 달러를 선불로 받아내는 많은 다른 젊은 사업가들처럼−수십억 달러 가치의 회사를 세워야 하는 책무를 떠맡게 된 것이다.

그것은 오늘날의 개발자들이 마주한 커다란 난제이자, 플랫폼 독점과 그밖의 '**옹호받을 수 있는**' 결과물의 도그마에 역행하는 기술개발을 찾아보기 어려운 이유이다. 우버의 경우에서 살펴보았듯이 앱 하나로 지속 가능한 비즈니스를 떠받치기는 힘겹다. 지속적으로 다른 업체들은 인수하는 수단을 동원해서라도 자기가 속한 전체 시장을 영원히 소유할 수 있는 통로를 확보해야 한다. 그렇지 않으면 그 회사가 수용한 벤처캐피털을 만족시킬 수 없다.

초기 단계의 기술투자자들은 약간의 이윤을 대가로 획득하려는 것이 아니다. 그들은 성공적 선택이 **수백 배**로 튀겨지길 원한다. 때문에 백 개 중에 하나만 결과적으로 성공을 거두더라도 괜찮고, 그 하나의 승자는 다수 패배자들이 잃은 점수를 상쇄해야만 한다. 더 초기에 이루어진, 따라서 더 위험도가 높은 투자일수록 요구되는 상한은 더 크다. 일반적으로 처음으로 들어오는 엔젤 투자자들의 경우 수백 개의 스타트업들에 100만 달러 정도를 뿌린다. 고위험 고수익적 투자로의 분무기식 접근이다. 따라서 성공투자는 적어도 100만 달러를 결과적으로 보상해줄 수 있어야 한다. 그러기 위해서 그 회사는 그보다 훨씬 더 큰 가치가 붙어야만 할 것이다.

예를 들어 다섯의 엔젤이 5%의 지분율을 대가로 받기 위해 각각 10,000달러씩 투자를 했다고 하자. 총투자는 5만 달러다. 설립자들은 종사자들과 함께 적어도 50%의 지분은 유지하고 싶어 한다면, 그 회사는 10만 달러의 평가가치로 출발해야만 할 것이다. 엔젤들이 투자금의 100배를 벌기 위해서는 회사 가치평가액이 1000만 달러가 되어야 하고, 그 이후에 '출구전략'을 통해 투자자들이 지분을 팔 수 있게 된다.

물론 대부분의 회사들이 그 지점에서 출구전략을 시행할 수 있는 것은 아니다. 그들에겐 생산제품이나 시장이 아직 없다. 1000만 달러의 평가라는 것은 그 회사가 언론사, 애널리스트, 그리고 그 다음 라운드의 투자자들의 눈에 얼마나 유망해 보이느냐에 기초한 것일 뿐이다. '시리즈 A' 라운드에서는 더 큰 벤처펀드들이 들어온다. 이 투자자들은 1000만에서 5000만 달러 정도의 회사 가치에 따라, 몇 백만 달러 상당액을 투자할 것이다. 이 단계의 투자자들도 비슷한 계산을 하면서 수천만 혹은 수억 달러를 여러 스타트업들에 광범위하게 뿌린다. '소셜 스마트폰 앱', '게임화된 공유경제', 혹은 '건강, 의료, 피트니스 엔터테인먼트'와 같이 성공 가능성이 높다고 생각되는 종류의 회사들에 대한 '사업 논제(thesis)'를 개발함으로써 투자제한선을 설정하기도 한다.

그러나 벤처캐피털들은 궁극적으로 그 어떤 한 회사가 살아남을 것에 대해 큰 기대를 가지고 투자를 하지는 않는다. 그들의 비즈니스 모델 역시, 드물지만 큰 승리자가 수십 개 이상의 패자들을 상쇄해줄 거라는 기대에 바탕을 두고 있다. 만약 그들이 5000만 달러 값어치의 한 회사에 1000만 달러를 투자한다고 했을 때, 그들은 그 회사가 5억 달러의 가치가 되어야 1억 달러의 수익을 볼 수 있는 것이다. 그렇다 하더라도, 그 정도의 수익으로는 전체 포트폴리오에서의 나머지를 통틀어 발생한 손실들을 상쇄하기가 거의 어렵다. 그런 규모의 '승리'는 그들이 옹호할 수 있는 최저선일 뿐이다. 벤처캐피털 회사들의 게임화된 용어로 말하면, '단타'나 '2루타'에 안주해서는 안 되고, '홈런'을 위해 밀고 나가야만 하는 것이다.

때문에, 벤처캐피털 회사들은 대개의 경우, 이사회의 한 자리를 요구한다. 회사 정책을 조종하여 온건적 성공 목표를 지양하고 승자독식(winner-takes-all)의 결론을 도출하려는 것이다. 대부분의 벤처 캐피털들은 회사가 지속 가능한 경영 상태로 안정화하는 것보다는 차라리 회사를 패대기 쳐 버리는 게 낫다고 생각할 것이다. 10억 달러 대박을 낼 수 있는 기회가 남아 있는 한, 그 기회가 크고 작음을 떠나서 밀어붙이고자 할 것이다. 대부분 벤처캐피털의 포트폴리오 전략이 요구하는 기상천외한 수익발생을 추구하지만 않으면, 불 보듯 확실한 이윤 모델이 있을지라도 포기해 버림을 뜻한다. 적정 수준 성공한 기업으로서 운영되는 걸 보느니, 초특급 성공을 위해 모든 것을 쥐어짜다가 회사가 사망해 버리도록 하는 게 낫다고 생각할 것이다. 인수나 IPO를 통한 주요 출구가 없다면, 그런 회사는 벤처 캐피털리스트들의 게임 수준에서는 전혀 가치가 없는 것이다.

내가 참석했던 여러 이사회에서 투자자들이 젊은 창업자들에게 스타트업이 처한 현실적 지형 속에서, 왜 그들이 별을 향해 쏴야만 하는지에 대해서 가르치는 것을 보아 왔다. 모든 회사는 자기 전문분야에서 절대적인 솔루션이 되어야만 했다–혹은 그보다 더한 것이 되어야 했다. **당신들은 단지 개인적인 건강관리 앱이 되어서는 안됩니다. 모든 건강 앱들이 작동되는 플랫폼이 되어야 합니다! 단지 하나의 게임이어서는 안됩니다. 게임화(gamification) 운영체제와 소셜 네트워크가 되어야 합니다!**

총체적 지배로 향해 가더라도 한걸음씩 다가가는 것은 허용되지 않는다. 벤처 캐피털은 참을성이 많은 돈이 아니다. 한 회사가 2~3년 안에 히트를 치지 못하면, 그 회사는 식어버린 것으로 간주되고 차라리 존재조차 하지 않는 게 낫다고 생각한다. 그래서 장기적인 전략을 발전시켜 가는 것 대신 회사들은 분기별, 반기별 계획들을 세운다. 각각의 계획들은 환상적 메가-출구전략을 포함한다. 즉각적인 동력을 얻지 못하면, 다음 분기에는 또 다른 옵션으로 '전환'해야만 하고, 이것은 그들이 잭팟을 터트리거나 투자 받은 돈을 다 소진할 때까지 끊임없이 되풀이된다. 스타트업이 투자자의 돈더미를 태워가는 속도를 '연소율'

이라고 부른다. 회사에 고용인력이 많으면 많을수록 '고용인수'*로서 더 매력적이지만, 연소율은 더 빠르고, 이륙해야만 하는 '활주로'의 길이는 더 짧을 수밖에 없다. 투자된 돈이 다 타고 나면 회사는 죽어버리거나 투자금 모집의 다음 라운드로 가야 한다. 이것은 최초 투자자들의 승인을 요하는 것으로, 연소되는 동안 회사의 평가가치가 올라서 최초 투자의 서류상 가치가 실제로 증가한 경우에 한한다. 가치평가가 자꾸만 증가함에 따라 뒤이은 홈런은 더 큰 것이어야만 한다.

이 기간을 통틀어 회사는 수익을 내지 않도록 주의를 기울여야 한다. 그렇다. 만일 한 회사가 돈을 벌어들이기 시작하면, 이윤과 손실의 관점에서 평가될 수 있게 된다. 더 이상 **비즈니스 플랜**이 아니라 사업체로서 보이기 시작하는 것이다. 그렇게 되면, 그 즉시 무엇보다 중요한 가치평가 계획이 망가져 버리게 된다. 그러므로 자기네 기술이나 플랫폼의 보편적 약속이 세상에 –적어도 페이스북이나 구글 같은 구매자들에게–선명하게 알려진 다음에는, 잠재적 수익에 대해 '뜬구름잡기식(pie-in-the-sky)'의 전망을 고수해 나갈 필요가 있다.

예전의 상황을 회상해보면 벤처 자본가들은 이런 젊은이들에게 후끈 달아올라 있었다. –닷컴이나 초기 소셜 미디어 스타트업 버블 시기에 말이다. 그들은 디지털 기술이나 네트워킹에 대해 이해하지 못했다–다만, 훗날 큰 것이 될 무언가가 일어나고 있다는 것만 감지하고 있었을 뿐. 그들은 스티브 잡스나 션 파커(Seon Parker)같은 개성 강한 젊은이들이 무슨 말을 하든 고개를 끄덕이며 수용할 수밖에 없었다. 이제는 더 이상 그렇지가 않다. 오늘날 발사명령을 하는 사람들은

---

* [역주] acquisition과 hiring의 복합어로서, Acq-hire, 혹은 talent acquisition이라고도 한다. 한 회사를 인수할 때, 그 회사의 상품이나 서비스에 대한 관심보다, 고용 인력을 넘겨받기 위해 회사를 인수하는 특징적인 과정을 의미한다.

자금제공자들이다. 개발자들은 그들의 한마디 한마디에 조아릴 뿐이다. 몇 주 전까지만 해도 대학 강의실에 있었을 법한 어린애들은 이제 예전에 교수들을 떠받들던 경외심을 가지고 투자자들을 똑같이 대하고 있는 것이다. 아니, 어쩌면 그보다 더 할지도.

그렇게 그들은 스타트업 경제의 초-성장 논리를 마치 기술 개발 분야의 종교인냥 받아들인다. 새로운 멘토들에 귀를 기울기고 그들의 가르침을 지혜의 선물인 것처럼 받아들인다. **이 사람들은 나에게 이미 수백만 달러를 주었어. 내 마음 속 가장 큰 은인임에 틀림없어.** 결국, 그들은 젊고 감수성이 예민한 개발자들일 뿐이다. 열아홉 스물의 나이에, 전두엽 피질은 아직 완전히 발전되지 않는다.[42] 뇌의 그 부분은 의사결정과 충동조절을 담당한다. 그리고 그 나이 때는 우선 순위를 판단하는 능력이 발달해 가는 시기이다. 창립자들이 당초 설정했던 조촐하지만 현실적이었던 성공목표는 홈런에 대한 벤처자본의 요구로 빠르게 대체되어 버린다. 머지않아 그들이 대학을 박차고 나오게 한 사회적 요구는 잊혀지게 되고, 절대적인 시장지배만이 앞으로 나아갈 유일한 길이라고 스스로 믿게 된다. 두 번째 이사회를 마친 후, 한 젊은 기업가가 나에게 말했듯이. "이제 알 것 같아요. 승리가 전부예요. 그 외엔 아무것도 없어요."

그의 투자자들은 내 친구 루비가 스스로 터득했던 것을 그에게 가르쳤다-인수합병이나 IPO를 위한 회사를 창립하는 것은 이윤 기업을 일으키는 것과는 다른 것이다. 그것은 **팔릴만한** 회사를 세우기 위함이다. 스타트업들은 수익을 벌어들이기 위해 노력하지 않는다-그것이 책무다-. 그들은 더 많은 자본을 끌어들이는 목적으로 창업을 한다. 그들은 실제 경제의 일부가 아니고, 나아가 실제 세계의 일부도 아니며, 살아 움직이는 자산을 죽은 자산의 무더기에 퇴적해가는 과정의 일부일 뿐이다. 시장에, 혹은 어제의 기술적 승자들에게 그 어떤 디지털적 유행을 끼워 파는 과정에서 그들이 진정으로 성취해내는 것은 바로 이러한 것들뿐이다. 그들은 새로운 기술을 공학적으로 설계하고 있다고 생각했지만, 정작 그들이 설계하고 있던 것은 자본의 재할당이었다.

진짜 성공을 거둔 디지털 기업가들이 결국에는 차세대 벤처 자본가로 변신하는 이유가 바로 이 때문이다. 마크 앤드리슨(넷스케이프)에서 션 파커(냅스터)와 피터 틸(페이팔), 잭 도시(트위터)에 이르기까지 이제 이들은 자기자신의 벤처 펀드를 운용하고 있다. 페이스북과 구글은 원래 스타트업이었는데, 이제는 자체 내에서 인큐베이트하는 것보다 더 많은 기업들을 인수하고 있다. 매 세대마다, 회사들과 투자자들은 점점 더 의도적으로, 혹은 그 무엇도 아랑곳하지 않으면서 스타트업 경제를 지렛대로 활용한다. 어찌되었든, 이기기만 하면 되니까.

와이 컴비네이터(Y Combinator)* 인큐베이터에서 좋은 위치를 얻어 소셜 게임을 구축할 수 있게 된 게임 웹사이트 스타트업, 오엠지팝(OMGPop)을 예로 들어보자. 이 회사는 일찌감치 페이스북에서 게임으로 그럭저럭 성공을 거두었지만 그때만 해도 이렇다 할 동력을 얻지 못하는 듯 보였다. 예전에 스타트업 설립자들이었던 벤처 수완가 멘토들의 훌륭한 조언에 힘입어 그 회사는 최적의 지점을 찾아 다른 분야로 전환을 모색하였다. 그러던 차에 또 하나의 멘토 집단을 선택하게 되는데 그 중 하나가 이름난 스타트업 스튜디오인 베타웍스(Betaworks)였다. 새로운 멘토 집단의 도움으로 이 회사는 그때까지 서비스가 충분하지 못했던 분야로 방향전환을 하게 된다. 모바일 소셜게임이었다. 그 회사는 '드로우 섬씽(Draw Something)'이라 불리는 무료 모바일 소셜

* [역주] Paul Graham 등이 설립한 스타트업 인큐베이터이자 투자사

게임을 내놓았는데, 사용자들이 서로를 위해서 자그마한 그림들을 뽑아주는 게임이었다. 일주일 만에 그 게임은 히트를 쳤고, 개발자들은 열성이용자들 대부분이 기꺼이 돈을 지불할 만한 부가 유틸리티와 기능들을 추가로 만들어냈다.

아이폰/안드로이드 기반으로 출시한지 한 달 만에 그 게임은 5000만 다운로드를 기록했고, 일간 유저 수는 1500만에 이르렀다.[43] 이러한 새로운 고객기반이 얼마나 지속될지에 대한 실제적 감각이 없는 가운데, 오엠지팝은 회사를 시장에 내놓았다. 그리고, 페이스북 기반의 가상 농부 게임, 팜빌(FarmVille)로 일찍이 대히트를 친 소셜 게임회사인 징가(Zynga)로부터 인수 오퍼를 받게 된다.

징가로 말하자면, 2011년 게임상의 농장경영을 위한 가상 상품을 게임이용자들에게 팔아 대략 3000만 달러를 벌어들였었다. 이런 성공은 소셜미디어에 베팅할 방법을 필사적으로 찾고 있던 투자자들의 관심을 사로잡았다. 그 상태로도 전체 사업부문에 대해 충분한 보상을 받을 것이라는 계산 하에 징가는 서둘러 IPO를 진행했다. 그 해 12월이었고, 이는 페이스북이나 트위터보다도 먼저였다. 트레이딩 첫날 마감 때에 징가의 값어치는 70억 달러에 달했다.[44] 그러나 팜빌은 결국 쭈그러들기 시작했고, 그것을 대체할 매력적인 후속 게임이 없었다. 수익이 고갈됐다. 징가는 게임을 마케팅하는 것보다 마켓을 게이밍하는 데 더 능숙했음이 입증되었다. 엎친 데 덮친 격으로, 페이스북이 스스로 IPO를 하자, 소셜 미디어 회사에 관심 있던 사람들은 페이스북 주식을 사기 위해 징가 주식을 팔았고, 주가는 더욱 침식되었다.[45] 징가는 자본이 끝장나기 전에 무언가를 해야만 했다. 더구나, 소셜 네트워킹은 스마트폰 쪽으로 움직이고 있었고, 게임은 그것을 뒤쫓아가야만 했다. 드로우 섬씽을 사거나 복제할 수밖에 없는 처지였다. 다른 회사의 제품을 단지 복제한다는 것은 결국에 가서는 징가를 혁신적이지 못한 기업으로 보이게 만들 가능성이 농후했다.

그래서 2012년 3월, 징가는 드로우 섬씽 프랜차이즈와 모바일의 약속된 미래를 보고 오엠지팝을 사들이기로 했다. 2억 달러 이상을 지불했는데,[46] 활동적 이용자 한 사람 당 10달러를 조금 상회하는 대가였다. 그러나, 인수하자마자 거의 즉각적으로 드로우 섬씽의 사용자 기반이 감소하기 시작했다. 바로 그 다음 달에 일간 이용자가 1500만에서 1000만으로 감소했고[47] 추락은 계속됐다. 어이쿠! 드로우 섬씽은 이용자의 새로운 인구가 유입되는 게이트웨이가 아니라 명 짧은 일시적 유행에 불과했던 것이다. 징가는 자기가 새로운 시장을 향해 방향전환을 할 수 있는 기성품을 사는 것이라고 생각했건만, 실제로는 일시적 시장성에 꿰맞춘 일개의 모바일 게임 제품을 구매하고 만 것이다. 그것도 절대적인 상투 값으로 말이다.

몇 주가 지나자 그 어느 누구도 이미 벌어진 이 모든 일들에 대해 할 말을 잃었다. 오엠지팝의 창립자들은 열심히 일하는 훌륭한 일꾼들이었다. 비록 그들의 회사가 수십억 장자들의 한 집단으로부터 또 다른 수십억 장자들의 집단으로 몇 억 정도가 추출되는 데 활용되기는 했지만, 일부러 속임수를 쓰려고 한 것은 아니었다. 그렇기는 해도, 그 달에 내가 베타웍스 이벤트에 갔을 때, 거기에 참석한 오엠지팝의 설립자들과 고문들의 얼굴에 야릇한 웃음기가 서려있는 것을 보았다. 손에 만져질 듯한 아찔한 분위기가 감돌았다. 매각 전후를 통틀어 그 어느 때보다도 이용자가 가장 많았던 바로 그날 그들은 회사를 팔아먹은 것이다. 그것은 완벽한 승리였다. 1년 후, 징가의 오엠지팝 디비전은 문을 닫았다.[48]

그래도 위안이 되는 것은, 오엠지팝이 지구를 구하려 했던 것은 아니었다는 것이고, 그 창립자들은 추구했던 것을 단지 얻었을 뿐이라는 것이다. 그들은 재미를 보고 싶었고, 그들의 궁극적인 목표는 화려한 퇴장이었다. 때문에 홈런을 치라고 코치해줄 수 있는 투자자들의 간섭을 환영했던 것이다. 자기자신의 스타트업을, 시장을 난도질하는 것 이상의 그 어떤 지속적인 목적을 가진 것으로 보는 사람들에게, 그러한 회절의 요구는 별로 달갑지가 않다. 그러나, 오로지 목적은 하나뿐이고 IPO나 인수합병을 넘어서는 그 어떤 목적도 집중을 방해하는 것일 뿐이라고 주장하는 벤처자본가에 대항할 아무런 힘이 없다는 것을 그들도 곧 알게 된다. 이 지점에서, 대부분의 설립자들은 너무도 많은 투자를 받았기에 거부할 수 없는 지경에 이른다.

일부 개발자들은 이 순간부터 수많은 로드쇼와 홍보 끝에 그러모은 벤처 캐피털이 자본이 아니라 저주로 느껴지기 시작한다. 사람들에게 새로운 기술을 선사하겠다는 초창기의 비전은 될성부른 메가 히트라는 목표를 향해 일련의 타협적인 방향 전환을 거치는 사이 어디론가 사라져버렸음을 서서히 깨닫게 된다. 플랫폼 독점의 신세계에서 성공은 애초에 기업이 설립된 목적대로 기능할 여지조차 남기지 않는다. 실제로 사용자들이 스스로 가치를 창출할 수 있도록 하겠다거나 다른 개발자들이 환상적인 새 공학 기술을 이용할 수 있게 만들겠다며 탄생한 IT 기업은 온 데 간 데 없다. 이와 같은 분산된 번영을 향해 문을 열어젖히는 것은 시장 지배의 장애물로 인식되며 마치 전함처럼 물이 새 들어올까 노심초사 그 어떤 잠재적 틈새까지 틀어막았다.

대다수는 뒤늦게야 벤처 자본에 대한 의구심을 갖지만 그래봐야 이미 거래는 체결됐고 수표는 현금화됐으며 주주에 대한 창업자의 수탁자 책무(fiduciary responsibility)가 원래 품었던 비전에 대한 의지를 이긴 후다. 많은 경우, 재정적인 지불은 개인적 고통을 보상한다. 20대 나이에 백만장자가 된다는 것은 벤처캐피털리스트의 규칙을 따르도록 하는 강력한 긍정적 강화로 작용한다. 그러나 몇몇 소수들은 다른 대안을 찾는 것으로 타협하기도 한다. 어떤 때는 그 대안이 심지어 토대를 뒤흔들어 놓는 것일 때도 있다. 기존의 벤처 펀딩 모델에 맞춰 회사를 꿰맞추는 대신 반대로 회사를 이용해서 모델을 바꿔보면 어떨까?

구글의 창업자들은 IPO를 준비하는 시기에도 월 스트리트의 유력한 중개기관에 도전장을 내밀만한 진취성을 아직 잃지 않고 있었다. 창업자들은 공모가를 결정할 때 구글의 검색 엔진이 검색 결과를 얻는 방식과 꼭 닮은 바텀 업 방식(bottom-up auction)을 쓰겠다는 뜻을 굽히지 않았다. 전통적으로 거래소에 상장하려는 기업은 투자 은행가를 선임해서 투자자들에게 기업을 홍보하고 그 투자자들이 매수할 주식 가격과 가장 높은 밸류에이션을 계산하는 업무를 맡긴다. 그 대가로 은행가는 전체 딜 규모의 상당 부분, 일반적으로 7% 가량의 물량과 더불어 큰 딜을 주관했다고 으스댈 권리까지 덤으로 챙긴다.

구글은 스스로 충분한 인지도를 얻었고 잠재 투자자에게도 명확한 가치제안을 충분히 전달한 상태라고 판단했다. 이에 더하여 최초의 신주 발행인만큼은 골드만삭스와 모건스탠리의 내부자들에게 맡겨버리는 대신 일반 투자자를 참여시킴으로써 좀 더 민주적인 방식을 과시하고 싶었다. 그렇기 때문에 증권 위탁계좌만 있으면 누구라도 공모주 청약에 참여해 원하는 수량과 가격을 써낼 수 있는 더치 방식(Dutch auction)을 택했다. 이는 청약 마감 후 배정 가능한 주에 적용할 수 있는 최고가를 공모가로 정하는 방법이다. 구글의 경우 공모가가 주당 85달러로 산정됐으며 모집총액은 총 230억 달러였다.[49, 50]

투자 은행가들은 청약 결과를 '재앙'이라고 단정했다. 투자은행이 통상 거래하던 고객을 대상으로 공모주를 제안하는 폐쇄적이고 전통적인 방식*을 택했다면 공모가가 훨씬 높았을 것이라고 주장했다.[51] 이렇게 했다면 물량을 확보한 고객은 공개 시장에서 구글에 투자하고 싶어 안달이 난 일반 투자자에게 주식을 매도하여 더 많은 차익을 얻을 수 있었을 터이다. 사실 구글의 IPO는 투자은행에게나 재앙이었지 나머지에겐 아니었다. 구글은 투자 은행가를 따돌리고 신주의 첫 잔을 일반 대중에게 선사했다. 역량이 절정에 달한, '악을 행하지 않는' 인터넷 기업다운 행보였다. 구글은 공모주에 독점적으로 접근해 단기 차익을 향유하던 엘리트 투자자에게 또 다른 먹잇감을 제공하는 대신 수백만 명의 구글 사용자에게 특권의식과 주인의식을 심어줬다. 사용자야말로 기숙사 방 안의 실험 수준에 머물던 검색 엔진 기업을 IT 공룡으로 만든 진정한 주인이었다.

아쉽게도 구글의 파격적인 행보가 트렌드로 자리잡지는 못했다. 구글에 이어 IPO를 한 페이스북, 트위터 등 대형 IT 기업은 전통적인 방식으로 되돌아가 공모주를 일반 시장에 판매하는 업무를 투자 은행가들의 손에 맡겼다. 공모가가 적어도 단기적으로 유지될 수 없는 가격대까지 치솟았지만 벤처 캐피탈리스트 입장에서는 알 바가 아니었다. 그들에겐 투자 기업의 미래가 아니라 당장 그 투자 건에서 이익을 내느냐가 중요했다. IPO는 투자를 떨고 나와야 하는 출구이지 입구가 아니었던 것이다. 투자자와 벤처 캐피털리스트는 마구간에서 사육해 낸 기업이 이상주의적 해커 정신에 사로잡혀 상장일에만 시가총액의 20~30%를 날리도록 할 마음이 없었다. 창업자들 일부와 대화를 나누면서 상장에 관한한 창업자에게도 선택의 여지가 없음을 알게 되었다.

---

* [역주] '컨벤셔널 방식(conventional auction)'이라고 한다.

벤처가 빠진 자본: 대중의 인내

고통으로 영혼은 피폐해지지만 이익이 쏠쏠한 홈런을 견뎌낸 자만이 다음 기회가 왔을 때 색다른 시도를 해볼 수 있다. 내가 아끼는 친구 스콧 하이퍼만(Scott Heiferman)은 처음 창업한 아이트래픽(i-traffic)이라는 웹 광고 IT 기업을 닷컴 붐이 정점이던 시기에 에이전시닷컴(Agency.com)에 매각해 수백만 달러를 손에 쥐었다. 회사를 매각한 후 공허함이 밀려들자 포토로그(Fotolog)라는 사이트를 만들어 사진을 포스팅하는가 하면 몇 년 동안 맥도날드에서 허드렛일을 하는 등 몸소 서민 체험도 했다-포토로그는 남아메리카를 중심으로 인기를 끌었으며 지금까지 3,000만 명의 사용자가 10억 장 이상의 사진을 업로드했다-.

그러다 하이퍼만은 인터넷의 일부 폐해에 맞서려는 듯 밋업(Meet-up)이라는 회사를 새로 설립했다. 사람들이 관심 있는 주제를 정해 오프라인에서 만날 수 있도록 연결하는 단순한 웹사이트다. 말하자면 멤피스에서 퍼그를 키우는 사람들, 보카 레이턴 서부에서 뜨개질을 즐기는 사람들, 휴스턴의 모피 애호가들이 만나도록 모임을 주선하는 것이다. 밋업은 지난 2000년에 대선에 도전했던 하워드 딘(Howard Dean)이 후원자를 조직하는 툴로 활용하면서 널리 알려졌고 이후에도 온갖 모임의 주최자들에게 각광받았다.

하이퍼만도 벤처 투자를 일부 수용하기는 했지만 필요한 선을 넘지 않았고 투자자들도 주로 인내심이 있는 사람들로 모았다. 현재 밋업은 이윤을 내고 있다. 수많은 모임 주최자에게 소액의 수수료를 받아 회사를 운영하고 있고 앞으로도 지속적으로 이런 식으로 해나갈 수 있다. 단지 홈런 한 방을 크게 칠 수 있는 구조가 아닐 뿐이다. 수많은 브랜드가 다양한 밋업 회의의 후원금을 대겠다든지 타겟 광고를 내보내겠다든지 주최자에게 제품 샘플을 제공하고 싶다는 러브콜을 하이퍼만에게 보낸다. 밋업이 소비자 데이터라는 금광에 올라앉아 있음은 말할 것도 없다. 하지만 하이퍼만은 외부 브랜드의 제안을 전부 거절한다. 밋업이 독점적 플랫폼이 아닌 시민의 플랫폼으로 자리잡기를 바라기 때문이다. "우리는 수직적/수평적 통합을 추진하거나 신사업에 진출하지 않을 것이며 자율 운행하는 우주 엘리베이터를 발명할 생각도 없습니다. 우리가 하고자 하는 사업이 무엇인지를 우리는 명확히 알고 있습니다. 또 그 안에 큰 기회가 있다는 것도 알고 있고요. 우리는 스스로 제국을 건설하려는 제국주의자가 아닙니다."[52]

밋업의 투자자 대부분이 이미 상당한 부를 축적한데다 하이퍼만이 내건 임무에도 관심이 컸던지라 그가 느리더라도 꾸준히 회사를 이끌어가는 모습을 묵묵히 지켜보고 있다. 인내하지 못하는 투자자들에 대해 하이퍼만은 말한다. "나는 사실 그대로를 말해줍니다. 우리는 괜찮은 수준의 이익을 내길 원하고 오래 오래 배당을 지급하는 기업을 만들어가고 싶다고 말입니다. 이것이 투자자들이 원하는 사업 모델이 아니더라도 그건 나의 문제가 아닙니다." 그러면서도 그는 조바심을 내는 투자자들이 장기적인 배당 기업에 만족하는 다른 투자자를 찾아 주식을 매각할 수 있도록 길을 터주고 있다.

하이퍼만을 시장의 적으로 오해하지는 않길 바란다. 하이퍼만은 비영리단체의 운영자가 아니다. 그는 밋업의 임무를 이렇게 설명했다. "정부가 할 수 있고, 또 해야 함에도 불구하고 그 조직이 파편화돼 있고 재능과 에너지를 규합하지 못해 정부가 덤벼들지 않는 일을 대신 수행해내는 것입니다. 시장에서 그런 재능은 정말 소중합니다." 사실 하이퍼만이 해결하려는 사회적 병폐는 오로지 시장의 해법으로만 치유가 가능하다.

IT 버블 후기의 광기에 사로잡힌 벤처 자본이 정한 규칙을 거부하는 것은 디지털 지형에서 보다 바람직하고, 보다 회복 탄력성이 강하며 지속가능한 접근법이다. 《팬도데일리(PandoDaily)》만큼 이를 잘 보여주는 사례가 있을까? 《팬도데일리》는 디지털 업계에서 가장 신뢰받는 뉴스 및 분석 제공업체로, 통상 '실리콘 밸리의 기록 사이트'로 통한다. 《팬도데일리》는 400만 달러가 넘는 자본을 유치했는데 단일 투자자가 회사 지분의 8% 이상을 갖도록 허용하지 않았고 벤처 캐피털리스트에게는 이사회 의석을 한 자리도 주지 않았다. 투자자들이 매체를 장악하게 되면 직원을 늘려 더 빨리 성장하라고 압박을 가할 것이다. 또한 시장 지배력이 강하게 보이기 위해, 그리고 잠재적인 고용인수 대상으로서 매력을 높이기 위해 다른 경제 매체에서 저명한 저널리스트를 영입하는 데 자본을 쓰라고 채근할 것이다. 이런 식의 고용은 회사의 경비 지출속도를 높여 또다시 투자 유치에 나서게 내몬다. 아울러 매체의 창립자들은 통제권을 점점 더 빼앗기게 되고, 원래 품었던 사명을 하나 둘 잃어가게 된다.

《팬도데일리》의 창립자이자 과학기술 저널리스트인 사라 레이시(Sarah Lacy)는 이미 이런 시나리오를 숱하게 목격해왔던 터라 자신의 매체를 보다 장기적이고, 궁극적으로는 수익이 더 많이 나는 길로 이끌고자 했다. 레이시는 독자들에게 보낸 서신에서 "팬도는 더 많은 자금을 유치하고 경비 지출속도를 두 배로 높일 수 있겠지만 그렇게 한다고 해서 우리가 세운 목표에 더 빨리 도달할지 확신이 서지 않습니다." 라고 밝혔다. "만일 우리가 더 큰 투자 유치를 감행한다면 지속 가능하지 않은 비용 구조로 가게 되고 통제권을 행사할 수 있는 열쇠를 포기하게 되어 머지않아 기술 플랫폼으로 방향을 전환하도록 강요받게 될 것입니다. 이는 우리보다 먼저 벤처 자본을 받았던 수많은 컨텐츠 기업들이 이미 경험해 왔던 것이죠."[53] 레이시는 그 길의 끝에 홈런이 기다리고 있을지에 대해서도 확신이 없었다. "컨텐츠를 향한 벤처 자본의 열정이 얼마나 이어질지도 확신할 수 없습니다."라고 털어놓은 것이다. 다시 말해, 매각이나 IPO를 시도할 준비가 된 시점에 레이시가 속한 부류의 사업들이 혹여 유행이 시들기라도 한다면 결국에는 기업의 가치와 진정성만 헛되이 떨어뜨린 격이 되고 말 것이다. 그렇게 되면 심지어 회사를 매각해 버리는 것도 녹록치 않게 된다.

레이시는 컨텐츠 플랫폼들의 플랫폼이 되는 것 대신에, 그리고 벤처 자본이 그녀의 등을 떠밀만한 사안이 무엇이든 상관하지 않고, 우직한 옛 스타일의 컨텐츠 회사의 길을 선택했다. 설사 '그런 선택 때문에 단 한 주도 팔 수 없을지라도' 그녀는 괜찮다고 한다. 지금 같은 분위기에서 그녀의 발언은 급진적인 것으로 간주될지도 모르나 그럴 필요는 없다. 《팬도데일리》, 밋업, 그리고 이들처럼 목적을 따라가는 기업은 가짜 회사를 팔아넘기는 일보다 진짜 기업을 소유하는 데서 가치를 발견한다. 벤처캐피털을 둘러싼 난제에 대한 이런 2세대 혹은 3세대 접근 방식은 오늘날의 터무니없는 스타트업 게임보다는 옛날식의 기업 자본화에 훨씬 가까워 보인다.

"인터넷 업계에서 당신은 3~5년 정도 자기 아이디어의 관리인 역할을 하다가 으레 회사를 내다 파는 걸 당연시 합니다. 정신나간 짓이 아닐 수 없죠."[54] 킥스타터(Kickstarter)의 공동설립자인 페리 첸(Perry Chen)은 《패스트 컴퍼니》와의 인터뷰에서 자신의 플랫폼이 벤처 펀딩에 어떤 접근을 취하는지 설명하면서 이렇게 말했다. 첸과 얀시 스트리클러(Yancey Strickler)는 지금은 너무나 유명해진 킥스타터라는 크라우드 펀딩 사이트를 2009년에 1000만 달러로 시작했다. 당시 이들은 투자자들에게 지분을 절대 팔지 않겠다는 약속을 사전에 받아냈다. 첸은 "우리는 일종의 이익 공유나 배당을 통해 주주들에게 투자 자본을 돌려줄 수 있기를 바랍니다."라고 말했다. 6년 후인 2015년, 스트리클러는 여전히 충분한 회사 운영 권한을 구가하면서, 킥스타터를 사회적 기업으로 탈바꿈시켰다.[55] 주주 가운데 반대하는 사람은 없었다.

스트리클러는 전통적 사고방식으로는 배척당할 만한 요구를 투자자들에게 한다. 활발한 통상참여 방식, 지속 가능한 목표, 배당의 계속적인 흐름은 돈을 얼음보다는 물로 취급하는 자세에서 비롯된다.

게다가 킥스타터 플랫폼이 계획한 대로 효과를 낸다면 벤처 자본이 전혀 필요하지 않을 것이다. 킥스타터 외에 인디고고(IndieGoGo), 쿼키(Quirky) 같은 크라우드 펀딩 사이트도 자본 조달의 민주화를 추구한다. 이들은 소규모 기업과 독립적 창작자들이 미래의 고객들로부터 미리 자금을 받을 수 있게 함으로써 투자 자본을 우회할 길을 터준다. 크라우드 펀딩으로 아만다 파머(Amanda Palmer)와 같은 음악가는 투어와 앨범 제작비용을 모집했고 닐 영(Neil Young)은 고음질 디지털 음악 재생기기 포노(Pono)의 개발 비용을 마련했다.[56] 로렌스 레식(Lawrence Lessig) 교수도 슈퍼팩(Super PAC)* 메이데이(Mayday)를 모금하는 데 크라우드 펀딩을 활용했다.[57] 개인은 컬러링 북에서부터 뉴스 기사에 이르는 상품을 제작하는 데 필요한 몇백 달러를 모집한다. 영화 제작자들의 경우 영화 제작에 필요한 수백만 달러를 모집했으며 한 비디오 게임

---

* [역주] 미국의 선거에서 특정 후보를 지지하기 위해 만드는 민간 단체로 특정 후보나 정당과 협의 및 조율하지 않는 한 개인과 기업에게 무제한으로 자금을 모집해서 후보를 지원하거나 반대하는 데 쓸 수 있다.

제작자는 새 플랫폼 개발에 무려 7,000만 달러 이상을 모은 바 있다.[58]

크라우드 펀딩 사이트를 한 줄로 요약하자면 고객은 자신이 구매하고 싶은 제품에 미리 돈을 지불한다는 게 핵심이다. 경우에 따라 완성품을 할인된 가격으로 살 수도 있다. 또는 초창기 후원자들은 기념품, 감사의 답례품이나 프로젝트에 참여했다는 확인을 받는 대가로 프리미엄을 지불하기도 한다. 이런 고객은 단순히 물건을 산다는 행위를 넘어 유행을 선도하고 참여해 제품을 탄생시킨다는 데서 만족을 얻는다. 회사를 키우는 데 한몫하는 셈이다.

비즈니스 측면에서 보면 돈을 빌려주는 이들이 탈중개화 되었다. 창작자들은 은행에 가서 자기 아이디어를 알리는 대신 후원자들에게 직접 호소한다–당연히 후원자가 미리 확보돼 있으면 도움이 된다. 하지만 적잖은 재주꾼들과 상품이 이런 플랫폼을 통해 발굴됐고 사용자들은 소셜 미디어를 통해 괜찮은 캠페인 소식을 퍼 날랐다–. 크라우드 펀딩 사이트가 새로운 예술 작품과 상품을 검증하는 더 나은 심사 과정(vetting process)이냐가 중요한 게 아니다. 한때 벤처 투자자들이 투자 위험을 지면서 기대했던 보상이 등식에서 제거됐다는 대목이 중요하다. 이는 가치 창출에서 인간을 배제하던 산업 경제에 일어난 대대적인 전환이다. 특히 이런 플랫폼을 활용하는 청년들을 포함해 우리 인간이 자본에 대해 사유하는 방법에 커다란 변화를 일으키고 있다.

투자 자본주의는 리스크를 감수하는 행위에 기초한다. 더 이른 단계에, 더 투기적으로 투자할수록 투자자가 요구할 수 있는 상금의 비율도 커진다. 혹자는 리스크 자체는 가치를 지니지 않는다고 주장할지 모른다. 하지만 현금이 부족한 경제에서는 돈으로 위험을 부담할 수 있는 사람이 배당률(odds)에 비례한 보상을 요구할 수 있다. 자본주의에서는 상품이 판매될 시장에서 미처 찾아내지 못할 위험을 누군가가 지지 않고서는 그 어떤 새로운 일도 일어나지 않는 법이다. 그런데 크라우드 펀딩 플랫폼은 기업인들이 현금 주문을 미리 받을 수 있게 함으로써 사실상 시계를 거꾸로 돌려놓는다. 이제는 상품이 제작되기도 전에 결과를 가늠할 수 있다. 위험 부담에 현금이 들지도 않는다. 목표액수가 채워지기 전까지 후원자는 실제로 돈을 내지 않기 때문이다. 유일한 위험이 있다면 프로젝트가 완결되지 않는 경우일텐데 오픈 마켓(open market)은 역량을 평가하는 솜씨가 꽤 훌륭해 보인다. 크라우드 펀딩 목표액을 60%밖에 채우지 못한 프로젝트의 98%가 완전히 완결된 것으로 나타났다. 반면 벤처 캐피털에서 자금을 받은 스타트업은 정반대의 결과를 보였다. 온전히 펀딩을 받은 기업의 90%가 실패한 것이다.[59] 업워크(Upwork)나 99디자인스(99designs)가 리스크를 프리랜서에게 넘기는 데 활용하는 크라우드 소싱 방식 역시 완벽한 리스크 제거 방식이다. 위험 부담자가 짊어져야하는 리스크와 돈이 줄어들었다.

따라서 망(net)이 제대로 활용되기만 하면 자금 제공자는 중개 기관을 거치지 않아도 되고, 신속한 엑시트(exit)를 위해 한창 진행 중인 생산을 접을 필요도 없어지며, 투자자에게 빨리 상환해야 하는 부담도 덜었다. 현금을 회사 밖으로 빼내는 대신 내부에서 돌게 하며 일반인들에게도 실현되기를 소망하는 일에 투자할 수 있는 기회를 제공한다.

크라우드 펀딩 플랫폼은 많은 기업인들의 딜레마를 해결할 수는 있어도 투자자들의 딜레마까지 해결해주지 못한다. 자금 제공자들의 눈으로는 킥스타터와 그 부류는 넓은 의미에서만 '투자'로 간주될 수 있다. 그런 플랫폼은 펀딩을 받아서 제작한 만화, 영화, 상품이 시장에서 좋은 결과를 거두더라도 후원자들에게 재정적인 보상을 돌려주지 않는다.

가령 오큘러스 리프트(Oculus Rift)의 경우를 보자. 킥스타터 커뮤니티는 이 회사가 비디오 게임용 몰입형 가상현실 헤드셋을 개발하는 데 240만 달러를 밀어주었는데 그때로부터 1년 후 페이스북이 20억 달러라는 어마어마한 금액에 인수했다. 하지만 크라우드 펀딩에 참여한 사람들은 이익을 나눠갖거나 기쁨을 함께할 수 없었다. 250달러 이상을 후원한 사람들은 구매한 VR 키트라도 수령했다. 하지만 후원액이 250달러에 못 미쳤던 천여 명은 미완성의 시제품 키트조차 받지 못했다. 그저 기념 티셔츠와 포스터, 공공 라디오 방송국에 가입할 때 프리미엄을 받는 정도가 다였다. 《가디언》의 과학기술 저널리스트 스티븐 풀(Steven Poole)은 합병에 대해 이렇게 썼다. "만 명 정도의 후원자가 오큘러스에 250만 달러를 지원했다. 나도 그 중 한 사람으로서 매각액 20억 달러에서 후원액 비율에 해당하는 금액을 돌려받아서는 안 되는 합당한 이유를 찾기 위해 애쓰고 있다."[60]

오큘러스 리프트의 사례와 AOL이 《허핑턴 포스트(Huffington Post)》를 인수했을 때 아리아나 허핑턴(Arianna Huffington)을 위해 글을 써온 우리 글쟁이들이 한몫 챙기지 못한 것은 경우가 다르다. 우리는 관여하지 않았기 때문이다. 우리의 노동과 펀딩은 크라우드 소싱 되었지만 일방적인 방식이었다. 인터넷 플랫폼은 이 두 사례 모두에서 독립적 운영자가 전통적인 경제적 목적을 달성하기 위해 네트워크에서 가치를 강화하고 추출할 수 있도록 허용했다. 디지털 산업 경제는 바로 이런 것이다. 기나긴 꼬리의 앞머리에 있는 극소수만 이득을 본다.

다양한 새 플랫폼들이 등장하여, 크라우드 펀더들이 벤처 투자자로서 자신이 지지하는 프로젝트에 온전히 참여할 기회를 제공함으로써 그 다음 단계로 나아가려는 시도를 하고 있다. 엔젤리스트(AngelList)는 원래 스타트업을 엔젤 투자자와 연결시키던 웹사이트로 '신디케이트(syndicate)' 기능을 제공한다. 신디케이트 기능을 통해 사람들은 저자이자 어드바이저인 팀 페리스(Tim Ferriss)나 론치(Launch)의 설립자 제이슨 칼라카니스(Jason Calacanis) 같은 유명 투자자들이 관리하는 포트폴리오를 후원할 수 있다. 후원자들은 각 리더의 투자를 특정 금액만큼 후원하기로 약속한다. 만약 투자에서 이익이 나면 5~20%를 리더에게 주고 엔젤리스트에도 5%를 지불한다.[61] 현재 진입의 문턱을 낮추는 방향으로 미국 증권거래위원회(SEC) 규정이 개정되는 중이다. 지금으로서는 대다수의 플랫폼이 최소한 100만 달러의 저축을 보유한 '적격' 투자자들에게만 열려 있다. 이 책을 쓰고 있는 순간 큰 부자가 아닌 사람들도 스타트업 투자 시장에 접근할 수 있게 해주는 수많은 플랫폼이 구축되고 있다.[62, 63]

이는 민주적 변화일 수도 있지만 우리가 과거에 목도했던 버블의 징후일 가능성도 있다. 엔젤 투자가 더 많이 이뤄지도록 수문을 연다고 해서 성공한 스타트업이 더 많이 나오는 건 아니다. 그저 깔때기 속으로 쏟아부을 돈이 더 많이 유입될 것을 의미할 뿐이다. 보다 많은 스타트업이 자금을 받겠지만 끝까지 살아남아 이익을 내는 스타트업의 비율은 그만큼 낮아진다. 망(net)으로 악화된 승자독식의 극단적 상황으로 돌아가는 것이다. 표면적으로는 개인의 권익이 향상된 듯 보이지만 실상은 월 스트리트에 대한 것보다도 정보가 부족한 낯선 시장에 순진한 투자자들이 진입하는 것이다. 물론 이런 투자자들이 경험이 풍부한 투자자들에게 투자 위임을 하겠지만 투자자들은 이전보다도 더 붐비는(crowded) 시장에서 승자를 찾기 위해 각축전을 벌이고 있다. 아마추어 투자자들이 펀드 투자에 더 많은 독자적 권한을 얻을수록 새 피라미드의 가장 밑바닥에서 착취당할 가능성도 높아진다.

스타트업에 관한한 이 같은 엔젤 타입의 펀딩이 넘쳐날수록 투자자들은 지속 가능한 사업에 투자하기보다는 불확실한 홈런을 기다리면서 스타트업이라는 쳇바퀴에 빠져 오도 가도 못할 공산이 크다. 오히려 문제가 더 악화되기까지 한다. 이제는 모든 엔젤 투자자들이 익명의, 단절된 크라우드 속에 있기 때문이다. 먼 거리에 떨어져 있는 여느 주주들과 마찬가지로 그저 이익이나 나기를 바랄 뿐이다.

네트워크는 기존의 증권과 시장에서 가치추출적 중개기관들을 통해 대규모 투자를 하도록 부추기는 대신 피어들(peers) 간의 직접 펀딩을 활성화시킬 수 있다. 차이를 분간하는 방법은 네트워크로 연결된 여느 상거래와 마찬가지로 연결이 진정으로 수평적인지 살피는 것이다. 자금을 플랫폼에 주는가, 사람에게 주는가? 자금을 받은 사람은 자신이 창출한 가치를 지니는가, 아니면 자신이 일하는 더 큰 기업으로 가치를 전달하는가?

마이크로파이낸스* 플랫폼은 P2P 연결성의 발전을 추구하며 어느 정도 성공을 거뒀다. 마이크로벤처스(Microventures) 같은 크라우드 펀딩 플랫폼이 대안적인 증시라 한다면 키바(Kiva)에서 렌딩 클럽(Lending Club)에 이르는 마이크로파이낸스 사이트는 채권 시장에 가깝다. 사람들은 자신이 선택한 동료(peer)들에게 고정 금리로 직접 돈을 빌려준다.

키바의 기능은 투자보다 자선 사업에 가깝다. 대출자는 빈곤한 사람의 창업을 도울 기회가 어디에 있는지 살핀다. 종자 구매에 200달러가 필요한 과테말라의 농민들, 단추를 사는 데 50달러가 필요한 아프리카의 재봉사들, 자전거의 새 타이어 구매에 20달러가 필요한 캘커타의 배달부 등을 찾는 것이다. 이미 여러 연구 결과에서 드러났듯 지역 경제를 성장시키는 데 있어 자선 사업보다 마이크로 대출의 효과가 더 좋

---

* [역주] Microfinance－사회적 취약 계층의 경제적 자립을 돕기 위해 제공하는 소액 금융 서비스

다. 수혜자가 대출 상환을 위해 사업을 잘 키워야 한다는 심리적 압박을 받기 때문이다. 특히 채무자들을 지역별로 소규모 집단으로 묶으면 더 바람직한 결과를 얻을 수 있다. 그 집단이 빌릴 수 있는 자금 규모가 구성원 모두의 신용 기록에 달려 있는 까닭이다. 예를 들어 어떤 채무자의 남편이 대출한 돈으로 술을 사려고 한다면 아내의 친구들이 나서서 자금을 상환하라며 엄청난 사회적 압박을 가할 것이다.

세계은행의 대출은 설사 빈곤층에게 흘러 내려간다 하더라도 먼저 각국 정부를 거쳐야 한다. 하지만 소액대출은 사업자들에게 직접 전달된다. 대출에 정책적 단서가 붙어 있지 않으며 일단 상환하고 나면 추가로 이행해야 할 의무도 없다. 외지 기업이 진출해서 뜬금없이 공장을 짓는 경우와 비교해 봐도 일자리가 유기적으로 창출되며 오래 지속된다. 또 자금이 지역 사회 바깥으로 빠져나가지 않고 내부에 유보된다. 이런 지역에서 소액금융은 더 이상 비주류의 활동이 아니라 기업과 고용을 일으키는 중요한 촉매제 역할을 한다.[64, 65] 게다가 소액금융은 외지 기업이 손쉽게 가치를 뽑아갈 수 있는 종류의 활동도 아니다. 언젠가 내가 소액대출의 잠재 가능성에 대해 설명한 후, 유럽 화장품 회사의 한 마케팅 중역이 질문을 했다. 소액대출을 받아 성공한 아프리카인 수백만 명을 네트워크로 묶어서 자사 제품을 판매하는 아이디어가 먹힐 것 같냐는 질문이었다. 나는 대뜸 “아니오.”라고 답했다. 아프리카의 성공한 여성들은 유럽 회사를 위해 일해 줄 미래의 마케터가 아니다. 미래의 경쟁자다.

여전히 마이크로파이낸스는 렌딩 클럽(Lending Club)이나 프로스퍼 마켓플레이스(Prosper Marketplace)와 같이 이타적 특성이 덜한 플랫폼의 개념 증명 역할을 하는 데 머물고 있다. 이런 플랫폼은 이익을 내고자 하는 채권자와 채무자를 직접적으로 연결해준다. 먼저 잠재적 채무자들은 개인 정보, 자신의 경험과 포부에 대한 이야기와 더불어 요구사항을 작성해야 한다. 돈을 빌려줄 사람들은 목록을 살펴본 후 재원을 대고 싶은 대출을 선택한다. 양측이 보다 직접적으로 연결돼 있기 때문에 채무자로서는 은행에서 대출할 때보다 상환할 금액이 적고, 빌려주는 사람도 은행 예금보다 더 높은 금리로 돌려받을 수 있다. 금리는 대체로 한 자리대 후반 수준이다.

채무자들이 디폴트할 가능성도 기존의 경로로 대출을 받았을 때와 비교해 훨씬 낮았다. 몰개성의 은행에 빚을 졌을 때와 한 인간에게 돈을 갚지 못했을 때 느끼는 심리가 다르기 때문이다. 이에 대출 플랫폼은 상환 효과를 극대화하기 위해 광고와 소통에 실제 인물 사진을 활용하는 방법을 터득하기에 이르렀다.

안타깝게도 마이크로파이낸스 산업이 성공하다 보니 피해가려던 바로 그 세력 때문에 고통을 당하고 있다. 기관의 자본이다. 소액대출 플랫폼은 벤처 캐피털리스트들에게 거액의 투자를 받았고 개인 후원자들이 지원할 수 있는 정도보다 훨씬 더 빨리 규모를 키워야 했다. 이에 플랫폼은 몸집을 불려주고 더 높은 기업 가치를 정당화시켜 줄 수 있는 은행 및 다른 대출 기관의 참여를 환영했다. 2014년 초 현재 렌딩클럽과 프로스퍼 마켓플레이스가 실행한 대출만 해도 50억 달러가 넘는다. 렌딩 클럽은 2014년 12월 시행한 IPO에서 100억 달러에 달하는 기업가치 평가를 받았다.[66]

대출 기관의 참여는 소액금융 플랫폼의 밸류에이션을 정당화시켜 주는 데 기여하지만 인간 사용자들을 밀어내고 P2P 정신과 활동을 훼손하는 폐단이 있다. 은행과 신용 평가사는 플랫폼에 알고리즘을 적용해서－마치 쇼핑의 달인들이 중고품 가게에서 최상의 옷을 골라내듯－대출 목록이 작성되는 즉시 최상의 대출 건을 선별해낸다. 그 결과

사이트를 방문하는 일반인들에게는 남은 찌꺼기만 돌아간다. 대출 기관은 P2P 정신에서 비롯된 혜택을 누리면서 이에 더하여 상대 인간에게 향해야 마땅한 충성심까지 가로챈다. 하지만 대출 사이트를 찾은 개인 대출자들이 더 이상 최상의 투자 기회에 동등하게 접근할 수 없다는 사실을 점차 깨달으면서 환상을 접고 떠나 버린다. 초창기의 P2P 대출 지형은 미처 번성할 기회를 잡기도 전에 신뢰를 잃고 말았다.

디지털 투자의 스윗 스팟(최적점)은 투자자, 대출자, 그리고 그들이 참여하기 원하는 기업이 P2P 사업 솔루션의 성공률을 높이는 인간관계를 포기하지 않으면서 함께 가치를 창출할 수 있는 지점이다. 앞서 살펴봤듯 이는 추출적인 디지털 기술을 의미할 필요는 없고, 그보다는 디지털 감성의 문제다.

그런 점에서 직접공모(DPO, direct public offering)는 지금까지 내가 접해 본 구조 가운데 가장 전도유망한 형태다. 사실 DPO는 전혀 새롭지 않으며 이전에 존재하던 구조에 변화를 준 데 불과하다. DPO라는 법적 구조를 다시 불러와 활용한 가장 유명한 사례는 벤&제리(Ben & Jerry's)로, 신규 공장을 짓기 위해 처음으로 75만 달러를 유치할 때 아이스크림을 사랑하는 버몬트 주민 1,800명에게 지원을 받았다.[67] (벤&제리가 초심을 유지했더라면 더 현명했을 것이다. 나중에 회사는 IPO로 가면서 익명의 주주들에게 경영권을 빼앗겼고 결국 유니레버(Unilever)에 인수됐다.)

DPO는 중소기업이 투자유치를 할 수 있는 좋은 제도다. 법인이 설립된 주(state) 내에서 일어나기만 한다면 투자 주체가 적격이냐 비적격이냐를 따지지 않고 몇 명의 투자자에게라도 자금을 받을 수 있다. IPO와 달리 설립된 주에서 진행되기 때문에 비용이 많이 들지 않고 까다로운 심사 절차를 거칠 필요도 없다. 또 크라우드 펀딩과 달리 엑시트할 때 이익뿐만 아니라 주식과 배당을 부여할 수 있다. 무엇보다 DPO는 기업을 잘 알고 그 기업에서 일하며 물건을 사는 사람들로부터 자금을 모집할 수 있는 틀을 제공한다는 점에서 중요하다.[68] '지인과 가족'으로부터 펀딩을 받는 투자의 제1라운드처럼 보면 된다. 이 투자 라운드를 통해 기업가들은 자신이 중요시하는 가치를 자본화 구조 자체에 내장시킬 수 있다. 마치 현행 운영 체제를 프로그래밍하듯 체계화할 수 있는 것이다. 플랫폼 엔지니어들이나 공정한 투자 모델을 짜내는 데 숙련된 투자전문가들과 달리 분산된 디지털 감성에 힘입어 DPO의 참호 속에서 보호를 받는 사람들은 오로지 자신의 문제를 해결하는 데 집중함으로써 최상의 접근법을 찾아내는 경우가 흔하다.

댄 로젠버그(Dan Rosenberg)와 에디 로즈 홀랜드(Addie Rose Holland)의 유기농 통조림공장 리얼 피클스(Real Pickles)를 예로 들면, 회사는 10년 동안 성장세를 이어왔고 사업 확장에 자금이 필요했다. 두 사람은 기존의 조달 방식을 쓰면 근로자들을 제대로 처우하고 현지에서 재료를 조달하며 유기농 관행을 지키려는 노력에 타협을 강요받을 가능성이 있음을 인지하고 있었다. 그들은 먼 미래에도 기업에서 근로자의 역할을 축소시키지 않을 자본을 유치하고 싶었다.

그런 이유로 DPO를 신청했다. 법무 비용에 15,000 달러가 들기는 했지만 투자자 77명에게서 총 50만 달러를 모집했다. 투자자들은 모두 기존의 네트워크였던 식료품 잡화상, 소규모 농장, 장기 고객, 후원자 등이었다. 이들은 지역 사회의 핵심적 일원이면서 많은 이들에게 중요한 사업 파트너였던 리얼 피클스의 성공을 위해 발벗고 나섰다.[69] 공급업체와 고객이 곧 투자자이기도 한 기업을 떠올려보라. 각 이해 관계자는 투자한 기업이 성공하느냐에 큰 이해가 걸려 있으며 실제로 성공시키는 데 기여할 다양한 수단을 갖추고 있다.

무엇보다 로젠버그와 홀랜드는 DPO의 느슨한 규제 덕분에 제안 조건을 자신들이 중요시하는 가치에 맞게 재단할 수 있었다. 그들은 신속한 성장에 대한 압박으로 인해 애당초 계획한 사명에 따라 나아가려던 많은 기업들이 회유당해 왔다고 믿었기에 자신들만큼은 그런 압박에 저항할 수 있기를 바랐다. 그래서 투자자들이 의결권을 가질 수 없으며 주식을 현금화하려면 최소한 5년을 기다려야 한다는 규정을 만들었다. 주식을 매각한다 해도 원래 투자한 가격에만 팔 수 있으며 투자 수익은 오로지 배당에서만 나올 수 있도록 했다. 한편 기업의 새로 평가된 가치에서 일부는 근로자들에게 주식 형태로 부여했고 해당 주식에는 5년 내 매매를 금지하는 제약을 두지 않았다.[70]

기업은 산업 투자의 천편일률적 논리를 거부함으로써 스스로의 경영방침을 따를 쥐꼬리만한 힘이라도 되찾는다. 디지털 플랫폼을 활용해 기존 벤처 자본의 기대와 회사의 책임을 확대하는 대신, 기반하고 있는 지역에서 자기의 조건에 맞는 자본을 조달하기 위해 해커의 DIY 감성을 발휘할 수 있다. 한편 투자자들은 한 번에 여러 방향에서 흘러들어오는 네트워크 관계 덕분에 혜택을 보고 상호 지원할 능력을 얻는다. 그들은 가치를 추출하는 대신 교환한다.

전액 투자—자본 너머의 요소

경제가 실시간으로 완전히 유동적인(liquid) 상태에서는 발버둥쳐도 살아남을 수 없다. 한 개인의 생활 임금 창출 능력을 파괴할 수도 있는 나쁜 일이 일어날 수 있다. 사람들은 나이를 먹으며 자신을 포용하고 지지할 지역 사회나 가족이 없음을 발견한다. 자본을 투자하고 저축을 불리며 그 자금으로 은퇴를 하는 능력이 제한적이나마 있는 게 아예 없는 것보다는 낫다. 우리는 시간의 흐름에 따라 부를 지켜주는 산업 경제의 능력에 얼마 정도라도 의지해 왔다. 벌어놓은 소득을 안전하게 예치해놓고 최소한 인플레이션율 수준으로라도 그것을 키우기 위해서다.

새로운 디지털 지형에서는 많은 점에서 그 반대다. 그 무엇도 가만히 머물러 있지 않는다. 물리적인 종이로부터 충전된 픽셀로의 변화는 거대한 메타포다. 디지털에 의해 모든 것이 역동적으로, 대체가능할 수 있음을 보여주는 강력한 은유인 것이다. 과거에 백과사전에 담겨 있던 팩트들(fact)은 해당 페이지에 붙박혀 있었다. 변경할 수도 없었고 그럴 필요도 많지 않았다. 그런데 오늘날 위키피디아(Wikipedia)의 팩트들은 서버 상에서 적극적으로 관리되어야 하고 필요한 사람들에게 배포돼야 한다.

마찬가지로 디지털은 앞서 살펴봤듯 돈을 물리적인 금 조각에서－여러 단계를 거쳐－하전 입자(charged particle)로, 제도적으로 보장된 가치에서 집단적으로 유지되는 장부로 변환시킨다. 물리적인 돈은 금고에 보관해야 하나 디지털 돈은 전기만 공급되면 언제고 살아 있다. 하드 드라이브를 떠나 활성화된 RAM으로 이동하며 항상 활발히 움직인다. 이에 따라 플랫폼 독점자를 제외한 누구도 돈을 가만히 머물러 있게 하는 일이 어려워지며 심지어 플랫폼 독점자라 할지라도 경제에 대한 장악력을 잃고 있다. 돈만으로는 미래의 안전을 살 수 없다. 모두가 일을 통해 투자하고 적극적으로 참여하며, 현금 말고 자산에 투자하는 방법을 배워야 할 것이다.

그렇다고 걱정할 필요는 없다. 이 모든 일이 순식간에 벌어지지는 않을 것이다. 우리들 가운데 있는 혁명가들에게는 실망스러운 소식이겠지만 부채 기반의 전통적 투자 경제는 하루아침에 실시간적, 분산적,

P2P적 가상 통화 시장으로 탈바꿈하지 않는다. 일자리와 가족, 주택담보대출이 있는 사람들이 투자 시장을 무시하려면 스스로 위험을 각오해야 한다. 또한 공정한 경제 미래에 대한 잠재력을 과도하게 훼손하지 않으면서도 현재 진행 중인 경제적 전환에 맞게 자본화하고 있는 기존의 돈을 적절히 투자할 방법도 여전히 존재한다. 지금부터 그런 투자 전략 일부를 간략하게 살펴보겠다. 믿거나 말거나 그 전략이 궁금해서 이 책을 집어들고선 설명이 어디 나오나 앞 부분을 듬성듬성 건너뛴 독자들이 있기 때문이다. 그런 독자들은 오로지 매수해야 할 상장사 종목 코드 약자(ticker symbol)가 무엇인지에만 관심이 있을 것이다. 그럼에도 디지털 지형이 완전히 새로운 가치 창출과 가치 교환을 어떻게 촉진할 수 있는지를 이들 머릿속에 조금이나마 집어넣어 주고 싶은 마음에 이 이야기를 책 말미까지 미뤄왔다.

1. 성장이 없으면 문제도 없다: 흐름에 투자하기

좋다. 떠오르는 디지털 지형에서 투자의 핵심은 다변화다. 탈무드는 고대 유대인들에게 자산의 1/3은 토지에, 또 다른 1/3은 통상에, 나머지 1/3은 '손 안에' 두라고 가르쳤다.[71] 다시 말해 부동산(주택), 투기(기업, 주식 및 채권), 현금 또는 금과 같은 현금등가물로 보유하라는 의미다. 부동산은 가치가 불어나는 자본 투자이며 상업 증권은—리스크도 있지만—배당을 창출할 것이고, 현금은 지출하거나 급한 일에 쓸 수 있도록 손에 들고 있어야 한다. 이는 베르나르 리에테르(Bernard Lietaer)가 통화로 제안한 세 가지 주요 요소인 나무, 고속도로, 금과 대략 일치한다.[72] 나무는 부동산 요소이며 차이가 있다면 성장 기능이 내재돼 있다는 점 정도다. 요금을 징수하는 고속도로는 비교적 안정적인 방법으로 기업 요소를 제공한다. 금은 수중에 있는 현금이다. 탈무드와

리에테르가 제시한 세 가지 요소에서 주목할 만한 대목은 기업 요소를 자본 이득을 얻을 방편으로 이해하지 않았다는 점이다. 자본 이득은 부동산 투자를 통해 얻는다. 대신 기업 투자에서는 생산적이고 실시간의 자산 생성자로서의 역할에 초점을 맞춘다.

이는 올바로 기능하는 디지털 경제에서 얼어붙은 자본이 실제 통상에서 가치를 추출해내는 힘이 어떻게 약화되는지 이해하는 투자자에게 적합한 전략이기도 하다. 적어도 자신의 안위를 실제 통상에서 가치를 빨아내는 것에 내맡기기를 원하지 않는 사람들에게 좋은 전략이다. 전체 경제의 끝없는 성장에 의존하지 않으면서 돈을 벌 수 있는 방향으로 가는 길이다. 자본 축적이 아닌 흐름에 투자하는 일은 자신이 추구하는 가치와 부합하는 섹터에서 몇몇 고배당주를 선택하거나 배당에 집중하는 뮤추얼 펀드 혹은 상장지수펀드(ETF) 고르기만큼이나 손쉽다.

물론 어느 정도의 리서치가 필요하다. 분기 보고서와 경영진의 인터뷰를 읽어보되 무의미하게 매매 타이밍을 잡으려 애를 쓰지 말고 CEO의 보상 체계는 어떻게 되는지, 회사가 주가 목표치를 세웠는지(나쁜 소식), 아니면 이익 목표를 세웠는지(희소식) 파악한다. 기업의 총자산수익률(ROA)은 얼마이며 상승세인가 하락세인가? 투자자 입장에서 이런 지표는 매출의 지속 가능성을 가늠할 때 기업 분야의 전문 트레이더들이 제시하는 지표보다 더 도움이 된다. 트레이더들은 시장을 무슨 판타지 축구 게임처럼 다룬다.

방금 언급한 지표는 혁명적이지도, 새롭지도 않으며 어떤 시장 환경에도 적용할 수 있다. 역사상 가장 보수적이며 성공적인 투자자로 손꼽히는 워런 버핏(Warren Buffett)은 배당주 위주로 투자하며 일단 한 번 투자하면 상당히 오랜 기간 보유한다. 버핏이 이끄는 버크셔 해서

웨이(Berkshire Hathaway) 펀드가 투자한 상위 5개 기업은 웰스 파고(Wells Fargo), 코카콜라(Coca-Cola), 아메리칸 익스프레스(American Express), IBM, 월마트(Walmart)다. 당신이 후원하고 싶은 기업은 아닐지 모르나 모두 배당을 많이 지급하며 배당액을 정기적으로 늘리고 있다는 공통점이 있다. 이런 배당주는 말 그대로 주식을 사서 보유하라고 배당을 준다. 주식을 매각하지 않으면 세금, 수수료, 포트폴리오를 끊임없이 뒤바꾸는 과정에서 발생하는 여러 마찰 비용이 생기지 않는다. 주가의 변동으로 차익을 보는 대신 기업에서 발생하는 매출의 계속적 흐름에서 이익을 누리는 전략이다. 버핏은 "우리가 취하는 접근 방식은 변화가 아닌 변화의 부재에서 큰 이익을 얻는 것"이라고 말했다.[73]

그렇긴 해도 신중한 자세를 유지할 필요가 있다. 무척 난해하거나 파괴적인 방식으로 배당을 지급하는 기업들이 있다. 당신은 매장량이 한정된 자원을 채굴하거나 지역 사회의 자원을 수탈하는 방식을 원치 않으며 매출 흐름을 통해 가치를 창출하는 기업에 투자하기를 원한다. 또한 당신이 응원하고 싶지 않은 악한 일을 저지르는 기업도 있다. 물론 담배 회사의 주식을 산다고 해서 담배에 투자하는 것은 아니라는 사실이 당신의 투자 업보에 면죄부를 주기는 한다. 앞서 봤듯이 주식 시장은 상장사가 수십 년 전 무슨 사업으로 자금을 조달했느냐와 완전히 분리돼 있다. 당신이 주식을 매입하는 상대는 트레이더이지 상장사가 아니니까. 그런 의미에서라면 군수품 제조업체의 주식에 투자한다고 해서 유기농 식품 공급업체의 주식에 투자할 때보다 도덕적 부담감을 갖지는 않을 것이다. 하지만 흐름에 투자하는 경우 투자한 기업이 창출하는 현재 진행 이익에 훨씬 더 의존하게 된다. 다시 말해서 당신의 배당액이 당신이 혐오하는 바로 그 물건의 판매량에 의존하게 되고, 흡연이나 테러리즘 활동이 확산되어 그 판매를 부추기는지 여부에 달려 있음을 뜻한다.

사람들의 책임 투자를 돕기 위해 다양한 여과 장치도 개발됐다. 애리얼(Ariel)과 캘버트(Calvert) 같은 뮤추얼펀드 회사는 주류, 담배, 무기와 더불어 트집이 잡힐 만한 산업을 걸러낸 수정판 S&P 인덱스를 제공한다. 또 이런 펀드는 기업이 근로자에게 초과 근무수당과 출산 휴가를 주는지, 기반하고 있는 지역 사회를 후원하는지, 환경 책임 정책을 운영하는지 여부도 살핀다. 하지만 많은 기업이 실질적으로는 사회 책임 기능을 수행하지 않으면서도 사회 책임 필터를 통과할 요령을 터득했다. 때문에 이 인덱스는 윤리적 투자자들 대다수가 피해가고 싶은 기업의 이름으로 채워져 있는 실정이다.

2. 한정 투자

사회적 혹은 실천적 목표를 추구하는 기업에 투자할 때 집에서 가까운 곳에서부터 출발하면 훨씬 쉽다. 예를 들어 다수의 노조 연기금은 노조원을 고용하는 기업, 동일한 사회경제적 계층의 사람들에게 직접적 혜택을 주는 기업에 투자하려는 목표를 추진한다. 미국 노동총연맹 산업별 조합회의(AFL-CIO)의 주택투자신탁(Housing Investment Trust)은 이익을 낼 뿐만 아니라 노동자 계층 내에서 부가 계속 순환되도록 노조가 건설하는 합리적 가격의 서민주택조합에 기금을 댄다. 신탁은 뉴욕 시가 9.11 사태 이후 처음 추진한 공사에 7억 5,000만 달러를 투자했다. 그 결과 3,500개의 노조 일자리가 창출되고 주택만 4,000호가 공급됐는데 이 주택 가운데 87%가 합리적 가격의 서민 주택이었다.[74] 또 신탁은 노조원과 시청 근로자의 모기지 대출에 10억 달러를 투자했다. 비슷한 맥락에서 노조도 허리케인 카트리나로 피해를 당한 걸프만의 복구에 투자했으며 시카고와 매사추세츠의 다가구 주택

부족난을 해소하는 일에도 투자했다. 이러한 투자들은 노조 회원들의 퇴직 연금 수익과 더불어 일자리와 사회적 선의를 창출하고 주택도 생산해낸다.[75]

개인들도 투자를 할 때 노조 연기금과 동일한 원칙을 적용할 수 있다. 자본이 투자자 개인의 삶을 이롭게 하도록 그 영향력을 어떻게 확대할지 고려해보는 것이다. 지역에 있는 크고 작은 기업과 프로젝트에 투자를 하면 영향력을 가장 손쉽게 보고 느낄 수 있다. 대기업에 투자한 지역 행동주의 주주들은 기업의 고용, 조달, 오염, 기부 행위에 대해 보유한 지분 대비 훨씬 큰 영향력을 행사할 수 있다. 한편 분산 기술은 지역과 연계된 소규모 기업이 사람, 자산, 트렌드에 영향을 미치며 거대 기업이 할 수 없는 일을 할 수 있게 해준다. 그러니 자본을 그런 기업에 투자하는 방안도 고려해보라. 동네 서점, 헬스장이나 태국 음식점을 원하는가? 그런 기업 한 곳에 투자해보라. 그렇다. 지역 상인과 지인 사이에 사업 파트너십을 맺는 일은 노트북을 통해 익명으로 주식을 매입하는 경우보다 더 끈끈한 관계로 이어지며 파트너를 더 발전시킨다. 투자자는 서로의 성공을 위해 더 직접적으로 노력하며 투자의 결실을 자기 삶에서 확인할 수 있다. 자금을 지원한 지역 농가가 성공하면 당신의 은행 계좌도 불어나지만 한편으로는 당신의 가족을 먹이는 일도 된다. 나아가 당신의 이웃도 살찌운다. 당신 자산의 가치도 불어난다. 지역 경제에도 보탬이 된다.

지역에 투자하는 일, 곧 당신이 아는 사람과 기업에 투자하는 것이 언뜻 듣기에는 기업과 개인을 융합시킨다거나 오직 한 섹터에 몰빵하는 행위로 와 닿을지 모른다. 하지만 실제로는 일종의 분산이다. 우리는 성장이라는 하나의 유익만 보고 주식을 사지는 않는다. 영업 활동을 통해 우리와 우리의 지역 사회를 이롭게 하는 기업의 주식을 산다. 기업이 지속적으로 성장할 필요는 없다. 그저 계속 운영해 나가면서 수익과 가치를 창출하면 된다. 이것이 더블 바텀 라인(double bottom line)의 원래 의미다. 즉, 투자 수익(ROI)은 다양한 형태를 띤다. 우리가 기업에 투자를 했는데 그 기업이 우리의 제품이나 서비스를 이용하고 돈을 지불을 해준다면 결과적으로 우리에겐 수익이 두 갈래로 발생하는 것이다. 단순히 자급자족에 그치지 않는다.

이런 전략을 **한정 투자**(bounded investment)라고 부르면 어떨까? 우리는 지역 사회, 이익 집단이나 후원할 지역을 분별함으로써 자본 투자의 경계선을 설정한다. 투자된 돈은 시스템에 이질적인 외부 기업에 의해 빨려 나가지 않으며 풀(pool) 안에서 계속 순환한다. 풀에 속한 특정 회사들을 투자 타깃으로 설정함으로써 우리는 한정된 네트워크의 다른 이들을 위해 더 좋은 고객과 공급자를 만들어 낼 수 있다. 물론 우리 자신을 포함하는 네트워크다. 이러한 네트워크의 경계 설정은 엘리트주의가 아니다. 서로 연결되어 살아 움직이는 비즈니스와 우리 에너지와 돈을 추출하여 원격지의 주주 계좌 속의 죽은 자본으로 전환시키는 기업과 구분짓는 경계다. 경계는 참여를 배제하는 것이 아니라 동일한 풀에 있는 기업 수십 곳에 골고루 투자 혜택을 제공하여 기업 역량을 키워준다.

지역 한정 투자는 지자체의 지방분권을 기업법과 토지정책 아래로 축소시키려는 대기업 전략과 상충한다. 지역의 오염 유발자에 투자하면서 투자자의 가정이 보유한 가치를 증대할 수는 없다. 유기농 시장에 투자한다면 모를까…. 또한 오늘날과 같은 네트워크 시대에는 지리적으로만 경계를 정의할 필요는 없다. 상호 간에 지지해줄 수 있는 비즈니스들의 범위로 단순히 정할 수 있다. 당신의 투자 타깃이 디자인 서비스, 장비, 웹사이트처럼 당신이 종사하는 사업 분야일 수도 있을 것이다. 혹은 바이오디젤 제조, 만화책 출판이나 천연 헬스 케어의 다양한 연관 지지산업들이 당신의 풀이 될 수도 있다. 서로를 후원하는 기업의 네트워크가 구축되어 있는 한 경계의 설정은 생각해봄 직하다.

전통적인 주식 보유와 달리 한정 투자는 성장보다는 지속 가능성에 더 의존한다. 지속 가능성은 고객이 살고 일하는 환경뿐만 아니라 풀에 속한 비즈니스들의 수익 흐름도 포함하는 개념이다. 무한정 투자(unbounded investment)는 얼마간의 가치라도 뽑아내기 위해 성장을 계속해야 하는 반면 한정 투자는 네트워크에 속한 다른 이들의 건강을 증진하고 이를 통해 네트워크 자체의 명맥을 이어가기만 하면 된다. 무한정 투자는 집에서 창문을 열어 놓고 에어컨을 틀어놓는 격이다. 한정 투자는 자산, 전문성, 관계, 통화 모멘텀(monetary momentum)의 축적을 허용한다.

제한된 풀 역시 사람과 조직이 일방향이 아닌 여러 방향의 투자를 할 수 있게 해준다. 투자 대상과 수익의 측정뿐 아니라 투자의 **수단**까지도 다변화시켜 주는 것이다. 자본에 접근하기 어렵고 제 기능을 하지 못하며 그 가치를 잃고 있는 시대에 우리는 돈 이외의 다른 것으로도 투자할 필요가 있다. 물론 투자 여력이 있을 때 얘기다. 이는 우리의 시간, 우리의 노력, 우리의 사회적 자본, 많은 경우 우리의 땀을 들인다는 의미다. 우리의 노동이 곧 투자다.

여기에서의 목표는 노동을 구조화할 방법들을 찾아내는 것이다. 단순한 고용을 넘어 소유의 형태를 구성하도록 말이다. 저녁 식사를 얻은 것에 기뻐 찬미할 수도 있겠지만, 그 과정에서 인생의 견인력도 얻고 싶다. 지금은 급여에서 여윳돈을 떼내어 금융 서비스에 투자를 아웃소싱하고 있다. 이제는 노동 그 자체가 투자로 이해되는 방안을 찾을 필요가 있다. 단지 현금 급여와 시늉에 불과한 우리사주 몇 주 정도를 피고용인들이 받는 것으로는 안 된다. 자기가 일하는 회사를 소유해야 한다. 그들이 회사에 현금 외적으로 기여하는 노력은 투자자들의 자본 못지않게 그 가치를 인정받아야 한다.

경제학자들은 돈만으로는 재화와 서비스를 생산할 수 없다는 사실을 오래 전부터 이해하고 있었다. 아담 스미스(Adam Smith)의 고전 경제학 이전에도 노동, 토지, 자본 모두를 '생산 요소'로 인식했다. 일각에서는 기업가정신을 노동의 특별 범주에 추가하기도 한다. 하지만 기업에게 시드머니뿐 아니라 노동과 물리적 자원도 필요하다는 사실은 누가 봐도 명백했다 – 노동, 토지, 자본은 탈무드의 삼박자인 기업, 부동산, 현금과 유사하다 –.

그런데 금융 산업이 발전한 덕분에 자본은 나머지 두 요소의 시장 가치를 떨어뜨렸다. 생산 요소 가운데 자본만이 유일하게 투자로 인식되고 있다. 반면 노동과 토지는 외부효과로 전락하여 임대가능하거나 없어도 되는 상품 취급을 받는다. 당신이 보유한 토지를 기업에 투자하는 방법은 담보 대출을 일으켜서 현금을 확보한 후 그 돈으로 주식을 매입하는 것뿐이다. 우버(Uber)에 자신의 차량을 제공하거나 운전으로 노동력을 제공하는 사람들 혹은 에어비앤비(Airbnb)에 부동산을 제공하거나 투숙객을 초대하는 집주인들은 기업 인프라의 한 축을 구성하고 있음에도 불구하고 최저 임금에도 못 미치는 돈을 받고 있고 단 한 주의 주식도 받지 못한다. 오직 돈이 말한다.

지도자를 선출하고 법에 영향을 미치고 스스로 보상하는 자본의 탁월한 능력은 산업 시대의 예측된 결과였다. 세계의 탐험, 거대한 기계와 중앙 집중화된 생산은 산업화 이전의 소기업과 지역 기반의 장인과 비교해 자본 의존도를 훨씬 높였다.

게다가 생산의 3요소 가운데 돈에만 제약이 없다. 중앙에서 발행된 부채 기반의 통화에는 제한이 없다. 자본에는 제한이 없으며 또 그래야만 한다. 발행자에게 계속 이자가 지급되게 하려면 돈이 무한히 불어나야 하기 때문이다. 그런 이유로 자본주의자들은 열린 시장, 자유무역과 규제 최소화를 그토록 요구하는 것이다. 이들은 자본이 제한 없이 이동하고 성장하는 데 장벽이 되는 것은 절대 용납하지 않는다.

반면 노동력과 토지에는 제한이 있다. 그래서 시장의 성장에 장애물로 기피되는 것이다. 지역 사회는 자기 울타리 안에 공장이나 발전소를 건설하는 데 반대함으로써 자유 시장에 걸림돌이 된다. '님비(Not in my backyard)'는 이기적 주장으로 해석된다. 지역의 환경 파괴쯤은 시야를 넓혀 시장 전체에 돌아가는 보편적 이익과 비교하면 그 의미가 퇴색되고 말기 때문이다. 노동자로 구성된 제한적 집단을 구성하려는 노조는 반경쟁적이며 배타적이라는 조롱을 듣는다. 노동력은 어느 곳에서나, 시장이 감내하는 어떤 가격에라도 공급될 수 있어야 한다. 특정 노동 집단이나 지역 주민들을 둘러 싼 경계를 부숨으로써 기업은 제약 없이 성장한다.

하지만 시장이 이 두 가지 요소를 어떻게 취급하든 간에 사람과 장소는 여전히 제한적이다. 개발할 수 있는 땅은 무한하지 않다. 인간도 과로로 쓰러지기 직전 몇 시간까지만 업무에 투입될 수 있다. 사정이 이런데도 시장은 이런 고정적 요소를 어떤 제한도 없는 듯 다루려고 한다. 왜 공장은 오염시키고 있는 토양을 걱정해야 하는가? 이전할 만한 다른 장소가 늘 존재하는데. 워싱턴 주나 캐나다에는 훌륭한 목재와 깨끗한 물이 아직 풍부하다. 유해물질을 매립할 중국이나 아프리카도 어디 가지 않는다. 최소한 그런 나라에서는 돈을 주면 쓰레기를 받아준다. 지구별에는 아직 사용되지 않은 땅이 수천 킬로미터 남아 있다. 거의 무한하다고 봐도 좋을 것이다. 노동력도 마찬가지다. 이 도시나 이

나라 사람들이 적은 임금에는 일을 안 한다면 다른 주나 나라의 사람들이 대신 할 것이다. 지구에는 무려 수십억 명이 살고 있다. 그들이 제공할 수 있는 가용 노동력 역시 거의 무한하다고 봐도 좋을 것이다. 이런 식으로 해서 그릇된 논리가 먹혀드는 것이다.

디지털 산업 경제는 사람과 장소를 제한 없는 극단으로 밀어붙이려 한다. 아마존 메커니컬 터크는 노동자를 시간, 장소, 다른 노동자의 제약에서 해방시킨다. 노동자는 신체적 능력 말고는 경계를 표현하거나 관계를 맺을 방법이 없다. 플랫폼은 수평적인 대화를 제한한다. 채팅 기능이 없다. 한편 망(net)으로 인해 장소가 갖는 특장점은 최소화되고 있다. 고객이 지역상인이 차려놓은 쇼룸에서 제품을 보고 나중에 인터넷으로 주문을 한다든지, 소셜미디어에 익숙해지면서 우리가 지역사회를 지역과 무관한 다수의 프로필을 모아 연결해 놓은 것 정도로 인식하게 되는 것도 장소적 의미의 퇴색사례다. 이 같은 환경에서 노동과 토지의 가치는 잘해봐야 평가절하 되기 일쑤다.

한정 투자는 마치 가족 비즈니스를 경영하는 것과 같다. 당신은 영원히 붙박이다. 그 사업은 자녀들이 물려받을 유산이고, 또 그 장소는 그들이 직업 생활을 영위할 장소이기 때문이다. 대학을 졸업한 아들이 취직을 못했다면 가족 회사에서 고용해서 일하게 하라. 그러면 당신은 같은 돈을 가지고 두 번 쓰는 셈이 된다. 아들을 지원하는 것과 동시에 한편으로는 사업을 잘 아는 직원을 구해 아들의 대물림을 돌보도록 하는 것, 두 토끼를 잡는 셈이다. 비즈니스는 곧 당신의 집이다.

반면 무한정 투자는 '밥 먹는 곳에서 볼일을 보지 않는다'는 사업 철학을 고취하고, 한번 발행된 돈이 경제 내에서 순환하는 횟수를 떨어뜨리며, 시장이 무한하게 확대된다는 환상에 기댄다. 설사 한정 투자 전략을 부분적으로만 채택하더라도 지출한 돈은 몇 번이고 다시 우리에게 돌아오며 투자는 우리가 사는 현실 세계에 반영된다. 지속 가능한 경제를 원하는가? 돈을 재활용하라.

3. 기업을 공유지처럼 경영하라: 플랫폼 협동조합

디지털 산업 경제에 대한 거부는 공산주의처럼 비칠지 모르나, 공유지(commons)의 부활을 주장하는 정도로 이해해주면 좋겠다. 우리들 대다수는 현대적 형태의 공유지에 점점 익숙해지고 있다. 위키피디아나 로렌스 레식 교수의 크리에이티브 커먼즈(Creative Commons), 특히 사람들이 더 큰 선(善)을 위해 함께 참여하는 선물 경제(gift economy)가 그런 예다. 위키피디아의 정보와 크리에이티브 커먼즈 라이선스*가 적용된 음악, 글이나 코드는 어느 한 개인이 아닌 모두에게 속하는 것으로 간주된다. 이때 어느 누구도 저작물을 소유하지 않으며 모두가 상호 합의된 규정 내에서 공유할 수 있다. 이 책에서도 출처를 밝히는 한 위키피디아를 얼마든지 인용할 수 있는 것이다.

공유지는 원래 잉글랜드에서 가톨릭 교회가 소유한 토지의 일부였는데 교회는 지역의 농민들이 공유지에서 방목할 수 있도록 허용했다. 다만 한 사람이 방목시킬 수 있는 토지의 규모와 방목 횟수에 엄격한 제한이 있었다. 덕분에 공유지는 모든 농민들의 가축을 공정하게 유지시킬 능력을 잃지 않았다. 그런데 헨리 8세가 교황의 권위를 거부한 후 교회 공유지는 사유화－즉, '둘러싸이게(enclosed)'－되었다.[76] 이후 수백 년 동안 남은 공유지를 사적인 통제 아래 두기 위해 '공유지의 비극' 신화가 등장했다.

경제학자들과 초기 농업 투자자들이 펼친 공유지 비극의 전제는 소유한 사람이 아무도 없으면 보호할 사람도 없다는 것이다. 주인이 없으

---

* [역주] 저작자가 일정한 조건하에 자신의 저작물을 타인이 자유롭게 이용할 수 있도록 허락하는 라이선스로 'CC 라이선스'라고 한다.

니 공동의 초지에선 과잉 방목이 일어나고 공동 어장은 남획되어 물고기의 씨가 마를 것이다. 공유지의 비극이 잉글랜드의 잘 관리된 공유지에서는 실제로 일어난 증거가 없다는 사실은 접어두자. 기초 경제학 강의에서는 추정에 불과한 비극을 공인된 사실인 양 가르쳤다. 미국의 대다수 공공 화장실 상황처럼 이를 증명할 만한 사례는 흔했다. 1968년에 생태학자 개럿 하딘(Garrett Hardin)은 다윈주의의 선택론이 강자의 사유화를 지지한다면서 세계의 토지가 사유화되지 않으면 '끔찍한' 결과가 있을 것이라는 주장으로 아직 공유지 비극론에 저항하던 사람들을 설득했다. 그의 말을 빌리자면 "완전히 파멸하느니 불의가 낫다."[77]

하딘의 잘못된 가정은 사람들이 공유 자원의 가치를 인식하지 못하며, 따라서 자원을 보호하기 위해 스스로 조직화 해낼, 그리하여 모든 이해 관계자들을 위한 큰 가치를 창출해낼 능력도 없다는 것이다. 오늘날 전 세계에는 고도의 기능을 발휘하는 공유지의 사례가 수백 곳은 족히 된다. 수백 년 동안 명맥이 이어진 공유지도 있고 경제와 환경 위기에 대응해 형성된 경우도 있으며 디지털 네트워크의 분산적 성향에 영감을 받아서 생긴 곳도 있다. 인도에서 종자를 나누는 공유지부터 페루의 감자 공원(Potato Park)에 이르기까지 토착민들은 그들의 공유지를 잘 유지해 왔으며 공유와 보존에 대해 매우 분명하게 언명된 규칙들을 통해 생물 다양성을 관리해 오고 있다. 보스턴에서 주차장을 비공식적으로 분배하는 사례부터 소프트웨어에 대한 리처드 스톨먼(Richard Stallman)의 자유소프트웨어저작권(General Public License, GPL)에 이르기까지 새로운 공유(지) 개념은 토지와 노동의 가치를 회복하는 데 기여하고 있고, 그것들을 관리하는 인간의 능력이 시장보다 뛰어나다는 것을 입증해준다.

미국의 정치 과학자로, 공유에 대한 진지한 사고를 되살려내는 데 가장 큰 기여를 한 엘리너 오스트롬(Elinor Ostrom)은 1990년대에 무엇이 공유지를 성공적으로 만드는지 연구했다. 오스트롬은 공유지 접근과 사용에 관해 시대에 맞춰 진화하는 일련의 규정이 있어야 하며 위반을 처벌하는 장치도 반드시 마련돼야 한다는 결론을 내렸다. 또한 관리되는 자원의 특성과 그 자원을 가지고 가장 오랫동안 일해 온 사람을 존중해야 한다. 고정된 광물의 공급을 관리하는 것은 목재 공급의 충당을 관리하는 것과는 다르다. 끝으로, 규모와 장소도 중요하다. 도시에서의 물 공급 관리가 전 지구적으로 수자원을 공유하는 규정을 만들기보다 쉽다.[78]

줄여 말하자면, 공유지는 사람, 장소, 규정으로 제약을 받아야 한다. 기존의 통념과 달리, 바닥을 드러낼 때까지 그저 내버려 두는 기준 완화 경쟁이 아니다. 경계와 제약을 인정하는 일이다. 지속 가능한 생산이 이뤄지도록 풀을 구성하고 다면적인 투자를 해야 한다. 또한 순수 자본이 추구하는 무한한 확장에 상처를 입히는 일이기도 하다. 짚고 넘어가야 할 것은 사유화로 인해 공유지가 '둘러싸인(enclosed)'다는 표현은 적절치 않다. 공유지가 사유화되면 토지와 노동력을 순전한 시장 세력으로부터 보호하던 경계가 허물어지게 된다.

예를 들어 인도에서 오픈 소스로 종자를 공유하는 네트워크에서는 생물 다양성을 촉진하고 서양식 농약을 살 수 없는 농민들에게 비료를 쓰지 않는 농사법을 장려한다.[79] 농민들은 수백 년 간 작물을 키우면서 토양의 영양분을 재활용하기 위해 혼작하는 방법, 종자를 보관하는 법에 관한 복잡한 규정을 여러 세대에 걸쳐 발전시키고 따랐다. 오늘날 이들은 대대로 내려온 종자 및 토착 식물에 특허권을 주장하는 기업과 싸우고 있다. 따라서 종자 공유지가 시장에 의해 둘러싸인 것이 아니다. 엉큼하게도 자유 시장 원칙을 주장하는 세력이 수세대의 역사를 지닌 경계를 침범하고 해체한 것이다.

긍정적인 면을 살펴보자면 많은 디지털 활동이 갖고 있는 P2P적 성격은 공유지와 공유지에 영감을 받은 활동의 부활로 이어졌다. 오픈 소스 에콜로지(Open Source Ecology, OSE)는 지난 10년 동안 오픈 소스 원칙에 따라 농기계와 산업 기계를 발전시키고 개선한 엔지니어, 기계 제작자, 설계자로 구성된 프로젝트다. OSE는 전 세계 누구나 설계도면을 다운로드하고, 제작하거나 혹은 개선할 수 있도록 온라인에 무료로 공개한다.[80] 이런 방법으로 기계를 제작하는 비용은 일반적인 소매가에 비해 무척 싸다.[81]

OSE는 지적재산권법을 남용해서 과장된 기업 이익이 제품에 대한 인위적 희소성을 만든다고 믿고 있다. 그런 제품은 기업 피라미드의 최상위에 있는 극소수를 제외한 나머지에게 피해를 입힌다는 것이다. OSE는 정보 공유가 그런 불균형을 바로잡을 수 있다고 본다. "우리의 실천적 개발의 종착점은 분배지향 기업(Distributive Enterprise)이다. 자신의 모든 전략과 사업, 조직, 기업 정보를 공개하는 열려 있는, 협력적인 기업이다…. 그리하여 다른 사람들도 배울 수 있고, 나아가 경쟁으로 인한 모든 형태의 낭비를 없애 혁신을 진정으로 촉진하고자 한다."[82]

공유지의 영향을 받아 추진된 역사상 가장 야심찬 프로젝트는 에콰도르 정부의 'FLOK(Free, Libre, Open Knowledge)' 프로그램이다. FLOK은 현재의 추출적인 석유 기반 국가 경제를 실제적이고 디지털적인 자원의 보호되는 공유에 기초하는 경제로 탈바꿈시키려는 프로젝트다. 아직 개발 중인 이 정책에 따르면 지적 재산은 공유의 일부로 간주된다. 이는 라이선스 사용료의 제약에서 자유로운 지역특성화 공장, 학교, 연구실을 탄생시킬 것이다. 이렇게 하면 회사들이 더 공정하고 효율적이며 지속 가능하게 운영될 수 있을 것이라는 생각에 이른다. FLOK 프로젝트는 라틴 아메리카의 특정한 사회경제적 걱정거리에서 출발했다. 지역과 토착 농민들이 수백 년에 걸쳐 개발한 유기농 기술에 몬산토(Monsanto) 같은 산업적 농업 기업이 특허를 내는 '생물자원 수탈(biopiracy)' 관행이야말로 가장 큰 우려 사항이다. 미국 땅에서도 애플이나 구글 같은 IT 거대 기업이 몬산토와 유사한 행태를 저지르고 있다. 거대 기업은 제품의 구조가 오픈 소스 공유지에 상당 부분 의존하고 있음에도 디지털 공유지에 어떤 보상도 하지 않고 이익을 취하고 있다. FLOK는 이 문제를 해결하기 위해 피어 생산(peer production) 라이선스의 개발을 제안했다. 이 제도가 시행되면 오로지 공유권 소유자, 협동조합, 비영리 단체만 공유지의 제한을 받는 지적 재산권을 무료로 사용할 수 있다. 기업은 돈을 내야 한다.[83, 84, 85]

언뜻 보기에는 소위 '공유 경제(sharing economy)'도 공유지 원칙에 기반하는 듯 보인다. 최소한 피상적인 차원에서는 사실이다. 우리는 레코드 음반이나 CD로 음원을 구입하다가 MP3 파일을 다운로드 받는 시대를 거쳐 판도라(Pandora)나 스포티파이(Spotify)에 가입하기만 하면 되는 시대를 맞았다. 음악뿐 아니라 이 문제에 있어서는 자동차도 마찬가지인데 소유보다 **접근** 가능성이 더 중요해졌다. 이는 분명 비축(hoarding)에서 공유(sharing)로 이행하는 단계다. 그런데 사실 많은 공유 플랫폼과 서비스를 살펴보면 공유가 아니라 그저 빌려줄 뿐이다. 스포티파이의 음악 카탈로그를 공동으로 소유하는 것이 아니듯 집카(Zipcar)의 차량을 공동으로 소유하지 않는다. 민간 기업이 공유자가 되라고 우리를 유인하므로 우리는 가지고 있던 자동차, 소파, 그리고 창조성을 공유 경제에 출연하지만 이 공유 경제는 순환하기보다는 추출하는 성격이 더 강하다. 우리가 투자한 시간, 장소, 자료는 돈을 투자한 자들과 플랫폼 실소유자에 의해 착취된다.

하지만 이제 실상을 알았으니 대안을 그려볼 수 있다. 우리가 실제로 투입한 노력, 물건, 지역 사회 자원의 가치를 인정해주는 사업에 합류하고 그런 사업을 조성하는 것이다. 판매자가 소유한 아마존, 운전자들이 소유한 우버, 개인 정보 데이터와 관심 사항을 제공해 수익을 창출해주는 사용자들이 소유한 페이스북을 상상해보라. 분산형 디지털 기술은 이런 일을 가능케 할 뿐만 아니라 오늘날의 폐쇄적이고 지나치게 프로그램화한 추출적 플랫폼 독점보다 더 선호할 만한 것이다. 과정상 발생할 수 있는 잠재적 경쟁을 모조리 제거하는 것보다 그저 일이 되게 만드는 게 훨씬 손쉽고 효율적이다. 그런 어플리케이션과 회사는 뻗어나갈 만한 모든 수평적 시장, 수직적 시장으로 무제한 확장하기 위해서가 아니라 구성원/노동자/소유자 그리고 고객과의 관계를 유지해 나가기 위해 설계될 수도 있을 것이다. 기대에 제한을 둠으로써 이러한 대안적 회사들은 더 이상 투자된 자본의 수백 내지 수천 배의 이익을 낼 의무가 없다. 엑시트(exit)가 없고, 또 엑시트할 필요도 없다.

사람들은 오늘날 스타트업 환경에서 존재하는 벤처 자본이 없어도 플랫폼을 개발할 수 있을까? 비트 토렌트(BitTorrent), 위키피디아, 비트코인의 사례에서 이미 그런 일들이 진행되고 있음을 확인할 수 있다. 또 운이 좋게도 벤처 자본은 아마존, 우버, 에어비앤비를 비롯해 손쉽게 복제되고 더 나은 방식으로 배포될 수 있는 비대한(fat) 플랫폼 수십 곳의 개발에 자금을 댔다. 물론 서버를 유지하는 데 얼마간의 비용이 들기는 할 것이다. 하지만 그런 기초적인 인프라 뒤에 수익의 대부분을 시스템 밖으로 추출하도록 요구하는 투자자 군단이 버티고 있을 필요는 없을 것이다.

대신 우리에겐 새롭고 강력하며 접근성이 뛰어난 버전의 노동자 소유 협동조합이 있다. 이런 협동조합은 불황에 찌든 유럽인들에게 일자리와 이익을 안겨주고 있으며 이미 수십 년 동안 존재해왔다. 협동조합의 활동은 기본적으로 월 스트리트의 레이더 반경 밖에 있지만 디지털로 무장되고, 노동자가 소유한 기업 지형의 강력한 개념 증명(proof of concept) 역할을 한다.

이 글을 쓰고 있는 순간 이탈리아는 기업 파산과 실업에 신음하고 있지만 극명한 대조를 이루는 사례가 있다. 이탈리아 에밀리아 로마냐(Emilia Romagna) 지방에서는 GDP의 30%가 독립적이고, 피고용자가 소유한 제한된 네트워크의 기업에서 창출된다. 이 기업이 지역 인구에서 차지하는 비중은 10%에 불과하다.[86] 제조, 건설, 금융, 수공업에서부터 심지어 사회 서비스 조직 분야의 기업까지 '유연한 제조 네트워크'로 연합한다. 이들은 특정 프로젝트에 협력하고 신속하게 노동력과 자본을 모으며 필요에 따라 해산한다. 이것은 본질적으로 노동자가 소유한 한정적 네트워크로서 수평적 시장으로 더 확장하기 위해 최저가를 제시하는 입찰자를 찾는 대신 네트워크에 속한 서로에게서 조달을 한다. 이런 기업은 성장보다 지속 가능성을 가치 있게 여기므로 몸집은 커지지 않을지라도 민첩함을 유지해서 시장 환경의 변화에 따라 얼마든지 탈바꿈할 수 있다. 또한 네트워크에 연결돼 있어서 방향 전환이 필요할 때 지원을 받을 수 있다.

노동자 소유의 협동조합도 규모를 키울 수 있다. 빈번하게 인용되는 몬드라곤 협동조합(Mondragon Corporation)은 1950년대 스페인 바스크 지방에서 예수회의 한 신부가 일곱 제자들과 설립한 노동자 소유의 등유 난방 기업에서 시작했다. 이후 수십 년 동안 협동조합은 노동자 소유의 기업을 추가로 설립했으며 해외 전략을 조정하는 선출된 협의회를 통해 조직을 갖췄다. 노동자의 소유와 지배에 의향이 있다면 어떤 종류의 비즈니스라도 몬드라곤의 회원 자격을 신청할 수 있다. 현재 10만 명 이상을 고용하고 있는 몬드라곤의 일원이 되기 위해 미국 철강노조(United Steel Workers)도 노동자 소유의 기업을 설립하는 논의에 참여하고 있다.[87] 대형 할인점 에로스키(Eroski)는 월마트의 스페인 상륙을 막아내는 저력을 발휘하기도 했다.[88] 하지만 몬드라곤의 영업 범위, 규모와 더불어 막대한 영향력은 기존의 전통적 복합기업들 못지않아서, 그들이 안고 있는 문제에 몬드라곤 역시 취약할 수밖에 없다.

몬드라곤 소속의 일부 굵직한 기업들은 윤리적으로 의혹이 있는 해외업무위탁을 하는 잘못된 길로 접어들었고, 몇몇 다른 기업들도 여느 다국적 기업과 다를 바 없이 열렬하게, 자기 파괴적 성장을 밀어붙였다.[89] 그렇더라도 몬드라곤의 성공으로 노동자 소유의 협동조합이 유기농 잼이나 만드는 수준을 넘어설 수 있음을 입증한 것만큼은 사실이다. 협동조합도 충분히 수직적, 수평적으로 규모를 키울 수 있고 자본의 가치를 위해 토지나 노동력의 가치를 희생시키지 않고도 같은 분야의 그 어떤 주식회사와도 경쟁할 수 있음을 보여줬다.

디지털 기술은 협동조합의 원칙을 더 널리 퍼트려 독립적 노동자들과 창의적 프리랜서가 자율성을 플랫폼 독점자들에게 넘겨주는 대신 공동 소유의 네트워크로 조직화해낼 능력을 부여한다. 이런 플랫폼 협동조합은 현재 디지털 경제의 선봉에 있다. 아직 대부분이 개발 단계에 있기는 하지만 내가 인터넷을 주제로 첫 번째 저서를 발간했을 당시를 떠올려 보면 웹은 아직 태동기에 있었다. 오늘날의 협동조합 플랫폼에 대한 추진력과 수요는 1991년의 웹 브라우저에 대한 수요보다 더 강하다. 또한 협동적 플랫폼들이 이미 부상하기 시작했다. 이 같은 실험들이 얼마나 성공을 거둘지와는 무관하게, 이들은 분산된 방식으로 자금을 조달하고 경영하려는 새로운 의지를 보여주게 될 것이다.

에씨칼베이(EthicalBay)는 영국에서 발족한 협동적 버전의 이베이(eBay)로, 생산자와 소비자가 소유하게 된다. 설립자들은 "윤리적 기업의 첫걸음은 누가 기업을 소유하느냐에서 출발한다."라고 설명한다.[90] 이 기업은 벤처 자본을 받지 않으려 한다-제안자가 없어서가 아니다-. 그럼으로써 자본이 단기적으로는 궁핍하더라도 인간의 기여와 자원의 지속 가능한 사용을 자본보다 가치 있게 여기게 되기를 희망한다. 페어몬도(Fairmondo)는 사용자 및 노동자 소유의 오픈 소스 전자상거래 플랫폼으로 2012년 말부터 독일에서 운영되고 있다. 소비자 입장에서 보면 페어몬도의 인터페이스는 신규 및 중고 서적, 의류, 전자제품을 판매한다는 점에서 여느 전자 상거래 사이트와 유사하다. 하지만 페어몬도는 아마존, 이베이나 심지어 엣시(Etsy)와는 달리 사용자들이 매매하거나 교환할 아이템을 내놓을 수도 있고, 무료로 대여할 수도 있다. 또한 구매자는 생태친화 제품과 공정무역을 필터링할 수 있는 검색기능을 이용할 수 있다.[91] 페어몬도 플랫폼의 소유는 모든 사용자에게 열려 있다.[92] 회원이 보유한 지분에 비례하여 이익을 나누지만 기업 운영에 대해서는 모든 사람이 똑같이 한 표씩만 행사할 수 있다.[93] 또한 기업 내에서 최고 연봉은 최저 연봉의 3배를 넘을 수 없다.[94] 이 플랫폼은 오픈 소스이며 기업 운영은 '개방형 혁신'을 실천하고자 한다. 즉, 회원이 장부를 열람할 수 있게 하는 등 운영이 철저히 투명하게 이뤄진다. 이익의 1/4은 조합의 지역, 개인, 사업/기업 네트워크를 기준으로 설정된 경계 안의 공정무역과 환경 단체에 기부한다.[95]

완전히 분산된 상거래 측면에서 보면 이런 플랫폼 협동조합은 디지털 분산 경제로 나아가는 걸음마 단계에 불과하다. 웹사이트나 유지해야 할 허브와 같은 중앙 플랫폼이 있는 한 언제나 중앙의 자본 조달과 지휘 및 통제가 강조될 것이다. 적어도 말단부에서는 공급자와 오너들 간의, 중간에서는 관리자와 조력자들 사이에 역동적 긴장 상태가 지속될 것이다. P2P 재단의 설립자 미셸 보웬스(Michel Bauwens)는 "프론트 엔드(front-end)에서 진정 자유로운 P2P 로직은 백엔드(back-end)가 독점적으로 통제되고 소유될 때 실패할 가능성이 매우 높다."고 말했다.[96] 신뢰와 인증은 여전히 플랫폼을 통해 이루어질 것이다. 플랫폼이 반드시 추출적 독점으로 귀결되지는 않겠으나, 산업주의 스타일의 모델과 행동 편향은 남아있게 될 것이다. 바로 이것이 오늘날 몬드라곤의 통합성과 운영방식을 위협하는 요소다.

문제의 해결책, 곧 퍼즐의 마지막 조각 맞추기는 플랫폼을 프로토콜로 대체하는 것이다. 비트코인의 블록체인처럼 본질적으로 분산적 기술이 도입되는 지점이다. 거래를 인증하기 위해 중앙은행이나 다른 기관에 의존하는 대신 이해 당사자 스스로가 비트코인 블록체인의 권한과 소유권을 가진다. 여기에서 은행은 금고의 원장이나 서버의 파일이 아니라 모든 사람의 기기에 있는 공공 기록이다. 블록체인 개발자들이 증명했듯 플랫폼 대신 프로토콜을 통해 관리하는 블록체인의 능력은 통화 거래뿐 아니라 기업 운영에 이르기까지 확장될 수 있다.

가령 플랫폼 독립적인 우버가 이 앱을 사용하는 운전자에 의해 소유되는 경우를 상상해보라. 유지할 서버도 없고 갚아야 할 벤처 자금도 없으며 새로운 차량 구입도, 확장할 수평적 시장도 없고 기업 인수도, 엑시트도 없다. 오로지 노동력과 차량으로서 기업을 소유하는 운전자만 존재할 뿐이다. 라주즈(La'Zooz)는 그런 실험의 한 예다. 이것은 블록체인으로 관리되는 승차공유 앱이다. 화폐인 주즈(Zooz)는 '이동의 입증'을 통해 채굴된다.[97] 운전자들은 저임금 프리랜서로서 우버나 리프트(Lyft)에 차량을 공급하고 운전해주는 대신 분산 프로토콜을 통해 조직된 운송 집단의 공동 소유자가 된다.

그런 플랫폼 협동조합이 유행할 수 있을까? 일감을 얻거나 부동산을 임대하기 위해 앱을 다운로드하는 행위는 이미 에어비앤비, 우버, 태스크래빗(TaskRabbit), 메커니컬 터크(Mechanical Turk) 외에 수많은 기업 덕분에 사용자들에게 닻을 내렸다. 디지털을 통한 노동과 교환으로 도약하기 위한 최초의 노고에 비하면 블록체인의 사용은 한 발짝 더 내딛는 수준에 불과하다. 무엇보다 이러한 분산적 플랫폼이라 할 만한 파괴적 기술이 우리에게 약속할 수 있는 것은 탈중개화다. 물론 우리가 프로토콜 기반의 기술을 활용할 능력을 갖췄다고 해서 꼭 그렇게 할 필요는 없다. 공정하게 함께 일하기 위해서 꼭 블록체인에 기댈 필요는 없는 것이다. 우리는 중앙 플랫폼을 사용하는 기존 시스템 조직자의 관리 하에서도 자유롭게 분산 기업을 구축할 수 있다. 오히려 다른 곳으로 옮겨갈 수 있는 우리의 단순한 능력만으로도 시스템 조직체를 항시 감독 하에 둘 수 있다.

분산 기업들이 조율되고 운영되는 플랫폼보다 더 중시해야할 사실은 분산 기업이 돈이 말라버린 대중들에게 투자할 길을 터주고 시장에 참여할 수 있는 기회를 제공한다는 점이다. 시장은 자본을 제외한 나머지 요소의 기여는 무시하다시피 해 왔다. 생산에 필요한 일과 자원은 이미 사람들 사이에 분산돼 있다. 투자로 인식되거나 간주되지 않았을 뿐이다. 생산의 등식에서 효율적으로 독점될 수 있는 유일한 부분은 자본이었다. 중앙집중적 산업 권력 구조가 자본을 선호한 것은 바로 이런 이유다.

디지털 노동 운동가인 트레버 숄츠(Trebor Sholtz)는 "큰돈이 결정을 내린다는 말이 있다. 하지만 나는 플랫폼 협동주의가 진정한 공유에 활기를 북돋을 수 있으며 시장을 거부할 필요도 없다고 말하겠다. 플랫폼 협동주의는 자본주의의 부식 작용(corrosive effects)에 대한 해결책이 될 수 있다. 그것을 통해, 노동이 인간의 경험을 깎아내리는 게 아니라 존엄한 것임을 상기시킬 수 있다."고 설명한다.[98]

이상이 디지털 경제가 작동**해야만** 하는 방식이다. 디지털 기술은 통상의 등식에서 인간을 제거하는 대신 살아 숨 쉬는 인간이 보다 지속 가능한 번영의 경제 지형의 근간이 되도록 등식을 재구성할 수 있다.

엑시트는 없다.

제5장

분산

디지털 분산 경제

막바지 단계로 접어든 추출적 경제를 마술 지팡이를 휘둘러서 단번에 번영하는 공유 경제로 변신시킬 수 있는 사람은 없다. 우리들 대다수는 근근이 입에 풀칠이나 하고 있으며 이 과정에서 기껏해야 남에게 폐를 끼치지 않도록 애를 쓸 뿐이다. 묘하게도 많은 사람이 여유 시간과 벌어놓은 돈을 우리의 일자리나 기업을 망치는 일에 쓴다. 또 이런 일은 날이 갈수록 심해진다.

하지만 나는 경제가 어디로 나아가야 할지 방향 감각을 발전시키기만 하면 우리의 직업과 사업이 문제의 일부가 아닌 해결책의 일부가 되도록 변신시킬 수 있다고 굳게 믿는다. 만약 당신 자신과 비즈니스의 지속가능성을 위한 최상의 선택이 곧 우리 공동 경제의 회복탄력성을 높이고 인류의 장기적 이해관계와 호응한다면 무척 희망적이다. 산업주의와 달리 진정으로 지속 가능한 경제는 양자택일이나 제로섬 게임이 아니다.

앞서 잘 전달이 됐기를 바라는데, 디지털 상거래는 기존의 기업 자본주의를 다음 단계로 끌어올리는 수준을 훨씬 뛰어넘는 일일 수도 있다. 사실, 최소한 잠재적으로나마, 디지털 상거래는 훨씬 오래 전의 가치를 되찾는 일이며 내 생각에는 사람에게나 기업 모두에 긍정적이다. 상상력이 부족한 오늘날의 대기업은 인터넷이 노동의 자동화, 인간 기여의 평가절하, 부의 유동화, 플랫폼 독점의 구축, 투기적 엑시트를 실

	장인 경제 시대 1000년~1300년	산업 경제 시대 1300년~1990년	디지털 산업경제 시대 1990년~2015년	디지털 분산경제 시대 2015년~
방향	●	↗	⤴	↻
목적	생계	성장	지수(기하급수적) 성장	지속 가능한 번영
회사	가족 비즈니스	법제화된 독점 회사	플랫폼 독점 (아마존, 우버)	플랫폼 협동조합 (몬드라곤, 라주즈)
화폐	시장화폐 (통상을 지원)	중앙화폐 (은행을 지원)	파생금융상품 (레버리지 부채)	비트코인 및 P2P (순환을 촉진)
투자	직접 투자	주식시장	알고리즘	크라우드 펀딩
생산	수작업 (손 원고)	대량생산된 제품 (인쇄된 책)	복제가능 (파일)	공동 협력 (위키)
마케팅	인간 대면	브랜드 아이콘	빅데이터(예측)	효용, 유산 (제품 특징, 기업 윤리)
소통	개인 접촉	매스미디어	앱(apps)	네트워크
토지와 자원	교회 공유지	식민화	사유화	대중의 공유지
임금	가치당 지불 (장인)	시간당 지불 (피고용자)	미지불/과소 지불 (독립적 계약노동자)	교환된 가치 (공동체 일원)
규모	지역적	국가적	세계적	전략적으로 제한됨
무엇을 위해 최적화 되었나	가치의 창출	가치의 추출	가치의 파괴	가치의 교환

행시키는 새로운 길이라고 본다. 반면 미래 경제의 이해 관계자들은 인터넷에서 자립적이고 고도로 호혜적이며, P2P적이며 동시에 노동자가 소유하고 공동체가 규정하는 시장에 참여할 기회를 포착해야 한다.

우리의 새 미디어 기술은 자본을 불린다는 명목으로 단순히 산업적 추출을 디지털화하는 대신, 지속 가능한 경제의 이름으로 가치 창출을 **분산시킬** 수 있다. 이제 도표에서 네 번째이자 마지막 열로 옮겨갈 시간이다.

앞서 살펴본 바와 같이, 장인의 경제는 인간 기여의 가치를 축소하는 데 주안점을 둔 산업 경제로 대체됐다. 그 후 산업 시대의 혁신과 최우선 가치가 디지털 기술에 의해 어떻게 증폭되고 강화되어 새로운 극단으로 변천해 왔는지, 그리고 통제 불능의 추출적인 디지털 산업 경제와 씨름하는 현 상황에 이르게 되었는지를 봤다.

하지만 디지털 분산 경제라 명명한 네 번째 열에서는 이전 시대의 메커니즘이 사람과 기업에 보탬이 되도록 재평가되고 재구성되었다. 이 책 곳곳에서 그런 새로운 접근이 어떤 모습일지를 미숙하게나마 그려 보이려 시도했다. 디지털 산업 경제는 새로운 디지털 수단을 활용하여 경제 시스템에서 가치를 추출하려 한다. 반면 디지털 분산 경제에서는 동일한 기술을 활용해 새로운 역량을 소기업과 실제 공동체에 분산시키려 한다. 디지털 산업 경제는 성장을 자연적 조건으로서 받아들이지만 디지털 분산 경제는 동적인 평형 상태를 추구한다.

디지털 산업 경제가 기업을 가치 창출에서 더 멀어지게 만드는 반면 디지털 기업에 대한 분산적 접근은 이해관계자의 폭넓은 지지층을 포용하고 풍요롭게 한다. 네트워킹에 대한 산업적 접근이 우버와 아마존이라는 플랫폼 독점을 만들어낸 반면, 분산적 접근은 디지털 기술 이

전에는 상상할 수 없는 수준으로 복합적이고도 안전한 노동자 소유의 협동체를 만들어낸다. 디지털 산업 경제 시대의 금융 전략이 갈수록 추출적인 파생상품을 통해 돈을 뽑아냈다면 분산 경제는 마찰이 적고 피어들 간에 운영되는 화폐로 돈의 유통을 촉진할 수 있는 비전을 제시한다. 디지털 산업 경제는 영원히 시장을 확대할 목적으로 기술을 활용하지만 디지털 분산 경제에서는 실제 세계의 제한된 공동체에 돈을 투자하고 지출해서 그 돈이 몇 번이고 재사용되도록 한다.

디지털 산업 경제는 경제 자체를 위해 무한한 성장을 요구하지만 디지털 분산 경제는 지속 가능한 번영을 열망한다. 그런 안정화 상태는 오늘날 디지털 경제에서 중시하는 성장 위주의 경제와 상충한다. 무한한 성장과 달리 분산된 부의 추구는 실질적으로 **달성 가능하기** 때문이다. 이미 우리는 부의 분산을 이루기 위해 필요한 풍요를 충분히 향유하고 있다. 보편적이고 안정적인 번영을 경제의 목적으로 받아들이고 목적을 이루기 위해 프로그램을 짜기만 하면 된다.

희소성 기반의 산업 경제 원칙을 불변의 자연 법칙으로 인식하는 이들에게는 이단으로 비칠 것이다. 2015년 여름 프란치스코 교황이 발표한 회칙*을 향해 유난히 거센 비판이 쏟아졌던 이유다. 그 회칙에는 이 책의 주장과 같은 내용이 다수 담겨 있다. 표면적으로 교황의 서신은 전 세계가 기후 온난화를 보다 진지하게 받아들여야 한다고 권고한다. 인간이 일으킨 기후 변화로부터 지구를 구하자는 간청 형식을 취했지만 사실은 환경 붕괴의 직전으로 몰고가는 경제 체제를 비난하고 곤경을 제대로 인식하지 못하게 만드는 디지털 기술의 소외 효과를 비판한

* [역주] 교회 교리에 관한 공식 서신

것이다. 간추려 말해, 끝없는 성장이 가능하리라는 인간의 믿음은 자원이 한정적인 지구와 양립할 수 없다고 교황은 주장한다.

> 자연 보호와 경제적 수익의 균형, 또는 환경 보존과 발전의 균형을 맞추는 것으로는 충분하지 않습니다…… 더 나은 세상과 전체적으로 더 높은 삶의 질을 이루어내지 못하는 기술과 경제 발전은 진보로 볼 수 없습니다. 경제가 성장해도 종종 인간 삶의 질이 실제로 떨어지기도 합니다. 환경이 악화되고 식품의 품질이 떨어지며 일부 자원이 고갈되기 때문입니다*.[1]

정치인들은 순간 멈칫했다. 당장 눈에 보이는 환경적 충격이야 어떻든 자본주의의 엔진을 세차게 돌려대기 위해, 지구 온난화를 부정하는 구실로써 신앙을 냉소적으로 이용해 왔던 터였기 때문이었다. 어떻게 인간 따위가 신의 창조물을 완전히 짓밟을 수 있겠는가? 이에 교황은 인간의 행위가 전 세계적 재앙의 원인으로 비난받기에 충분할 정도로 위력적이라고 인정함으로써 기후 변화에 대한 기존의 종교적인 주장을 더 이상 지지하지 않는 방향으로 돌아섰다. 기후 변화를 부인하는 젭 부시(Jeb Bush)는 "내 생각에 종교는 정치 영역에 발을 들여놓을 것이 아니라 우리를 더 나은 인간으로 만드는 일을 해야 한다."며 "우리의 신앙을 정치화해서는 안 된다."고 말했다.[2]

교황의 기후 변화에 대한 경고보다 젭 부시 같은 비판자들을 더 화나게 만든 대목은 기후 변화의 원인을 제공한 산업 경제 자체를 비판한 것이 아니었나 싶다. 교황의 비판은 마치 협동조합 농민이나 종자 공유지의 구성원이 내놓은 진보적이고 자연으로의 회귀를 주장하는

* [역주] 한국천주교주교회의가 번역한 《찬미받으소서(2015)》를 인용

수사(rhetoric)처럼 들린다.

> 생산의 다각화와 기업의 창의력을 고무하는 경제의 증진이 반드시 필요합니다. 예를 들어, 이 세상 대다수의 사람들에게 식량을 마련해주는 다양한 소규모 식량 생산 체계가 있습니다. 이러한 체제에서는 땅과 물을 적게 사용하고 쓰레기도 적게 배출합니다. 이는 소규모 경작지, 과수원, 농원, 사냥, 야생 작물 채취, 지역적 어업을 통하여 이루어집니다. 규모의 경제는, 특히 농업 분야에서 영세농들이 결국 자기 땅을 팔거나 전통적 생산 방식을 포기할 수밖에 없도록 만듭니다. 영세농들이 다른 다양한 생산 방식을 개발하고자 하는 시도는 결실을 얻지 못합니다. 지역 시장과 세계 시장의 접근이 어렵고 판매와 운송의 기반 시설이 대기업에 유리하게 되어 있기 때문입니다. 행정 당국은 군소 생산업자들과 그들이 생산하는 품종의 다양성을 투명하고 확실하게 지원하는 조치를 취할 권리와 의무가 있습니다[*].[3]

교황의 비판은 계속 이어진다. 그는 자본과 자원의 독점적 통제가 과도한 추출로 이어지는 방법뿐 아니라 대다수의 사람들이 가치 창출에 참여하지 못하도록 가로막는 양태에 대해 설명한다. 혹시 토지, 노동, 자본에 대한 교황의 분산적 접근이 거시적인 경제 논리에 정통해서 그런 듯 보인다면 실제로 그렇다. 교황이 쓰고 있는 미트라[†]에서 나온 게 아니다.

분산 경제의 이상이 새로운 디지털 환경의 과잉에 의해 촉진된 측면이 있기는 해도 원래 교황 레오 13세(1891)와[4] 비오 10세(1931)의[5] 회칙에도 분명하게 표현된 바 있다. 두 교황은 도금시대(Gilded Age)[‡] 자본주의

---

* [역주] 한국천주교주교회의가 번역한 《찬미받으소서(2015)》를 인용

† [역주] 교황이 미사와 예식을 거행할 때 쓰는 앞뒤가 높이 솟은 모자

‡ [역주] 1870년~1900년 미국 자본주의의 대호황기, Mark Twain이 자신의 소설 《Gilded Age》에서 이름 붙였다.

와 마르크스주의의 대두 모두 위험하다고 경계하면서 둘 다 그 자체로는 받아들일 수 없다고 밝혔다. 사유 재산의 행사가 분명–자본주의의 주장대로–인권이기는 하나 그로 인해 벌어지는 거대한 불평등 또한–공산주의자의 주장대로–부도덕하다는 것이다. 두 교황은 옳았다. 하지만 이들은 절충안을 찾는 대신 공동의 소유와 인간 대리로 대변되는 르네상스 이전 시대의 카톨릭 교회의 가치를 회복하자는 급진적인 대안을 내놨다.

당연하겠지만 교황청은 헨리 8세의 천주교 거부, 더 중요하게는 공유지의 '사유지화'가 모든 일이 틀어지기 시작한 시발점으로 본다. 교회는 중앙화폐와 법제화된 독점이 생기기 이전 시대로 회귀하기 위해서는 **생산 요소**가 다시금 최대한 널리 퍼져야 한다고 주장한다. 농민들은 토지에, 장인들은 도구에, 요즘이라면 디지털 창작자들이 망에 접근할 수 있어야 한다는 것이다. 이것은 분산주의로, 더없이 명료하고 간단하다. 전 세계에 적용되는 망 중립성(net neutrality)의 일종이다.

교황들은 집단을 장기적으로 놓고 봤을 때 한 개인의 승리보다 모든 사람이 생계를 꾸리는 능력이 더 중요하다고 생각했다. 성공한 자본가가 벌어놓은 소득을 보유하도록 허용해야 하지만 승자로서 노동자와 동료를 희생시켜 생산 요소를 독차지해서는 안 된다. 오늘날의 상황에 대입해보자면, 아마존과 우버의 창립자들은 그들이 번 돈을 취할 수 있어야 하지만 노동자들을 업무 수행에 필요한 자원과 분리시키거나 플랫폼 자체의 지분을 소유하지 못하게 유리시키는 플랫폼 독점을 발전시켜서는 안 된다. 가치를 창출하고 교환하는 능력은 분산되고 이용 가능한 상태, 곧 자유 시장을 유지해야 한다.

21세기 초 영국의 작가인 힐레어 벨록(Hilaire Belloc)과 G. K. 체스터턴(G. K. Chesterton), 그리고 나중에 청년 마샬 맥루한(Marshall McLuhan)은 자본주의와 국가사회주의 모두의 실패에 대한 확실한 답을 분산 경제에서 발견했다.[6, 7, 8] 이들은 우리가 앞서 살펴봤던 중세 후기의 짧은 순간, 즉 시장의 영향력이 커지고 과거의 소작농이 물건을 제작하며 거래하던 시기가 최고의 이상적 경제 체제라고 봤다. 부는 상대적으로 널리 퍼져 있었고 사람들은 자기 밥벌이에 상당한 통제력을 가지고 있었다. 또 그들은 공유지, 저비용의 시장, 자체적인 통화, 신용 시스템에 접근할 수 있었다. 장인들은, 노동력의 과다한 투입을 제한하면서도 후대에 기술 발전을 이어갈 수 있는 구조였던 상인 길드(trade guilds)에 속해 있었다. 이 시기에 옛 소작농들은 전체적으로 꽤 부유해져서 잉여 이익을 미래에 대한 투자 삼아 성당 건축, 지방 자치단체 프로젝트에 썼다.

교황들은 귀족에 의한 권력의 중앙 집중, 이에 이어진 대대적인 르네상스는 인간 성취의 정점이 아니라 인간을 말살시키는 기술, 경제적 불평등, 식민지 노예, 삶에 대한 기계화된 접근을 부당하게 자축한 것에 지나지 않는다고 생각했다. 그들은 산업 시대와 개신교의 대두로 인해 강제로 뒤쳐져버린 가치를 회복할 방법을 분산 경제에서 발견했다. 산업 시대와 개신교는－이것은 우연의 일치가 아니다－개인의 성취와 부, 진보를 훨씬 더 지향하고 있었다. 하지만 레오 13세와 비오 10세 시대의 제조 기반의, 고도로 산업화된 경제는 기회 균등과 인간의 번영을 지향하는 후-성장(postgrowth) 시대의 경제 제도를 지원할 수 없었다. 게다가 진짜 문제는 어디에 있었는가? 개발도상국은 부유한 나라의 착취에 효과적으로 저항할 방법도 터득하지 못한 상태였고 지구의 환경 역량은 아직 시험대에 오르지도 않았다.

만약 현재 우리가 겪는 경제적 고통이 본질적으로 새로운 접근을 모색할 동기를 부여하기에 충분치 않더라도, 분산적 구조의 디지털 기술은 감성을 고취하고 분산 경제가 요구하는 인프라를 제공해줄 수 있을 것이다. 컴퓨터 칩과 네트워크는 태스크를 할당하고 데이터를 공유함으로써 작동한다. 우리의 네트워크를 안전하게 유지하기가 무척 어려운 이유다. 네트워크는 본디 공유를 위해 구축되었다. 이는 또한 네트워크가 교환을 촉진하는 데 탁월하도록 만든다. 디지털 환경에서는 모든 것이 분산된다.

분산 경제는 디지털 경제를 어떻게 설정할지에 대한 최상의 시작 템플릿(starting template)일 것이다. 디지털 경제는 산업 경제의 값비싼 중앙 집중식 인쇄기나 전함과 달리 본질적으로 분산적이다. 분산은 단순히 탈집중화만을 의미하지는 않는다. 즉 대안적 권력의 중심이 체제의 말단부에서 새로이 등장하게 되는 그 어떤 기본 원칙을 뜻하는 것이 아니다. 권력이 분산되면 네트워크 전반에서 이런 일이 가능하다. 동시에 어디에서나 가능하다. 가치, 에너지, 자원, 기업, 사람뿐만 아니라 분산 시스템의 자본에 대해서도 마찬가지다. 모든 이에게 모든 일이 더 많이 가능해진다.

분산 경제에서는 새로운 기업이든 전통이 있는 기업이든 우리 앞에 펼쳐진 고도로 협력적이면서도 성장은 제한적인 경제 지형에 적응할 방법을 찾을 수 있다. 개인으로서는 실직상태를 P2P 시장에서의 가치 창출로 전환시킬 전략을 얻을 수 있다. 또한 정부는 산업주의 이후 시대의 번영으로 전환을 방해하는 대신 촉진하기 위한 정책을 찾을 수 있다.

분산 경제를 좌익 사상과 혼동해서는 안 된다. 건전한 시장의 **전제 조건**으로서 최대한 광범위하게 생산 수단을 분배하자고 요구하는 것이지 사후의 국가 조치나 세금을 통해 자본이나 소득을 **재분배**하자고 요구하는 것이 아니다. 노동자들은 자신이 사용하는 도구를 소유해야 하며 기업에 대한 기여의 대가로 소유권을 얻어야 한다. 또한 분산 경제는 그 어떤 경제 주체나 정부가 비용을 외부화시키는 것을 차단한다. 또한 화폐를 독점하고 경제학을 공정한 물리학처럼 취급하는 것을 방지하는 동시에, 비대해진 기업과 정부가 시장 유동성을 고갈시키지 못하도록 한다.

인터넷이 패킷을 실어나를 때는 계층과 무관하게 저항이 가장 적은 경로를 통한다. 마찬가지로 분산 경제는 교황들이 **보조성**(subsidiarity)* 이라고 명명한 경제 원칙의 인도를 받을 것이다.[9] 가장 세분화된 노드(node)들의 최대다수 사람들에게 힘이 분산될 것이다. 즉 길드, 지역사회, 가내 수공업체, 가정에 권력이 나눠진다. 이는 자기중심의 자유론자들뿐만 아니라 공산주의의 들끓는 무리, 곧 '인민'과도 극명한 대조를 이룬다. 보조성의 원리에 따르면 어떤 기업도 목적을 수행하는 데 필요한 규모보다 더 커서는 안 되며 이는 도시에 피자를 공급하는 기업이든 국가에 도로를 건설하는 기업이든 동일하다. 성장을 위한 성장은 지양된다. 교황들은 가족 기업을 이상적인 기업으로 봤다. 크기가 제한적이고 장기적인 지속 가능성에 집중하며 사람들이 서로서로를 교체 가능한 피고용인이 아닌 존귀한 존재로 대할 가능성이 더 높기 때문이다—이런 기업들이 탄력성이 더 강하고 오래 간다는 것은 데이터를 통해 입증되었다—.

아니, 그렇다고 해서 분산 경제에 대한 교황의 비전을 인정하고 그 비전이 우리에게 어떤 기여를 하는지 확인하기 위해 가톨릭으로 개종을 한다거나 교황청의 교리를 받아들여야 할 필요는 없다. 게다가 그들의 권고에 영향을 미친 것은 신앙이 아니라 산업 시대의 엔진에 앞서 쓰였던 통상의 수레바퀴에 대한 기억이었다. 그들은 여러 모로 중

---

* [역주] 보조성 원리—위 공동체가 하위 공동체에 속하는 일을 자신의 것으로 간주하여 이 일에 대한 권한을 하위 공동체로부터 빼앗지 말아야 함을 말한다.

세 시대의 찬미자로서 우리가 상실한 경제적 감각을 되찾게 도울 수 있다. 마치 기술을 구현할 방법을 찾을 때 아미시파*로부터 도움을 얻거나, 선사시대의 윤작 관행에 따름으로써 토양의 자양분을 보존하는 방법을 토착 농민들로부터 배울 수 있는 것과 마찬가지다. 그들은 옛 지혜를 기억하고 있다.

네트워크로 연결된 분산 경제는 오늘날의 디지털 경제에서 평화를 이루기 위한 최후의 희망일지 모른다. 분산주의 원칙을 디지털 경제 프로그램에 신중하게 적용하면 훨씬 더 번성하고 지속 가능한 운영 체제를 얻을 수 있다. 이는 산업 경제의 가장 비인간적이고 추출적인 특성을 증대시키는 대신 다른 영역으로 우리를 몰고 갈 것이다. 또 한편으로는 기업주의에 의해 오래 전 쓸모없어진 진정한 자유 시장 원칙을 되찾을 것이다.

지금이 르네상스?

디지털 산업주의자들이 틀렸다. 제2의 기계시대란 오지 않을 것이다. 진정으로 새로운 모든 매체가 그렇듯 디지털 기술은 그 이전 시대의 기술과는 다른 가치를 증대하고 회복시킬 것이다. 개인과 기업도 이전과는 다른 방식과 다른 수단으로 성공을 거둘 것이다.

좋은 소식이 아닐 수 없다. 산업주의 기업에 억눌렸던 것들은 분산 기업으로 인해 회복되고 새로워질 수 있다. 산업 시대의 도를 넘는 지나침은 디지털 시대에 억제되거나 최소한 축소될 것이다. 오히려 디지

---

* [역주] 메노나이트 교회에 속하는 보수적인 프로테스탄트 교회의 교파로, 새로운 문명을 거부한다

털 분산 경제는 장인 경제 시대의 메커니즘과 가치 일부를 회복시킨다. 도표에서 첫 번째 열의 장인 경제 시대에는 모두가 뭔가를 키우고 만들고 교환했다.

풀랫폼 협동조합은 가족 기업의 가치를 다시 불러들인다. 지역의 화폐는 바자(bazaar)의 시장화폐와 흡사하게 거래의 속도를 높인다. 크라우드 펀딩은 사람들이 존재해주기를 바라는 기업에 미리 돈을 지불할 수 있는 방법을 마련해준다. 마치 옛 마을에서 궁핍한 대장장이가

	장인 경제 시대 1000년~1300년	디지털 분산 경제 시대 2015년~
방향	●	○
목적	생계	지속 가능한 번영
회사	가족 비즈니스	플랫폼 협동조합 (몬드라곤, 라주즈)
화폐	시장화폐 (통상을 지원)	비트코인 및 P2P (순환을 촉진)
투자	직접 투자	크라우드 펀딩
생산	수작업 (손 원고)	공동 협력 (위키)
마케팅	인간 대면	효용, 유산 (제품 특징, 기업 윤리)
소통	개인 접촉	네트워크
토지와 자원	교회 공유지	대중의 공유지
임금	가치당 지불 (장인)	교환된 가치 (공동체 일원)
규모	지역적	전략적으로 제한됨
무엇을 위해 최적화되었나	가치의 창출	가치의 교환

자기 가게를 내서 장사를 할 수 있기 전까지 헛간과 식사를 제공해주던 것과 같다. 장인 경제 시대의 수작업 편향은 협동작업과 위키(wiki)의 손수-참여 편향이 되었다. 오늘날 의식적으로 제한을 두는 투자와 기업 관행은 지리적 위치를 중시하던 장인 경제 시대를 떠올리게 한다. 산업화 이전 시대에 자급을 목적으로 지었던 농사는 오늘날 지속 가능한 농업 어젠다라는 새 옷을 입었다.

과거 시대를 돌아봄으로써 앞으로 나아가는 일은 모든 위대한 문화적 또는 경제적 전환에 나타나는 특징이다. 그런 이유로 우리는 디지털 문화의 선두대열에서 버닝 맨 축제로부터 P2P 화폐까지, 토속 신앙에서 스팀펑크* 수공예에 이르기까지, 잃어버렸던 중세 가치와 관행의 회복을 목도하는 것이다. 이는 후퇴가 아니다. 퇴행(regression)이 아니라 회귀(recursion)다. 옛 것을 재발견하되 완전히 현대적인 맥락에서 시도하는 것이다. 프란치스코 교황은 이런 비판에 대해 다음과 같이 먼저 선수를 쳤다. "동굴에서 살던 시대로 돌아가고 싶은 사람은 아무도 없습니다. 그러나 속도를 줄여서 다른 방식으로 현실을 바라보며 긍정적이고 지속 가능한 발전을 받아들이는 것과 더불어, 지나친 과대망상으로 잃어버린 가치와 중요한 목표들을 되찾아야 합니다."[10]

발전을 계속 하되 잃어버린 가치를 회복하자. 엄밀히 따지면 교황은 **르네상스**에 대해 이야기하고 있다. 옛 아이디어를 새로운 프레임워크로 재탄생시키는 일이다. 어려운 주문이기는 하지만 새로운 경제 현실을 구축하는 데 거대한 변화가 필요하다는 점을 감안하면 이 시점에서는 온전한 르네상스가 충분히 목표가 될 수 있다.

먼저 세상을 떠난 친구이자 철학자였던 테런스 맥케나(Terence

---

* [역주] 서로 다른 시대의 패션을 섞는 스타일

McKenna)는 인간의 생식에 대해 전혀 아는 바가 없는 사람이 우연히 아이를 낳는 여성을 마주친다면 분명 끔찍한 일이 벌어지고 있다고 생각할 것이라는 농담을 하곤 했다. 여성의 복부에는 거대한 종양이 있고 비명을 지르고 있으며 심지어 출혈이 일어나고 있다. 그는 이 여성이 죽어가고 있다는 결론을 내린다. 하지만 사실은 그 반대임을 우리는 알고 있다. 분만의 절정에서 새 생명은 죽는 것이 아니라 탄생한다.

우리 경제의 자기 파괴적 분기점을, 최소한 가능성으로나마 분만의 과정으로 본다면 지나치게 낙관적일까? 우리가 견디고 있는 부의 극단적 양극화는 영구적 상태가 아니라 복제 직전의 체세포분열일 수 있지 않을까? 디지털 플랫폼으로 선사시대 메커니즘이 부활해 새로운 경제 지형이 출현할 수 있지 않을까? 오늘날의 위기는 경제의 사망이 아니라 새로운 경제 형태의 부활일 수 있지 않을까?

한 번 따져보자. 만약 진정한 르네상스를 겪고 있다면 사회의 여러 분야에 걸쳐 사라진 가치가 보편적으로 부활한 증거가 동시에 나타나야 한다. 가령 우리는 르네상스 하면 원근법, 세계 일주, 합리적 과학, 인쇄기 등 문명을 변화시킨 혁신을 떠올린다. 르네상스라는 이름은 그 시대에 일어난 많은 혁신이 오래 전에 쇠퇴한 고대 그리스와 로마의 가치, 곧 권력의 중앙집권화 및 제국의 팽창을 '부활시켰기' 때문에 붙여졌다. 만약 우리가 과거의 경제 상태를 이어가는 데 그친다면 오늘날에 일어나는 혁신 속에서 동일한 가치가 증폭되기를 기대해야 한다. 하지만 새로운 르네상스를 향유하고 있다면 이전과 다른 것이 재탄생하는 모습을 기대해야 마땅할 것이다.

르네상스 시대에 일어난 거대한 도약과 오늘날의 상황 사이에는 어떤 유사점이 있는가? 원래의 르네상스 시대에는 원근법이라는 새로운 기술의 발전으로 화가들이 평평한 2차원 표면에 3차원을 나타낼 수 있는 능력을 얻었다. 원근화법은 예술계를 충격에 빠뜨린 놀라운 기하학적 속임수였다. 하지만 그런 그림은 여러 가치를 전달하기도 했다. 관찰자는 원근화법의 그림을 볼 때 특정한 각도에 서서 바라봐야 했다. **올바른 하나의 관점**이 중요함을 강조한 것이다.

디지털 시대에도 증강된 차원을 경험하는 듯한 환상으로 사람들을 황홀케 하는 원근화법 같은 것이 있는가? 홀로그램은 얼굴이나 새, 심지어 윙크하는 얼굴이나 날개를 퍼덕이는 새처럼 움직이는 이미지의 3D 그림을 표현할 수 있다. 하지만 이미지의 깊이나 움직임을 인식하기 위해서는 관찰자들이 이동해야 한다. 홀로그램은 르네상스가 강조한 하나의, 객관적인, 관찰하는 개인이 아니라 전체론과 상대론을 부활시킨다. 단일 관점의 독점은 이미지 구석구석으로 분산된다. 사실 홀로그램 판의 작은 조각 각각은 관점에 대한 또 다른 디지털적 귀결인 프랙탈(fractal)처럼 전체 이미지에 대한 정보를 담고 있다. 르네상스가 회복시킨 왕의 단일한 관점과는 대조적으로 우리는 공동체적 종족의 가치를 협력을 통해 회복한다.

르네상스 시대의 선박은 식민지를 정복하기 위해 수로를 지도화하면서 전 세계를 일주했다. 오늘날 우리는 행성의 궤도를 일주하면서 우주에서 바라본 아주 작고 푸른 구면체의 사진을 촬영하는 데 성공했다. 지구 주위를 위성으로 에워쌌으며 전자 통신으로 서로 연결시켰다. 르네상스 시대의 인간이 정복하고 착취할 만한 새로운 영토를 응시했다면 우리는 관리하고 보호할 생물권(biosphere)의 유한한 실제를 바라본다. 우주선 지구, 푸른 구슬의 실제를. 그러면서 우리는 식민지 정복자가 추구한 가치가 아니라 제한적인 지역 사회의 가치를 되찾는다.

르네상스의 문학과 철학은 영웅 개인에 대한 강조를 부활시켰다. 죽음의 운명을 초월하고자 했던 파우스투스(Faustus), 레오나르도 다 빈치(Leonardo da Vinci)의 신적인 '르네상스 인간(Renaissance Man)' 처럼 완전한 인간을 추앙했다. 그 시대의 사람들은 고대 그리스의 영웅적인 '자기(self)' 개념을 부활시키고 그 가치를 드높였다. 개인에 대한 강조는 결과적으로, 사익(self-interest)을 추구하고 경쟁을 벌이는 경제의 가치를 지지하게 됐다. 반면 이 시대 르네상스의 특징은 컴퓨터 게임, 소셜 미디어와 같은 혁신이다. 오늘날 스토리텔링은 개인의 저술이나 영웅 이야기가 아니라 판타지 롤플레잉 게임*과 팬픽션† 사이트가 주는 집단적 즐거움이다. 우리는 한 인물이 영웅적 여정을 견뎌내는 이야기를 읽으며 대리 체험하지 않는다. 수많은 플레이어가 참여하는 온라인 롤플레잉 게임에 들어가 수천 명이 모인 가상 집단 속에서 이야기가 어떻게 전개될지 직접 선택한다. 이 과정에서 분산형 판타지(distributed fantasy)에 대한 집단적 결정을 내리는 방법을 스스로 터득한다. 왕궁의 가치관이 아니라 보통사람들의 가치관을 불러오는 것이다.

사례는 무궁무진하다. 르네상스 때는 귀족 자금으로 위에서부터 예술을 후원하는 체계를 갖췄다면 우리 시대에는 대중(crowd)에게 자금을 받아 도처에서 예술을 진흥한다. 예술가들은 엘리트의 취향과 무관하게 창의적 역량을 펼치고 있다. 르네상스의 인과 논리가 해부, 분류, 반복성의 과학을 육성했다면 오늘날 유전체학과 컴퓨터의 발전은 창작, 디자인, 참신함을 고취시켰다. 끝으로, 원래의 르네상스가 인쇄기, 책을 만들어 독자가 책을 소장하고 해석하도록 해줬다면 우리 시대는 인터넷이 보급됐고 네트워크 지식과 연결성에 대한 새로운 인식이 부상했다.

우리가 새로운 르네상스 시대에 살고 있는 게 맞다면 – 나는 그렇기를

---

* [역주] RPG – 가상세계에서 모험의 주인공이 되어 이야기를 진행하는 게임

† [역주] 스타나 TV 프로그램, 영화, 소설 등 대중문화 작품의 팬들이 창작한 픽션

진심으로 바라는데 – 급변을 겪었던 지난 시간 억눌려왔던 가치를 되찾아야만 이치에 맞는다. 그래서 우리는 여성의 평등과 통합의료에서부터 노동자의 소유권, 지역 화폐에 이르는 상실된 문화적 가치를 회복시키고 있는 것이다. 르네상스는 기계가 만든 물건과 초기 기업 브랜딩으로 홍보된 제품을 위해 수공예로 만든 제품을 끊임없이 쇠락하게 만들었다. 오늘날 우리는 장인이 만든 생산량이 제한적인 맥주와 하나밖에 없는 독특한 아이템들의 가치에 다시 주목하고 있다. 우리의 디지털 르네상스는 문자 그대로 **디지트**(digits)를 되살려내고 있다. 디지트는 즉 인간의 손가락이며 네트워크 연결 시대에 있어서 가치 창조의 핵심이다.

르네상스의 길이 험난하다 할지라도 딱히 다른 옵션도 없어 보인다. 뱃속에서 산달을 넘긴 태아가 산모에게 점점 해를 가하듯 새로운 경제는 세상에 태어나야만 한다. 그렇지 않으면 우리의 생존 자체가 위협을 받을 것이다. 경제 때문에 빚어진 기후 변화에서 이제 출산을 해야만 한다는 신호를 포착해야만 한다. 극지방의 빙붕 붕괴 또한 양수가 터졌다는 신호일 수 있다. 실제로 역사와 인류는 모두 산업 시대의 추출이 아닌 디지털 분산 경제로 특징지을 수 있는 새 경제 편에 서 있다. 또한 지구별도 새로운 경제를 요구하는 듯하다. 왜 아니겠는가?

그런데 그런 놀라운 결과를 향해 어떻게 밀고 나아갈 것인가?

이 책에서 제시했던 분산적 기업 관행의 많은 사례는 슬프게도 규칙보다는 예외에 가깝다. 정규직 노동자와 사업주, 모기지 대출자, 부동산 중개인은 어떻게 더 나은 미래로 나아가야 할까? 혹은 그런 미래가 오기 전까지 어떻게 대처해야 할까? 낯선 영토를 탐험할 때 무엇이 나침반이나 북극성 역할을 할 수 있을까?

우리가 알고 있는 바를 활용해 길잡이를 개발해보자. 앞서 산업주의 기업을 다루면서 발전시켰던 테트라드(tetrad)를 떠올려보라. 기업은 추출을 확대했으며 P2P 시장을 쓸모없게 만들었고 제국의 가치를 회복시켰으며 극단에 내몰렸을 때 인격체로 전환했다. 진정한 디지털 분산 기업의 테트라드는 어떤 모습일까? 르네상스의 요구에 부응하는 모습일까?

디지털 분산 기업은 중앙뿐 아니라 모든 곳에서의 가치 창출을 확대한다. 창의성의 분산이다. 기업은 중앙 집중의 독점을 쓸모없게 만들어 해체시키고 고객과 생산의 수단을 공유한다. 중세 시장의 가치를 되살려 피어(peer) 간 저렴한 교환이 일어나는 수단을 회복시킨다. 극단으로 내몰리면 일종의 집단적인 혹은 영적인 자각을 추구할 것이다. 가족 혹은 부족의 감성을 회복시키는 또 다른 사례다. (구글의 전통적 기업주의자들은 인공지능의 구축과 싱귤레리티*의 도래를 추구하는 반면 디지털 분산주의자들은 네트워크로 연결된 집단의식의 달성을 추구한다. 이 부분은 별도의 책에서 다룰 만한 주제다.)

무척 거창하게 들린다. 하지만 우리는 동일 선상에서 우리 자신의 개인적, 사업적 결정을 내릴 수 있다. 특정 사안의 우선순위를 주장하고, 또는 사업과 시장의 장기적 건전성을 토대로 정당성을 주장하기 위해서 꼭 기업의 경영진이 되어야 할 필요는 없다. 인터넷 플랫폼은 언제든 독점에서 멀어져 갈 수 있고, 그 대신 사용자들이 스스로 가치를 창출할 수 있도록 기회를 제공해줄 수 있다. 만약 당신이 플랫폼의 배후에 있는 기업을 위해 일하고 있다면 그런 목소리를 낼 권리도 있다. 항공사는 승객들이 서로 마일리지를 거래하도록 허용할 수 있다. 스타트업이 규모를 키우지 않고 필요에 따라 성장을 선택할 수 있듯 레스토랑도 확장이 필요할 때 은행에서 대출을 받지 않고 크라우드 펀딩을 이용

---

* [역주] 인공지능이 인간 지능을 앞서게 되는 지점

할 수 있다. 기업은 노동자에게 소유권을 나눠주고 기업의 사명(社命)을 발표하는 일에 참여시킬 수 있다. 독립적 계약자들, 심지어 경쟁자들조차도 네트워크로 연결된 길드를 형성하고 모범 사례와 최저 임금을 정할 수 있다. 투자자로서 우리는 이 세상을 더 나은 곳으로 만드는 기업들을 지지하고 그들의 회귀를 실현시킬 방안을 궁리해볼 수 있다. 소비자로서의 우리는 구매하는 물건에 투입된 인간 노동력 가치를 인정하고 보상하는 일을 시작할 수 있다.

즉 우리는 디지털 감성과 기술을 활용해 산업 경제로 인해 쓸모없어진 것을 되찾고 구현한다. **디지털**과 **분산**은 심지어 같은 바를 의미하게 될지도 모른다.

하지만 지금 당장은 한 디지털 경제에서 다른 디지털 경제로 이행을 해나가기 위해 어려운 싸움을 이어가야 한다. 어떤 이들은 오늘날의 기술을 보완해서 마지막 르네상스로부터 한두 세기 정도 우려먹으려는 반면, 또 다른 이들은 다음 르네상스를 향해 낙천적으로 혁신을 하고 있다. 그것으로 됐다. 그토록 끊임없이 일어나는 변화 속에서 경제에 하이브리드한 접근을 한다고 해서 누구도 비난받을 수 없다. 개인이 퇴직계좌(IRA)를 포기할 수 없듯 책임감 있는 기업도 주주를 버릴 수 없다. 타협이 곧 실패는 아니다. 불완전한 상황에서 점진적으로 개선을 이뤄나가는 것뿐이다.

이 책에서 제시한 원칙들이 가이드라인이 되어 우리의 행동과 계획이 스펙트럼의 어디에 해당하는지 알려주고, 그 어떤 주어진 시점에 우리가 활동하는 경제나 경제권에 대해 더 깊이 있는 이해를 도와줄 수 있기를 바란다. 만약 성장의 관점에서 건강을 측정한다면 잘못된 방향으로 가는 것이다. 반면 우리의 역량에 더 의지하고 가치 창출에 더 가까이 다가가며 실제로 살고 있는 제한된 공동체 사회에 다른 이들의 참여와 투자를 허용하고 기업을 팔아 치우기보다는 유지하려는 생각으로 경영한다면 옳은 방향으로 가고 있을 가능성이 높다. 현실에 기반을 두고 협력적이며 인간 대 인간의 교환과 지지가 있는 곳을 향해서….

그것이 우리가 소유하고 싶은 경제다.

감사의 말씀

이 책은 20년 넘게 수백 명과 해 왔던 상호 작용의 산물이다. 강연 때 질문을 주셨던 분들, 자신의 상황에 대해 이메일을 주셨던 분들, 라디오 프로에 전화를 주신 분들, 강의 때 손을 든 분들, 기사에 댓글을 달아주신 분들이나 링크를 트윗해주신 모든 분들께 감사의 말씀을 드린다. 앞으로도 계속 참여를 부탁드린다. 홈페이지 주소는 http://rushkoff.com이며 이메일은 douglas@rushkoff.com 트위터는 @rushkoff 다.

디지털 사회와 경제가 어떻게 기능할지 꿈꾸게 해준 하워드 라인골드(Howard Rheingold), 마크 페스(Mark Pesce), 데이비드 페스코비츠(David Pescovitz), 마크 프라우엔펠더(Mark Frauenfelder), 제니 자댕(Xeni Jardin), 코리 닥터로(Cory Doctorow), 존 바로우(John Barlow), 재런 래니어(Jaron Lanier), RU 시리우스(RU Sirius), 앤드류 메이어(Andrew Mayer), 리처드 메츠거(Richard Metzger), 에반 윌리엄스(Evan Williams), 웰(Well)의 모든 분들, 리처드 스톨먼(Richard Stallman), 조지 포(George P'or), 닐 고렌플로(Neal Gorenflo), 마리나 고비스(Marina Gorbis), 미셸 보웬스(Michel Bauwens) 등 인터넷

문화의 선구자들에게 감사드린다.

글로 남길 가치가 있는 방법으로 디지털 기업을 이끌어준 스콧 하이퍼만(Scott Heiferman), 벤 나이트(Ben Knight), 자크 심즈(Zach Sims), 슬라바 루빈(Slava Rubin), 로빈후드 협동조합, 엔스파이럴(Enspiral), 지미 웨일스(Jimmy Wales)에게도 감사한다. 성장에 기반한 기업의 위험성을 공유해주고 열린 마음으로 대안을 논의해준 프랭크 쿠퍼(Frank Cooper), 게리 레이번(Gerry Laybourne), 사라 레빈슨(Sara Levinson), 보닌 바우(Bonin Bough), 존 킨더레러(Jon Kinderlerer), 윌리엄 로제(William Lohse), 켄 밀러(Ken Miller), 저드슨 그린(Judson Green)에게도 고마움을 느낀다. 내가 이 책에서 펼친 가장 중요하면서도 반직관적인 주장을 인정해준 발행인 에이드리언 잭하임(Adrian Zackheim)과 무척 명쾌하게 책이 나올 수 있도록 기여해준 편집인 니키 파파도풀로스(Niki Papadopoulos)에게도 감사한다. 중요한 주제를 건드릴 수 있도록 자극해준 존 브록만(John Brockman), 아이디어를 책으로 옮기고 또 그 책이 제 집을 찾을 수 있도록 도와준 카틴카 맷슨(Katinka Matson)에게도 감사를 표한다. 아이디어를 책에 담아낼 수 있도록 영어의 모든 능력을 발휘해준 제인 카볼리나(Jane Cavolina), 기계적인 글을 재미있게 변신시켜준 리아 트로우버스트(Leah Trouwborst)에게도 감사의 말을 전하고 싶다.

ITP에서 강의한 디지털 경제학을 수강했던 학생들은 자신만의 획기적인 아이디어를 제시해주었을 뿐만 아니라 이 책에 담긴 많은 아이디어를 조사하고 워크숍을 통해 논의하는 수고를 아끼지 않았다. 특히 베네사 미미스(Venessa Miemis), 애덤 퀸(Adam Quinn), 존 와서먼(Jon Wasserman)에게 명석한 학생들을 영감을 주는 동료로 키워준 데 감사한다. 아울러 다양한 아이디어를 공유해준 셰어러블(Shareable),

패스트코이그지스트(FastCoExist), 테코노미(Techonomy), P2P 재단(P2P Foundation), 신경제연합(New Economy Coalition)에 감사드린다. 2011년 내가 개최했던 컨택트 서밋(Contact Summit)의 후원자와 참석자들은 벤처 캐피털 버블 밖에서의 기술 발전을 제시해주었다. 오큐파이(Occupy)의 모든 분들 덕분에 행동주의에 대한 대안적 접근을 모델링할 수 있었으며 버닝 맨(Burning Man)은 가치 교환에 대한 새로운 접근을 경험할 수 있는 기회를 제공해주었다.

경제학에 대한 내 자신의 가정에 끊임없이 자극을 해준 베르나르 리에테르(Bernard Lietaer), 브라이언 레러(Brian Lehrer), 트레버 숄츠(Trebor Scholz), 아만다 파머(Amanda Palmer), 미카 시프리(Micah Sifry)에게도 감사의 말씀을 전한다. 또한 모든 것에 대한 내 가정을 계속 의심하게 해준 세스 고딘(Seth Godin), 마크 스탤만(Mark Stahl-man), 앰버 케이스(Amber Case), 마크 필리피(Mark Filippi), 조 로건(Joe Rogan), 마크 마론(Marc Maron), 헬렌 처코(Helen Churko)에게 감사드린다. 연대감을 선사해준 허머너틱 서클(Hermenautic Circle), 토론할 수 있는 공간을 마련해주고 그런 공간을 기꺼이 만드는 지역 사회를 구축하게 해준 시민회관 측에도 감사의 말씀을 전한다.

나를 초빙해서 정치 경제의 도전 과제에 대한 새로운 해법 연구 및 실천을 주제로 대학원 과정을 만드는 데 기여하게 해준 리처드 맥스웰(Richard Maxwell), 마라 아인슈타인(Mara Einstein)과 퀸스 칼리지 미디어 연구학과 교수진에 감사드린다. 이미 함께 연구해준 학자와 운동가들에게, 그리고 이 책을 읽고 동참할 마음이 든 분들에게도 고맙다는 말을 전하고 싶다. 여러분을 http://queenscollege.media 로 초대한다.

내게 강연의 기회를 주신, 또 앞으로도 제공하실 모든 지역 사회와 기업, 컨퍼런스 측에 감사드린다. 강연의 장이야 말로 책에 담긴 아이디어가 탄생한 곳이다. 기회를 현실로 만들어준 데이비드 라빈(David Lavin), 찰스 야오(Charles Yao)에게 감사의 마음을 전하고 싶다. 다시금 자기 때를 맞이한 독립 서점에도 감사를 드린다.

궂은일도 마다 않고 도와준 브라이언 휴즈(Brian Hughes)에게 감사한다.

무엇보다 언제나 신나는 인생을 살게 해주는 아내 바바라(Barbara)와 딸 메이미(Mamie)에게 감사한다.

부록

	장인 경제 시대 1000년~1300년	산업 경제 시대 1300년~1990년	디지털 산업경제시대 1990년~2015년	디지털 분산경제 시대 2015년~
방향	●	↗	⤴	⥀
목적	생계	성장	지수(기하급수적) 성장	지속 가능한 번영
회사	가족 비즈니스	법제화된 독점 회사	플랫폼 독점 (아마존, 우버)	플랫폼 협동조합 (몬드라곤, 라주즈)
화폐	시장화폐 (통상을 지원)	중앙화폐 (은행을 지원)	파생금융상품 (레버리지 부채)	비트코인 및 P2P (순환을 촉진)
투자	직접 투자	주식시장	알고리즘	크라우드 펀딩
생산	수작업 (손 원고)	대량생산된 제품 (인쇄된 책)	복제가능 (파일)	공동 협력 (위키)
마케팅	인간 대면	브랜드 아이콘	빅데이터(예측)	효용, 유산 (제품 특징, 기업 윤리)
소통	개인 접촉	매스미디어	앱(apps)	네트워크
토지와 자원	교회 공유지	식민화	사유화	대중의 공유지
임금	가치당 지불 (장인)	시간당 지불 (피고용자)	미지불/과소 지불 (독립적 계약노동자)	교환된 가치 (공동체 일원)
규모	지역적	국가적	세계적	전략적으로 제한됨
무엇을 위해 최적화 되었나	가치의 창출	가치의 추출	가치의 파괴	가치의 교환

주석

머리말: 이 그림에서 무엇이 잘못되었는가?

1. Andrew gumbel, "San Francisco's Guerrilla Protest at Google Buses Swells into Revolt," *Guardian*, January 25, 2014.
2. Vivian Giang, "A New Report Ranks America's Biggest Companies Based on How Quickly Employees Jump Ship." Businessinsider.com, July 25, 2013.
3. Peter Schwartz and Peter Leyden, "The Long boom: A History of the Future, 1980-2020," *Wired*, July 1997.
4. Telis Demos, Chris Dieterich, and Yoree Koh, "Twitter Shares Take Wing with Smooth Trading Debut," *Wall Street Journal*, November 6, 2013.
5. John Hagel et al., Foreword, "The Shift Index 2013: The 2013 Shift Index Series," Deloitte, 2013.

제1장: 등식에서 인간을 제거하다

1. Eric S. Raymond, *The Cathedral and the Bazzar* (Sebastopol, Calif.: O'Reilly Media, 1990).
2. 중세말 유럽의 여자들의 키는 1970년대까지의 그 어느 시기보다 컸었다. Bernard Lietaer and Stephen Belgin, *New Money for a New World* (Boulder, Colo.: Qiterra Press: 2011).
3. Douglas Rushkoff, *Life Inc.: How Corporations Conquered the world, and How We Can Take It Back* (New York: Random House, 2009), 8.
4. Erik Brynjolfsson and Andrew McAfee, *The Second Machine Age: Work, Progress, and Prosperity in a Time of Brilliant Technologies* (New York, London: W. W. Norton, 2014).

5. Michael Hauben ad Ronda Hauben, "Netizen: On the History and Impact of Usenet and the Internet," *First Monday: Peer-Reviewed Journal on the Internet* 3, no. 7 (July 6, 1998).
6. "Organization: Organic," www.crunchbase.com/organization/organic#/entity.
7. Chris Anderson, *The Long Tail: Why the Future of Business Is Selling Less of More* (New York: Hyperion, 2006).
8. Anita Elberse, *Blockbusters: Hit-Making, Risk-Taking, and the Big Business of Entertainment* (New York: Henry Holt and Co., 2013).
9. Will Page and Eric Garland, "The Long Tail of P2P," *Economic Insight*, no.14 (May 9, 2014).
10. Clay Shirky, "Power Laws, Weblogs and Inequality," shirky.com, February 8, 2003.
11. Elberse, *Blockbusters*.
12. Denise Lu, "Spotify vs. Bandcamp; Which Is More Bandy-Friendly?," mashable.com, November 19, 2013.
13. David Bollier, "The Tyranny of Choice: You Choose," economist.com, December 18, 2010.
14. Evelyn M. Rusli, "Facebook Buys Instagram for $1 Billion," nytimes.com, April 9, 2012.
15. Liz Gannes, "Instagram by the Numbers; 1 Billion Photos Uploaded," All Things D, April 3, 2012, allthingsd.com/20120403/instagram-by-the-numbers-1-billions-photos-uploaded/.
16. Hilary Heino, "Social Media Demographics—Instagram, Tumblr, and Pinterest," agileimpact.org, 2014.
17. Peter Cohan, "Yahoo's Tumblr buy Fails Four Tests of a Successful Acquisition," forbes.com, May 20, 2013.
18. Chris Isidore, "Yahoo Buys Tumblr, Promises Not to 'Screw It Up,'" money.cnn.com, May 20, 2013.
19. Jordan Crook, "Snapchat Sees More Daily Photos Than Facebook," techcrnch.com, November 19, 2013.
20. Vindu Goel, "Facebook Tinkers with Users' Emotions in News Feed Experiment,

Stirring Outcry," ytimes.com, June 29, 2014.

21. Astra Taylor, *The People's Platform: The Culture of Power in a Networked Age* (New York: Henry Holt and Co., 2014), 205.
22. "Generation Like," *Frontline*, PBS, February 18, 2014.
23. Bob Lefsetz, "Tom Petty," *The Lefsetz Letter*, July 22, 2014.
24. Wire staff, "AOL Acquires Huffington Post for $315 Million," money.cnn.com, February 7, 2011.
25. "Generation Like," *Frontline*.
26. Jon Pareles, "Jay-Z Is Watching and He Knows Your Friends," nytimes.com, July 4, 2013.
27. Galbithink.org ("Annual U.S. Advertising Spending Since 1919," September 14, 2008)에 따르면, 미국에서 광고와 마케팅에 소요된 비용은 GDP의 3% 미만에 머무르고 있다고 한다. 이것은 인쇄물, 라디오, 텔레비전과 인터넷을 통한 모든 활동에 소요된 금액이다. 1925년 GDP 대비 약 2.9%를 차지하던 비율이 1988년에는 2.4%로 하락했다. 시장조사기관의 리서치는 광고 예산을 대체로 두 배로 부풀려 발표하는 성향에도 불구하고 이 수치에 약 0.12%만 높여서 발표했다. 여기에 그 모든 프로모션 활동들과 시장 연구조사, 인구동태 조사, DM발송과 PR활동을 더하여도 그 수치는 두 배에 못 미친다. 가장 훌륭한 데이터를 원한다면, Glen Wiggs, "AdSpend and GDP—2014 Update," Foundation for Advertising Research, June 19, 2014를 보라. 또한 U.S. Census and IRS data for advertising ad marketing expenditures 역시 훌륭한 자료가 될 것이다. 이 데이터는 Douglas Galbi의 웹 사이트에 링크되어 잘 분석되어 있다.

    purplemotes.net/2008/09/14/us-advertising-expenditure-data/, accessed January 2015. 마케팅 업계에서 스스로 발행한 *Advertising Age Marketing Fact Pack*, 2015 *Edition* (New York: Crain, 2014)에 따르더라도, 2015년 전세계 광고에 소요된 비용 총액은 5450억 달러로 추산된다. 전세계 총생산, GWP가 대략 75조달러임을 감안할 때 0.7% 정도를 차지하는 액수다.
28. Dominic Rushe, "Nearly 25% of 'People' viewing Online video Ads Are Robots Used by Fraudsters," theguardian.com, December 9, 2014.

29. Tracy Boyer Clark, "Wall Street Journal's Digital Strategy Amidst the Digital Revolution," innovativeinteractivity.com, May 14, 2012.
30. Ryan Chittum, "The Upside of Yesterday's *New York Times* News," cjr.com, October 2, 2014.
31. Joshua Clover, "Amanda Palmer's Accidental Experiment with Real Communism," newyorker.com, October 2, 2012.
32. Natasha Singer, "Mapping, and Sharing, the Consumer Genome," nytimes.com, June 16, 2012.
33. Brian Womack, "Google Updates Flu Trends to Improve Accuracy," businessweek.com, November 1, 2014.
34. Jaron Lanier, *Who Owns the Future?* (New York: Simon and Schuster, 2013), 286.
35. 같은 책., 227.
36. 같은 책., 20.
37. Jason Clampet, "Airbnb in NYC: The Real Numbers Behind the Sharing Story," skift.com, February 13, 2014.
38. Ron Miller, "An Uber Valuation Comes with Uber Problems," techcruch.com, December 16, 2014.
39. "Organization: Uber," www.crunchbase.com/organization/uber.
40. Moshe Z. Marvit, "How Crowdworkers Became the Ghosts in the Digital Machine," thenation.com, February 4, 2014.
41. Trebor Scholz, "Crowdmilking," collectivate.net, March 9, 2014/
42. Andrew Keen, *The Internet Is Not the Answer* (New York: Atlantic Monthly Press, 2015.
43. Vivek Wadhwa, "The End of Chinese Manufacturing and Rebirth of U.S. Industry," forbes.com, July 23, 2012.
44. Daniel Bell, *The Coming of Post-Industrial Society: A Venture in Social Forecasting* (New York: Basic Books, 1976).
45. David Rotman, "How Technology Is Destroying Jobs," technologyreview.com, June, 12, 2013.
46. 같은 책.

47. Thomas Piketty, *Capital in the Twenty-First Century*, trans. Arthur Goldhammer (Cambridge, Mass.: Belknap Press, 2014).
48. Bernard Lietaer, *The Mystery of Money: Beyond Greed and Scarcity*, 148 [PDF].
49. Jeff Tyler, "Banks Demolish Foreclosed Homes, Raise Eyebrows," *Marketplace*, American Public Media, October 13, 2011. Transcript available at www.marketplace.org/topics/business/banks-demolish-foreclosed-homes-raise-eyebrows/.
50. Dr. Jacques Diouf, "Towards a Hunger-Free Century," Millennium Lecture, M. S. Swaminathan Foundation, Chennai (Madras), India, April 29, 1999, available at Food and Agriculture Organization of the United Nations, FAO.org.
51. Juliet B. Schor, *The Overworked American: The Unexpected Decline of Leisure* (New York: Basic Books, 1992).
52. Juliet Schor and Julia Slay, "Attitudes About Work Time and the Path to a Shorter Working Week," New Economics Institute, Strategies of a New Economy Conference, June 2012, vimeo.com/47179682.
53. Juliet B. Schor, *Plenitude: The New Economics of True Wealth* (New York: Penguin Press, 2010).
54. "Telecommuters with Flextime Stay Balanced up to 19 Hours Longer," accounting.smartpros.com, July 2010; Daniel Cook, "Rules of Productivity Presentation," lostgarde.com, September 28, 2008.
55. Jenny Brundin, "Utah Finds Surprising Benefits I 4-day Workweek," npr.org, April 10, 2009.
56. John de Graaf, "Life Away from the Rat-Race: Why One Group of Workers Decided to Cut Their Own Hours and Pay," altered.org, July 2, 2012.
57. Bryce Covert, "This Company Has a 4-Day Work Week, Pays Its Workers a Full Salary and Is Super Successful," thinkprogress.org. April 18, 2014.
58. Ilya Pozin, "Thursday Is the New Friday: Embracing the 4-Day Work Week," likedi.com, May 6, 2014.
59. Reid Hoffman, *The Alliance: Managing Talent in the Networked Age* (Cambridge, Mass.: Harvard Business Review Press, 2014).

60. Jeremy Rifkin, *The Zero Marginal Cost Society* (Basingstoke, England: Palgrave Macmillan, 2014).
61. Mike Alberti and Kevin C. Brow, "Guaranteed Income's Moment in the Sun," remappingdebate.org, October 3, 2013.
62. 같은 책.
63. Matt Bruenig, "This One Weird Trick Actually Cuts Child Poverty I Half," demos.org, July 21, 2014.
64. Dylan Mattews, "A Guaranteed Incomes for Every American Would Eliminate Poverty—And It Wouldn't Destroy the Economy," vox.com, July 23, 2014.
65. Anthony B. Atkinson, *Inequality: What Can Be Done?* (Cambridge, Mass.: Harvard University Press, 2015).

제2장: 성장의 덫

1. Marshall McLuhan and Eric McLuhan, *Laws of Media: The New Science* (Toronto: University of Toronto Press, 1992).
2. 법제화된 교역과 산업주의가 시장에 끼친 부정적 측면에 대한 가장 뛰어난 역사학적 설명을 보려면 이 책을 보라. Fernand Braudel, *Civilization and Capitalism, 15th-18th Century*, vol. 1: *The Structures of Everyday Life* (New York: Harper & Row, 1982).
3. Ann M. Carlos and Stephen Nicholas, "'Giants of an Earlier Capitalism': The Chartered Trading Companies as Modern Multinationals," *Business History Review* 62, no. 3 (1988): 398-419.
4. Thom Hatmann, *Unequal Protection: The Rise of Corporate Dominance and the Theft of Human Rights* (New York: Rodale Books, 2002).
5. Binyamin Appelbaum, "What the Hobby Lobby Ruling Means for America," nytimes.com, July 22, 2014.
6. Douglas Rushkoff, *Life Inc.: How Corporations Conquered the World, and How We Can Take It Back* (New York: Random House, 2009), 13.
7. *Store Wars: When Wal-Mart Comes to Town*, PBS, directed by Micha X. Peled (2001).

8. Abigail Goldman, "Wal-Mart not joking with smiley face lawsuit," *Los Angeles Times*, May 14, 2006.
9. "Walmart," www.lippincott.com/en/work/walmart.
10. "Is Walmart Good for America?" *Frontline*, PBS, November 16, 2004.
11. Rick Ungar, "Walmart Pays Workers Poorly and Sinks While Costco Pays Workers Well and Sails—Proof That You Get What You Pay For," forbes.com, April 17, 2013.
12. John Hagel et al., "Measuring the Forces of Long-term Change: The 2009 Shift Index," Deloitte, 2009.
13. John Hagel et al., Foreword, "The Shift Index 2013: The 2013 Shift Index Series," Deloitte, 2013.
14. John Hagel, John Seely Brown, and Duleesha kulasooriya, *Shift Happens: How the World Is Changing, and What You Need to Do About It* (Houston, Tex.: Idea Bite Press, 2014).
15. Hagel et al., Foreword, "The Shift Index 2013."
16. "'Trying to Recapture the Magic': The Strategy Behind the Pharma M&A Rush," knowledge.wharton.upenn.edu, May 28, 2014.
17. Rushkoff, *Life Inc.*, 174.
18. Beth Ann Bovino et al., "How Increasing Income Inequality Is Dampening Economic growth, and Possible Ways to Change the Tide," globalcreditreport.com, August 5, 2014.
19. Geoffrey Rogow, "Wealth Inequality Can Damage Economy, S&P's Bovino Says," blogs.wsj.com, August 5, 2014.
20. Joseph A. Schumpeter, *Capitalism, Socialism and Democracy*, 3rd ed. (New York: Harper Perennial, 2008).
21. "Worldwide Revenue of Major Toy Companies in 2012 (in Million U.S. Dollars)," statista.com, 2015.
22. *Media Squa*t, WFMU, June 8, 2009.
23. Megan Rose Dickey, "We Talked to Uber Drivers—Here's How Much They Really Make," businessinsider.com, July 18, 2014.

24. Aaron Sankin, "Why New York Taxis Are Powerless Against Uber's Price War," dailydot.com, July 8, 2014.
25. Don Jergler, "Transportation Network Companies, Uber Liability Gap Worry Insurers," insurancejournal.com, February 10, 2014.
26. Tim Brandshaw, "Uber's Tactics Pay Off as It Goes Head to Head with US Rival," ft.com, September 11, 2014.
27. Fred Wilson, "Platform Monopolies," avc.com, July 13, 2014.
28. David Streitfeld, "Amazon, a Friendly Giant as Long as It's Fed," nytimes.com, July 12, 2014.
29. Venkatesh Rao, "Why Amazon Is the Best Strategic Player in Tech," forbes.com, December 14, 2011.
30. Elvis Picardo, "Apple? Google? Tesla? Which Will Be the First to Reach a $1 Trillion Market Cap?" investopedia.com, July 7, 2014.
31. Wilson, "Platform Monopolies."
32. Josh Constine, "Hail a Fellow Human, Not a Taxi with 'Sidecar'—The New P2P Uber," techcrunch.com, June 26, 2012.
33. Wilson, "Platform Monopolies."
34. Betsy Corcoran, "Blackboard's Jay Bhatt Strikes Up the Brass Band," edsurge.com, July 23, 2014.
35. Justin Pope, "E-Learning Firm Sparks controversy with Software Patent," washingtonpost.com, October 15, 2006.
36. Withknown.com.
37. Carlota Perez, *Technological Revolutions and Financial Capital* (Cheltenham, England: Edward Elgar Press, 2002).
38. Thomas Piketty, *Capital in the Twenty-First Century*, trans. Arthur Goldhammer (Cambridge, Mass.: Belknap Press, 2014).
39. Mario Preve, quoted in Ernst & Young and Family Business Network International, "Built to Last: Family businesses Lead the Way to Sustainable Growth" (n.p.: Ernst & Young Global Limited, 2012), www.ey.com/Publication/vwLUAssets/EY-Built-to-last-family-businesses-lead-the-way-to-sustain

able-growth.pdf.

40. Nicolas Kachaner, George Stalk, and Alain Bloch, “What You Can Learn from Family Business,” *Harvard Business Review*, November 2012.
41. Yoko Kubota and Maki Shiraki, “After Two bumper Years, Toyota Braces for Shift to Slower Growth,” reuters.com, April 15, 2014.
42. 같은 책.
43. Pgconnectdevelop.com.
44. Larry Huston and Nabil Sakkab, “Connect and Develop: Inside Procter & Gamble's New Model for Innovation,” *Harvard Business Review*, March 2006.
45. “Connect + Develop History,” ConnectDevelop, YouTube, August 16, 2012.
46. Huston and Sakkab, “Connect and Develop.”
47. “Procter & Gamble Re-ignites Growth—XBD & Open Innovation Make It Happen,” federicibusiness.com, 2008.
48. “Febreze Embracing C+D to Become a Billion $ Brand,” pgconnectdevelop.com, January 1, 2013.
49. Clark Gilbert, Matthew Eyring, and Richard N. Foster, “Two Routes to Resilience,” *Harvard Business Review*, December 2012.
50. Field Maloney, “Is Whole Foods Wholesome?” slate.com, March 17, 2006.
51. Lynn Forester de Rothschild, “Capitalists for Inclusive Growth,” project-syndicate.org, April 17, 2013.
52. 같은 책.
53. 같은 책.
54. Steven Pearlstein, “How the Cult of Shareholder Value Wrecked American Business,” washingtonpost.com, September 9, 2013.
55. Oliver Staley and Hui-Yong Yu, “Hilton Sells Itself to Blackstone for $20 Billion,” bloomberg.com, July 4, 2007.
56. Henry Sender, “How Blackstone Revived Hilton Brand,” ft.com, August 19, 2013.
57. David Gelles, “A Surprise from Hilton: Big Profit for Blackstone,” nytimes.com, December 12, 2013.
58. Nanette Byrnes and Peter Burrows, “Where Dell Went Wrong,” businessweek.

com, February 18, 2007.

59. Ashlee Vance, "Why Michael Dell Really Had to Take Dell Private," businessweek.com, February 5, 2013.

60. Mary Ellen Biery, "Why Michael Dell's Fight Makes Sense," forbes.com, August 11, 2013.

61. 같은 책.

62. Connie Guglielmo, "Dell Officially Goes Private: Inside the Nastiest Tech Buyout Ever," forbes.com, October 30, 2013.

63. Lindsey Rupp, Carol Hymowitz, and David Carey, "Drexler Amasses $350 Million as J. Crew Struggles," businessweek.com, June 13, 2014.

64. 같은 책.

65. Lindsey Rupp, "J. Crew Profits Fall as Company Considers Going Public Again," Bloomberg.com, March 25, 2014.

66. Paula Kepos, *International Directory of Company Histories*, vol. 7 (Farmington Hills, Mich.: St. James Press, 1993), per "Amsted Industries Incorporated History" entry on fundinguniverse.com.

67. "The Employee Ownership 100: America's Largest Majority Employee-Owned Companies," National Center for Employee Ownership, nceo.org, June 2014.

68. Brain Solomon, "The Wal-Mart Slayer: How Publix's People-First Culture Is Winning the Grocer War," forbes.com, July 24, 2013.

69. Sabri Ben-Achour, "Groceries: A Low Margin Business, but Still Highly Desirable," marketplace.org, September 12, 2013.

70. Derik Ridgway, "Flexible Purpose Corporation vs. Benefit Corporation," hansonbrdgeet.com, September 4, 2012.

71. "Inc. 5000." Inc.com, September 6, 2013.

72. Ariel Schwartz, "Inside Plum Organics, the First Benefit Corporation Owned by a Public Company," fastcoexist.com, January 22, 2014.

73. Marc Gunther, "Checking In with Plum Organics, the Only B Corp Inside a Publicly Traded Company," theguardian.com, August 6, 2014.

74. Ridgway, "Flexible Purpose Corporation vs. Benefit Corporation."

75. Kyle Westaway, "PROFIT + PURPOSE—Structuring social Enterprise for Impact," slideshare.net, March 6, 2012.
76. Cameron Scott, "Tiny AI Startup Vicarious Says It's Solved CAPTCHA," singularityhub.co, October 29, 2013.
77. Vicarious.com/about.html.
78. Westaway, "PROFIT + PURPOSE."
79. Citizen Media Law Project, "Primer on Low-Profit Limited Liability Companies (L3Cs)," Berkman Center for Internet & Society at Harvard University, October 2010.
80. homeportneworleans.org
81. battle-bro.com/.
82. Donnie Maclurcan and Jennifer Hinton, "Beyond Capitalism: Not-for-Profit business Ethos Motivates Sustainable Behaviour," thegurdian.com, October 1, 2014.
83. "Exemption Requirements—501(c)(3) Organizations," irs.gov, January 8, 2015.
84. John Tozzi, "Turning Nonprofits into For-Profits," businessweek.com, June 15, 2009.
85. "Mozilla foundation Announces Creation of Mozilla Corporation," mozillazine.org, August 3, 2005, per Wayback machine at archive.org/web/.
86. "Articles of Incorporation of M. F. Technologies," static.mozilla.com, July 14, 2003.
87. www.linkedin.com/company/mozilla-corporation, 2015.

제3장: 돈의 속도

1. U. S. Department of the Treasury, "History of 'In God We Trust,'" treasury.gov, March 8, 2011.
2. Christopher Simpson, *Science of Coercion: communication Research & Psychological Warfare* 1945-1960 (Oxford: Oxford University Press, 1996).
3. Luca Fantacci, "The Dual Currency System of Renaissance Europe,"

Financial History Review 15, no. 1 (2008).

4. Carol M. Cipolla, *Before the Industrial Revolution: European Society and Economy*, 1000-1700, 3rd ed. (New York: W. W. Norton, 1994).
5. 같은 책.
6. 같은 책.
7. Douglas Rushkoff, *Life Inc.: How Corporations Conquered the World, and How We Can Take It Back* (New York: Random House, 2009), 164.
8. 같은 책., 8-10.
9. 같은 책., 167-70.
10. Bernard A. Lietaer and Stephen M. Belgin, *Of Human Wealth: Beyond Greed & Scarcity* (Boulder, Colo.: Human Wealth Books and Talks, 2001), 111.
11. 기초적 원리에 대한 상세한 논고를 보려거든 이 책을 보라. Thomas H. Greco, *Understanding and Creating Alternatives to Legal Tender* (White River Junction, VT.: Chelsea Green Publishing co., 2001).
12. Rushkoff, *Life Inc.*, 170-71.
13. Michael Konczal, "Frenzied Financialization," washingtonmonthly.com, November/December 2014.
14. Thomas Piketty, *Capital in the Twenty-First Century*, trans. Arthur Goldhammer (Cambridge, Mass.: Belknap Press, 2014).
15. Robert Slater, *Jack Welch and the GE Way* (New York: McGraw-Hill, 1998).
16. Ben Steverman, "Manipulate Me: The Booming Business in Behavioral Finance," Bloomberg.com, April 7, 2014.
17. Morgan House, "5 Alan Greenspan Quotes That Make You Wonder," fool.com, October 15, 2008.
18. Michael Lewis, *The Big Short: Inside the Doomsday Machine* (New York, London: W. W. Norton, 2011).
19. Naomi Klein, *This changes Everything: Capitalism vs. the Climate* (New York: Simon and Schuster, 2014).
20. John Stuart Mill, *Principles of Political Economy with Some of Their Applications to Social Philosophy* (London: Longmans, Green and Co., 1909), IV.6.2.

21. 같은 책., IV.6.7.
22. David Dayen, "America's Ugly Economic Truth: Why Austerity Is Generating Another Slowdown," salon,com, October 21, 2014.
23. David Wessel, "Lousy Economic Growth Is a Choice, Not and Inevitability," brookings.edu, October 13, 2014.
24. Bernald Lietaer and Jacqui Dunne, *Rethinking Money: How New Currencies Turn Scarcity into Prosperity* (San Francisco: Berrett-Hoehler Publishers, 2013).
25. Joanna Glasner, "PayPal's IPO Woes Continue," *Wired*, February 12, 2002.
26. In most of the world, that would be SWIFT.
27. Satoshi Nakamoto, "Bitcoin: A Peer-to-Peer Electronic Cash System," bitcoin.org, October 31, 2008.
28. 같은 책.
29. Pedro Franco, *Understanding Bitcoin: Cryptography, Engineering and Economics* (New York: John Wiley & Sons, 2014).
30. 같은 책.
31. Andreas M. Antonopoulos, *Mastering Bitcoin: Unlocking Digital Cryptocurrencies* (Sebastopol, Calif.: O'Reilly Media, 2014).
32. Franco, *Understanding Bitcoin.*
33. Antonopoulos, *Mastering Bitcoin.*
34. Rob Wile, "The Chinese Are in Love with Bitcoin and It's Driving the Digital Currency's Prices into the Stratosphere," businessinsider.com, October 29, 2013.
35. Rebecca Grant, "A Single Bitcoin Was Worth $10 a Year Ago—Today It's Worth $1,000," venturebeat.com, November 27, 2013.
36. Robert McMillan, "The Inside Story of Mt. Gox, Bitcoin's $460 Million Disaster," wired.com, March 3, 2014.
37. Ryan Lawler, "Bitcoin Miners Are Racking Up $150,000 a Day in Power Consumption Alone," techcrunch.com, April 13, 2013.
38. Mark Gimein, "Virtual Bitcoin Mining Is a Real-World Environmental Disaster," bloomberg.com, April 12, 2013.
39. Michael Carney, "Bitcoin Has a Dark Side: Its Carbon Footprint," pando.

com, December 16, 2013.

40. Lawler, "Bitcoin Miners Are Racking Up $150,000 a Day."

41. Jon Evans, "Enter the Blockchain: How Bitcoin Can Turn the Cloud Inside Out," techcrunch.com, March 22, 2014.

42. Vitalik buterin, "DAOs, DACs, Das and More: An Incomplete Terminology Guide," blog.ethereum.org, May 6, 2014.

43. David Johston, Sam Onat Yilmaz, Jeremy Kandah, Nikos Bentenitis, Farzad Hashemi, Ron Gross, Shawn Wilkinson, and Steven Mason, "The General Theory of Decentralized Applications, Dapps," github.com, June 9, 2014.

44. Nakamoto, "Bitcoin: A Peer-to-Peer Electronic Cash System."

45. National Patient Advocate Foundation, "Issue Brief: Medical Debt, Medical Bankruptcy and the Impact on Patients," npaf.org, September 2012.

46. Dan Mangan, "Medical Bills Are the Biggest Cause of US Bankruptcies: Study," cnbc.com, June 25, 2013.

47. National Patient Advocate foundation, "Issue Brief: Medical Debt, Medical Bankruptcy and the Impact on Patients."

48. Rollingjubilee.org.

49. Interview with Astra Taylor, cofounder of Strike Debt and the Rolling Jubilee, conducted by e-mail, July 24, 2015.

50. "A Look Back at the 2012 ABA Indie Impact Study Series," localismbythenumbers.com, June 11, 2014.

51. Justin Sacks, *The Money Trail: Measuring Your Impact on the Local Economy Using LM3* (London: New Economics Foundation & the Countryside Agency, December 2002).

52. "A Look Back at the 2012 ABA Indie Impact Study Series."

53. Bill McKibben, "A Day in the Life of a BerkShare," yesmagazine.org, October 18, 2010.

54. Katie Gilbert, "Why Local Currencies Could Be on the Rise in the U.S.—And Why It Matters," forbes.com, September 22, 2014.

55. "Group Hopes 'Detroit Dollar' Pays Off for Biz," crainsdetroit.com, March

16, 2014.

56. John Rogers, "Bristol Pound Is Just One Example of What Local Currencies Can Achieve," theguardian.com, June 17, 2013.
57. Lietaer and Dunne, *Rethinking Money*, 175-81.
58. Lietaer and Dunne, *Rethinking Money.*
59. 같은 책.
60. Irving Fisher, *The Purchasing Power of Money* (New York: Macmillan, 1920).
61. Irving Fisher, *Stamp Scrip* (New York: Adelphi, 1933).
62. Loren Gatch, "Local Money in the United States During the Great Depression," *Essays in Economics & Business History* 26 (2008).
63. 같은 책.
64. Lauren Frayer, "'Time Banks' Help Spaniards Weather Financial Crisis," npr.org, September 22, 2012.
65. 이것을 참조하라. TimeBanks USA at timebanks.org for a new time dollars smartphone app, or p2pfoundation.net/Complementary_Currency_Software for a comprehensive list of complementary currency software.
66. Bernard Lietaer, *The Future of Money: Creating New Wealth, Work and a wiser World* (London: Random House, 2001).
67. Mayumi Hayashi, "Japan's Fureai Kippu Time-Banking in Elderly Care: Origins, Development, Challenges, and Impact," *International Journal of Community Currency Research* 15 (2012).
68. Ariana Eunjung Cha, "In Spain, Financial Crisis Feeds Expansion of a Parallel, Euro-Free Economy," washingtonpost.com, August 27, 2012.
69. Lietaer and Dunne, *Rethinking Money*, 143.
70. 같은 책., 142.
71. 같은 책., 143.

제4장: 출구 없이 투자하기

1. Helaine Olen, *Pound Foolish: Exposing the Dark Side of the Personal Finance Industry* (New York: Penguin/Portfolio, 2012).

2. OECD, *Protecting Pensions: Policy Analysis and Examples from OECD Countries* (Paris: OECD Publications, 2007), 268.
3. Steve Wilhelm, "Why Boeing's Fighting to Retire Pensions," bizjournal.com, January 11, 2013.
4. John W. Miller, "Steelmaker Presses for 36% Pay Cut," wsj.com, July 20, 2012.
5. James R. Hagerty and Alistair MacDonald, "As Unions Lose Their Grip, Indiana Lures Manufacturing Jobs," wsj.com, March 18, 2012.
6. Associated Press, "10 Years Later: What Happened to the Former Employees of Enron?," businessinsider.com, December 1, 2011.
7. Chris Gay, "The 401(k)'s 'Father' Wants to Hit Reset," money.usnews.com, September 20, 2012.
8. Olen, *Pound Foolish*, 81.
9. 같은 책., 85.
10. Mitch Tuchman, "Pension Plans Beat 401(k) Savers Silly—Here's Why," forbes.com, June 4, 2013.
11. Olen, *Pound Foolish*, 89.
12. William E. Even and David A. Macpherson, "Why Did Male Pension Coverage Decline in the 1980s?," *Industrial and Labor Relations Review* 47, no. 3 (April 1993).
13. Olen, *Pound Foolish*, 82.
14. "Pensions Decline as 401(k) Plans Multiply," bankrate.com, July 24, 2014.
15. Olen, *Pound Foolish*, 85.
16. Gretchen Morgenson, "The Curtain Opens on 401(k) Fees," nytimes.com, June 2, 2012.
17. Tuchman, 2013.
18. Olen, *Pound and Foolish*, 86.
19. 같은 책., 98.
20. Michael Shuman, *Local Dollars, Local Sense* (White River Junction, Vt.: Chelsea Green Publishing Co.), 2012.

21. "Sell Your Stocks, MIT Sloan Professor Urges Small Investors Saving for Retirement," mitsloan.mit.edu, March 12, 2009.
22. Bob Wallace, "AT&T Service Helps Broker Shave Costs," *Network World* 7, no. 31 (July 30, 1990).
23. Martin LaMonica, "Bullish on the Net," *InfoWorld*, April 26, 1999: 34-35.
24. Riva D. Atlas, "Trading Slump Spurs Online Brokers' Merger Talk," nytimes.com, May 10, 2005.
25. Brad M. Barber and Terrance Odean, "The Internet and the Investor," *Journal of Economic Perspectives* 15, no. 1 (Winter 2001): 41-54.
26. Joe Light and Julie Steinberg, "Small Investors Jump Back into the Trading Game," wsj.com, February 21, 2014.
27. D. K. Peterson and G. F. Pitz, "confidence, Uncertainty, and the Use of Information," *Journal of Experimental Psychology: Learning, Memory and Cognition* 14 (1988): 85-92, as cited in Barber and Odean, "The Internet and the Investor."
28. Barber and Odean, "The Internet and the Investor."
29. 같은 책.
30. 같은 책.
31. Richard finger, "High Frequency Trading: Is It a Dark Force Against Ordinary Human Traders and Investors?," forbes.com, September 30, 2013.
32. 같은 책.
33. Jerry Adler, Raging Bulls: How Wall Street Got Addicted to Light-Speed Trading," wired.com, August 3, 2012.
34. Simone Foxman, "How the 'Navy SEALS' of Trading Are Taking on Wall Street's Predatory Robots," qz.com, March 31, 2014.
35. Alan Kohler, "$710 trillion: That's a Lot of Exposure to Derivatives," abc.net.au, June 11, 2014.
36. Central Intelligence Agency, *The World Factbook*, www.cia.gov/library/publications/the-world-factbook/goes/xx.html.
37. Kohler, "$710 trillion: That's a Lot of Exposure to Derivatives."

38. Peter Cohan, "Big Risk: $1.2 Quadrillion Derivatives Market Dwarfs World GDP," DailyFinance (AOL), June 9, 2010, www.dailyfinance.com/2010/06-09/risk-quadrillion-derivatives-market-gdp/.
39. Christopher Matthews, "Why the New York Stock Exchange Sold Out to an Upstart You've Never Heard Of," business.time.com, December 21, 2012.
40. Herman Daly, *Beyond Growth: The Economics of Sustainable Development* (Boston: beacon Press, 1996), 37.
41. GarageGames (huge gaming platform), Sierra Entertainment (makers of *King's Quest*), Apple, and Dell, to name just a few.
42. "Brain Maturity Extends Well Beyond Teen Years," *Tell Me More*, NPR, October 10, 2011.
43. Kathleen De Vere, "Draw Something Surpasses 50 Million Downloads, May have as many as 24 Million Daily Active Users," adweek.com, April 4, 2012.
44. Julianne Pepitone, "Zynga IPO values company at $7 Billions," money.cnn.com, December 16, 2011.
45. Josh Constine, "Zynga Shares Go on Wild Ride During Facebook IPO—Big Fall, Then Recovery," techcrunch.com, May 18, 2012.
46. Sarah McBride and Leana B. Baker, "Zynga Buys OMGPOP Games Company for $200 Million: Source," reuters.com, March 21, 2012.
47. Paul Tassi, "Draw Something Loses 5M Users a Month After Zynga Purchase," forbes.com, May 4, 2012.
48. Sam Biddle, "OMGPOP Is Dead," valleywag.gawker.com, June 4, 2013.
49. Ari Levy, "Google Shares Took Off, but the Auction Didn't," cnbc.com, August 19, 2014.
50. "Google IPO Priced at $85 a Share," edition.cnn.com, August 19, 2004.
51. Kevin J. Delaney and Robin Sidel, "How Miscalculations and Hubris Hobbled Celebrated Google IPO," wsj.com, August 19, 2004.
52. Interview with Scott Heiferman, conducted by e-mail, September 2014.
53. Sarah Lacy, "Pando in 2014: Looking Back on an Exhausting, Transformational Year," Pando.com, December 25, 2014.

54. Max Chafkin, "True to Its Roots: Why Kickstarter Won't Sell," fastcompany.com, March 18, 2013.
55. "Kickstarter Is a Benefit Corporation," kickstarter.com, September 21, 2015.
56. J. D. Alois, "Neil Young's Pono Music Is Now Equity Crowdfunding Following $6.2 Million Kickstarter Hit," crowdfundinsider.com, August 13, 2014.
57. Mike Masnick, "Larry Lessing Launches Crowdfunded SuperPAC to Try to End SuperPACs," techdirt.com, May 1, 2014.
58. Jeremy Parish, "How Star Citizen Became the Most Successful Crowd Funded Game of All Time," wdc.com, January 13, 2015.
59. Rory Carrol, "Silicon Valley's Culture of Failure… and 'the Walking Dead' It Leaves Behind," theguardian.com, June 28, 2014.
60. Steven Poole, "What Does the Oculus Rift Backlash Tell Us? Facebook Just Isn't Cool," theguardian.com, March 27, 2014.
61. Nicholas Carson, "The Good, Bad and Ugly of AngelList Syndicates," inc.com, September 30, 2013.
62. MicroVentures, "The 5 Keys to Becoming a MicroVentures Angel Investor" (sponsored content), venturebeat.com, January 1, 2014.
63. "How It Works," crowdfund.co/how-it-works/.
64. OneWorld South Asia, "Hand in Hand Creates 1.3 million Jobs," southasia.oneworld.net, February 26, 2013.
65. Mattew Ruben, "The Promise of Microfinance for Poverty Relief in the Developing World," seepnetwork.org, May 2007.
66. Amy Cortese, "Loans That Avoid Banks? Maybe Not," nytimes.com, May 3, 2014.
67. Amy Cortese, "Seeking Capital, Some Companies Turn to 'Do-It-Yourself I.P.O.'s," nytimes.com, July 31, 2013.
68. "Direct Public Offering," www.cuttingedgecapital.com/resources-and-links/direct-public-offering/.
69. Dan Rosenberg, "Raising Community Capital: business Workshop on Direct Public Offerings," CommonBound Conference, Boston, June 6, 2014.
70. 같은 책.

71. Babylonian Talmud, *Bava Metzia*, 42a.
72. Lietaer and Dunne, *Rethinking Money*.
73. Warren Buffett, quoted in Schuyler Velasco, "Warren Buffett: 10 Pieces of Investment Advice from America's Greatest Investor," *Christian Science Monitor*, August 30, 2013.
74. Tessa Hebb and Larry Beeferman, "U.S. Pension Funds' Labour-Friendly Investments," Alfred P. Sloan Industry Studies 2008, Annual Conference, May1-2, 2008.
75. 같은 책.
76. Hilaire Belloc, *The Servile State* (CreateSpace Independent Publishing Platform, 2008).
77. David Bloier, *Think Like a Commoner: A Short Introduction to the Life of the Commons* (Vancouver: New Society Publishers, 2014), 23.
78. Elinor Ostrom, *Governing the Commons: The Evolution of Institutions for Collective Action* (Cambridge: Cambridge University Press, 1990).
79. "Vandana Shiva on the Problem with Genetically Modified Seeds," Moyers and Co., PBS, July 13, 2012.
80. Opensourceecology.org/about-overview/.
81. "Machines: Global Village Construction Set," opensourceecology.org/gvcs/.
82. opensourceecology.org/about-overview/.
83. David Bollier, "The FLOK Society Vision of a Post-Capitalist Economu," bollier.org, March 2, 2014.
84. Bethany Horne, "How the FLOK Society Brings a Commons Approach to Ecuador's Economy," shareable.net, October 22, 2013.
85. Glyn Moody, "The FLOK Society Project: making the Good Life Possible Through Good Knowledge," techdirt.com, June 11, 2014.
86. John Restakis, "The Emilian Model—Profile of a Co-operative Economy," British Columbia Co-operative Association, bcca.coop, 2000.
87. John Médaille, *Toward a Truly Free Market* (Wilmington, Del.: Intercollegiate Studies Institute Books, 2011).
88. 같은 책.

89. Laura Flanders, "Talking with Chomsky," counterpunch.org, April 30, 2012.
90. Marie-Claire Kidd, "Plans for Co-Operative Alternative to eBay Take Shape," thenews.coop, December 3, 2014.
91. "FAQ," www.fairnondo.de/faq#a1.
92. fairnondo.de.
93. Fairnopoly Team, "Dein Anteil," info.fairmondo.de, May 14, 2012.
94. "Projeckt10000—Gemeinsam unsere Wirtschaft verändern," mitmachen.fairmondo.de/projekt10000/.
95. Felix Weth, "Genossenschaft 2.0," info.fairmondo.de, February 12, 2013.
96. Vasilis Kostaksi and Michael Bauwens, *Network Society and Future Scenarios for a Collaborative Economy* (London: Palgrave Macmillan, 2014). A draft is available at p2pfoundation.net, December 30, 2014.
97. Amanda B. Johnson, "La'Zooz: the Decentralized Proof-of-Movement 'Uber' Unveiled," cointelegraph.com, October 19, 2014.
98. Trebor Scholz, "Platform Cooperativism vs. the Sharing Economy," medium.com, December 5, 2014.

제5장: 분산

1. Pope Francis, *Laudato Si'*, papal encyclical, Rome, 2015, paragraph 194.
2. Peter Beinart, "Jeb Bush Tries to Push the Pope Out of Politics," *The Atlantic*, June 17, 2015.
3. Pope Francis, *Laudato Si'*, paragraph 129.
4. Pope Leo XIII, *Rerum Novarum*, papal encyclical, Rome, 1891.
5. Pope Pius X, *Quadragesimo Anno*, papal encyclical, Rome, 1931.
6. Belloc, *Servile State*.
7. G. K. Chesterton, *Three Works on Distributism* (CreateSpace Independent Publishing Platform, 2009).
8. Janine Marchessault, *Marshall McLuhan* (London: Saga Publications, 2005).
9. Pope Leo XIII, *Rerum Novarum*.
10. Pope Francis, *Laudato Si'*, paragraph 114.

참고문헌

기사

Barber, Brad M. and Terrance Odean. "The Internet and the Investor." *Journal of Economic Perspectives* 15, no. 1 (Winter 2001).

Carlos, Ann M., and Stephen Nicholas. "'Giants of an Earlier Capitalism': The Chartered Trading Companies and Modern Multinationals." *Business History Review* 62, no. 3 (1988): 398-419.

Citizen Media Law Project. "Primer on Low-Profit Limited Liability Companies (L3Cs)." Berkman Center for Internet & Society at Harvard University. October 2010.

Even, William E., and David A. Macpherson. "Why Did Male Pension Coverage Decline in the 1980s?" *Industrial and Labor Relations Review* 47, no. 3 (April 1993).

Fantacci, Luca. "The Dual Currency System of Renaissance Europe." *Financial History Review* 15, no. 1 (2008).

Gatch, Loren. "Local Money in the United States During the Great Depression." *Essays in Economics & Business History* 26 (2008).

Gilbert, Clark, Matthew Eyring, and Richard N. Foster. "Two Routes to Resilience." *Harvard Business Review,* December 2012.

Hagel, John, III, et al. "Measuring the Forces of Long-term Change: The 2009 Shift Index." Deloitte, 2009.

Hauben, Michael, and Ronda Hauben. "Netizen: On the History and Impact of Usenet and the Internet." *First Monday: Peer-Reviewed Journal on the Internet* 3, no. 7 (July 6, 1998).

Huston, Larry, and Nabil Sakkab. "Connect and Develop: Inside Procter & Gamble's New Model for Innovation." *Harvard Business Review*, March 2006.

Page, Will, and Eric Garland. "The Long Tail of P2P." *Economic Insight*, no. 14 (May 9, 2014).

Rotman, David. "How Technology Is Destroying Jobs." *MIT Technology Review*, June 12, 2013.

Wallace, Bob. "AT&T Service Helps Broker Shave Costs." *Network World* 7, no. 31 (July 30, 1990): 13.

Protecting Pensions: Policy Analysis and Examples from OECD Countries, no. 8, Paris: OECD Publications, 2007.

도서

Antonopoulos, Andreas M. *Mastering Bitcoin: Unlocking Digital Cryptocurrencies*. Sebastopol, Calif. O'Reilly Media, 2014.

Belloc, Hillaire. *The Servile State*. CreateSpace Independent Publishing Platform, 2008.

Black, Edwin. *IBM and the Holocaust*. New York: Crown Publishers, 2001.

Bolier, David. *Think Like a Commoner: A Short Introduction to the Life of the Commons*. Vancouver: New Society Publishers, 2014.

Braudel, Fernand. *Civilization and Capitalism, 15th-18th Century*, vol. 1: *The Structure of Everyday Life*. New York: Harper & Row, 1982.

Brynjolfsson, Erik, and Andrew McAfee. *The Second Machine Age: Work, Progress, and Prosperity in a Time of Brilliant Technologies*. New York, London: W. W. Norton, 2014.

Chesterton, G. K. *Three Works on Distributism*. Createspace Independent Publishing Platform, 2009.

Cipolla, Carol M. *Before the Industrial Revolution: European Society and Economy*, 1000-1700. 3rd ed. New York: W. W. Norton, 1994.

Daly, Herman. *Beyond Growth: The Economics of Sustainable Development*. Boston: Beacon Press, 1996.

Elberse, Anita. *Blockbusters: Hit-Making, Risk-Taking, and the Big Business of Entertainment*. New York: Henry Holt and Co., 2013.

Fisher, Irving. *The Purchasing Power of Money*. New York: Macmillan, 1920.

Franco, Pedro. *Understanding Bitcoin: Cryptography, Engineering and Economics*. New York: John Wiley & Sons, 2014.

Greco, Thomas H. *Understanding and Creating Alternatives to Legal Tender*. White River Junction, Vt.: Chelsea Green Publishing Co., 2001.

Hagel, John, John Seely Brown, and Duleesha Kulasooriya. *Shift Happens: How the World Is Changing, and what You Need to Do About It*. Houston, Tex.: Idea Bite Press, 2014.

Hartmann, Thom. *Unequal Protection: The Rise of Corporate Dominance and the Theft of Human Rights*. New York: Rodale Books, 2002.

Hebb, Tessa, and Larry Beeferman. "U.S. Pension Funds' Labour-Friendly Investments." Alfred P. Sloan Industry Studies 2008. Annual Conference, may 1-2, 2008.

Hoffman, Reid. *The Alliance: Managing Talent in a Networked Age*. Cambridge, Mass.: Harvard Business Review Press, 2014.

Keen, Andrew. *The Internet Is Not the Answer*. New York: Atlantic Monthly Press, 2015.

Kepos, Paula. *International Directory of Company Histories*, vol. 7. Farmington Hills, Mich.: St. James Press, 1993.

Klein, Naomi. *This Changes Everything: Capitalism vs. the Climate*. New York: Simon and Schuster, 2014.

Kostakis, Vasilis, and Michael Bauwens. *Network Society and Future Scenarios for a Collaborative Economy*. Loncon: Palgrave Macmillan, 2014.

Lanier, Jaron. *Who Owns the Future?* New York: Simon and Schuster, 2013.

Levis, Michael. *The Big Short: Inside the Doomsday Machine*. New York, London: W. W. Norton, 2011.

Lietaer, Bernard A., and Stephen M. Belgin. *Of Human Wealth: Beyond Greed & Scarcity*. Boulder, Colo: Human Wealth Books and Talks, 2001.

Lietaer, Bernard, and Jacqui Dunne. *Rethinking Money: How New Currencies Turn Scarcity into Prosperity*. San Francisco: Berrett-Hoehler Publishers, 2013.

McLuhan, Marshall, and Eric McLuhan. *Laws of Media: The New Science*. Toronto:

University of Toronto Press, 1992.

Marchessault, Janine. *Marshall McLuhan.* London: Sage Publications, 2005.Médaille, John. *Toward a Truly Free Market.* Wilmington, Del.: Intercollegiate Studies Institute Books, 2011.

Mill, John Stuart. *Principles of Political Economy with Some of Their Applications to Social Philosophy.* London: Longmans, Green and Co., 1909.

Olen, Helaine. Pound Foolish: Exposing *the Dark Side of the Personal Finance Industry.* New York: Penguin/Portfolio, 2012.

Ostrom, Elinor. *Governing the Commons: The Evolution of Institutions for Collective Action.* Cambridge: Cambridge University Press, 1990.

Perez, Carlota. *Technological Revolutions and Financial Capital.* Cheltenham, England: Edward Elgar Press, 2002.

Piketty, Thomas. *Capital in the Twenty-First Century.* Translated by Arthur Goldhammer. Cambridge, Mass.: Belknap Press, 2014.

Raymond, Eric S. *The Cathedral and the Bazaar.* Sebastopol, Calif.: O'Reilly Media, 1999.

Rifkin, Jeremy. *The Zero Marginal cost Society.* Basingstoke, England: Palgrave Macmillan, 2014.

Rushkoff, Douglas. Life Inc.: *How Corporations Conquered the World, and How We Can Take It Back.* New York: Random House, 2009.

——. Present Shock: *When Everything Happens Now.* New York: Penguin/Current, 2013.

Sacks, Justin. *The Money Trail: Measuring Your Impact on the Local Economy Using LM3.* London: New Economics Foundation & the Countryside Agency, December 2002.

Schumpeter, Joseph A. *Capitalism, Socialism and Democracy.* 3rd ed. New York: Harper Perennial, 2008.

Schor, Juliet B. *The Overworked American: The Unexpected Decline of Leisure.* New York: Basic Books, 1992.

——. *Plentitude: The New Economics of True Wealth.* New York: Penguin Press,2010.

Shuman, Michael. Local Dollars, Local Sense. White River Junction, Vt.: Chelsea Green Publishing co., 2012.

Simpson, Christopher. *Science of Coercion*. Oxford: Oxford University Press, 1996.

Tapscott, Don, and Anthony D. Williams. *Wikinomics: How Mass Collaboration changes Everything*. New York: Penguin/Portfolio Trade, 2010.

TV

"Generation Like." Frontline. PBS. February 18, 2014.

웹사이트

Horne, Bethany. "How the FLOK Society Brings a Commons Approach to Ecuador's Economy." shareable.net. October 22, 2013.

Scholz, Trebor. "Platform cooperativism vs. the Sharing Economy." medium.com. December 5, 2014.

U.S. Department of the Treasury. "History of 'In God We Trust.'" treasury.gov. March 8, 2011.

백서

Nakamoto, Satoshi. "Bitcoin: A Peer-to-Peer Electronic Cash System." bitcoin.org. October 31, 2008.

글의 소재와 키워드